# SITUATIONS D'URGENCE ET DROITS FONDAMENTAUX

www.librairieharmattan.com
diffusion.harmattan@wanadoo.fr
harmattan1@wanadoo.fr


ISBN : 2-296-00340-0
EAN : 9782296003408

*Sous la direction de*
Arnaud de RAULIN

# SITUATIONS D'URGENCE ET DROITS FONDAMENTAUX

**L'Harmattan**
5-7, rue de l'École-Polytechnique ; 75005 Paris
FRANCE

**L'Harmattan Hongrie**
Könyvesbolt
Kossuth L. u. 14-16
1053 Budapest

**Espace L'Harmattan Kinshasa**
Fac..des Sc. Sociales, Pol. et
Adm. ; BP243, KIN XI
Université de Kinshasa – RDC

**L'Harmattan Italia**
Via Degli Artisti, 15
10124 Torino
ITALIE

**L'Harmattan Burkina Faso**
1200 logements villa 96
12B2260
Ouagadougou 12

Ouvrage publié avec le concours du **Centre Éthique et Procédures**
de la **Faculté de droit *Alexis de Tocqueville* de Douai** (Université d'Artois)
et de l'**Agence Universitaire de la Francophonie (AUF)**
ainsi qu'avec la collaboration du
**Groupe de Recherche sur les Economies locales (GREL),**
Laboratoire de Recherche sur l'Industrie et l'Innovation,
Université du Littoral-Côte d'Opale (ULCO, Dunkerque)



Conception de l'illustration de couverture : Aymeric de RAULIN

## Collection *Économie Plurielle*

dirigée par **Henry Panhuys** et **Hassan Zaoual**

La collection " **Économie Plurielle** " a pour ambition de développer le pluralisme dans les sciences sociales et particulièrement en économie. Cet objectif est devenu, aujourd'hui, une nécessité tant du point de vue des faits que du point de vue des théories et des paradigmes relevant du domaine de l'Homme. Leur cloisonnement s'avère être un obstacle à l'interprétation des mutations en cours. L'irruption et la diffusion de la société de l'information et de la connaissance ainsi que l'importance de la culture, du sens et des croyances dans les pratiques d'acteurs supposent un changement radical dans l'épistémologie des sciences sociales. Dans ce but, la collection se veut aussi un lieu de dialogue et d'échanges entre praticiens et théoriciens de tous horizons.

*Symbole de la Collection* : le **lotus rose**

De la Méditerranée à l'Extrême Asie, de l'Egypte pharaonique à la Chine taoïste en passant par l'Inde bouddhique, le lotus est dans ses multiples manifestations et colorations, au profane comme au sacré, un symbole de vitalité, de pluralité, de créativité. En particulier, le *lotus rose*, ou *padma*, est un emblème solaire et de prospérité dans l'iconographie indienne. Avec ses huit pétales significatifs des huit directions de l'harmonie cosmique, il est une manière d'offrande à la vie. C'est d'ailleurs cette fleur symbolique qui constituait le fondement du logo du Réseau Sud-Nord Cultures et Développement duquel notre collection est l'héritière directe. C'est pourquoi nous la reprenons désormais comme symbole d'ouverture au monde, à la connaissance et à la paix.

Série ***Économies et Cultures***

A.-M. ALCOLEA, *Pratiques et théories de l'économie solidaire. Un essai de conceptualisation*, Préf. C. HERVY et J.C. BURETH, 2004, 397 p.

H. PANHUYS, *La fin de l'occidentalisation du monde ? De l'unique au multiple,* GREL – Univ. du Littoral-Côte d'Opale (ULCO, Dunkerque), Réseau Sud-Nord Cultures et Développement, 2004, 536 p.

H. ZAOUAL, *Du rôle des croyances dans le développement économique.* Préf. de S. LATOUCHE. Université des Sciences et Technologies de Lille, GREL-ULCO, Réseau Cultures, 2002, 626 p.

M. LUYCKX GHISI, *Au-delà de la modernité, du patriarcat et du capitalisme. La société réenchantée ?* Préf. I. PRIGOGINE, Prix Nobel. Ouv. sélect. Club de Rome, GREL–ULCO, 2001, 216 p.

H. PANHUYS et H. ZAOUAL, (s/d), *Diversité des cultures et mondialisation. Au-delà de l'économisme et du culturalisme.* Ouvrage collectif Réseau Cultures / GREL–ULCO, 2000, 214 p.

S. LATOUCHE, F. NOHRA, H. ZAOUAL, *Critique de la raison économique, Introduction à la théorie des sites symboliques*. Préface d'A. KREMER-MARIETTI, Collection " Épistémologie et Philosophie des Sciences ", 1999, 125 p.

H. ZAOUAL (éd), *La socio-économie des territoires. Expériences et théories.* Colloque GREL–ULCO (mai 1997), 1998, 352 p.

B. KHERDJEMIL, (s/d), *Mondialisation et dynamiques des territoires*, Colloque GREL–ULCO (mai 1997), 1998, 218 p.

B. KHERDJEMIL, H. PANHUYS, H. ZAOUAL, (s/d), *Territoires et dynamiques économiques. Au-delà de la pensée unique.* Actes Colloque GREL - ULCO (mai 1997), 1998, 228 p.

I.P. LALÈYÊ, H. PANHUYS, Th. VERHELST, H. ZAOUAL, (s/d), *Organisations économiques et cultures africaines. De l'homo œconomicus à l'homo situs.* Ouvr. collec. Collection " Études Africaines ", Réseau Cultures/Univ. Saint-Louis du Sénégal, 1996, 500 p.

Série ***Gestion et Cultures***

G.A.K. DOKOU, M. BAUDOUX, M. ROGE, *L'accompagnement managérial et industriel de la PME. L'Entrepreneur, l'Universitaire et le Consultant.* Préf. de J. DEBOURSE, 2000, 292 p.

Série ***Histoires et Sociétés***

J.M. AUBAME, *Les Beti du Gabon et d'ailleurs.* T. 1, *Sites, parcours et structures*, Paris, 2002, 273 p. T. 2, *Croyances, us et coutumes*, Paris, 2002, 292 p. Univ. Omar Bongo (UOB-Libreville), GREL–ULCO (Dunkerque). Ouvr. coord. par F.-P. NZE-NGUEMA et H. PANHUYS. Préf. B. MVE ONDO. Postf. F.-P. NZE-NGUEMA.

Série ***Histoires et Politiques***

M. HABIBI, *L'interface France-Iran 1907-1938. Une diplomatie voilée*, 2004, 404 p. Préf. de P. MILZA.

F.-P. NZE-NGUEMA, *L'État au Gabon de 1929 à 1990. Le partage institutionnel du pouvoir*, Coll. " Études Africaines ", 1998, 239 p.

Série ***Contes et Récits***

H.H. INFANTE, *Contes sémitiques de Tanger. Papillon bleu*, 2002, 249 p.

Série ***Lire le Site***

H. ZAOUAL, *Les économies voilées du Maghreb. De la technique à l'éthique*, 2006, 295 p.

H. ZAOUAL, *Socioéconomie de la proximité. Du global au local*, 2005, 189 p.

*Série* ***Droits et Sociétés***

A. de RAULIN, (s/d), *Situations d'urgence et droits fondamentaux*, 2006, 334 p.

**En préparation**

H. PANHUYS, *Génocidaires et kamikazes. Les sites de l'extrême.*

A. BENGHAZI, *Angoisse et psychothérapie.*

H. PANHUYS (s/d), *Socioéconomie des Guyanes. Entre mythes et sites.*

## *Publications brésiliennes*

Parallèlement à la *Collection Economie Plurielle* publiée en français aux Editions l'Harmattan, une série d'ouvrages participant de la même perspective pluraliste et transdisciplinaire est initiée *en langue portugaise* au Brésil avec la collaboration du Professeur **Michel Thiollent**, directeur de l'Institut COPPE à l'Université Fédérale de Rio de Janeiro, qui en assure la traduction du français en portugais ainsi que la mise en pages informatique et la publication auprès des éditeurs brésiliens.

***Ouvrages publiés***

H. PANHUYS (2005), *Do Desenvolvimento Global aos Sitios Locais. Uma Critica Metodológica à Globalização,* DP & A. Editora, Rio de Janeiro, 175 p.

H. ZAOUAL (2005), *Nova Economia das Iniciatives Locais. Uma introdução ao Pensamento pós-glabal,* DP & A. Editora, Rio de Janeiro, 193 p.

H. ZAOUAL (2003), *Globalizaçao e Diversidade Cultural,* Edit. Cortez, Collection Questions de notre temps, São Paulo, 119 p.

**En préparation**

C. LEIDGENS, (2006), *Frechal, Uma Terra de Pretos no Brasil.*

# SOMMAIRE

# INTRODUCTION

Cet ouvrage est le résultat de plusieurs séminaires et journées d'étude qui se sont déroulés pendant la période 2002-2004 au Cameroun à Yaoundé (Institut des relations internationales du Cameroun) à Kos en Grèce, à la Sorbonne à Paris, à Zahlé au Liban, à Marrakech au Maroc et à Nouakchott en Mauritanie et qu'il me soit permis à cette occasion de remercier tous les organisateurs :

Messieurs les Professeurs Georges Charaf, Doyen de la Faculté de droit de Beyrouth, Jean Emmanuel Pondi, directeur de l'IRIC (Institut des Relations Internationales du Cameroun), Mohamed Benallal, Doyen de la Faculté de droit de Salé, Sidi Mohamed Ould Abdallah, Doyen de la Faculté de droit et des sciences économiques de Nouakchott, Jürgen Theres, Délégué régional en Afrique de la Fondation Hanns-Seidel, ainsi que Monsieur Mildiadis Fakos, Maire de la commune de Kos en Grèce, île où naquit Hippocrate (v. 377 av. JC), célèbre médecin de l'Antiquité et qui fut à l'origine du serment que prêtent les médecins. Il est pour beaucoup le précurseur de l'humanitaire.

Je voudrais également associer à cet éloge tous les participants de ces rencontres scientifiques qui ont contribué à l'accomplissement de ce programme de recherche et à la réussite de ce livre.

Les travaux de toutes ces journées d'étude étaient centrés sur le thème :

**" Situations d'urgence et droits fondamentaux "**

Cet ouvrage envisage dans un premier temps la dimension théorique à partir du concept d'urgence. Le droit de l'urgence est une notion particulièrement fluide et protéiforme où s'opposent deux conceptions de l'humanitaire.

Nous trouvons tout d'abord une conception objective qui se caractérise par un droit mettant en œuvre des pouvoirs exorbitants du droit commun dans les situations de catastrophes naturelles, environnementales, de génocide ou de guerre. Comme en droit interne, l'urgence se justifie lorsque des situations portent atteinte de manière particulièrement grave et immédiate à un ensemble d'intérêt privés ou à l'intérêt général[1] d'une communauté.

---

[1] Cf. " L'urgence, condition essentielle du référé suspension ", J. Raymond, Vice-président du tribunal administratif de Toulouse, in *La semaine juridique – Administration et collectivité territoriales*, n° 43 – 20-10-03, p. 1369 s.

Le droit de l'urgence est inspiré par des sentiments de solidarité et de responsabilité éprouvés par une société tout entière vis-à-vis de ses semblables et des générations futures.

Ce droit combine plusieurs normes – internationales, européennes et nationales – et s'inscrit dans le mouvement des droits de l'homme de la troisième génération (environnement et solidarité).

Des contributions ont démontré, en particulier, l'importance et le caractère incompressible de certains droits fondamentaux face à des situations d'urgence. On invoque souvent une obligation d'action pour la communauté internationale afin de faire respecter ces droits et libertés fondamentaux. Certains auteurs considèrent d'ailleurs, à juste titre, que Nuremberg fut un tournant historique dans cette évolution.

Ces normes auraient un fondement international (*jus cogens*) et leur portée universelle (*ergas omnes*) renforcerait leur qualité intrinsèque.

Il existerait ensuite une conception subjective des droits de l'homme et de l'urgence. Au-delà de l'État et des règles purement formelles, il y aurait un sujet de droit sans frontière aucune qui serait l'Autre et pour lequel sa souffrance, sa vulnérabilité priment le droit formel et les obligations légales.

On se réfèrerait à la parabole de Luc sur le bon samaritain pour qui l'intervention de ce dernier ne dépend ni d'un devoir ni d'un choix. On attacherait à toute situation d'urgence l'humanité de l'homme, au respect et à la sauvegarde de sa dignité personnelle.

Une approche plus pratique de l'urgence est analysée dans la seconde partie.

Un constat s'impose : le droit saisit de mieux en mieux les situations d'urgence. Le droit administratif, le droit humanitaire, le droit de l'environnement (principe de précaution), le droit pénal international (création de cours internationales *ad hoc*), le droit international (article 51 de la Charte de l'ONU), le droit de la santé (mise en place d'un fonds international contre le Sida) sont autant de révélateurs de cette extension matérielle étonnante du droit de l'urgence dans nos sociétés. Pour faire face à ces éléments, les États introduisent de nouveaux mécanismes juridiques afin d'assurer la sécurité et la solidarité.

D'autres auteurs mettent en évidence cette tendance à sacrifier l'essentiel à l'urgence – et en fin de compte qu'est-ce que l'urgence de l'essentiel ? La dichotomie ingérence/droits fondamentaux rend compte de ces contradictions car celle-ci peut avoir des résultats positifs sur le court terme mais aléatoires sur le long terme.

Les distorsions et tensions entre les droits fondamentaux et la réalisation de certaines politiques publiques menées par les États et les organisations internationales apparaissent de plus en plus fréquentes et fortes.

L'environnement économique (politique de restructuration du FMI) et géopolitique (terrorisme) a à la fois renforcé et amplifié les antagonismes entre la “ bonne gouvernance ” et les situations d'urgence. C'est pourquoi, le contrôle et l'évaluation des politiques publiques deviennent de plus en plus nécessaires.

Certains textes soulignent avec justesse comment les droits fondamentaux et l'humanitaire peuvent servir d'alibi aux grands de ce monde pour justifier leur hégémonie.

Il y eut le silence des grandes puissances au Rwanda qui auraient dû empêcher le génocide alors qu'en Irak l'hégémonisme a pris le visage d'un pouvoir protecteur despotique exerçant le droit d'ingérence au nom de l'universalité des droits de l'homme.

Entre le vieux principe classique de non-intervention dans les affaires intérieures des États et le droit d'ingérence humanitaire, il y a de la marge sans doute pour un droit international équilibré et mesuré.

Mais alors, se pose la question d'un point de vue strictement juridique : celui des critères de l'inacceptable, du légitime et du légal, le niveau du régime et en particulier de la fixation du plafond et du plancher d'un fait ou d'une action d'urgence attentatoire à la garantie des droits fondamentaux, et plus généralement celui de la distinction ou de la confusion entre la norme et l'exception, des limites entre la paix et l'état de guerre permanente.

Et pourtant, quels que soient les arguments juridiques, politiques et humanitaires avancés, l'humanité invente continûment massacres et terreurs[2]. Y aurait-il en l'homme une forme spécifique de génie meurtrier ? Guerre libanaise, souffrances africaines, palestiniennes et au Kosovo, génocide à Sarajevo, cette litanie des malheurs pourrait être encore longue…

La violence et le terrorisme sont au cœur de la vie internationale : frontale ou souterraine, publique ou privée, visible ou invisible. Comment situer l'humanité et la communauté internationale dans cette tragique histoire ? Quels sont leur rôle et leur responsabilité ? Quelles sont les relations existantes entre la victimologie et la criminologie ainsi que la place du droit en tant que règlement de conflit ? Autant de questions et d'interrogations qui émaillent cet ouvrage.

Cette étude s'articule autour de deux axes principaux. Nous aborderons successivement l'approche théorique de l'urgence dans ses dimensions internationale et interne et la mise en œuvre de ce droit de l'urgence avec principalement ses composantes humanitaire, éthique, environnementale, sécuritaire et minoritaire.

Arnaud de RAULIN

---

[2] Le XX$^{e}$ siècle aura battu tous les records en nombre de victimes liées aux guerres.

## LISTE DES PERSONNES AYANT CONTRIBUE A CET OUVRAGE


**Jean-Pierre BENAIS**
Docteur en médecine, docteur en droit,
Maître de conférences à l'Université de Paris XIII (France)

**Charles COUTEL**
Doyen de la faculté de droit de Douai (France)

**Maurice ENGUÉLÉGUÉLÉ**
Maître de conférences
à l'Université de Yaoundé II (Cameroun)

**Gilles FIÉVET**
Doyen honoraire de l'Université d'Artois (France)

**Mamadou KASSE**
Doctorant en Droit international
à l'Université d'Artois (France)

**Gourmo Abdoul LÔ**
Université du Havre (France)

**Bjarne MELKEVIK**
Professeur à la faculté de droit, Université Laval,
Québec (Canada)

**Vladimir NASLEDNIKOV**
Avocat au Barreau de Paris (France)

**Victor NGOUILOU-MPEMBA YA MOUSSOUNGOU**
Maître de conférences à la faculté de droit
de l'Université Marien Ngouabi de Brazzaville (Congo)

**Marie-Luce PAVIA**
Professeur à l'Université de Montpellier I (France)

**Arnaud de RAULIN**
Professeur à l'Université d'Artois (France),
consultant auprès du HCR
(*Haut-Commissariat des Réfugiés*),
secrétaire général et directeur scientifique
de la *Revue juridique et politique des États francophones*,
membre de l'*Académie des Sciences d'Outre-mer*

**Stephen ROSENBAUM**
Professeur adjoint à l'Université de Berkeley,
Avocat au Barreau d'Oakland (États-Unis)

**Georges SAAD**
Docteur en droit public, Maître de conférences
à la faculté de droit et à la filière francophone
de droit (Université libanaise)

**Nourredine SAADI**
Maître de conférences à l'Université d'Artois (France)

**Stamatios TZITZIS**
Directeur de recherche CNRS (*Institut d'histoire du droit*),
directeur du département de *Philosophie du droit pénal*
de l'*Institut de criminologie de Paris*,
Université Panthéon-Assas, Paris II (France)

L'organisation scientifique générale et la réalisation technique
de cet ouvrage ont été exécutées par **Guillaume BERNARD** (France).

Les épreuves ont été relues par **Henry PANHUYS** (Belgique),
consultant international, directeur de la collection *Économie plurielle.*

La finalisation informatique a été assurée par **Nadine LEFEBVRE**
du **Bureau LEFEBVRE** (Belgique)

Les auteurs tiennent à leur exprimer
leurs sincères remerciements.

# PARTIE I.

# APPROCHES THEORIQUES DE L'URGENCE ET RECHERCHE JURIDIQUE FONDAMENTALE

# SOUS-PARTIE I.

# L'URGENCE APPREHENDEE PAR LE DROIT FONDAMENTAL

# CHAPITRE 1.

# LE DISCOURS DU JURISTE SUR LA NOTION DE RISQUE

Marie-Luce PAVIA

## REMARQUES INTRODUCTIVES TERMINOLOGIQUES ET METHODOLOGIQUES

**a.** En ce qui concerne le risque, une constatation s'impose aujourd'hui d'évidence : quel est le secteur de la vie contemporaine qui lui échappe ? Ne parle-t-on pas de risque naturel ou de risque industriel ? N'affirme-t-on pas que les plantes génétiquement modifiées font courir un risque à la santé publique ? Ne craint-on pas que les manipulations génétiques sur l'homme entraînent le risque d'eugénisme ? L'informatique ne risque-t-elle pas de porter atteinte à la vie privée ? Les trous dans la couche d'ozone ne risquent-ils pas de modifier la vie présente et future sur la planète terre ? Depuis le 11 septembre 2001, n'existe-t-il pas un risque permanent d'attentats terroristes ?

Un colloque sur " Les États-Unis : un pays/risque " a même été organisé à Paris à la fin de l'année 2002 ! Après le naufrage du " Prestige ", l'on a déploré le risque d'une " mer sans droit " ; dans un autre domaine, un *pool* de coassurance des établissements de soins et professionnels de santé a été créé pour gérer la période transitoire vers le retour à un marché normal de l'assurance au cours de l'année 2003 avec la modification des textes législatifs sur l'assurance du risque médical. Oui, le risque est là ! Plus même, depuis Freud, ne gît-il pas en chaque individu ?

**b.** Tous les discours s'emparent donc du risque, ce qui indique bien une prise de conscience généralisée, à laquelle le discours juridique ne peut échapper. Il est vrai qu'à la suite d'un XX^e^ siècle, siècle de fer, de feu et de sang et à l'aube d'un XXI^e^ siècle qui laisse déjà dans les mémoires une forte odeur de cadavres, l'on peut avancer, sans risque de se tromper, que l'idée de risque est ainsi devenue l'une des grandes " idées régulatrices " de notre temps. Et à propos de ces idées, Michel Foucauld a, avec talent, démontré comment se constituent ces " arrangements " idéels où les sciences, les arts, les idéologies s'articulent pour former la structure d'une époque. Cependant, comme toute idée, il est évidemment risqué d'en marquer avec certitude la date de naissance. À cet égard d'ailleurs, il s'agit sans doute d'un beau travail pour les historiens des idées.

**c.** L'apport de l'herméneutique, qui permet l'interprétation des discours, peut servir au déchiffrage du discours juridique. De Paul Ricœur[1], il convient de retenir ce que l'on appelle le " cercle herméneutique ", qui prend en compte le temps. Ce cercle – ou plus exactement une boucle non fermée – est traversé par le temps de manière rétroactive. Il y a donc un avant (soit t. 1) et un après (soit t. 2) du discours et comme une relation s'instaure entre t. 1 et t. 2 – c'est-à-dire une relation s'instaure entre l'auteur et le lecteur du discours – celui-ci agit rétroactivement sur l'environnement intellectuel de celui-là.

**d.** Le terrain étant déblayé, le sujet imparti pourrait se formuler de la manière suivante : aujourd'hui, après avoir démontré que le droit positif saisit le risque, une question surgit : l'idée de risque ne s'est-elle pas emparée à son tour du droit (t. 2) et ne modifie-t-elle pas la conception traditionnelle que l'on peut avoir de ce dernier (t. 1) ?

**e.** En matière d'histoire de relations entre le risque et le droit, les juristes ne me semblent pas dépourvus et, notamment, les juristes de droit public. En effet, une date leur vient immédiatement à l'esprit : celle de l'arrêt Cames rendu par le Conseil d'État le 21 juin 1895[2]. Bien que l'on s'accorde pour souligner sa portée très réduite aujourd'hui, il paraît au contraire exemplaire pour tenter de comprendre l'incidence du risque sur le droit. Avant d'évaluer la résonance du raisonnement juridique qu'il inaugure (2), il convient d'abord de revenir rapidement sur cet arrêt, afin de dresser une sorte de bilan non exhaustif de la diffusion du risque en droit positif (1).

## 1. LE DROIT POSITIF SAISIT LE RISQUE

*Stricto sensu*, l'arrêt Cames définit seulement un régime de responsabilité pour risque au bénéfice de certains agents des services publics (1.1). Plus largement, il inaugure un mouvement du droit, puisque, après lui, différentes branches du droit s'emparent aussi du risque (1.2).

### 1.1. LA GENESE DE LA RELATION ENTRE LE DROIT ET LE RISQUE

Quels sont les faits et la solution apportée par le Conseil d'État en 1895 ? Le sieur Cames, ouvrier de l'État à l'arsenal de Tarbes, était occupé à forger un parquet de fer au marteau-pilon, lorsqu'il reçut un éclat de métal qui

[1] " Temps et récit ", 1, Seuil, 1983, particulièrement p. 86. ; *Temps et récit*, Seuil, 1984.
[2] Rec. 509. Cf. aussi : D. 1896.3.65, concl. Romieu ; S. 1897.3.33, concl. Romieu, note Hauriou.

provoqua l'atrophie complète de sa main gauche et entraîna l'impossibilité pour lui de pourvoir à sa subsistance. C'est alors que le ministre de la guerre lui offrit, à titre gracieux, une indemnité de 2000 francs. N'étant pas satisfait, le sieur Cames demanda au Conseil d'État une indemnité plus élevée, sans alléguer aucune faute déterminée à la charge de l'État.

Dans un arrêt très court comme le sont souvent les arrêts du Conseil d'État, la Haute instance nouvellement indépendante considéra, d'une part, qu'aucune faute ne pouvait être reprochée au sieur Cames et que ne pouvait non plus lui être imputée aucune négligence ni imprudence. D'autre part, même en l'absence de faute, le ministre de la guerre ne pouvait pas soutenir que l'administration n'avait encouru aucune responsabilité. Au contraire, à raison du préjudice causé par la réalisation d'un risque, la responsabilité de l'État était engagée de plein droit, qui fut condamné à verser une rente viagère à compter de la date où Cames avait cessé de recevoir son salaire quotidien.

Concernant directement les agents du service public, la jurisprudence Cames peut actuellement encore théoriquement bénéficier aux personnels des services publics qui ne seraient pas couverts, ni par la législation des pensions de la fonction publique, ni par celle des accidents du travail, ni, s'agissant des élus locaux, par celle qui assure leur indemnisation en cas d'accident dans l'exercice de leur mandat. La doctrine remarque que le développement de ces législations est tel que l'arrêt Cames ne présente plus guère d'intérêt, sauf pour les collaborateurs qui apportent occasionnellement et bénévolement leur concours à l'exécution d'un service public. Sans doute, si l'on s'en tient à la portée strictement entendue de cet arrêt ! Il apparaît cependant que le mouvement concernant l'appréhension du risque par le droit ne s'est plus arrêté depuis 1895.

## 1.2. LE DEVELOPPEMENT DE LA RELATION ENTRE LE DROIT ET LE RISQUE

Le risque est aussi à la base du régime de la responsabilité sans faute de l'État (1.2.1). Plus largement, il sous-tend d'autres régimes de responsabilité pour risque dans d'autres branches du droit que le droit administratif (1.2.2).

### 1.2.1. L'extension du régime de la responsabilité pour risque de l'État

La responsabilité pour risque se rencontre également dans le cas d'une responsabilité sans faute à raison d'un *risque spécial* se rapportant aux dommages qui ont leur origine dans des choses (biens mobiliers ou ouvrages publics), des méthodes ou des situations dangereuses. Ainsi, par exemple, c'est un arrêt classique du Conseil d'État, dit " du Fort de la Double Couronne " du

28 mars 1919[3], qui inaugure la responsabilité du fait des choses dangereuses. L'on se reportera à l'arrêt *Thouzellier* du 3 février 1956[4], qui a emporté l'application d'un régime de responsabilité sans faute à raison du caractère dangereux de certaines méthodes. La responsabilité pour risque est également liée à l'existence d'un risque spécial de dommage pour les personnes qui se trouvent placées, en conséquence des obligations qui leur sont faites, dans une situation dangereuse[5].

L'absence de faute est manifeste aussi, lorsque les victimes de certaines infractions pénales peuvent mettre en cause la responsabilité de la puissance publique en cas de *risque social*. Lorsque ces infractions leur ont causé un " trouble grave " dans leurs " conditions de vie " et lorsqu'elles ne peuvent à un titre quelconque obtenir la réparation ou une réparation suffisante de leur préjudice (cas où les auteurs de l'infraction sont inconnus ou insolvables ou ont disparu et où il y a absence ou insuffisance d'indemnités d'assurance ou de la sécurité sociale)[6].

Plus récemment, le *risque transfusionnel* va encore bouleverser la responsabilité de la puissance publique. En ce sens, la commissaire de gouvernement Mireille Heers, dans ses conclusions sur l'arrêt de la Cour d'Appel administrative de Paris du 5 mai 1998, n'hésite pas à déclarer " que ce sentiment naturel de justice qu'on appelle l'équité, appelle une réparation à la hauteur – si tant est que cela soit possible – du préjudice subi " par les victimes de ce risque.

Après l'arrêt Cames, c'est cette propagation du risque en droit administratif, qui fait écrire à René Chapus[7] :

> " la responsabilité pour risque est le symbole de la responsabilité sans faute, au point qu'elle est parfois considérée comme se confondant avec elle ".

### 1.2.2. La propagation du risque dans d'autres branches du droit

L'expression " responsabilité pour risque " est devenue classique et banale aujourd'hui en droit. Cette constatation se vérifie bien évidemment dans

---

[3] Arrêt *Regnault-Desroziers* : RDP 1919, p. 239, concl. Corneille : S. 1919.3.25, note Hauriou.

[4] Rec. P. 49 ; AJDA 1956, p. 597, note J.-M. Auby ; RDP 1956, p. 854, note M. Waline.

[5] Cf. arrêt CE. Sect. 19 octobre 1962 *Perruche*, Rec. P. 555 ; AJDA 1962, p. 668, chron. M. Gentot et J. Fourré.

[6] Cf. la loi du 3 janvier 1977, incluse dans le Code de procédure pénale (art. 706-3 et suivants) ; modifiée dans un sens favorable aux victimes par la loi du 2 février 1981 *renforçant la sécurité et protégeant la liberté des personnes* (art. 98), puis par la loi du 8 juillet 1983 *renforçant la protection des victimes d'infractions* (art. 15 s.).

[7] Cf. son ouvrage : *Droit administratif général*, Domat/Droit public, Montchrestien, 4e éd., 1988, p. 827 s.

le cadre de la responsabilité civile. Presque un an après le Conseil d'État, le 16 juin 1896, la chambre civile de la Cour de Cassation a considéré que, pour indemniser les victimes, l'alinéa 1 de l'article 1384 contenait un principe général du fait des choses. Tout comme celle du Conseil d'État, cette construction jurisprudentielle a perdu, ensuite, son utilité lors de la loi du 9 avril 1898 sur la réparation des accidents du travail. Pourtant, après, le risque n'en n'a pas fini de produire ses effets en droit civil. C'est dans un arrêt très important " Veuve Jand'heur c. Les Galeries belfortaises " du 13 février 1930[8], que les Chambres réunies de la Cour de Cassation, au lieu d'employer l'expression traditionnelle de " présomption de faute ", se sont servies de celle de " présomption de responsabilité ".

Même s'il s'appuie sur un texte, cet arrêt n'a-t-il pas entendu abandonner la notion de faute comme fondement de la responsabilité, pour y substituer la notion objective de risque dans le cadre de la responsabilité du fait des choses ? Ce faisant, la Cour de Cassation ne parvient-elle pas au même résultat que le Conseil d'État dans l'arrêt Cames, c'est-à-dire mieux indemniser la victime ? Par ailleurs, la jurisprudence Jand'heur a démontré son intérêt avec le développement de l'automobile et la généralisation de l'assurance. Dans ce domaine, l'on sait que l'on peut contracter, par exemple, une police d'assurance tout risque.

La banalisation de la responsabilité pour risque existe aussi dans le droit de la santé, comme le démontre avec une évidence certaine notre colloque. À cet égard, l'on peut citer aussi la loi du 4 mars 2002 dite loi " droits des malades " qui établit, outre la responsabilité pour faute médicale, deux catégories de responsabilités sans faute qui sont basées sur le risque. Il s'agit, d'une part, de celle qui est à la charge des établissements pour les accidents nosocomiaux et, d'autre part, de celle qui est la charge de la solidarité nationale.

Au-delà, le risque est à la base des champs nouveaux du droit ouverts par les progrès de la technique, comme le droit de l'informatique et de la communication, le droit de l'environnement, le droit de l'espace, le droit des risques naturels et des risques technologiques et le droit de la bioéthique...

Alors, après l'hommage rendu à l'arrêt Cames, faut-il en finir avec lui parce qu'il est, *stricto sensu*, d'application limitée ? Une réponse négative s'impose, tant son intérêt n'est pas épuisé, loin de là. Car, le raisonnement qui lui est sous-jacent le dépasse largement et il résonne aujourd'hui dans la conception même que l'on peut avoir du droit confronté avec le risque.

---

[8] Cf. D.P. 1930. 1. 57, rapport du conseiller Le Marc Ladour, conclusions du procureur général Matter, note M. Ripert. Aussi, Henri Capitant, *Les grands arrêts de la jurisprudence civile,* Dalloz, 8e éd., p. 465-471.

## 2. LE RISQUE SAISIT LE DROIT POSITIF

*Lato sensu*, la portée de l'arrêt Cames vient de ce qu'il introduit un nouveau syllogisme par rapport au syllogisme juridique traditionnel (2.1). À partir de là, il est possible de s'interroger sur la valeur du risque dans sa relation avec le droit (2.2).

### 2.1. LA PORTEE DE LA RELATION ENTRE LE RISQUE ET LE DROIT

Dans l'affaire Cames, il est revenu au commissaire du gouvernement Romieu, dont les conclusions ont été suivies implicitement par les juges, de présenter des arguments renversants. Romieu commence par démontrer que la défense du ministre de la guerre n'est pas dépourvue d'une logique certaine, car, en droit, à l'époque considérée, seul le caractère fautif du fait dommageable pouvait entraîner la responsabilité. Le syllogisme est ici traditionnel en matière de responsabilité. La majeure découle en effet de la jurisprudence des tribunaux judiciaires sur la responsabilité : toute responsabilité ne peut être engagée que s'il y a faute. Or, en l'espèce, il n'y a aucune faute à la charge de l'administration et à la charge de Cames. En conséquence, la conclusion ne peut être déduite de la majeure par l'intermédiaire de la mineure et, donc, l'ouvrier ne peut prétendre à une indemnité. Imparable logique juridique, mais implacable logique juridique du point de vue de la victime !

Romieu n'en reste donc pas à la rigueur de la logique juridique traditionnelle, parce qu'il est, lui, sensible au préjudice subi par la victime. En conséquence – c'est-à-dire en pleine inconséquence du point de vue du droit civil de l'époque – il va proposer un autre syllogisme lui permettant de rompre avec ce qu'il est convenu d'appeler le droit commun. A cet égard, il n'était d'ailleurs pas l'initiateur de cette volonté de rendre autonome le droit administratif. Déjà, le 8 février 1873, le Tribunal des Conflits avait rendu le célèbre arrêt Blanco[9] dont les considérants allaient eux aussi résonner dans ce droit tout entier. N'est-ce pas pour cette raison que le droit administratif est dit droit d'exception ?

---

[9] L'on se souvient que l'action intentée par le sieur Blanco avait pour objet de faire déclarer l'État civilement responsable du dommage résultant de la blessure que la fille de Blanco avait éprouvée par le fait d'ouvriers employés par l'administration des tabacs, ce par application des art. 1382, 1383 et 1384. Sur la base des conclusions du commissaire du gouvernement David, le Tribunal des Conflits avait répondu en deux temps : d'un côté la responsabilité de l'État " ne peut être régie par les principes qui sont établis dans le code civil " et, d'un autre côté, n'étant ni générale et absolue, cette responsabilité a " ses règles spéciales qui varient suivant les besoins du service et la nécessité de concilier les droits de l'État avec les droits privés ".

Avec l'arrêt Blanco, la majeure devient : lorsqu'il s'agit de la responsabilité de l'État, le droit commun – c'est-à-dire le droit civil qui lie faute et responsabilité – n'est pas applicable. Donc le juge va dissocier la responsabilité de la faute. Et c'est dans cet interstice, qui va devenir immense, que Romieu glisse le cas Cames dans la mineure : il n'y a pas de faute de l'ouvrier ni de l'État. Alors, la conclusion que développe Romieu peut se déduire de la majeure par l'intermédiaire de la mineure : en l'absence de toute faute de l'ouvrier et de l'État, celui-ci " doit garantir ses ouvriers contre le *risque* résultant des travaux qu'il fait exécuter ". En conséquence, " si un accident se produit dans le travail et qu'il n'y a pas faute de l'ouvrier, le service public est responsable et doit indemniser la victime ".

Surgit alors une question : où le nouveau raisonnement de Romieu trouve-t-il sa source ? quels sont ses fondements ? À cet égard, la réponse du commissaire du gouvernement va connaître une fortune singulière. En effet, la responsabilité de l'État ne relevant pas du droit commun depuis l'arrêt Blanco et, plus précisément, la responsabilité pour risque étant inconnue en droit civil, la solution proposée se trouve dans un ailleurs, qui se situe dans les " propres lumières " du juge administratif, dans " sa conscience " et dans les " principes de l'équité ". Parce qu'il y a risque, les " lumières ", la " conscience ", les " principes de l'équité ", sont donc les sources d'inspiration du juge et c'est bien ce qui est renversant par rapport à la conception moderne du droit. L'on se souvient en effet que la Révolution s'est faite contre les juges, ce qui a banni l'équité pour longtemps. Et pourtant, aujourd'hui, avec le risque, le juge est là et, avec lui, l'équité, comme cela a déjà été souligné à propos du risque transfusionnel. Alors, comment interpréter ces retours, lorsque le risque saisit le droit ? Le risque introduit-il une autre conception du droit ?

### 2.2. La valeur de la relation entre le risque et le droit

Il semble que la notion de risque remet en cause la notion de sécurité issue du droit moderne (2.2.1). Partant de là, ce sont donc de nouvelles notions qui caractérisent ce que l'on propose de qualifier le " droit risqué " (2.2.2).

#### 2.2.1. Le risque signe un droit risqué

Comme le souligne André-Jean Arnaud[10], l'un des signes distinctifs de la modernité est la " sécurité " du subjectivisme juridique, c'est-à-dire la stabilité, la permanence du droit et des droits subjectifs innés qui sont des

---

[10] *Entre modernité et mondialisation – Cinq leçons d'histoire de la philosophie du droit et de l'État*, L.G.D.J., 1997.

prérogatives, des pouvoirs appartenant aux particuliers. La sécurité sans risque irrigue le droit tout entier. C'est bien le sens de la DDHC de 1789, qui " déclare " des droits " naturels " de l'homme, qui sont " imprescriptibles " malgré des accidents de l'Histoire. Ce faisant, la Déclaration pose même, par principe, que ces droits sont universels, comme le symbolise de manière grandiose la statue de Bartoldi que la France offre aux États-Unis en 1888. Cette œuvre représente bien un " homme centre du monde " éclairant ce dernier du flambeau de " sa " liberté individuelle. En quelque sorte, le monde juridique est fait à l'image de l'homme des droits.

Dans la modernité, la sécurité est donc encore à l'œuvre, lorsqu'il faut trouver le moyen de mettre en application le subjectivisme. Le droit positif et objectif remplit cet office, en faisant entrer dans les faits juridiques le droit naturel. Partant de l'individu, la société et l'État sont aussi requis pour l'épanouissement du droit subjectif. Du même coup, les droits subjectifs de tous les hommes s'épanouissent et, comme la lumière est là, il n'y aura plus d'ombre[11]. Même dans le domaine scientifique, il n'y a plus de mystère[12]. Dans cet univers sécurisé, il n'y a donc pas logiquement de place pour le risque, puisque " la Loi avec un grand L, la Raison avec un grand R, l'Homme avec un grand H "[13] gouvernent le monde.

C'est dans ce sillage idéel que la responsabilité ne peut être que subjective, tout comme la faute qui en est la seule source. Il en résulte qu'une personne n'aura à répondre des conséquences de ses actes que si son comportement est fautif, comme l'énonce bien l'article 1382 du Code civil en 1804. Lorsque le droit se situe du côté du responsable de la faute – surtout en droit pénal[14] – la responsabilité est entendue au sens kantien du terme, c'est-à-dire comme étant celle du " sujet dont les actions sont susceptibles d'imputation "[15]. Ce qui est bien la position du droit civil à l'époque de l'arrêt Cames : puisqu'il n'y a pas de faute de la part de l'État, ce dernier ne peut être

---

[11] Sur cette construction idéelle, l'on peut lire Gérard Mairet : " Liberté et égalité ", in *Histoire des idéologies*, sous la dir. de François Châtelet, Hachette, 1978, p. 80-98.

[12] Ainsi, le docteur Itard, en 1806, pronostique-t-il que le " sauvage de l'Aveyron " se comporterait effectivement comme un animal, s'il était privé d'éducation. Itard met en observation l'enfant-loup et, par touches légères, il s'efforce de l'éduquer et note alors dans son rapport que cet enfant, même s'il ne pourra jamais parler, se comporte désormais comme un " civilisé ". Cet exemple est rapporté par J. M. Domenach, *Approches de la modernité*, Ellipses, 1986, p. 45.

[13] Antony Carty, " Le siècle des Lumières, La Révolution et la mort de l'Homme. Une approche post-moderne du droit ", n° 13 spécial de *Droit et société*, p. 315.

[14] Sur le sens du mot " responsable ", cf. M. Villey : " Le mot responsable ", in *Archives de philosophie du droit*, 1977, t. 22, p. 45-58.

[15] *Doctrine du droit, Introduction à la métaphysique des mœurs*, p. 98.

tenu à dédommager. Le raisonnement est le même du côté de Cames : s'il avait commis une faute, cela lui aurait interdit de réclamer un dédommagement.

Dans le fond et schématiquement, l'on conçoit le droit de la manière suivante : au point de départ, il y a un auteur d'acte, qui, fatalement raisonnable et moral, est responsable de cet acte, comme il sera responsable de sa faute si son comportement est déviant. Le point d'arrivée est donc déjà contenu dans le point de départ et permet d'y revenir dans un incessant aller-retour sur une trajectoire juridique linéaire parfaitement droite. Tout est balisé, sûr et évident sur le chemin du droit subjectif/objectif, puisque l'origine ne mène à la fin que parce qu'elle la contient déjà ou ce par quoi l'on commence contient déjà tout en puissance. En conséquence, l'on ne peut être victime que de sa propre faute et non la victime d'une autre personne ou d'une chose.

Bientôt, cependant, le rideau de cette histoire lissée ne va pas tarder à se déchirer sous les coups redoublés de la réalité sociale. Après l'idéologie du progrès, s'avance celle du soupçon à laquelle le droit ne peut échapper. En cette affaire, bien sûr, apparaissent les inévitables risques d'accidents ou accidents du progrès, et ce n'est pas un hasard si le signe " risque "[16] apparaît aussi en 1895 et qu'il va côtoyer le signe " sécurité ". Mais l'arrangement est tout autre, car celui-ci découle de celui-là, qui est désormais posé a priori. Le risque donne donc à voir de nouvelles relations juridiques. Est-ce une crise du droit comme le pensent certains ou entrons-nous dans le droit post-moderne ? En tout cas, c'est désormais le droit saisi par le signe " risque " qui remet en cause le droit saisi par le signe " sécurité " issu de la modernité. Et ce droit risqué est caractérisé par certaines notions ou principes directeurs.

### 2.2.2. Les notions significatives du droit risqué

Les accidents du travail, les accidents de transport, les accidents causés aux tiers par les automobiles, les actes de violence...et le besoin de sécurité engendré par le risque ont conduit à poser des règles de droit se situant du côté de la victime, en lui permettant d'obtenir réparation en l'absence de toute faute. C'est bien ce langage que tient le Conseil d'État en 1895. *Il s'agit ici de la première caractéristique du droit risqué : c'est un droit qui permet de réguler des relations multipolaires, où la notion de victime devient sur-déterminante.* Ce faisant, il y a aussi la réhabilitation d'un rapport entre les choses – ce qu'était déjà le droit antique – afin de réparer le dommage subi par la victime. C'est bien ce que va faire la Cour de Cassation en posant, en 1896, un principe général de responsabilité du fait des choses.

---

[16] L'on suit toujours le raisonnement de André-Jean Arnaud, *op. cit.*

Le droit positif ne manque pas d'exemples de plus en plus nombreux, qui soulignent bien ces changements relationnels. Plus même, l'on passe des dommages effectifs aux dommages éventuels. C'est le cas, particulièrement significatif pour mon propos, de l'article 223-1 du nouveau Code pénal, qui crée l'infraction de " mise en *danger* ", c'est-à-dire : une infraction qui résulte non pas d'un dommage, mais de l'éventualité d'un dommage. Le délit est constitué lorsqu'il consiste à exposer autrui à un *risque* immédiat de mort ou de blessures propres à entraîner une mutilation ou une infirmité permanente, causé par la violation manifestement délibérée d'une obligation particulière de sécurité ou de prudence édictée par la loi ou le règlement[17].

Désormais donc, loin des certitudes du progrès, des évènements – existants ou pouvant se réaliser – de tous ordres sont redoutés. Ils resituent l'homme dans le désordre du monde – déjà le droit romain prévoyait le " risque de mer " qui renvoyait à un contrat de prêt aléatoire (le " prêt à la grosse aventure " opéré au risque du prêteur) – et démontrent la vulnérabilité de l'individu. Pour parler comme Hans Jonas, " l'heuristique de la peur "[18] s'installe, tout comme la nécessité d'ordonner le désordre. Le droit risqué est, par rapport au droit subjectif moderne fixé une fois pour toutes sur le devoir-être de la causalité, beaucoup plus un droit objectif fixé sur l'être déterminé par une causalité de plus en plus éloignée. *Il s'agit donc de la deuxième caractéristique du droit risqué, comme le démontre la problématique sous-jacente au principe de précaution.*

Ce principe se définit comme l'ensemble des mesures ou des dispositions de toute nature envisagées ou prises dans l'intérêt général ou collectif, pour prévenir en tout ou en partie un risque dont l'hypothèse est avancée sans certitude scientifiquement ou définitivement acquise, afin d'en supprimer ou d'en limiter les conséquences de tous ordres à un coût raisonnable et adapté[19]. La précaution est donc présente avant que les actes dans lesquels elle est intégrée ne se produisent. Et comme tout acte est générateur d'un risque – important ou mineur – c'est le risque qui est prévisible dans son existence, puisque le risque zéro n'existe pas. Mais nul ne peut savoir ni où, ni comment, ni quand il se produira et c'est la raison pour laquelle, il devient urgent de ne rien faire. Cependant, la certitude de l'existence du risque, entraîne la certitude du préjudice.

La précaution tend ainsi à instituer " une responsabilité sans bénéfice du doute à la charge de tous ceux qui n'auront pas adopté une conduite appropriée

---

[17] Cass. Crim., 9 mars 1999 : JCP. 99, II, 10188, note J.M. Do Carmo Silver ; Grenoble, 19 février 1999, D. 1999, 80, note M. Redon.

[18] *Le principe de responsabilité*, Le Cerf, 1990, p. 49.

[19] Sur cette définition, l'on se reportera au *Rapport au premier Ministre* de Philippe Kourilski et Geneviève Viney, Ed. O. Jacob, 2000.

dans la perspective d'anticiper, de prévenir, de neutraliser, d'éradiquer les simples risques... "[20]. Avec le risque, se dessine une " faute de précaution " posée a priori et les critères classiques " sans faute " ou " pour faute " n'interviennent que d'une manière ultérieure pour déterminer éventuellement une raison atténuante ou aggravante dans le montant de l'indemnisation.

En outre, cette responsabilité est sans fin, puisqu'elle lie individuel et collectif et présent et futur. À la différence de la responsabilité subjective inhérente au droit moderne, le droit risqué est inspiré par un sentiment de responsabilité éprouvé par une société tout entière vis-à-vis des " générations futures ". Le droit de l'environnement s'inscrit bien dans cette perspective, puisqu'il consiste à préserver la " terre ", qui appartient, non pas à nous-mêmes, mais à " nos enfants ".

Par ailleurs, comme le soulignent B. Mathieu et N. Lenoir à propos de la bioéthique, le droit " tente de canaliser (les progrès), afin que leurs effets puissent bénéficier à l'homme, au lieu de lui être néfastes[21] ". En même temps, ces auteurs ajoutent que les sources du droit de la bioéthique se diversifient de plus en plus. Plutôt que le monisme du droit subjectif et individualiste, le droit risqué combine plusieurs normes, internationales, européennes et nationales. En outre, à côté des sources formelles – voire d'une seule source formelle comme dans le légicentrisme français – il y a d'autres sources commandées par la nécessité pratique : les recommandations des comités d'experts, les actes conventionnels, les directives du droit communautaire, la jurisprudence, les prises de positions des organisations non gouvernementales... *La notion de complexité donne à voir un droit de type systémique, ce qui est la troisième caractéristique du droit risqué.* Loin de la simplicité linéaire du droit dogmatique moderne, le droit risqué résulte de logiques éclatées, qu'il essaie de combiner.

Dans ce droit risqué, l'on peut donc comprendre que surgissent – ou resurgissent – le juge et l'équité[22]. Comme on l'a déjà souligné, tous deux sont tombés dans un long oubli dans l'arrière fond intellectuel des juristes français, tout entier aveuglés par la rationalité infaillible de la loi. Lorsque Romieu s'exprime en 1895, aurait-il oublié la phrase terrible que l'on prête à Robespierre : " désormais, aurait-il dit, il n'y a plus de jurisprudence " ? Aurait-il oublié que l'équité n'est pas source de droit, comme le rappelle encore la Cour de Cassation de nos jours[23] ?

---

[20] D. Mazeaud : " Responsabilité civile et précuation ", in *Juris-Classeur Assurance*, Hors série 2001 F., p. 72 s.

[21] *Les normes internationales de la bioéthique*, PUF, Que Sais-je ?, 1998, p. 4.

[22] M.L. Pavia, " Remarques méthodologiques sur le retour de l'équité dans le jugement ", in *Revue interdisciplinaire d'études juridiques*, Bruxelles, 2001. 46, p. 112-139.

[23] Chambre sociale, décembre 1996, JCP, 1997, I, 4046, n° 11, obs. L. Cadiet.

Certainement pas et, sans doute, il lui était difficile de faire autrement, au moins pour deux raisons. D'une part, dans le domaine de la responsabilité administrative, comme il y a absence de loi, le droit est immédiatement jurisprudentiel. D'autre part, confronté au tragique de la situation, le juge doit parvenir à une décision permettant une régulation sociale la plus juste possible. Il s'agit donc d'une réflexion juridique pratique, dans laquelle un seul instrument de mesure du risque pouvait être mobilisé à l'époque, c'est-à-dire : l'équité[24]. Cette vieille notion juridique particulièrement fluide permet ainsi d'établir un juste milieu entre deux prétentions, juste milieu qui ne peut pas être un maximum (terme purement mathématique), mais ne peut être qu'un optimum (ce qui veut dire le meilleur). C'est la raison pour laquelle la victime recevra une indemnité forfaitaire et ne sera pas – ne pourra pas être – entièrement dédommagée. *Où l'on découvre par là la notion d'équilibre inhérente au droit risqué. Ce dernier tend à rechercher, dans des situations pratiques complexes, un équilibre à l'intérieur d'un système juridique complexe. Il s'agit de la quatrième caractéristique du droit risqué.*

Est-ce à dire, horreur suprême pour le positivisme normativiste, que la loi est chassée par l'équité, comme celle-ci fut chassée par celle-là lors de la Révolution ? Certainement pas non plus. Mais dans la recherche de l'équilibre, n'est-il pas nécessaire de faire une place à l'équité et de cesser d'y voir la part honteuse du jugement ? Est-ce à dire aussi, comme ceux qui admettent l'équité, qu'elle se cantonne uniquement dans le jugement *ex æquo et bono*[25] ? Par ailleurs, lorsque la loi elle-même place l'équité en son principe, faudrait-il conclure qu'elle ne régule que des situations individuelles ou *in specie* ? Retomberions-nous sur des lois privées, qui ne seraient que privilèges ? Encore une fois, certainement pas. Mais aujourd'hui, la loi, loin d'être majestueusement posée *a priori*, est fondée elle aussi sur des pratiques sociales et répond à des politiques conjoncturelles.

Est-ce à dire aussi, au grand dam du jusnaturalisme moderne et au bonheur du déconstructivisime post-moderne, que la notion de droit de l'homme a perdu de son intérêt ? Les droits de l'homme subjectifs n'existeraient-ils plus ? Est-ce un prémodernisme façon Michel Villey qui est de retour ? Ce serait évidemment avoir très courte vue ! Un exemple parmi d'autres suffira pour le démontrer. La loi du 21 janvier 1995 d'orientation et de programmation de la sécurité pose, en son article 1er, que la sécurité est un droit fondamental et l'une des conditions d'exercice des libertés individuelles et collectives, que l'État a le devoir d'assurer la sécurité en veillant... au maintien de la paix et de

---

[24] La réflexion des juristes a été réactivée par la réapparition de l'équité. L'on peut se reporter à : M.L. Pavia, sous la dir., *L'équité dans le jugement*, à paraître chez L'Harmattan, coll. " Logique juridique ".

[25] En ce sens, cf. B. Starck, H. Roland, L. Boyer, *Introduction au droit*, Litec, 5e éd., 2000, p. 21.

l'ordre public, à la protection des personnes et des biens. Au-delà de cette loi – et sans faire du " droit-de-l'hommisme " comme l'on dit aujourd'hui – tous les grands textes internationaux, régionaux se réfèrent aussi aux droits fondamentaux de la personne humaine et entendent les préserver.

Tout ceci ne veut donc pas dire la disparition de l'être humain comme préoccupation du droit, mais le droit risqué introduit une modestie et un relativisme certains pour relever les défis de notre temps. Guy Braibant résume bien la polyvalence des expérimentations sur l'homme. " Comment, dans ce domaine, écrit-il, empêcher le mal et favoriser le bien ? " Si l'éminent juriste ajoute que la réponse du droit apparaît nécessaire pour compléter l'action morale par un encadrement juridique, il n'en demeure pas moins que le droit se heurte à plusieurs " lois ", qu'il ne peut ignorer. Guy Braibant relativise donc la portée de la règle juridique en soulignant que " Les savants, en général, ne connaissent que la loi du possible : tout ce qui peut être fait doit l'être. Les industriels obéissent tout naturellement à la loi du profit : si un produit peut rapporter de l'argent, il doit être fabriqué. Mais les uns et les autres souhaitent dans leur grande majorité que soient fixées des *règles du jeu* "[26]. Et le " je " se définit à l'intérieur de ce " jeu ".

Dans ce domaine, pour poser la règle de droit, l'on sait bien que les scientifiques, les politiques, les juristes, les psychanalystes, les sociologues, les industriels, les représentants des grands courants de la pensée religieuse et des associations sont désormais conviés à réfléchir ensemble aux rapports de l'homme avec la science. De cette délibération naîtra, non pas un droit impératif imposé d'en haut par un législateur tout puissant, mais un droit accepté par tous et, donc, négocié. *Avec la notion de négociation, l'on reconnaît ici ce que certains appellent la soft law* – expression traduite par " droit mou " en France[27], *c'est-à-dire un droit pragmatique, souple et évolutif. C'est la cinquième caractéristique du droit risqué.*

Dans ce mouvement du droit, les droits de l'homme évoluent aussi. Ainsi, les droits économiques et sociaux, qui dérivent d'une conception objective du droit, coexistent avec les droits subjectifs issus de la conception moderne. D'ailleurs, au sens du droit subjectif, l'on sait que les droits sont la résultante d'un pouvoir souverain de l'individu. Or, au cœur même d'un droit/liberté individuelle comme la liberté de la recherche, se niche, en raison du risque, une responsabilité sociale et individuelle qu'exprime bien le principe de précaution et qui limite la liberté de la recherche. *Si importante dans le droit*

---

[26] Préface à *Expérimentation biomédicale et Droits de l'Homme*, PUF, 1988, p. 8-9.

[27] Le " droit mou " est dénoncé par le commissaire du gouvernement Terry Olson, qui fustige le caractère " laconique " et " peu clair " de la " compensation relevant de la solidarité nationale " prévue dans la loi du 4 mars 2000 adoptée à la suite du fameux arrêt Perruche. Cf. *Le Monde*, 24-25 novembre 2002.

*moderne, avec la notion de risque, la notion de catégorie perd de son intensité. Il s'agit donc de la sixième caractéristique du droit risqué* : avec lui les anciennes catégories juridiques se décloisonnent et s'ouvrent. Les droits deviennent des droits/liberté individuelle/de créance, des droits/devoirs inter-personnels, voire inter-générationnels, comme l'indique le développement du droit de (à ?) l'environnement et celui du droit du (au ?) développement durable.

### CONCLUSION RISQUEE

#### a. 1e conclusion

Jean-Marie Domenach, dans un livre très stimulant[28], propose un découpage historique pour approcher l'idée moderne. Selon lui,

> " l'on peut parler de deux modernités successives, qui, l'une et l'autre sont marquées par une crise et débutent en fin de siècle pour triompher dans le siècle suivant : 1780...1880 et 1880...1960 ".

L'auteur ajoute que chaque phase prend sa source dans les contradictions inhérentes à la Modernité. 1880-1895, le juriste ne peut être que frappé par la quasi-concordance des dates entre la première crise et celle de l'arrêt Cames. En cette affaire, la contradiction aurait résulté de l'application d'une loi civile inéquitable, c'est-à-dire injuste. A partir de là, tout à la fois, le droit saisit le risque et celui-ci saisit et étend son emprise sur celui-là. Est-ce à dire que le droit est en crise ?

#### b. 2e conclusion

En s'appuyant sur l'apport de l'herméneutique théorisée par Paul Ricœur, il semble plutôt que l'idée de risque dans sa relation avec le droit est tout à la fois une idée destructurante et restructurante. C'est bien ce qui a été proposé en tentant de repérer les notions et caractéristiques du droit risqué, ce par rapport au droit issu de la modernité basée sur la sécurité. Avec la notion de risque, les notions de responsabilité et de droits de l'homme propres au droit moderne se perçoivent autrement dans le droit risqué et leur fondamentalité évolue avec le temps qui passe. N'est-ce pas normal ? La Modernité n'était-elle pas elle-même destructurante et restructurante ? D'ailleurs, en initiant le

---

[28] *Op. cit.*, p. 14.

mouvement, n'a-t-elle pas introduit, comme le remarque encore Jean-Marie Domenach, la " tradition du changement "[29], au risque d'elle-même ?

### c. 3e conclusion

Si tout ce qui a été démontré paraît acceptable, alors le risque devient une notion explicative du droit. L'on pourrait peut-être même affirmer que la notion de risque, si déterminante aujourd'hui, définit une " science du risque "[30]. Cette dernière est pluridisciplinaire par nature, mouvante et complexe dans ses sources, sources parmi lesquelles la règle de droit est l'une des règles d'un jeu (je) très risqué.

Ce faisant, l'hypothèse de travail ici proposée, n'est-elle pas risque-tout ? Mais, après tout, qui ne risque rien, n'a rien...

## BIBLIOGRAPHIE

- ARNAUD (A.-J.), *Entre modernité et mondialisation – Cinq leçons d'histoire de la philosophie du droit et de l'État*, L.G.D.J., 1997.
- CARTY (A.), " Le siècle des Lumières, La Révolution et la mort de l'Homme. Une approche post-moderne du droit ", in *Droit et société*, 13.
- CHAPUS (R.), *Droit administratif général*, Paris, Montchrestien, 4e éd., 1988.
- DOMENACH (J. M.), *Approches de la modernité*, Ellipses, 1986.
- JONAS (H.), *Le principe de responsabilité*, Le Cerf, 1990.
- KOURILSKI (Ph.), VINEY (G.), *Rapport au premier Ministre*, Ed. O. Jacob, 2000.
- MAIRET (G.), " Liberté et égalité ", in *Histoire des idéologies*, sous la dir. de François Châtelet, Hachette, 1978.
- MATHIEU (B.), LENOIR (N.), *Les normes internationales de la bioéthique*, PUF, Que Sais-je ?, 1998.
- MAZEAUD (D.), " Responsabilité civile et précuation ", in *Juris-Classeur Assurance*, Hors série 2001 F.
- PAVIA (M.-L.), " Remarques méthodologiques sur le retour de l'équité dans le jugement ", in *Revue interdisciplinaire d'études juridiques*, Bruxelles, 2001. 46.
- RICŒUR (P.), *Temps et récit*, Seuil, 1984.
- STARCK (B.), ROLAND (H.), BOYER (L.), *Introduction au droit*, Litec, 5e éd., 2000.
- VILLEY (M.), " Le mot responsable ", in *Archives de philosophie du droit*, 1977, t. 22.

---

[29] *Ibid*, p. 173.

[30] Les trois universités montpelliéraines ainsi que l'École des Mines d'Alès ont été habilitées, en 2001, à créer un mastère intitulé " Science du risque ".

# CHAPITRE 2.

# SITUATION D'URGENCE : LA CRISE DE L'HUMANISME POST-MODERNE

Stamatios TZITZIS

## INTRODUCTION

L'humanisme athée, tel celui de Sartre, qui réclame l'émancipation de l'esprit humain des leurres d'une métaphysique transcendante, se montre hostile à tout principe fondateur qui instaure d'avance l'humanité individuelle. Ainsi la personne humaine ne saurait représenter qu'une série d'actes délibérés qui assignent un sens à la conscience. L'homme devient alors le réalisateur d'un projet qui l'engage et, en même temps, engage les autres dans des rapports animés par une liberté créatrice.

Cet humanisme voit dès lors l'accomplissement de l'homme dans l'action. C'est dans la *vita activa* que l'homme peut accomplir son être et tenter son dépassement comme effort d'ouverture envers les autres. Ainsi l'universalité des principes moraux qui traduisent des propriétés invariantes de l'homme paraît peu probable, une sorte d'obnubilation de l'esprit qui, au contraire, doit rechercher dans les créations le privilège de l'humanité de l'homme et une véritable solidarité pour l'autre.

Le vingtième siècle fut un siècle de revendication des droits individuels pour consolider la personne au cœur de sa nation. Le cosmopolitisme va de pair avec le progrès de la science physique qui aspire à conquérir l'espace. Plus l'idéologie positiviste gagne du terrain, plus l'homme du siècle passé s'assoiffe pour conquérir l'espace qui le dépasse mais dont l'existence est fondée sur des données scientifiques. L'esprit de conquête soutient l'orgueil de l'individu qui aspire à explorer un cosmos, désormais accessible, grâce au progrès de la science dont les bénéfices sont crédités au bien-être de l'humanité.

Au crépuscule de son règne, ce siècle fit l'expérience d'une désillusion qui annonce l'échec du mariage du progrès de la civilisation avec celui de l'humanisme. Le relativisme moral mis trop en valeur par une trop grande dose de rationalisation de l'intelligence nantie de pragmatisme et d'utilitarisme provoque une crise existentielle qui fragilise l'intégrité de la personne, malgré tout un arsenal juridique au service de la sauvegarde de l'intégrité humaine. La fin du vingtième siècle marque la démystification de l'existence humaine, son instrumentalisation qu'une sacralisation sans cesse affirmée devient incapable de défendre. La personne de notre siècle est une personne menacée par l'ouverture même vers l'autre et qui, de bonne ou de mauvaise foi, est déstabilisée. Notre siècle s'annonce comme un siècle de tourments et d'angoisse pour l'avenir. Il prend un rythme accéléré au point de surpasser le rythme de la maturation de l'homme dans la sphère humanitaire, maturation qui doit se renforcer par un recueillement du Je sur son devoir-faire.

Le bilan humanitaire présente un homme qui sacrifie son intériorité au bénéfice d'un statut de distinction du moi par rapport aux autres dans le monde. Malgré une prétendue solidarité affirmée de plusieurs façons, la personne humaine, dans son élan, de conquérir le monde, augmente la distance qui le sépare de l'autre. La postmodernité offre l'image d'une existence humaine qui s'efforce de concilier des choses contradictoires : un individualisme par désir et un communautarisme par crainte (crainte de ne pas être seul et isolé, crainte d'être englouti par la banalisation de sa personne).

Le communautarisme est l'effet de l'ouverture des frontières que les pouvoirs politiques des Grandes Puissances favorisent afin de consolider leur autorité et d'augmenter leurs bénéfices. L'ouverture est poursuite au nom des idéaux dont la démocratie est au premier rang. La démocratie est le régime qui met le plus en relief les valeurs existentielles de la personne humaine. Le " tous " affirme à la fois la sacralité, au-delà de toute spécificité du " chacun" de la totalité. Ainsi démocratie et dignité vont de pair. La démocratie sous-tend la dignité personnelle qui égale celle du citoyen.

La mondialisation universalise, en effet, la dignité personnelle qui renvoie à toute existence humaine comme étant citoyenne du monde. Le citoyen est conçu dans son absoluité de personne. Notre humanisme s'écarte de plus en plus de l'idée de nation. Il vise une démocratie universelle qui, nourrissant des espoirs en braise, s'efforce de ranimer les utopies d'hier.

La solitude existentielle pousse à un communautarisme qui s'évertue à sauver l'intégrité de la personne. Le droit objectif est ainsi de plus en plus accompagné de droits de l'homme formels et informels qui s'assoient sur la dignité comme l'idée maîtresse dont l'égalité et la liberté constituent les pierres angulaires. La liberté traduit avant tout l'accès à tous les biens dont l'existence humaine a besoin pour vivre et s'épanouir. L'égalité implique, de son côté, l'effort de suppression d'obstacles à cet accès.

Il y a un hégémonisme sournois qui va en croissance : les Grands du monde aspirent à imposer leurs expédients sous forme des règles d'éthique. Tout problème de société crucial est soumis à des comités des sages qui sont censés donner une solution équitable. Les principes ontologiques s'effacent au profit de l'opportunité des règles de comportement[1]. Notre humanisme est celui de l'éthique, des règles qui traduisent et régissent des situations contingentes, soumises aux fluctuations de l'ordre socio-politique. Outre un hégémonisme manifesté sous couvert de protection sociale du citoyen, l'hégémonisme international fait fortune sous le signe de la décision du chef charismatique avec sa cour de conseillers, décision qui s'impose comme doctrine et devient objet de l'exégèse des devoir-faire : protecteur des droits de l'individu, cet hégémonisme se donne pour mission de protéger l'humanité tout entière de la menace d'un mal universel.

La dignité de l'homme est l'autre visage de son humanité. L'hégémonisme, pour réussir, ne saurait se passer d'une démocratie fondée sur la primauté de la personne humaine. Donc la dignité devient le motif de mise en pratique des éthiques qui le poussent à réagir.

Lorsque la personne se révolte, ayant le sentiment que son traitement se heurte à l'intuition du juste, parce que le statut de personne se trouve en grand péril, il est question d'une situation d'urgence pour préserver ou sauver l'intégrité de son humanité et le sens de sa dignité.

Nous discernons deux sortes de situations d'urgence, une, en temps de paix, et une autre, en temps de guerre. Cette situation qui est liée à la violence, faite tant au corps qu'à l'âme, pose la question de distinction entre justice morale et justice juridique, entre droit distributif et clémence, entre bourreau et victime De plus, elle soulève la question de la détermination des critères qui assurent la primauté de la personne contre les intérêts d'une politique sans morale.

## 1. SITUATION D'URGENCE EN TEMPS DE PAIX

Le XIX^e^ siècle manifeste un humanisme qui passe par l'ordre moral de la nation. Les droits individuels sont affirmés dans le cadre du droit objectif et seule une violation flagrante pourrait mettre en cause la validité du droit positif. En revanche, après la deuxième moitié du XX^e^ siècle, la place de l'ordre moral est occupée par une nouvelle idée : l'humanitaire qui annonce un idéal dépassant l'ordre moral, attaché à la personne dans sa dimension cosmopolite, et pour cause.

Les turbulences de l'histoire qui ont révélé la cruauté comme une loi du devenir démentent le rêve des révolutionnaires pour une humanité heureuse

[1] C'est l'idée de *kairo*s qui détermine le contenu des règles. Les Anglo-saxons y voient, le caractère pragamtico-utiliaire des règles de comportement. En effet le *kairos* dénote le moment favorable ou opportun ; cf. Pindare, *Pythiques*, 4, 508.

grâce au pouvoir de l'instruction ou bien grâce à l'éducation publique[2]. La liberté, l'égalité, et la fraternité, à l'épreuve du temps, deviennent des fioritures des discours humanistes, passant plutôt dans la sphère de l'utopie. L'homme de la post-modernité, donc celui du XXI^e^ siècle, est un être dépouillé de son intériorité.

Les multiples formes de l'humanitarisme n'arrivent pas tellement à faire coordonner les exigences entre culture humaniste et progrès scientifique. La personne se trouve menacée tant par les politiques utilitaires de l'hégémonisme international que par les recherches en biotechnologie. Même si on fait de la dignité l'essence qui précède l'existence afin d'affirmer et confirmer la personne comme le pivot de toute valeur existentielle, l'homme se trouve en filigrane de l'ordre des choses, souvent manipulé, mis en marge. Il est censé être au fond des choses, la source où toute éthique tire ses règles, mais il demeure comme une image superficielle qui sert d'alibi aux pragmatismes utilitaires des hégémons.

La personne demeure alors un projet, une apparence sans substance qui doit être remplie surtout par des facteurs exogènes. La dignité n'est plus à l'abri des forces en conflit qui dominent dans le mouvement d'un pays ou d'un ordre international. L'humanisme souffre d'une crise : la dignité personnelle est très souvent bafouée, l'homme ainsi instrumentalisé, se voit dépersonnalisé.

La situation d'urgence révèle aujourd'hui une personne sinistrée qui est en dehors de la " demeure " de l'être. Si l' " être " désigne la présence de l'homme dans le monde, habiter " sa demeure " implique la chance de l'individu de pouvoir profiter de tous les biens élémentaires pour ne pas être un citoyen en marge du monde.

La postmodernité opte pour l'universalité de la personne humaine, c'est-à-dire d'une personne dont la présence et les valeurs ne sont pas déterminées par des critères de territorialité. L'humain dans sa dignité de personne, conditionne le sens tant du droit que de la morale. Or l'ouverture des frontières révèle une personne qui est traumatisée par sa manipulation malgré les spectacles nationaux et internationaux visant à affirmer sa primauté.

C'est dans ce contexte qu'est née la situation d'urgence. La présence de l'humanitaire, ayant pour vocation fondamentale la dignité perdue de la personne, en devient le signe révélateur.

Dans cette perspective, la situation d'urgence fait surgir une personne mise à l'écart de ces conditions nécessitées par les finalités qui sont inhérentes à son être. L'humanitaire représente l'ordre qui s'efforce, au-delà de la morale et du droit, de faire revenir à la demeure de l'être, (être au sens de l'ordre social-

---

[2] Cf. Condorcet, *Cinq Mémoires sur l'Instruction Publique*, Paris, GF-Flammarion, 1996, p. 104-106 ; Cf. Rousseau, *Discours sur les Sciences et les Arts*, Paris, Garnier-Flammarion, 1984, p. 38 s.

polique de tout pays de la terre) la personne “ exilée ”. C’est pourquoi le vocabulaire de l’humanitaire influe tant sur les discours juridiques que moraux.

En cas de situation d’urgence, l’humanitaire s’évertue à forger des situations juridico-politiques nouvelles dont l’objectif fondamental consiste à éliminer les distances qui séparent des hommes ordinaires et ceux qui se trouvent dans une errance existentielle périlleuse.

L’humanitaire réclame les mêmes droits fondamentaux qui accomplissent l’existence humaine pour tous sur la terre. Toute situation d’urgence réclame sans condition de race, de sexe, de couleur, de pays, la présence de l’humanitaire, qui sous forme d’un droit moral attaché à l’humanité de l’homme doit pouvoir imposer aux autorités le respect et la sauvegarde de la dignité personnelle.

Ce droit sait dire autrement les choses qui dévaluent la personne en situation d’urgence. Sa rhétorique se sert d’un art noble qui éloigne des termes disqualifiant une existence humaine en crise. Ainsi les mendiants deviennent des sans-logis et des sans ressources, sans domiciles fixes. Les émigrés clandestins qui ont quitté leur pays, désespérés, afin d’assurer une condition de vie avec un minimum de décence humaine, ne représentent plus des transgresseurs de la loi officielle, mais des sans-papiers.

De telles situations d’urgence font naître des revendications individuelles qui, présentées, comme des droits individuels informels témoignent de l’inacceptable d’une condition humaine qui se cadre mal avec les valeurs humanitaires d’aujourd’hui La valeur fondamentale que l’humanitarisme adopte est la solidarité. Une solidarité qui a vocation d’abolir les espaces et de supprimer les discriminations. Cet humanitarisme se met sans conditions au secours de l’homme fragile, du citoyen “ à mi-temps ”. L’intervention de l’humanitaire se fait chaque fois que l’existence est brisée par les Autres (ces autres qui ont malheureusement le même visage que la victime), chaque fois que la personnalité est noyée dans les affres du néant que le désespoir fait surgir, chaque fois que la personne humaine est dépersonnalisée. En effet, c’est la dépersonnalisation qui révèle une situation d'urgence; une dépersonnalisation qui met en branle le sentiment d’humanité individuelle et qui menace d’anéantir l’existence même.

L’humanitaire est alors manifesté ou bien au nom des mesures prises par l’État ou bien par l’initiative des ONG et d’autres associations qui s’efforcent d’arracher la personne en danger à une fatalité socio-existentielle.

Les jours de grand froid en France, des logements d’hébergement sont prévus pour les sans-abris, ainsi que des repas chauds durant lesquels une cordialité se développe entre les marginaux et les secouristes afin que l’homme *à part* revienne dans l’espace de la normalité existentielle.

Pour la foi chrétienne, l'amour christique est manifesté par l'accueil de l'homme dénudé et fragile qui risque de périr dans les méandres d'un ordre socio-politique indifférent. En pareille situation d'urgence, l'Eglise sert de refuge aux clandestins qui, désespérés, ont quitté leurs pays afin de retrouver un brin de vie normale dans un autre pays. Or ces revendications d'accueil proposées par des clandestins barricadés dans les Églises bien qu'illégaux en droit officiel sont défendues au nom d'un *droit existentiel*, tiré de la dignité personnelle, à être dans la même *demeure* que les autres, c'est-à-dire à ne pas mener une vie marginale, indigne du statut d'homme. Inspirés par des sentiments humanitaires, des groupes de soutien se forment, engagés dans un conflit dialectique de forces entre la règle formelle qui interdit de faire et un juste *prosopologique*[3] qui commande de faire.

Certaines fois, le retour forcé s'avère inévitable. Malgré les gestes désespérés d'un non-retour des immigrés clandestins, l'humanitaire se manifeste comme un respect péremptoire envers une existence brisée qui trahit un humanisme en crise. C'est là la revendication principale de l'Anafé (Association nationale d'assistance aux frontières pour les étrangers) qui, dans un rapport, a dénoncé " les violences de tous ordres émanant des forces de police "[4]. D'où la réaction immédiate du ministre de l'ordre public, pour la préservation des conditions humanitaires à l'occasion des retours groupés[5].

En matière pénale, les situations d'urgence suscitent des problèmes assez graves qui mettent en rivalité l'humanitaire et le droit punitif. C'est le cas des personnes qui se sont vues imputer la double peine. Nous faisons notamment allusion aux personnes atteintes du sida en phase bien avancée et qui doivent quitter le territoire français. Il est certain que les soins prodigués en France dépassent largement ceux qui sont dispensés par le pays de retour, de sorte que le destin de l'expulsé s'avère certainement fatal.

Les situations d'urgence opposent en l'occurrence deux conceptions de l'homme. Pour l'État, celui-ci est une personne porteuse de droits et de devoirs qui déterminent le statut onto-phénoménologique de l'homme. Cela implique la conception de l'homme à la fois dans son abstraction d'être raisonnable et privilégié de la création que comme citoyen d'un ordre socio-politique. Dans cet ordre, l'homme est en interactions avec les autres pour s'affirmer comme facteur essentiel du déroulement politique. Or l'exercice de tout droit personnel

---

[3] Du mot grec *prôsopon* qui dénote à la foi le visage et la personne. Nous insinuons ici l'humanisme personnaliste qui demande des relations asymétriques de justice au nom d'un visage existentiel commun à tous, autrement dit, au nom d'un principe fondamental d'humanitarisme qui place la miséricorde et la solidarité par-delà la justice.

[4] *Le Monde*, 7 mars 2003, p. 6.

[5] *Ibid.*

exige par principe le respect des règles démocratiques qui fondent le droit objectif de l'État.

La philosophie, pourtant, qui inspire les associations humanitaires, pousse à renverser une certaine hiérarchie des valeurs qui caractérise l'ordre étatique. Cette philosophie accorde une attention particulière aux souffrances des personnes sinistrées, souffrances qui sont considérées prévaloir sur le droit. Elles situent l'homme au-delà du droit écrit. En effet, ces souffrances possèdent une fonction cathartique, voire rédemptrice au plan moral qui justifie certaines dérogations juridiques. Citons ici le cas d'un Comorien atteint d'une maladie incurable qui a été condamné à retourner à prison[6].

Ali K... At... avait acheté l'état civil d'un de ses compatriotes afin de pouvoir accéder à des soins en France. Il a été condamné par la cour d'appel de Lyon à dix-huit mois d'emprisonnement pour *usurpation d'identité, séjour irrégulier et escroqueries*[7].

Les juges n'ont point pris en considération les arguments des médecins avançant que ce patient devrait *être traité à vie par un traitement et faire l'objet d'une surveillance médicale et biologique régulière dans un centre hospitalier universitaire*. Pour son ancien aumônier, cette décision représente *une condamnation à mort*[8].

## 2. SITUATION D'URGENCE EN TEMPS DE GUERRE

Nous sommes ici sur un autre registre. L'humanitaire s'oppose inexorablement à la politique. L'épiphanie[9] du visage, surgissement de l'homme sinistré dans l'être n'arrive pas à l'emporter sur la théophanie[10] de l'hégémonisme ; théophanie au sens de considérer les objectifs des Grands comme des impératifs qui dépassent l'humanité même de l'homme, à la manière des impératifs divins.

Il y a eu un silence coupable au Rwanda, un silence-inertie des grands Pouvoirs qui auraient dû empêcher les barbaries et les exactions commises par l'homme sur l'homme. Enfants et vieillards martyrs, tortures, actes qui dépassent l'imagination comme l'anthropophagie forcée d'un garçon par son

---

[6] *Le Monde*, 4 février 2003, p. 10.
[7] *Ibid.*
[8] *Ibid.*
[9] L'homme, éperdu, qui arrive sans armes dans un monde mouvementé et cruel. Un homme affaibli par l'indifférence de l'autre et de l'isolement auquel sa condition sociale l'a condamné.
[10] Du substantif *théos* : dieu et du verbe *phénomai* : apparaître. Lorsque l'hégémonie dictatoriale apparaît sans cacher sa cruauté, l'hégémonisme démocratique porte le masque de la bonté et de la condescendance. Il fait souvent figure d'un dieu qui sauve, alors que son *théos* ne cache que la tension de sa puissance capable d'écraser toute résistance.

grand-père, comme la contrainte exercée sur une femme pour enterrer vivant son enfant !

En l'espèce la présence des ONG, au nom de la sacralité de la vie humaine, marque un humanitarisme pour l'altérité sans réserve ni conditions. En effet, les " Médecins sans frontières ", lors des catastrophes humanitaires, ont soigné bourreaux et victimes, et d'autres associations humanitaires ont secouru les épuisés, les affamés et les assoiffés en état de perdition sans discrimination. En l'espèce, cet humanisme traduisant tant les idées de Mounier[11] et de Levinas[12], consacre la personne comme une épiphanie dans le monde et dont le visage révèle une transcendance laïque qui est la dignité personnelle même.

Cet humanitaire dont la visée principale est l'altruisme même, fait de la personne une aséité, attribut qui ne convient, pour les Scolastiques, qu'à Dieu seul. En d'autres termes, l'épiphanie de la personne se met au même rang axiologique que la théophanie. Il établit des valeurs laïques fondées sur la vertu inspirée de la présence de la personne dans la finitude du monde.

Or l'hégémonisme comme expression du pouvoir politique trouve mal sa place dans ce contexte. L'hégémonisme est obligé de remplacer la vertu *prosopologique*[13] par l'idée d'une politique pragmatique et utilitaire réaliste qui dépasse le cadre de la morale et se rapporte à l'ordre national et international des choses[14]. Elle traduit la volonté[15] ferme de changer les choses et va jusqu'à l'aliénation de la nature humaine. Elle est fondée sur la sécurité et la paix comme moyens efficaces d'une politique expansionniste. C'est pourquoi il s'avère peu compatible avec le personnalisme de l'humanitaire.

Elle donne dès lors la priorité à l'être et non pas à la personne. En ce sens là, l'hégémonisme paraît s'apparenter à la philosophie politique des Anciens qui donnaient une priorité d'importance à la *polis* et non pas au *politès*, celui-ci étant soumis à l'ordre naturo-social. Mais il faut apporter des nuances. Pour les Anciens l'être, même gouverné par un *logos* et un *noûs*, exprimait une

---

[11] É. Mounier, *Qu'est-ce que le Personnalisme ?*, Paris, PUF, Que sais-je ?, 16e éd., 1995.

[12] *L'Humanisme de l'Autre Homme*, Paris, Biblio/Essais, 1996.

[13] C'est-à-dire vertu attachée à la personne humaine. L'adjectif *prosopologique* vient du substantif *prosôpon* qui signifie à la fois " visage " et " personne "...

[14] Il s'agit d'un mode de vie qui inspire les États-Unis contemporains. Il est centré sur des valeurs démocratiques qui favorisent les intérêts, même au détriment de la vertu. Cf. A. Franchon, D. Vernet, " Le Stratège et le Philosophe ", in *Le Monde* du 16 avril 2003, p. 12-13.

[15] La volonté représente pour la modernité le concept-clef qui permet de comprendre l'étendue des philosophies modernes (celle de Schopenhauer, de Nietzsche, de Feuerbach, de Marx) volontarisme accompagné presque toujours par un rationalisme athée. En effet, selon L. Feubarch, *Pensées sur la Mort et sur l'Immortalité*, Paris, Agora, 1997, p. 132, la raison est " la présupposition " de la volonté. Ainsi, l'univers moral d'où les devoirs sont tirés pour réussir une harmonieuse symbiose entre les hommes, loin d'exister dans un monde intelligible, voit sa naissance dans les inclinations et les punitions des hommes (*ibid.*, p. 131).

morale esthétique dont le bon citoyen était le porteur. Pour l'hégémonisme postmoderne, l'être, traduisant tout un processus dynamique de l'ordre des choses est amoral. Les intérêts remplacent la vertu. Mais comme il lui faut une légitimité morale car il se veut fondé sur une idée vague de démocratie et des droits de l'homme, il se sert de l'humanitaire pour faciliter la réussite de ses objectifs.

Le droit d'ingérence s'accomplit au nom d'un Bien universel, impératif despotique qui bafoue les valeurs historiques et traduit les visions pragmatistes de l'hégémonisme. Son prétendu humanisme relève d'une rhétorique inspirée du sublime[16] et du grandiose[17]. En rendant vulnérable la faiblesse de l'autre, il renforce sa personne morale. L'existence même, malgré le culte qu'il lui rend, ne représente qu'une unité de l'espèce, une monade de l'humanité tout entière, monde qui tire les valeurs de son mode d'exister des contingences et des finalités à poursuivre.

Les situations d'urgences (représentent des états de faits sociaux ayant des répercussions internationales) pourraient servir l'idéologie hégémoniste. Ainsi, les droits fondamentaux comme la liberté, l'égalité, le droit à la vie prennent souvent, dans la pratique utilitaire de cette idéologie, un autre sens qui dément leur signification originelle. L'hégémonisme remonte à la sophistique pour rejoindre les Présocratiques dans leurs conceptions déistes qui cachent cependant tout une philosophie de la matière.

Kosovo et Irak en sont des exemples très significatifs. L'hégémonisme a pris en l'occurrence le visage d'un pouvoir protecteur despotique exerçant le droit d'ingérence au nom de l'universalité des valeurs démocratiques. À cet effet, l'absoluité de la personne est sacrifiée au profit d'un renforcement de la sécurité des autorités hégémonistes et d'une paix cachant un volcan en éveil d'éruption, car les valeurs forgées par l'histoire expriment les racines et attestent l'identité des peuples qui ne peuvent être négligées.

Au Kosovo, pour empêcher un génocide, les tueries des personnes civiles, ce qui est le propre des terrorismes, étaient appelées des " faits collatéraux ". Du conflit entre mission dite humanitaire et absoluité de la personne s'est dégagée une idéologie de la mort qui confirma une fois de plus la doctrine sadienne de la cruauté comme loi naturelle[18]. La responsabilité de l'homme envers des groupes sociaux, surgie de l'épiphanie du visage représente plus au moins un encadrement doré des barbaries dont est capable le genre humain. À juste titre Alexandre Zinoviev remarque :

---

[16] Terme qui implique le trop, le dépassement de la mesure : cf. l'introduction de notre livre *Esthétique de la Violence*, Paris, PUF, Médecine et Société, 1997.

[17] Terme qui implique les visions empathiques de l'*hégémon*.

[18] Pour le Marquis, on se rend utile à la nature ou par ses cruautés ou par ses désordres : cf. Sade, *Les prospérités du Vice*, Paris, 10/18, 1970, p. 120.

" L'homme ne possède aucune qualité innée (biologique) l'incitant à considérer qu'il appartient à un vaste groupe, que sa vie constitue un élément de la vie de ce groupe ou a fortiori, lui permettant de prendre en considération la vie des générations précédentes et futures et, donc, de penser que sa vie est un épisode de l'histoire de ce groupe social. Seuls, sont innés l'instinct de conservation dans un milieu donné et les facultés qui, en se développant, permettent à l'homme de suivre son instinct[19] ".

De plus l'embargo en Irak, pendant des années et des années, engendrant outre des souffrances incompatibles avec la dignité personnelle, contribua, à la disparition des vieillards et des enfants faute de moyens de secours. Le bombardement de Bagdad et ses effets, la psychologie qui pénètre l'hégémonisme ont fortement ébranlé le mythe de l'égalité existentielle entre personnes, ainsi que la " mercantilisation " de la dignité humaine.

## ÉPILÉGOMÈNES

Fichte remarque :

" à l'intérieur même des États, où les hommes semblent réunis sous la loi pour l'égalité, c'est encore en grande partie la violence et la ruse qui règnent sous le nom vénérable de loi. Ici, la guerre est menée d'une manière d'autant plus infâme qu'elle ne s'annonce pas comme une guerre et que l'agressé se voit ravir jusqu'au dessein de se défendre contre une violence injuste "[20].

Toutefois il ne tombe pas dans un fatalisme pessimiste qui voue l'humanité à la perdition. Il garde un optimisme mesuré, confiant en l'esprit de l'homme, en une élite d'hommes qui éclairent par leur présence l'humanité tout entière. Pour ce philosophe, un commandement vient du tréfonds de l'être individuel

" qui ouvre à mon œil spirituel une fenêtre sur un autre monde, qui est bien là sans doute un *monde*, un *état*, et non un *agir*, mais qui est un monde *autre et meilleur* que celui qui s'offre à mon poil sensible. Il fait que je désire ce monde meilleur, que je l'embrasse de toutes mes tendances, que je le désire ardemment, que je ne vis qu'en lui et que je ne suis apaisé qu'en lui "[21].

---

[19] *Ni Liberté ni Égalité ni Fraternité*, Paris, L'Âge d'homme, 1983, p. 16.
[20] Fichte, *La Destination de l'Homme*, Paris, GF-Flammarion, 1998, p. 174.
[21] *Ibid.*, p. 169.

Certes, les droits fondamentaux et les idéaux démocratiques servent très souvent d'alibi aux Grands du monde pour justifier souvent des actions déshumanisantes. Mais leur existence, même bafouée, devient une raison valable pour fustiger tout comportement indigne du statut ontologique de la personne. De plus, les combats des hommes honnêtes pour la victoire de ces idéaux, même s'ils s'avèrent utopiques n'en suggèrent pas moins que le devenir de l'humanité, dynamique, n'est point voué à la fatalité.

### BIBLIOGRAPHIE


- CONDORCET, *Cinq Mémoires sur l'Instruction Publique*, Paris, GF-Flammarion, 1996.
- FEUBARCH (L.), *Pensées sur la Mort et sur l'Immortalité*, Paris, Agora, 1997.
- FICHTE, *La Destination de l'Homme*, Paris, GF-Flammarion, 1998.
- LEVINAS, *L'Humanisme de l'Autre Homme*, Paris, Biblio/Essais, 1996.
- MOUNIER (É.), *Qu'est-ce que le Personnalisme* ?, Paris, PUF, Que sais-je ?, 16e éd., 1995.
- ROUSSEAU, *Discours sur les Sciences et les Arts*, Paris, Garnier-Flammarion, 1984.
- SADE, *Les prospérités du Vice*, Paris, 10/18, 1970.
- TZITZIS (S.), *Esthétique de la Violence*, Paris, PUF, Médecine et Société, 1997.
- ZINOVIEV (A.), *Ni Liberté ni Égalité ni Fraternité*, Paris, L'Âge d'homme, 1983.

# CHAPITRE 3.

# VULNÉRABILITÉ, DROIT ET AUTONOMIE : UN ESSAI SUR LE SUJET DE DROIT

Bjarne MELKEVIK

## INTRODUCTION

L'homme est couramment caractérisé par le fait de sa vulnérabilité, par le constat que l'individu est " vulnérable " de nature et comme citoyen, ou simplement " vulnérable " socialement. Prenant cette affirmation comme point d'appui, nous souhaitons introduire quelques réflexions liminaires sur l'intelligence du concept de " vulnérabilité " à l'égard du projet juridique moderne. Il s'agit, modestement, d'apporter une contribution à notre compréhension du projet juridique moderne et, plus précisément, de réfléchir, à l'intérieur de la philosophie du droit, sur le sens à accorder au concept de " vulnérabilité " en ce qui concerne les sujets du droit et leurs situations juridiques respectives[1]. Notre objectif est de contribuer à une meilleure compréhension de l'autonomie disponible pour un sujet du droit et de souligner comment il se reflète dans notre compréhension et bien sûr dans notre engagement en faveur du projet juridique moderne.

Quelques précisions s'imposent toutefois préalablement, d'abord relativement au concept de " vulnérabilité ", ensuite relativement à notre refus de distinguer entre l'individu et le sujet de droit.

### a. Sur le concept de vulnérabilité

Adressons-nous de prime abord au sens commun du mot " vulnérabilité " tel que nous le trouvons en usage. Nous retiendrons d'abord que le terme est assez récent et né avec notre modernité contemporaine autour du dix-neuvième siècle. Il s'agit concrètement de la transmutation d'un mot du langage médical ancien, à savoir le mot " vulnéraire ". À l'origine, " vulnéraire " faisait référence à l'individu en lutte avec des blessures et des

[1] Quant à la signification de l'expression " projet juridique moderne ", cf. B. Melkevik, *Rawls ou Habermas, Une question de philosophie du droit*, Québec, Les Presses de l'Université Laval, coll. Diké, 2002.

maladies, l'individu terrassé par les malheurs d'un mal physique. À partir de quoi le mot " vulnéraire " acquiert d'abord un sens pharmaceutique désignant le médicament, le remède pour guérir de telles blessures ou maladies, avant donc d'acquérir, par métamorphose, le sens contemporain se rapportant à la " vulnérabilité " de l'individu. Le Robert nous apprend ainsi que le mot a aujourd'hui notamment deux sens majeurs[2] : un sens premier d'abord à l'égard de celui qui peut être blessé, atteint, frappé (par un mal physique), et un deuxième sens qui désigne celui qui peut (abstraitement ou moralement) être facilement atteint ou qui se défend mal (par exemple : dans l'affirmation que l'inexpérience rend " vulnérable "). Ce qu'il faut surtout retenir, dans notre perspective, c'est qu'être " vulnérable ", ce n'est pas avoir une quelconque " faiblesse "[3], mais plutôt être dans une situation (physique ou morale) qui nous rend " vulnérable ". La " vulnérabilité " nous rejoint en ce sens, en tant qu'individu, sur le plan de l'existence humaine, comme relevant de notre " condition humaine ".

Ceci est davantage manifeste lorsque nous nous adressons à l'antinomie de " vulnérabilité ". Car celui qui n'est pas " vulnérable " c'est l'individu qui est " blindé, cuirassé, dur, immunisé, insensible, invulnérable ". Ce que nous observons, plus exactement, c'est que tous ces mots sont construits comme des " sera rendu " (blindé, cuirassé, etc.) et ne touchent subséquemment que partiellement le fait existentiel de " vulnérabilité " et sans jamais pour autant l'enlever. Ce qui nous permet également de confirmer que nous ne sommes jamais entièrement invulnérables / non-battables. Nous avons tous un point " vulnérable ", ou simplement un talon d'Achille, qui peut causer notre perte. Le fait de " vulnérabilité " est, comme nous venons de l'affirmer, simplement un facteur de notre condition humaine.

### b. L'individu et le sujet de droit

Pour nous l'individu et le sujet ne font qu'un. Concrètement, sur le plan de l'agir, il faut simplement retenir que l'individu qui " agit " à l'intérieur du projet juridique moderne le fait nécessairement comme sujet du droit. Être " sujet de droit ", c'est par conséquent occuper une position potentielle ou actuelle permettant à un ou à plusieurs individus d'agir de telle façon que le

---

[2] Paul Robert, *Dictionnaire alphabétique et analogique de la langue française*, Paris, Société du nouveau Littré, Le Robert, 1966, t. VI, p. 874.

[3] Notons cependant que par une extension sémantique quant à une entité " physique " et " morale ", l'usage de la notion de " vulnérabilité " tend aujourd'hui à rejoindre d'une façon inappropriée la notion de " faiblesse " : par exemple en parlant de la " vulnérabilité " militaire, alimentaire, monétaire, etc., d'un pays.

“ droit ” en sera l’ultime résultat. Les individus sont, en conséquence, dans le domaine du droit toujours “ vulnérables ” parce qu’humains.

Nous devons souligner une conséquence de cette conception. Nous rejetons subséquemment la conception métaphysique dite des “ deux mondes ”. Autrement dit, l’option métaphysique voulant que l’individu et le sujet du droit appartiennent à deux mondes différents. Suivant ses protagonistes, c’est le monde métaphysique (auquel appartient le concept de sujet du droit) qui doit servir pour juger le monde “ empirique ” peuplé par des individus. C’est la pensée spéculative associée à des noms tels que Kant, Fichte et Hegel qui ont forgé et imposé de telles théories par rapport au “ droit ”. Dans un esprit fichtien-kantien, Alain Renaut postule, par exemple, que “ L’idée de sujet, précisément en tant qu’elle ne se réduit pas à celle d’individu, (...) implique (...) une transcendance, un dépassement de l’individualité[4] ”. Or, une telle conception condamne seulement la question des “ sujets du droit ” à une métaphysique tournant autour, comme interprétation, du monde séparé des concepts utilisés pour définir ou mettre en place un discours fondationnaliste. Comme tel il s’agit d’une pensée stérile et étrangère à la tâche de penser et de rendre compte de la condition d’être des sujets du droit aujourd’hui ! En ce qui concerne Kant, Fichte ou Hegel, il faut simplement faire admettre que la préhistoire philosophique de la modernité juridique n’est plus appropriée pour rendre compte aujourd’hui de notre projet juridique moderne. Il nous faut des outils de philosophie du droit plus adéquat.

Par conséquent toute théorie, ou philosophie du droit doit, respectant nos objectifs, plutôt mettre en avant la perspective de l’action d’un sujet du droit. Si l’homme est toujours un “ être particulier ” (et comme tel un être vulnérable), nous devons également comprendre l’action de tout individu simultanément à l’égard de sa vulnérabilité, de même que conditionnée par celle-ci. Cela nous permettra de mieux comprendre la complexité de notre modernité juridique et surtout de saisir pourquoi tant de sujets du droit, sans ressource pour l’aider à composer avec sa vulnérabilité, risquent de ne rien peser ou de ne pas peser lourd à l’intérieur de ses bornes. Rappelons, dans cette perspective, que l’ordre juridique moderne n’est pas la panacée révélant notre salut, mais bien plutôt un système complexe qui peut aussi brouiller la chair et l’âme de celui qui y tombe.

---

[4] Alain Renaut, *L’individu, Réflexions sur la philosophie du sujet*, Paris, Hatier, coll. Optiques Philosophie, 1995, p. 61-78. La même idée des “ deux mondes ” se retrouve dans *L’ère de l’individu*, Paris, Gallimard, 1989, p. 258-299 et dans *Kant aujourd’hui*, Paris, Aubier, 1997, p. 187-232.

### c. Chantiers ouverts

Ces remarques nous permettent d'apercevoir, quoique encore timidement, comment se dessine une problématique du " droit " à l'égard du concept de " vulnérabilité ". Si tout sujet du droit est d'abord et avant tout, comme nous le confirmons, un individu " vulnérable ", " vulnérable " parce qu'humain, comment faut-il alors penser l'exigence de l'autonomie ? Et dans la même veine, comment comprendre le défi de l'hétérogénéité (ou Autorité) ? Comme nous allons le voir par la suite, il faut envisager ces questions (et les questions qui s'y greffent) à l'intérieur d'une conception qui s'ouvre à la potentialité démocratique du projet juridique moderne.

Ces remarques nous amènent par-dessus tout aux trois thématiques : d'abord une question relative à l'autonomie individuelle et à la vulnérabilité ; ensuite une question relative à l'autonomie publique et à la vulnérabilité, et, enfin, une question relative à la vulnérabilité et à la solidarité.

## 1. VULNÉRABILITÉ ET AUTONOMIE INDIVIDUELLE

Comme nous le concevons, l'homme, l'individu, le sujet du droit véhicule avec lui deux genres, formes de vulnérabilités : d'abord une vulnérabilité quant au " je " et ensuite une vulnérabilité relationnelle. Essayons maintenant d'y voir plus clair dans ces vulnérabilités et dans la manière dont se construit l'autonomie d'un acteur du droit. Avant de pouvoir adéquatement aborder ces dimensions de la vulnérabilité individuelle, il faut pourtant spécifier le sens à donner à l'exigence de l'autonomie individuelle.

### 1.1. L'EXIGENCE DE L'AUTONOMIE INDIVIDUELLE

L'exigence de l'autonomie en droit résume en soi, aujourd'hui, d'une façon privilégiée le concept moderne du droit dû au fait que se conjuguent par cette exigence, toujours dans une perspective résolument " moderniste ", l'aspect privé et l'aspect public comme les deux versants de la même montagne[5]. Il s'agit de la sorte d'une *exigence* et nullement d'une quelconque donnée, par le fait que s'engager dans le domaine dit du " droit " se fait toujours à ses propres risques et périls. L'exigence de l'autonomie individuelle, propre à chaque individu et donc un préalable non juridique, met pourtant également en place la " conscience " et la " responsabilité " que doit posséder un sujet du

[5] J. Habermas, *L'intégration républicaine. Essais de théorie politique*, Paris, Fayard, 1998, p. 275-286 ; cf. égal. *Droit et démocratie, Entre faits et normes*, Paris, Gallimard, 1997.

droit pour pouvoir adéquatement fonctionner comme tel. La question de la " conscience " aussi bien que la question de la " responsabilité " représente de cette façon un catalyseur, sinon une faille potentielle ou encore un fusible, quant à notre vulnérabilité.

En ce qui concerne, tout d'abord, l'autonomie individuelle, rappelons ce qui est en jeu par l'exigence " d'autonomie ". Se joue, en fait, la possibilité réelle que possède tout individu (*auto* = moi) de se faire ses propres " lois " (*nomoi* = loi). Autrement dit, l'autonomie fait référence à la possibilité que possède un individu de se forger, en ce qui concerne lui-même, sa propre normativité par rapport à ce qu'il envisage comme adéquat pour guider sa vie. Il s'agit d'un acte d'abord de construction d'une " conscience " tel que l'autonomie existe dans l'acte conscient de création de cette normativité individuelle.

L'autonomie se confirme de la sorte avant tout dans la " présence " dans les délibérations, les jugements, les calculs, etc., qu'un individu peut se faire sur la conduite à suivre pour une vie " juste " et " bonne " à sa propre mesure. C'est donc également sur ce plan de " conscience " qu'il peut se rendre responsable à l'égard de lui-même et, sur un autre registre, donc indirectement, également responsable à l'égard des autres.

### 1.2. SUR L'AUTONOMIE ET LA VULNÉRABILITÉ

La question de la vulnérabilité de l'individu se concrétise maintenant sur trois plans : quant à l'ascension à " l'autonomie ", quant à la tentation de substituer ou de troquer son autonomie pour la sécurité dans une forme quelconque d'hétérogénéité, et, enfin, quant à la " faiblesse de la volonté " face à la discipline instaurée par l'autonomie.

En ce qui concerne ce premier aspect relevant de la relation entre vulnérabilité et autonomie, nous pouvons dire que la problématique est magnifiquement explorée dans la psychologie du développement " moral "[6]. Devenir " autonome " est un processus qui s'apprend et qui est soumis aux aléas de la socialisation et personnification de l'individu. Bref, tout le monde n'arrive pas à développer (ou à optimaliser) les ressources nécessaires pour effectuer les considérations, les jugements, les calculs, etc., nécessaires (ou pertinents) pour fonctionner adéquatement (ou de la façon la plus

---

[6] Jean Piaget, *Le jugement moral chez l'enfant*, Paris, PUF, 1973 ; du même, *Le jugement et le raisonnement chez l'enfant*, Neuchâtel, Delachaux et Niestlé, 1978 ; Lawrence Kohlberg, *The philosophy of moral development: moral stages and the idea of justice*, San Francisco, Harper & Row, 1981 ; L. Kohlberg, C. Levine, A. Hewer, *Moral stages : a current formulation and a response to critics*, Basel-New York, Karger, 1983. Cf. égal. J. Habermas, *Morale et communication*, Paris, Cerf, 1986.

“ appropriée ”) dans la société. Il s’ensuit que l’autonomie ne peut pas être pensée “ en bloc ”, mais dans l’analyse quant à sa relativité. En fait, l’autonomie se confirme comme aptitude personnelle (et donc aussi comme compétence cognitive) capable d’assurer une cohérence (à l’égard de l’un des “ stades ” de développement, défini par la psychologie du développement “ moral ”) relativement à la compréhension normative (et ses conséquences). Il suit, plus précisément, que l’autonomie en ce sens doit être jugée de l’intérieur par l’individu même, de même que s’ouvre la même possibilité de l’extérieur pour les partisans de l’autonomie. Ajoutons que les deux appréciations ne s’harmonisent pourtant que difficilement et qu’une divergence est souvent inévitable. D’où la nécessité d’ailleurs, en ce qui concerne la philosophie du droit, d’une réflexion commune et critique sur les conditions mêmes de l’autonomie moderne. En tout cas, la vulnérabilité de l’homme accompagne chaque pas de l’autonomie individuelle comme autant de failles auxquelles est confronté l’individu eu égard à sa capacité de se former quant à l’autonomie. Une affirmation qui nous permet d’ailleurs de nous éloigner de toute assimilation de l’autonomie au critère, d’ailleurs trop mou, de l’authenticité[7].

Insistons, ensuite, sur le fait que la vulnérabilité de l’individu se manifeste souvent dans le refus de l’autonomie et subséquemment dans l’adhérence aux idées, aux mouvements, aux “ communautés ”, etc., d’hétérogénéité[8]. En fait, l’individu peut troquer sa “ liberté ” et son autonomie pour embrasser la sécurité, la chaleur, la “ vérité ”, la “ révélation ”, que proposent ces forces de l’hétérogénéité. Comme Erich Fromm le démontre si magistralement, la modernité s’accompagne aussi de la peur de la liberté et de l’autonomie[9]. Et subséquemment aussi d’un désir de se “ soumettre ”, “ d’obéir ”, de “ servir ” ou simplement de “ fuir ” sa propre liberté et autonomie pour se fondre dans et à l’intérieur d’une logique de l’hétéronomie qui ultimement risque de nier l’individu autrement que comme élément de sa propre logique de l’hétéronomie[10]. La question de l’autonomie devient dans de tels cas souvent toute relative et dans des cas extrêmes non-existante, car ce sont les “ instructions ” venues de l’hétérogénéité qui prennent la place laissée vacante par l’expulsion de l’autonomie. En droit, le système de *charia* (ou

---

[7] Gerald Dworkin, *The Theory and Practice of Autonomy*, Cambrigde, Cambrigde University Press, 1988 ; du même, “ The Concept of Autonomy ”, in J. Christman, red., *The Inner Citadel : Essays on Individual Autonomy*, New York, Oxford University Press, 1989, p. 54-62.

[8] Hétéronomie, ou force de l’hétérogénéité, est par la suite toujours comprise comme l’opposé de l’autonomie : à savoir comme la “ loi ” (ou normes) développée par quelqu'un d’autre en vue de soumission. Sur le plan concret l’hétérogénéité se matérialise comme l’Autorité, le Pouvoir, le Prince, etc. Cf. E. Kant, *Métaphysique des mœurs*, t. 1, Paris, GF-Flammarion, 1994, p. 124 s.

[9] Erich Fromm, *La peur de la liberté*, Paris, Buchet-Chastel, 1963.

[10] Erich Fromm, *La passion de détruire : anatomie de la destructivité humaine*, Paris, Laffont, 1975.

“ loi ” islamique) représente exemplairement une telle abdication de l’autonomie au profit de l’hétérogénéité. Il faut pourtant ajouter en toute lucidité que l’autonomie s’acquiert souvent par un processus initial commençant par l’hétéronomie et que les “ sectes ”, surtout protestantes, ont souvent servi de “ passeur ”, d’ “ accoucheur ”, acheminant l’individu vers l’autonomie. Ceci d’ailleurs, par le fait que lesdites “ sectes ” ne peuvent fonctionner convenablement que par la verbalisation et la justification publique et qu’elles mettent en œuvre, dans une logique sûrement non intentionnelle, une dialectique d’acquisition des capacités sociales et cognitives qui peut également servir à “ autonomiser ” l’individu.

Notre troisième exemple, quant à la vulnérabilité et à l’autonomie, concerne la “ faiblesse de volonté ”. Et là il y a sûrement énormément de choses à dire[11], mais retenons simplement qu’il y a toujours irrémédiablement un clivage, même souvent un abîme, entre l’autonomie et ce que l’individu fait effectivement. Bref, la tentation, le désir, le “ mal ”, etc., nous rendent vulnérables et nous font souvent succomber par des actes qui ne correspondent pas à notre “ autonomie ” (i.e. ici dans le sens de repères ou guides “ normatifs ” que nous avons constitués pour notre vie). Nous sommes, en fait, comme individus, toujours tentés (ou attirés) par la tricherie, par le mensonge, par la facilité, etc., mais aussi dans une bien moindre mesure par différentes formes de forfaits, délits et crimes. Ne pouvons-nous pas dire que si notre vulnérabilité est en jeu dans ces choix, dans une façon strictement non déterministe, Kant n’avait-il pas simplement raison d’insister sur les difficultés de vivre par son autonomie ? Et si nous devons répondre par l’affirmative, cela ne nous amène-t-il pas devant la complexité même de toute psychologie morale ? Devant le puzzle humain quant au “ vouloir ” et ce qui est effectivement fait. Car si nous agençons, quoique souvent trop vite, la “ volonté ” à la “ connaissance ”, le dicton populaire “ Le vouloir c’est une chose, le faire c’en est une autre ” a vu juste. Et cela s’aggrave singulièrement dans des situations de vulnérabilité où aussi bien “ volonté ” que la “ connaissance ” risquent de tourner en rond, comme c’est souvent le cas dans les situations de “ dépendance ” ou de l’asservissement psychologique. Cela devient d’ailleurs très préoccupant en ce qui concerne la soumission et la fuite par l’alcool, drogues, et ainsi de suite. Chaque pas entrepris analytiquement

---

[11] Ruwen Ogien, *La faiblesse de la volonté*, Paris, FUF, coll. Philosophie morale, 1993 ; G. W. Mortimore, dir., *Weakness of will*, London, Macmillan, 1970 ; Sarah Stroud, Christine Tappolet, dir., *Weakness of will and practical irrationality*, Oxford, Oxford University Press, 2003 ; D. Davidson, “ How is weakness of the will possible ? ”, in J. Feinberg, dir., *Moral concepts*, Oxford, Oxford University Press, 1970 ; Robert Dunn, *The Possibility of Weakness of will*, Hackett, 2002.

quant à la " faiblesse de volonté " risque de révéler comment l'individu se transforme en " objet " soumis aux différentes formes d'irrationalité.

En somme, ce que nous constatons, avec ces très brèves observations sur la vulnérabilité, peut maintenant nous servir de tremplin. Il nous montre en effet que la question de la vulnérabilité est très complexe et hétéroclite. C'est, d'une certaine façon, la concrétisation de cette " vulnérabilité " quant au " je " et quant à la nécessité " relationnelle " de tout " je " qui représente la confirmation.

## 1.3. VULNÉRABILITÉ DU " JE "

Commençons par dire quelques mots sur la vulnérabilité initiale de tout " je ". Appuyons-nous d'abord sur le fait simple que nous ne sommes pas nés " égaux ". Les fictions philosophiques ou publiques (et même " populaires ") qui proclament que les " hommes naissent et demeurent libres et égaux en droits "[12] nous font souvent oublier le fait simple que nous naissons entièrement nus et dépourvus de tout. Tout dépend en effet de l'accueil, ou de l'absence d'accueil, qu'on réserve au nouveau-né. Le " je ", que constitue chacun de nous, n'est en tant que nouveau-né que jeté (et quelquefois " rejeté ") dans un monde que nous ne connaissons pas et sans autres ressources que celle que notre " milieu " proche peut nous procurer.

Si le blessé et le malade représentent, comme nous l'avons constaté auparavant, le sens commun du concept de vulnérabilité, la situation de l'enfant nouveau-né symbolise aujourd'hui pourtant emblématiquement, dans nos esprits (de même que dans la " réalité "), le fait même de vulnérabilité. Or, un nouveau-né n'est certainement ni " malade " ni " blessé ", mais uniquement là en toute vulnérabilité, sans défense, étant donné que son sort dépend entièrement et sans appel de celui ou de ceux qui l'accueillent (ou qui refusent de l'accueillir) parmi eux. S'il n'y a personne ou si celle qui l'enfante lui tourne le dos, le destin du nouveau-né s'écrit uniquement par et dans le néant. La vulnérabilité du nouveau-né est en fait entière, il n'a simplement pas une quelconque " nature " disponible pour survivre, mais une dépendance intégrale de celle ou de ceux qui l'accueillent. Sans accueil humain, le nouveau-né meurt

[12] *Déclaration des droits de l'homme et du citoyen du 26 août 1789*, art 1. Précisons que nier une signification du concept " égalité " sur le plan du " fait " (i.e. factualité) ne doit pas ici être interprété comme un rejet d'une promesse politique ou juridique d' " égalité ". Il faut simplement préciser que la notion d'égalité n'a aucun sens au plan factuel et que seule une telle précision peut nous permettre, par la suite, de comprendre le rôle " normatif " que cette notion peut éventuellement jouer sur le plan politique et juridique. Précisons également que seule une telle compréhension nous permet de comprendre la tension, toute moderniste, entre " factualité " et " normativité ".

tout simplement et bêtement, étant lui-même incapable de se nourrir ou encore de se protéger. Il meurt sans jamais se rendre compte que personne n'était effectivement là pour l'accueillir. Il disparaît sans laisser de trace et sans même, quelques fois, n'avoir pu, faute d'accueil, prendre le premier souffle.

Il faut comprendre que tout individu est né avec une vulnérabilité initiale et absolue. Il dépend dès sa naissance de l'accueil des " siens ". Les partisans du droit naturel classique ont voulu discerner ici une " nature "[13] qui pouvait ensuite servir pour bâtir, dans un sens fondationnaliste, un sens très particulier à attribuer au " droit ". Une telle conception n'a plus guère de sens à la lumière d'une conception contemporaine de la modernité juridique. Nous ne pouvons, pour notre part, rien fonder, rien déduire, rien justifier, mais uniquement confirmer l'individu, l'homme, comme étant toujours pris dans une vulnérabilité propre à l'accueil (ou simplement aux " siens "). C'est, en ce sens, toujours cette logique d'accueil qui doit nous intéresser, car elle témoigne de notre vulnérabilité comme jeté dans le monde et de notre dépendance à l'égard de la civilité et de l'humanité qui nous entourent. Nullement comme " concept ", *dixit* Hegel, mais comme des êtres vulnérables qui dépendent, au début de leur vie (et même après), entièrement et aveuglément, des autres. Et surtout qui dépendent concrètement, vitalement, des ressources de ceux qui nous accueillent individuellement et collectivement. Vues de la sorte, la vie et la constitution de la psyché individuelle ne sont qu'un interminable jeu " d'accueil " que nous pouvons plus ou moins maîtriser, et certains mieux que d'autres. Également l'abîme que représentent la nécessité de conformisme et le danger qu'un tel conformisme social devienne la limite et le sens d'une autonomie estropiée ou mutilée.

Il y a lieu de souligner que nous possédons une vulnérabilité psychologique initiale qui nous fait dépendre de notre " milieu ". Nous dépendons, d'une façon non déterministe, de notre " accueil " parmi les " nôtres " ou encore de la capacité de dire et d'affirmer en acte langagier ou par une action le " je ". Nous sommes en ce sens toujours dépendants de nos propres ressources tant psychologiques que sociales et de notre possibilité d'approvisionnement, tant matérielle que psychologique, sociale, etc., pour équilibrer et gérer, pour agir et comprendre, pour assurer et avancer, et ainsi de suite, sur le plan individuel. En ce sens la vulnérabilité de " je " fait référence à une construction continuellement en train de se créer à l'intérieur et à l'égard

---

[13] Ulpien, *Digeste*, 1., 1, 3 : " Le droit naturel est cela que la nature enseigne à tous les êtres animés ; ce droit en effet n'est pas propre à l'espèce humaine, mais à tous les être animés, à tous ceux qui naissent sur la terre ou la mer ainsi qu'aux oiseaux ; de là procède l'union du mâle et de la femelle, que nous appelons mariage ; et de là la procréation et l'éducation des enfants, etc. " ; cf. Michel Villey, *La formation de la pensée juridique moderne*, Paris, Montchretien, 1975, p. 472.

d'un " nous " qui se construit également par ses multiples " je ". Précisons, en passant, qu'une telle position a l'avantage, en ce qui concerne la philosophie du droit, de laisser ouverte la question de la formulation, aujourd'hui, de la question d'un " nous juridique " moderne.

### 1.4. VULNÉRABILITÉ RELATIONNELLE

Nos réflexions préliminaires sur la vulnérabilité des " je " nous ont déjà permis de constater la présence relationnelle des autres. En ce sens, toute " robinsonnade " s'exclut comme irrationnelle : les " je " (ou les " moi ") se forment, se conforment, se déforment, se reforment et se " formatent " dans le creux d'une multitude de relations intersubjectives. Le " je " constitue indubitablement le résultat d'un processus de personnification et de socialisation qui ne s'arrête guère. Mais il s'agit bien d'un processus qui dépend toujours des autres, principalement du milieu familial (ou de ce qui en tient lieu), secondairement, les relations d'amitié et les jeux interindividuels avec d'autres personnes, troisièmement, l'école (étatisée ou non), et ainsi de suite. En ce sens nous pouvons dire que le " je " comme centre s'explique par d'innombrables cercles qui se répandent de plus en plus loin, comme le symbolise si bien la goutte qui tombe sur l'eau et qui met en marche un battement d'expansion par cercles concentriques.

Si tout va bien, le processus de personnification et de socialisation réussit à produire une personne de " qualité ". À savoir une personne qui sait décoder les attentes qui lui sont adressées et qui sait donner une réponse positive, qui sait respecter les autres et prendre adéquatement en considération leurs intérêts, qui sait conduire sa vie et envisager des objectifs raisonnables, qui sait communiquer aux autres ses opinions, ses intérêts, ses attentes, et ainsi de suite. Mais, l'individu est vulnérable dans ce processus de personnification et de socialisation et il risque toujours, plus ou moins, de sortir avec des " blessures " et des " plaies ", voire plus grave, de sortir " détruit ", " endommagé " ou simplement " fragilisé ". Tout dépend en effet du degré auquel l'individu parvient à se former comme " sujet ", à savoir comme acteur potentiel et autonome pouvant se confirmer comme tel dans l'espace public et juridique.

*A contrario*, l'individu devenu " objet " des désirs, des intérêts, des plans, etc., des autres, même ceux que nous pouvons supposer comme étant les plus bienveillants à notre égard comme les amis, les proches, les parents, la famille, l'école, l'État, etc., risque toujours, par le fait même de la vulnérabilité d'une jeune personne, de ne jamais se former intégralement comme " sujet ", mais de lorgner vers une logique unilatérale d'obéissance et simplement de " retraits ". Ceci s'aggrave d'ailleurs mille fois là où une jeune personne sera, par l'exploitation et la dénégation, réduite à la condition de " néant " au profit de gratification sexuelle, affective, idéologique, etc., d'une autre personne. N'oublions pas la différence de sexe où la vulnérabilité de la jeune fille peut la désarmer face à une exploitation sexuelle néfaste. Une exploitation qui ne peut que confirmer ladite fille dans une position de " minorité " et de " victime "[14]. Quoi qu'il en soit, notre vulnérabilité confirme que le processus de personnification et de socialisation se fait toujours au risque de notre " chute ".

Il faut en conséquence ne jamais perdre de vue le fait que la personnification et la socialisation se déroulent dans des cadres sociaux et qu'elles peuvent par des mécanismes, ou des institutions particulières, avoir une influence néfaste, par notre vulnérabilité, sur la formation d'un sujet. Concrètement, les stéréotypes sociaux, éthiques, raciaux, coutumiers, religieux, etc., peuvent littéralement faire déraper le processus de personnification et de socialisation : d'abord en s'érigeant en barrière qui devient *de facto* les limites de la formation d'un sujet, ou encore, en s'intégrant d'une façon destructive ou handicapante comme affirmant (pourtant faussement) " ce que je/nous suis/sommes "; ou plus précisément, le faire déraper dans une internalisation des préjugés des autres. La vulnérabilité relationnelle se concrétise, se problématise et se dramatise de la sorte dans des épreuves douloureuses qui vont de l'exclusion, de la ghettoïsation, de la minoration, etc., et qui se matérialisent sur le plan individuel par le harcèlement, le *bullying*, l'exploitation, etc. Les deux niveaux d'explication, collectif et individuel, peuvent même se conjuguer dans une logique de renforcement négative l'une et de l'autre, comme c'est souvent le cas lorsque des stéréotypes de minoritaires aggravent significativement la vulnérabilité initiale de l'individu. N'oublions pas non plus ici à quel point la détresse psychologique, sociale ou " ethnique " du milieu familial se transpose souvent vers l'enfant et brise souvent la confiance en soi si indispensable pour confronter les aléas de l'existence.

Tout inventaire risque pourtant d'être vain ; il y a simplement trop d'exemples à donner. Retenons seulement, dans notre perspective, que nous risquons tous dans le processus individuel de personnification et de socialisation de souffrir. Notre vulnérabilité psychologique, sociale et symbolique fait de nous souvent la " proie " des autres. En règle générale, le processus de personnification et de socialisation se fait au risque de ne pas toujours réussir à nous fournir les " ressources " nécessaires pour fonctionner correctement et de tirer profit de la vie moderne et surtout de la possibilité de nous affirmer et de nous confirmer comme un sujet du droit à l'intérieur du projet d'une modernité juridique. Tandis que de légères blessures disparaissent

---

[14] Cf. Lukas K. Sosoe, " La victime : Pour une approche éthique du corps meurtri ", in P. Dumouchel, dir., *Comprendre pour agir. Violences, Victimes et Vengeances*, Québec, Les Presses de l'Université Laval, et Paris, L'Harmattan, 2000, collection Diké, p. 65-88.

grâce au temps guérisseur, ou simplement grâce à la distanciation que peut procurer la maturité d'adulte, le risque est toujours là que d'autres " plaies " ne réussissent pas à guérir et s'installent comme des barrières, des " handicaps ". relativement à la possibilité de mener une vie adulte avec les autres. Chacun peut selon ses expériences de vie se remémorer l'impression qu'a faite sur lui le fait de se retrouver en interaction sociale avec un être manifestement " handicapé ", ou simplement qui porte un fardeau trop lourd pour lui ou pour elle. Or, si nous pouvons, souvent instinctivement, identifier les stigmates de l'existence chez les autres, quoi donc avec les autres, sûrement plus nombreux, qui les portent avec eux en silence, incapables de les verbaliser, incapables d'y faire face. Comment confronter une modernité galopante quand tu ne peux même pas faire face à toi-même ?

### 1.5. HUMAIN, TROP HUMAIN

La vulnérabilité comprise de cette façon ne peut jamais être évacuée, supprimée ou effacée de l'existence humaine. Notre vulnérabilité reste rigoureusement un élément de la condition humaine et nous ne pouvons échapper à notre vulnérabilité que par le fait même de notre mort. Or, ces constations nous permettent d'introduire une première constatation concernant la question des ressources.

Dans le jeu sublime qui se joue entre le " je " (ou le " moi ") et le " nous " (tant social et politique, et également dans la possibilité d'une modernité juridique), tout se résume en fait dans la question des " ressources ". D'un côté, dans les ressources (incluant compétences) que l'individu peut mobiliser socialement pour se dire " je " et pour agir ainsi en une telle qualité. À ce niveau l'individu se trouve inéluctablement seul et dépendant de la formation de ses " ressources " issues de sa propre constitution psychologique, de même que les " ressources " qui ont pu lui procurer un processus de socialisation personnelle et sociale adéquate. L'inégalité sur le plan de l'agir " juridique " trouve souvent son origine à ce niveau. N'oublions pourtant pas que ce premier niveau se conjugue, de l'autre côté, par une anti-robinsonnade avouée, avec la question d'un " nous " se formant des " je ". Car ce que nos propos ont révélé, c'est que la vulnérabilité des " je " nous projette vers la question d'un " nous " qui n'est pas uniquement là comme condition, mais qui peut aussi se prendre en charge en tant que tel. Autrement dit, et toujours dans la perspective d'une philosophie du droit moderniste, le jeu même des " je " (ou simplement des " moi ") nous ouvre autrement le sens à un " nous " qui s'autonomise (avec, par et au profit des " je ") comme une prise en compte de notre " vulnérabilité " humaine sur le plan politique. Si nous avons déjà pu constater que le " nous " se constitue pour pallier nos vulnérabilités communes, la question se pose de savoir si la vulnérabilité des " je " ne se transpose pas autrement vers la question de l'autonomie publique. C'est cette interrogation que nous poursuivons dans un nouveau pas.

## 2. VULNÉRABILITÉ ET AUTONOMIE PUBLIQUE

Comme l'a indiqué l'usage lexique du concept " vulnérabilité ", l'individu vulnérable est toujours un " je ", un " moi ". C'est *le* blessé ou encore *le* malade, donc toujours un " moi " qui se trouve dans une situation ou une posture de vulnérabilité ou simplement de " sans-défense ". Or, en ce qui concerne la modernité juridique, la question de cette vulnérabilité devient davantage complexe relativement à l'engagement nécessaire de l'individu dans et à l'égard de l'autonomie publique. En fait le " je " qui s'engage à réaliser l'autonomie publique de tous et relativement au droit de sélectionner en réciprocité les normes, les droits, les institutions, qu'il souhaite honorer comme valides pour la communauté juridique et politique auquel il agrée d'adhérer, est en fait confronté à deux " obstacles " touchant directement sa vulnérabilité. Identifions-les d'abord relativement à la problématique de se situer sur le plan de la conscience démocratique et, ensuite, de la manière de faire face à la manipulation antidémocratique.

### 2.1. VULNÉRABILITÉ ET CONSCIENCE DÉMOCRATIQUE

Restreignons-nous, en ce lieu, à la conception qui défend que l'autonomie publique fait partie d'une conception " procéduraliste " de la démocratie, en sorte que le fonctionnement et surtout la question de coopération dans les processus démocratiques ne dépend, en principe, que de la conscience (ou mentalité) démocratique que les individus, en réciprocité, y investissent[15]. La démocratie est de la sorte la capacité des différentes consciences démocratiques à se déployer en réciprocité, par des processus adéquats, et de sélectionner en coopération, comme nous l'avons indiqué, les normes, les droits, les institutions, dignes d'eux. Toute coopération démocratique est pourtant, en elle-même, dépendante de la vulnérabilité des individus.

La vulnérabilité de l'individu relativement à la " conscience démocratique " peut d'abord être exemplifiée et située sur l'échelle chronologique. C'est en soit un exploit historique que les " consciences démocratiques " aient pu se déployer en autonomie et qu'elles aient pu, par une

[15] B. Melkevik, *Rawls ou Habermas. Une question de philosophie du droit*, op. cit., p. 65-99.

longue marche événementielle, s'enraciner et vaincre[16]. Avec la définition que nous avons donnée de l'exigence démocratique, il appert que l'autonomie publique est surtout un phénomène et une réalisation du vingtième siècle et largement circonscrite (à l'origine) à un contexte occidental. Historiquement, les " lois " (ou simplement : la normativité publique) ont été imposées dans et par différentes logiques d'hétéronomie, c'est-à-dire par l'Autorité, le Pouvoir, le Prince, la Religion, etc. Ce qui veut dire, en somme, que la " normativité publique " a, en règle générale, été fait comme " non-autonome ". L'introduction de l'autonomie publique, c'est-à-dire, la possibilité pour les individus de se faire publiquement, réciproquement, par des processus démocratiques leur propre " normativité publique ", s'est pourtant accomplie très lentement et exclusivement dans un cadre occidental. Nous avons certes des bribes d'une telle auto-législation historiquement dans différentes " tribus " germaniques, mais c'est avant tout pendant le haut moyen âge qu'ont éclos, dans des professions, dans les Universités, dans des " villes ", les premières tentatives pour prendre en charge d'une façon autonome le cadre normatif devant être honoré par les individus en " autonomie ". Bref, la modernité juridique et politique a ici pris la relève pour instaurer un processus lent et mouvementé consistant à soumettre les différents rouages étatiques à une logique de l'autonomie publique. Comme nous l'avons affirmé, c'est le vingtième siècle qui ici représente le moment tournant en permettant désormais à la conscience démocratique de se déployer dans l'espace public en vue d'instituer la coopération démocratique !

Ce bref rappel historique nous fait immédiatement ressentir que la " vulnérabilité " de l'individu face à l'exigence démocratique de s'engager dans les processus de sélection des normes, des droits, des institutions, etc., est en soi reliée à la possibilité pour le processus démocratique de fonctionner adéquatement comme un processus de coopération en réciprocité avec autrui. En fait, de le faire fonctionner comme un processus d'apprentissage de coopération où l'enjeu, de même que le résultat, est de former ensemble une opinion publique pouvant guider et gérer tout processus démocratique. Il faut en conséquence refuser tout discours métaphysique sur autrui, sur le " visage de l'autrui ", sur " je suis l'Autre ", sur l'Autre " c'est l'enfer ", et d'autre radotage monologue[17], pour ne retenir que la confirmation que l'autre est toujours là comme individu à l'égard d'un processus démocratique qui doit l'interpeller.

---

[16] Boris DeWiel, *Democracy : A History of Ideas*, Vancouver, UBC Press, et Seattle, University of Washington Press, 2000. Cf. égal. John Dunn, *Democracy : The unfinished journey, 508 BC to AD 1993*, Oxford, Oxford University Press, 1992.

[17] Ce qui veut dire que toutes nos réflexions se présentent en contre-courant de toute " métaphysique du sujet ". Cf., *a contrario*, par exemple, Emmanuel Lévinas, *Humanisme de l'autre homme*, Montpellier, Fata Morgana, 1972 (1987) ; du même : *Entre nous, essais sur le*

Loin donc de toute réflexion sur le " statut d'autrui " (sociologique, anthropologique, juridique ou métaphysique), il convient, *a contrario*, d'insister sur le fait que l'individu possède une vulnérabilité relative au " système ", relativement à tout " système " existant. Kafka, comme nous le montre son roman *Le procès*[18], ou peut-être mieux *Le Château*[19], a tout simplement raison : il y a un obstacle entre une personne personnifiée et socialisée et " la société " qui lui est souvent " étrangère " et ou il se sent comme " étranger ", c'est-à-dire " objet ".

Il s'agit de comprendre que la société produit continuellement des " pièges ", des " obstacles " et des " barrières " qui peuvent aller à l'encontre de l'individu et de la compréhension même d'un projet de coopération. Il ne s'agit pas d'apprendre les voies d'un labyrinthe social une fois pour toutes, mais d'apprendre que la vie en société devient en soi un " savoir social " où se montrent aussi bien la force de certains individus que la vulnérabilité d'autres. En d'autres termes, le système social peut être associé à des labyrinthes en train de se " reconfigurer " continuellement et où la seule chose qui peut compter est la compétence sociale potentielle (ou éventuelle) que peut mobiliser un individu pour y faire face. Nous pouvons dire que la vie sociale représente une sorte de " formation continuelle " qui ne se joue pas uniquement au plan de l'individu mais également et simultanément au plan des différentes formes d'interrelation codifiées et objectivées comme système social[20].

La vulnérabilité de l'individu en tant qu'acteur dans le monde social nous révèle un aspect central de la signification même de la vie en société. La vulnérabilité de l'individu comprise comme " autrui " dans le système social déjoue certainement tout faux espoir " éthique ", mais surtout nous révèle que l'opacité sociale fait partie intégrante de notre vie si " moderne ", qui ne se maîtrise pas toujours entièrement. Notre vulnérabilité fait qu'au lieu d'être des acteurs autonomes du système, nous nous retrouvons souvent unilatéralement comme " destinataires ". Si, soulignons-le, cela porte empiriquement ombrage à notre rôle d'acteur, i.e. sujet, une telle constatation ne trouve son sens que dans l'emphase, contrefactuelle, de ce même rôle et de la " trahison " que nous devons constater.

Insistons, dans cette perspective, sur le fait que si chaque individu a, en principe, le même privilège et la même liberté d'influencer le choix normatif à

---

*penser-à-l'autre*, Paris, Grasset, 1991 ; *Hors sujet*, Saint-Clément-la-Rivière, Fata Morgana, 1987 ; *Le temps et l'autre*, Paris, PUF, 1983.

[18] Franz Kafka, *Le procès*, Paris, Gallimard, (1e éd., 1933), 1972, coll., Folio n° 101.

[19] Franz Kafka, *Le Château*, Paris, GF-Flammarion, 1995.

[20] J. Habermas, *Théorie de l'agir communicationnel*, Paris, Fayard, 1987, 2 vol. Pour une approche différente, cf. Niklas Luhmann, *La légitimation comme procédure*, Québec, Les Presses de l'Université Laval, 2001 (repris par Cerf, Paris, coll. Passages, 2001).

opérer, la vulnérabilité de chaque personne fait que la situation demeure une situation d'inégalité. Chaque personne est en fait différente, quelqu'un de fort, sait bien s'exprimer, sait magnifiquement comment construire des réseaux sociaux, sait convaincre, etc., là où d'autres bien sûr échouent complètement. C'est d'ailleurs cette vulnérabilité de l'individu qui a inspiré la naissance de clubs, d'associations, syndicats, de partis politiques, etc., pour y compenser. En fait, comme autant d'intermédiaires politiques, ou " corps intermédiaires ", qui peuvent pallier la vulnérabilité d'un individu par la force de tous[21]. Mais même une telle solution ne supprime pas la question de la vulnérabilité, mais la déplace à l'intérieur des dites organisations comme une problématique lancinante concernant les " élites ". Une problématique que nous ne pouvons pas reprendre ici.

Insistons maintenant sur le fait que la vulnérabilité concerne également la " courte vue " souvent défendue par les individus. Si, en fait, l'autonomie politique et la sélection autonome de normes ont comme objet de conjuguer et d'optimaliser les intérêts de tous (i.e. " la longue vue "), il faut le développement d'une majorité d'opinion et de conscience qui envisage cette dimension. Plus précisément, il faut surmonter la forme de vulnérabilité qui se manifeste dans le manque de confiance en soi-même, de son propre jugement et de la confiance nécessaire pour pouvoir faire des compromis avec les autres.

Tout cela nous conduit, au demeurant, à l'affirmation que toute " autonomie publique ", surtout dans sa forme consacrée par les processus démocratiques, nécessite que les individus aient les =capacités de s'engager, de comprendre, d'échanger, etc., quant aux propositions normatives qui leur ont été proposées et en fin de compte aussi de faire un test d'universalité de leurs choix[22]. Mais également que la vulnérabilité des individus devra être stabilisée sur la base même de l'exigence démocratique de la modernité, et là nous n'avons guère d'autre candidat que les " règles " de procédure.

### 2.2. L'AUTONOMIE PUBLIQUE ET LA MENACE D'HÉTÉROGÉNÉITÉ

La problématique entourant la " vulnérabilité " de l'individu et la conscience démocratique deviennent préoccupantes relativement à la menace que font peser sur elles les forces anonymes d'hétérogénéité[23]. En fait, les

---

[21] B. Melkevik, " Intérêts particuliers, intérêts généraux et corps intermédiaires ", in Josiane Boulad-Ayoub, Luc Bonneville, dir., *Souverainetés en crise*, Québec, Les Presses de l'Université Laval, et Paris, L'Harmattan, coll. Mercure du Nord, 2003, p. 101-113.

[22] J. Habermas, *Droit et démocratie. Entre faits et normes*, Paris, Gallimard, 1997.

[23] Nous pouvons ici faire une analogie avec ce que nous dit E. Kant relativement à l'hétéronomie sur le plan de la construction individuelle de la " volonté " : " Quand la volonté recherche la loi qui doit la déterminer n'importe où *ailleurs* que dans la capacité de ses maximes à mettre en

menaces les plus dangereuses pour l'autonomie individuelle ne sont pas celles qu'on peut identifier comme telles et qui opèrent au vu au su de tous. Le simple fait d'être identifiable par les individus les ouvre plus facilement aux critiques. De cette façon, les plus dangereuses parmi les forces d'hétérogénéité sont indubitablement celles qui sont devenues " invisibles ", " évidentes ", " naturelles " ou " rationnelles " pour les individus. À savoir les forces de l'hétérogénéité où l'individu devient un pantin sans comprendre les fils qui le fait " danser ". Et comment des pantins vivent-ils leur vie sans comprendre les fils qui contrôlent leurs vies, leurs idées et leurs destins ? Le plus souvent sur des critères qui ne servent pas entièrement leurs intérêts. Notre modernité a paradoxalement mis en marche deux forces anonymes d'hétérogénéité, le système économique et le système administratif, et dans lesquelles se loge un troisième sous-système moderne, celui des " médias ".

Lorsque nous regardons de plus près le système économique, la première chose qu'il y a lieu de souligner, c'est que s'y cache une grande complexité s'articulant en sous-systèmes partiels qui se spécifient fonctionnellement. S'y ajoute aujourd'hui un processus de mondialisation, ou globalisation, de l'économie, qui dans le creuset d'une accentuation de " division de travail " de plus en plus dispersé et éloigné, opère un revirement majeur relativement à cette complexité[24]. À y regarder de plus près, nous ne pouvons qu'être éblouis par la dynamique qui anime le système économique moderne, mais c'est pour aussitôt faire le constat simple que l'humanisme économique classique semble totalement disparu comme signe distinctif. L'essentiel du système économique contemporain n'est pas tant aujourd'hui l'accumulation du capital, que le fait que cette accumulation se réalise grâce à des formes de régulation aveugles, par des ajustements systémiques, qui, malgré leur efficacité rationnelle bien réelle à certains égards, échappent par essence à la prise de conscience et de volonté. Le Marché, soumis à la " main invisible ", en fait la Providence, est simplement devenu le mot maître et comme tel a de plus en plus, en dépit des efforts de l'État moderne, obtenu la position comme " destin ", " naturel ", " rationnel ", auquel l'homme doit obéir, s'ajuster et servir. Le virage virtuel de l'économie moderne qui se manifeste par l'accession, dès 1980, du secteur financier à la position de locomotive, sinon

place une législation universelle qui soit proprement la sienne, quand par conséquent, allant au-delà d'elle-même, elle cherche cette loi dans la propriété d'un quelconque de ces objets, il en provient toujours de l'*hétéronomie*. Dans ce cas, la volonté ne se donne pas à elle-même la loi, mais c'est l'objet qui la lui donne à travers la relation qu'il entretient avec elle. " ; E. Kant, *Métaphysique des mœurs, op. cit.*, t. 1, p. 124.

[24] B. Melkevik, " Prolégomènes à une problématique : Mondialisations et droit ", in H. Pallard, S. Tzitzis, dir., *Les droits fondamentaux devant la mondialisation*, Québec, Les Presses de l'université Laval, coll. Diké, 2003/4, à paraître. Une traduction italienne de cet article, " Mondializzazioni e diritto : prolegomeni ad une problematica ", à paraître ultérieurement.

comme l'instance " normative ", pour toute activité économique, ne fait que renforcer l'idéologie d'une démission nécessaire de l'individu. En philosophie du droit, par exemple, c'est von Hayek qui incarne le mieux cette démission de l'homme pour célébrer le système économique[25]. Personne pourtant ne peut douter qu'une telle démission ne fasse qu'augmenter et aggraver la vulnérabilité de l'homme.

Le système administratif est le deuxième système mis en place par notre modernité politique et juridique. Intimement rattaché à l'avènement de l'État contemporain, utilisant des normes dites " juridiques " pour gouverner, réglementer, planifier, etc., le système administratif s'organise à part dans une logique " d'en haut " pour faire des individus et de leurs vies l'objet de leurs actions. Cela a, d'un côté, permis de rationaliser de larges pans de la vie en société et surtout de pallier maintes formes de dysfonctionnement et " d'injustices sociales ". De l'autre côté, cela a aussi servi à " objectiver " des individus. En fait, le système administratif a pris le contrôle de leurs vies, ou a simplement entrepris de le " délimiter ", de l'encadrer et de le diriger selon des critères qui se rapportent peu aux intérêts des individus, mais davantage au " budget " ou simplement à une culture administrative opaque. De la sorte, les individus n'ont pas été confirmés dans leur autonomie, moins encore dans leur individualité, mais se sont retrouvés comme des clients, des usagers, des " consommateurs " de services et ainsi de suite. Le système administratif comme étant là d'abord et avant tout pour aider des individus vulnérables s'est ainsi transformé, paradoxalement, en un nouvel obstacle se dressant sur le chemin[26].

Sur ce plan de philosophie sociale, il faut pourtant maintenant ajouter un sous-système souvent charnière dans les sociétés modernes. Nous pensons aux " médias ", ou simplement à toutes ces organisations qui se spécialisent dans une communication de masse. Il s'agit bien sûr des journaux, des magazines, des livres, des services Internet, des télés, des radios, et ainsi de suite. D'un côté, nous constatons une anarchie salutaire, de l'autre côté, c'est souvent des monopoles ou des oligarchies qui organisent, mettent en scène, font de la " spin ", suivant des directives idéologiques ou simplement les intérêts que leur dictent leurs " patrons ". Quant à ce dernier, il ne faut surtout pas se faire d'illusions, la manipulation de l'opinion publique fait aujourd'hui partie intégrante de la vie en société. Quand les enjeux deviennent importants, par exemple concernant la question de la guerre, de l'intervention militaire, etc., la

---

[25] Friedrich August [von] Hayek, *Droit, législation et liberté*, Paris, PUF, 3 vol., 1973, 1976 et 1979. Pour une critique de Hayek, cf. B. Melkevik, *Réflexions sur la philosophie du droit*, Québec, Les Presses de l'Université Laval, 2000, p. 133-151.

[26] J. Habermas, *Théorie de l'agir communicationnel*, t. 1, *Rationalité de l'agir et rationalisation de la société*, Paris, Fayard, 1987, p. 265-281.

question de la maîtrise de l'opinion devient primordiale. Rappelons que les États-Unis n'ont pas perdu la guerre du Viêt-nam sur les champs de bataille, mais dans l'opinion publique; ce qui a nécessité de " déserter " lesdits champs de bataille. Pour notre propos, il y a pourtant lieu de souligner que cette question de " maîtrise " d'En haut de la formation de l'opinion, abstraction faite des raisons d'une telle volonté de maîtrise, égale, en principe, toujours la manipulation de celle-ci. Or, ce que nous constatons, c'est souvent l'absence de l'esprit critique à l'égard des mass-media. Donc aussi le danger, bien réel, que s'imposent en douce la manipulation, l'exploitation, la corruption, de l'opinion publique, ou simplement le détournement du projet moderne de son ancrage dans l'autonomie des individus. Les consciences démocratiques sont vulnérables, corruptibles et se laissent souvent facilement berner par le chant des sirènes.

La vulnérabilité des individus aux forces d'hétérogénéité s'aggrave, comme nous venons de le mentionner, par leur " invisibilité " et par le fait que les différents monopoles d'information (et le pouvoir oligarque qui s'y ajoute) deviennent le lieu " naturel ", ou " rationnel ", pour l'imposition d'une opinion, d'une " idéologie du monde " ou d'une façon unilatérale de comprendre les enjeux sociaux, politiques et économiques. Le phénomène dit de rectitude " politique ", " morale ", " éthique ", etc., que nous avons pu constater les dernières années n'est ici que le symbole d'un rétrécissement hétéronome s'imposant illégitimement à l'esprit humain. Il est, en ce sens, significatif d'observer les thèmes qui sont ainsi devenus clos et, en conséquence, servent à renforcer, en hétéronomie, ses différents protagonistes.

### 2.3. CONJUGUER L'AUTONOMIE PUBLIQUE ET L'AUTONOMIE INDIVIDUELLE

Ne faut-il pas davantage prendre acte que l'autonomie individuelle et l'autonomie publique ne sont que les deux cotés d'une même pièce pour, de cette façon, renforcer le sens démocratique de notre modernité ?

Au degré auquel cette question concerne notre thème de vulnérabilité, il nous semble que l'affirmation s'impose. Vu précisément que la vulnérabilité d'un individu du monde ne peut guère être prise en main, selon les prémisses de la modernité juridique[27], qu'au degré même où l'individu peut se confirmer comme acteur, comme sujet, il suit, en ce sens, que les processus démocratiques doivent être compris comme des intermédiaires pour renforcer l'autonomie des citoyens, mais aussi pour, démocratiquement, forger des institutions sociales, politiques, normatives, pouvant aider les individus à composer (*dealer*) avec

[27] Cf. B. Melkevik, *Rawls ou Habermas, Une question de philosophie du droit, op. cit.*, p. 24-31, 45-62.

leurs vulnérabilités. De cette façon, nos normes, nos droits, nos institutions, ne sont pas nos " maîtres ", mais des façons nous permettant ensemble d'envisager sobrement la question de nos " vulnérabilités " comme objet même d'une délibération pouvant se concrétiser à l'intérieur de notre modernité juridique.

## 3. VULNÉRABILITÉ ET SOLIDARITÉ

Concédons que la ressource principale que possèdent les individus pour pallier leurs " vulnérabilités " est la solidarité ! En fait, la capacité des individus de se laisser engager dans des actes de solidarité avec d'autres personnes en situation de vulnérabilité et de construire en leur faveur des mouvements ou éventuellement des législations de solidarité. Si la solidarité est la force des faibles, il s'agit d'une force, pensée et comprise à l'intérieur des processus démocratiques, qui est loin d'être négligeable. Nous pouvons même dire que les mouvements de solidarité ont depuis 1970 largement changé les données dans le monde occidental. Pour notre propos, deux thématiques peuvent être privilégiées, d'abord la question de la vulnérabilité à l'égard d'une législation de solidarité et, ensuite, la vulnérabilité à l'égard d'une politique de solidarité.

### 3.1. VULNÉRABILITÉ ET POLITIQUE DE SOLIDARITÉ

Il n'y a ici aucune raison de réinventer la roue ! Pourquoi refaire imparfaitement ce qui a déjà été dit d'une façon exemplaire et qui, en plus, nous indique la bonne réponse ? En fait, la " parabole du bon Samaritain " comme nous la rencontrons dans les Évangiles, rapportant les faits et la " parabole " de Jésus, nous servira de guide :

> " Mais lui, voulant montrer sa justice, dit à Jésus : *Et qui est mon prochain ?* Jésus reprit : *Un homme descendait de Jérusalem à Jéricho, il tomba sur des bandits qui, l'ayant dépouillé et roué de coups, s'en allèrent, le laissant à moitié mort. Il se trouva qu'un prêtre descendait par ce chemin ; il vit l'homme et passa à bonne distance. Un lévite de même arriva en ce lieu ; il vit l'homme et passa à bonne distance. Mais un Samaritain qui était de voyage arriva près de l'homme : il le vit et fut pris de pitié. Il s'approcha, banda ses plaies en y versant de l'huile et du vin, le chargea sur sa propre monture, le conduisit à une auberge et prit soin de lui. Le lendemain, tirant deux pièces d'argent, il les donna à l'aubergiste et lui dit : " Prends soin de lui, et si tu dépenses quelque chose de plus, c'est moi qui te rembourserai quand je repasserai ". Lequel des trois, à ton avis, s'est montré le prochain de l'homme*

*qui était tombé sur les bandits ?* Le légiste répondit : *C'est celui qui a fait preuve de bonté envers lui.* Jésus lui dit : *Va et, toi aussi, fais de même* "[28].

Deux réponses se dégagent ici pour la question " qui est mon prochain ? "[29]. D'abord une réponse universelle et christique, ensuite une réponse circonscrite à la solidarité.

En ce qui concerne d'abord la réponse universelle et christique, il faut souligner qu'il s'agit avant tout d'un processus de reconnaissance extérieur et à l'encontre de tout jugement. Nous sommes réciproquement l'un pour l'autre toujours le " prochain ", l'un pour l'autre. Autrement dit, être le " prochain ", c'est essentiellement le fait d'être, de se sentir et de se comprendre comme prenant part à l'humanité. Il n'y avait en ce sens rien de particulier dans le fait d'être un Samaritain et ce n'est sûrement pas à cause de ce fait qu'il s'est arrêté et qu'il a pris soin de son prochain. C'était, comme l'indique la parabole, parce qu'il était " pris de pitié ", à savoir qu'il a reconnu l'homme comme l'autre lui-même. Il a reconnu l'homme dans le miroir de sa propre humanité. Et bien sûr l'individu dans sa vulnérabilité exemplaire comme blessé. Il se dégage, en conséquence, une réponse : nous pouvons nous comprendre, nous situer et nous apprécier comme des humains, comme des êtres n'ayant qu'un Père et pour lequel les clivages ethniques que nous avons si soigneusement fabriqués et entretenus n'ont aucune importance. Comme le dit la parabole " il prit soin de lui ", à savoir que tout n'était, dès le début, qu'un acte d'humanité. Être humain signifie comprendre ce que cela signifie de vivre ensemble comme des humains, l'un pour l'autre. Que la parabole convoque implicitement les paroles " aimez-vous les uns les autres ", d'où encore le message christique du " sermon sur la montagne ", n'est ici qu'une question de cohérence et bien sûr une interrogation de la foi quant à ce message christique.

Or, nous observons qu'il n'est question ici ni d'obligation ni de devoir. Cette façon de penser en supposant ou en " fondant " des obligations ou des devoirs n'a ici que peu de sens et manque sur le plan philosophique sa cible. Le

---

[28] *La Bible, Luc*, 10.

[29] Rappel de l'affaire Donaghue c. Stevenson, [1932] A. C. 562 (Chambre de lords), et les propos de Lord Atkin : " Le commandement *Tu aimeras ton prochain* devient en droit *Tu ne porteras pas préjudice à ton prochain.* Et à la question de l'avocat : *Qui est mon prochain ?*, on donne une réponse restrictive [...]. Qui est donc mon prochain en droit ? La réponse semble être la suivante : les personnes qui sont de si près et si directement touchées par mon acte qu'il est raisonnable que je pense à elles lorsque j'envisage les actes ou les omissions en question ". Cité d'après la traduction de Donald Poirier, *Sources de la common law*, Cowansville, Yvon Blais, et Bruxelles, Bruylant, 1996, p. 79-80. Rappel que l'affaire en question a instauré, comme *stare decisis*, le principe de la responsabilité des préjudices du fabricant ou encore la responsabilité civile délictuelle. Cf. égal. Lord Alfred Thompson Denning, *The Changing Law, London*, Stevens, 1953, p. 106-109. Sur Lord Atkin of Aberdovey, c.f. Geoffrey Lewis, *Lord Atkin*, London, Butterworths, 1983.

problème avec le Pharisien (i.e. le " prêtre ") ou encore le Lévite n'est pas qu'ils ont oublié une quelconque obligation ou devoir, mais bien simplement, comme c'est indiqué, qu'ils n'ont pas compris leur humanité. Ce sont des êtres " incomplets ", des êtres peut-être eux-mêmes " blessés " et ainsi prisonniers dans leur propre " vulnérabilité ", ou encore des êtres qui n'ont nullement réussi le décentrement vers le stade " adulte " pouvant reconnaître quelqu'un comme le " prochain ". Bref, qu'ils ne sont pas parvenus à voir autrement que comme Pharisien ou comme Lévite. Il n'y a d'ailleurs là rien de particulier : nous n'avons pas à chercher bien loin pour comprendre qu'une telle mentalité est encore légion.

Là où nous voulons en venir en abordant maintenant l'interprétation de cette parabole sur le versant de la solidarité, c'est au fait que la question " qui est notre prochain ? " ne fait qu'interpeller notre humanité. Face à une telle " mentalité " (sans obligation, sans devoir, mais uniquement un appel christique), nos réponses respectives à cette question risquent bien d'être très variées, très personnelles et souvent soumises aux aléas des conjonctures et des événements[30]. En fait, il ne peut pas en être autrement, car hors de toute aspiration personnelle à la sainteté, chacun de nous est toujours soumis au sort d'un déclencheur pouvant mettre en marche une sympathie, un acte ou un " programme " de solidarité. C'est donc dans la capacité à mobiliser la perspective de solidarité que se joue la question. Bien sûr le message christique peut de la sorte représenter un tel déclencheur, et tant mieux si c'est le cas, mais loin de toute exclusivité, d'autres sources, ou simplement ressources, peuvent également permettre de parvenir au même résultat. Quant à ce dernier, c'est effectivement à partir de multiples influences " idéologiques ", ou simplement : de conceptions sur la " justice sociale " ou la " vie bonne " pour tous, que l'homme et la femme modernes peuvent aujourd'hui réfléchir sur la question de solidarité. De cette façon la solidarité se dessine, en toute lucidité, comme une question d'engagement, de la capacité à dire oui ou non, de s'organiser et de proposer des réarrangements sur le plan des normes, des droits et des institutions. En faveur de l'homme blessé, l'individu vulnérable !

Il ne peut pas en être autrement, car, en fin de compte, c'est toujours l'individu qui juge de la question " qui est mon prochain ? " et qui s'engage en faveur de l'individu blessé, l'individu vulnérable. Que ce jugement puisse être incomplet, que le jugement puisse s'égarer et tomber dans les dédales de l'inhumanité n'a pas besoin d'être souligné[31]. Mais il y a autant de raisons pour conjuguer ce jugement personnel avec un jugement impersonnel si

---

[30] C.f. B. Melkevik, " La solidarité, la philosophie et notre présent ", in *Réflexions sur la philosophie du droit*, Québec, Les Presses de l'université Laval & Paris, L'Harmattan, 2000, p. 17-33.

[31] *Ibid.*, p. 23-26.

exemplairement symbolisé par le processus " juridique ". C'est d'ailleurs à cela que nous voulons finalement aboutir.

### 3.2. VULNÉRABILITÉ ET LÉGISLATION DE SOLIDARITÉ

Considérons maintenant la solidarité comme la ressource clef pour agir ensemble pour surmonter, pallier la vulnérabilité de l'un et de l'autre. La question de la solidarité force pratiquement l'individu à se liguer avec les autres individus pour pallier sa propre vulnérabilité. Il s'agit en fait d'une logique de mousquetaire : " un pour tous, tous pour un ", où les " faibles ", ou simplement ceux qui ont besoin de la solidarité des autres, cherchent à acquérir la force nécessaire pour agir sur l'espace public.

Il faut pourtant d'abord insister sur le fait qu'il ne faut pas considérer la question de la solidarité comme une donnée (de nature) ou encore comme une " obligation ". Envisageons plutôt la solidarité comme étant une force " sociale " qui peut se construire, qui peut être sollicitée et qui peut engager les individus. De cette manière, la " solidarité " représente une ressource propre aux individus qui peut, sous condition, être mobilisée et soutenue par eux, aussi bien individuellement que collectivement. Comprise de la sorte, la relation à la vulnérabilité humaine saute aux yeux : la vulnérabilité d'un autre individu peut tout simplement mobiliser nos solidarités, nous inciter à aider celui qui est vulnérable ou encore solliciter des mesures politiques, sociales ou économiques, pour renforcer la position entretenue par un individu ou une catégorie d'individus. En ce qui concerne le droit, la solidarité se concrétise sur le plan du droit national dans une législation dite de solidarité, et, sur le plan international, d'une " législation " de solidarité comme le système onusien des droits de l'homme.

Nous pouvons en ce qui concerne plus spécifiquement la législation nationale de solidarité dire que notre regard change dès que nous quittons une conception métaphysique ou simplement " morale/éthique ", pour *a contrario* n'envisager que le sujet de droit. Du moment que nous pouvons comprendre que l'individu et le sujet du droit ne font qu'un, nous ne pouvons plus comprendre le monde de la même façon. La vulnérabilité des individus et le destin que leur réserve la société moderne, nous les rencontrons tous les jours sous les traits d'hommes, de femmes et d'enfants qui ne fonctionnent plus, qui sont " finis ", " épuisés ", " brisés " et qui se laissent faire par la vie. Nous les rencontrons comme des hommes, des femmes, des enfants, qui ont succombé sous la prise de l'alcool, stupéfiants, médicaments, etc., ou simplement qui sont perdus dans un quelconque monde à part et où règnent la dépression, le désespoir, ou une maladie mentale. Ou qui simplement ont échoué tellement de fois dans la vie qu'ils ont perdu toute confiance en eux (et dans les autres) et surtout perdu l'espoir dans un sens ou l'autre. La seule force qui peut assurer une législation en leur faveur, c'est la solidarité.

Rappelons, en ce sens, que ce qui est devenu, dans le monde occidental au cours des XIX$^{e}$ et XX$^{e}$ siècles, la " législation ouvrière " ou le " droit du travail " est né le constat des ravages qu'avaient faits l'industrialisation et le manque de sécurité : la vulnérabilité d'un travailleur (et dans ce cas également de toutes les personnes qui dépendaient de lui) et sa " déchéance " immédiate après un accident de travail ont ainsi sauté aux yeux, par la proximité même de leur situation, des autres travailleurs. Et surtout ont provoqué des actions politiques de plus en plus concentrées et intelligentes pour venir en aide à ceux qui ont ainsi payé le prix du développement industriel et économique. La législation des solidarités qui ont été instaurées dans le monde du travail témoigne ainsi de la proximité de la force qu'ont exigée celles-ci et des bénéficiaires. C'est aussi cette proximité qui se perd par la suite par le fait que la législation de solidarité devient un domaine de fonctionnaires, de travailleurs sociaux, de spécialistes en santé mentale, etc.

Nous voulons en venir au fait que la solidarité doit se concrétiser dans des mouvements de solidarité avec ceux qui tombent trop bas " humainement " à cause de leurs vulnérabilités. Nous avons plus besoin aujourd'hui qu'avant que la lumière soit braquée sur les effets néfastes que produisent l'accélération de l'économie ou simplement les changements sociaux[32]. Nous en avons davantage besoin aujourd'hui, parce que la dématérialisation du pouvoir économique, que nous constatons avec la mondialisation de l'économie, fait que la prise de conscience nécessaire à toute solidarité a elle-même été dématérialisée. Autrement dit, un sens de " déshumanisme " risque de prendre aujourd'hui place, comme nous le témoigne la danse effrénée autour du Marché. Or, les mouvements de solidarité, justement en thématisant à nouveau frais les enjeux et les prix que paient constamment nos sociétés sur le plan humain, sont de plus en plus nécessaires. Et il en est de même sur le plan international en ce qui concerne les droits de l'homme.

À première vue cela peut sembler étrange de comparer et de comprendre le système international des droits de l'homme comme un acte de solidarité. Il faut donc comprendre que le système onusien des droits de l'homme n'était au début qu'un système d'engagement des États. Les États mêmes qui souvent représentent la plus grande menace pour leurs propres citoyens. C'est sur ce plan même que la solidarité et le cosmopolitisme peuvent intervenir en vue de faire tomber la question des " frontières " ou des " privilèges de l'État-nation " au bénéfice d'une prise en compte réelle de la

---

[32] B. Melkevik, " Prolégomènes à une problématique : Mondialisations et droit ", *loc. cit.* Cf. égal. Anthony Giddens, *Runaway world, How globalization is reshaping our lives,* New York, Routledge, 2000.

situation des bénéficiaires ultimes de ces “ droits de l’homme ”, à savoir les individus. Ce qui s’est effectivement produit à partir des années soixante et soixante-dix, de façon privilégiée dans les pays occidentaux, où les différents mouvements de solidarité ont entrepris de thématiser les différentes formes des droits de l’homme comme “ autonomes ” et “ indépendants ” du droit international des États souverains.

Nous soutenons que la thématisation constante et la production de données précises quant à la situation des droits de l’homme dans chaque pays du monde ont simplement changé le climat politique ! Nous pouvons dans cette perspective uniquement rappeler comment la question des droits de l’homme et la solidarité avec les peuples en Europe de l’Est encore sous l’empire soviétique avant 1989, ont simplement changé le visage du monde. Rappelons encore la situation en Amérique latine dans les années soixante-dix où ce sont les généraux qui chassent les démocrates, souvent dans des bains de sang et des guerres civiles qui ne veulent pas dire leur nom. Nous aurions encore pu ajouter d’autres exemples, mais au-delà de toute énumération, qui n’a pas de sens en soi, il convient d’insister sur le fait que les mouvements de solidarité ont été primordiaux, centraux et indispensables dans ce processus de changement.

En fait, le système international des droits de l’homme a été nécessaire, et l’est encore, pour protéger l’individu : car si nous rappelons les différents “ droits ” en question, force est de constater qu’il s’agit en règle générale de protection qui touche directement la question de la vulnérabilité de l’individu. Quelques exemples peuvent l’illustrer en ce qui concerne les minorités, qui sont, en règle générale, souvent objets de massacres, de déportations, de dépossession, de discrimination, d’exclusion, d’ostracisme, d’intolérance, de xénophobie, de racisme, d’antisémitisme, d’ignorance, et ainsi de suite. Nous constatons que la vulnérabilité du minoritaire dans ces situations a changé par la protection des droits de l’homme. Un autre exemple peut être la femme (ou simplement la féminité), éternellement objet de discrimination, d’intolérance, d’exploitation... Encore une fois, pouvons-nous faire la preuve que la vulnérabilité de la femme a été prise en considération et qu’on a forgé une barrière du “ droit ” qui ne doit pas être franchie ? Or, pour que tous ces “ droits ” demeurent des atouts au bénéfice des minoritaires ou des femmes et pas uniquement des mots sans vie, il faut que la question des droits de l’homme rejoigne l’horizon même d’une modernité juridique. Ce qui déplace, nous en sommes conscients, la question même de l’efficacité de ces droits à l’intérieur de pays qui n’ont souvent aucune tradition ou une tradition biaisée ou estropiée sur le plan juridique, et où il faut tout simplement laisser travailler les droits de l’homme dans la place et au lieu de cette tradition absente.

### 3.3. UNE BARRIÈRE CONTRE LA VIOLENCE

Le seul bouclier, la seule barrière efficace contre la violence, c'est l'action des hommes et des femmes. C'est à eux, à " tous ", de se forger ce bouclier " fondamental " contre la violence de l'homme contre l'homme, et de s'assurer que la violence qui fait mal se transforme, se transmute, en paroles qui peuvent être comprises et composer avec[33].

Dans la logique de vulnérabilité, il faut, dans cette optique, se déplacer vers la " victime ", vers celui qui est devenu l'objet de la violence d'autrui, vers celui auquel la violence fait simplement mal !

## CONCLUSION. UN DERNIER MOT

Personne ne s'étonnera que nous ressentions en fin de parcours une certaine frustration : il y a tellement plus à ajouter, de précisions à faire ou simplement d'autres questions à soulever. Celui qui aborde une problématique complexe comme celle que nous venons de sillonner quant à la notion de " vulnérabilité " ne peut que ressentir une certaine insatisfaction due au fait que chacun des thèmes soulevés s'agrafe à d'autres et qu'en fin de compte, c'est presque tout le projet d'une modernité juridique qui doit être expliqué. Si nous devons pourtant synthétiser, sur le plan de la philosophie du droit, l'enseignement à tirer de notre exploration, on retiendra simplement que le " droit " n'est pas la panacée en ce qui concerne notre " vulnérabilité " si humaine, simplement trop humaine. Souvent le " droit " n'est qu'une menace de plus contre l'individu et celui qui tombe entre les mains des avocats risquerait de payer très longtemps et de se trouver en fin de compte plus dépourvu que jamais. Comme la possibilité du droit présuppose une égalité formelle contre tous les faits contraires, la vulnérabilité de l'individu, ses manques de ressources psychologiques et sociales, le tout conjugué le plus souvent avec la pauvreté, font souvent échouer ladite possibilité du droit. Pire, c'est souvent, comme nous l'avons indiqué, le droit qui se tourne contre l'individu comme un fardeau de plus à porter pour un joug qui est déjà trop lourd. Que la question du droit se trouve souvent entre " chien et loup " ne doit pourtant pas nous décourager mais, plus réaliste, toujours nous solliciter afin de prendre le " pouls " de notre réalité juridique.

---

[33] S. Cotta, *Pourquoi la violence ?, Une interprétation philosophique*, Québec, Les Presses de l'Université Laval, coll. Diké, 2002.

**BIBLIOGRAPHIE**


- BOULAD-AYOUB (J.), BONNEVILLE (L.), dir., *Souverainetés en crise*, Québec, Les Presses de l'Université Laval, et Paris, L'Harmattan, coll. Mercure du Nord, 2003.
- COTTA (S.), *Pourquoi la violence ?, Une interprétation philosophique*, Québec, Les Presses de l'Université Laval, coll. Diké, 2002.
- DAVIDSON (D.), " How is weakness of the will possible ? ", in J. Feinberg, dir., *Moral concepts*, Oxford, Oxford University Press, 1970.
- DEWIEL (B.), *Democracy : A History of Ideas*, Vancouver, UBC Press, et Seattle, University of Washington Press, 2000.
- DUNN (J.), *Democracy : The unfinished journey, 508 BC to AD 1993*, Oxford, Oxford University Press, 1992.
- DUNN (R.), *The Possibility of Weakness of will*, Hackett, 2002.
- DWORKIN (G.), *The Theory and Practice of Autonomie*, Cambrigde, Cambrigde University Press, 1988.
- DWORKIN (G.), " The Concept of Autonomy ", in J. Christman, red., *The Inner Citadel : Essays on Individual Autonomy*, New York, Oxford University Press, 1989.
- FROMM (E.), *La peur de la liberté*, Paris, Buchet-Chastel, 1963.
- FROMM (E.), *La passion de détruire : anatomie de la destructivité humaine*, Paris, Laffont, 1975.
- GIDDENS (A.), *Runaway world, How globalization is reshaping our lives*, New York, Routledge, 2000.
- HABERMAS (J.), *L'intégration républicaine. Essais de théorie politique*, Paris, Fayard, 1998.
- HABERMAS (J.), *Droit et démocratie, Entre faits et normes*, Paris, Gallimard, 1997.
- HABERMAS (J.), *Morale et communication*, Paris, Cerf, 1986.
- HABERMAS (J.), *Théorie de l'agir communicationnel*, Paris, Fayard, 1987, 2 vol.
- HAYEK (F. A. von), *Droit, législation et liberté*, Paris, PUF, 3 vol., 1973, 1976 et 1979.
- KAFKA (F.), *Le procès*, Paris, Gallimard, (1e éd., 1933), 1972, coll., Folio n° 101.
- KAFKA (F.), *Le Château*, Paris, GF-Flammarion, 1995.
- *KANT (É.), Métaphysique des mœurs*, t. 1, Paris, GF-Flammarion, 1994.
- *KOHLBERG (L.), The philosophy of moral development: moral stages and the idea of justice*, San Francisco, Harper & Row, 1981.
- KOHLBERG (L.), LEVINE (C.), HEWER (A.), *Moral stages : a current formulation and a response to critics*, Basel-New York, Karger, 1983.
- LÉVINAS (E.), *Humanisme de l'autre homme*, Montpellier, Fata Morgana, 1972 (1987).
- LÉVINAS (E.), *Entre nous, essais sur le penser-à-l'autre*, Paris, Grasset, 1991.
- LÉVINAS (E.), *Hors sujet*, Saint-Clément-la-Rivière, Fata Morgana, 1987.
- LÉVINAS (E.), *Le temps et l'autre*, Paris, PUF, 1983.
- LEWIS (G.), *Lord Atkin*, London, Butterworths, 1983.
- LUHMANN (N.), *La légitimation comme procédure*, Québec, Les Presses de l'Université Laval, 2001 (repris par Cerf, Paris, coll. Passages, 2001).
- MELKEVIK (B.), *Rawls ou Habermas, Une question de philosophie du droit*, Québec, Les Presses de l'Université Laval, coll. Diké, 2002.
- MELKEVIK (B.), *Réflexions sur la philosophie du droit*, Québec, Les Presses de l'université Laval & Paris, L'Harmattan, 2000.
- MORTIMORE (G. W.), dir., *Weakness of will*, London, Macmillan, 1970.
- OGIEN (R.), *La faiblesse de la volonté*, Paris, FUF, coll. Philosophie morale, 1993.
- PALLARD (H.), TZITZIS (S.), dir., *Les droits fondamentaux devant la mondialisation*, Québec, Les Presses de l'université Laval, coll. Diké, 2004.
- PIAGET (J.), *Le jugement moral chez l'enfant*, Paris, PUF, 1973.

- PIAGET (J.), *Le jugement et le raisonnement chez l'enfant*, Neuchâtel, Delachaux et Niestlé, 1978.
- RENAUT (A.), *L'individu, Réflexions sur la philosophie du sujet*, Paris, Hatier, coll. Optiques Philosophie, 1995.
- RENAUT (A.), *L'ère de l'individu*, Paris, Gallimard, 1989.
- RENAUT (A.), *Kant aujourd'hui*, Paris, Aubier, 1997.
- ROBERT (P.), *Dictionnaire alphabétique et analogique de la langue française*, Paris, Société du nouveau Littré, Le Robert, 1966.
- SOSOE (L. K.), " La victime : Pour une approche éthique du corps meurtri ", in P. Dumouchel, dir., *Comprendre pour agir. Violences, Victimes et Vengeances*, Québec, Les Presses de l'Université Laval, et Paris, L'Harmattan, 2000, collection Diké.
- STROUD (S.), TAPPOLET (CH.), dir., *Weakness of will and practical irrationality*, Oxford, Oxford University Press, 2003.
- THOMPSON DENNING (A.), *The Changing Law, London*, Stevens, 1953.
- VILLEY (M.), *La formation de la pensée juridique moderne*, Paris, Montchretien, 1975.

# CHAPITRE 4.

# DROITS FONDAMENTAUX ET MINORITÉS

Gourmo Abdoul LÔ

## INTRODUCTION

La plupart des conflits qui éclatent dans le monde relèvent désormais de la catégorie des " conflits identitaires ". Cette nouvelle grille de lecture des affrontements, fondée essentiellement voire exclusivement sur des paramètres culturels tend, depuis une vingtaine d'années, à supplanter toutes les autres approches traditionnelles mettant en exergue l'état de sous-développement économique et social, les rivalités entre groupes sociaux nationaux (" lutte des classes ") ou entre puissances étrangères à l'intérieur de l'espace national, etc.

En tout état de cause, il apparaît clairement que " les conflits *communautaristes* ont pris une tournure stratégique "[1]. Le monde, partout, présente désormais l'apparence d'être en état permanent de " guerre des civilisations ", de guerre des cultures, où l'enjeu majeur serait celui du triomphe de l'hégémonie identitaire, aussi bien à l'intérieur des États qu'entre eux. Dans la configuration générale des conflits, de nature ou à dimension identitaire, l'Afrique occupe une place à part qu'explique sans doute, son histoire particulière, ses propres contradictions internes mais aussi son modèle général d'intégration dans le cours des événements mondiaux et dans la lame de fond du processus actuel de mondialisation. Aujourd'hui, nulle part ailleurs que sur ce continent, la question de la coexistence harmonieuse ou simplement pacifique entre communautés différentes (aux plans religieux, ethnique, tribal, clanique, linguistique ou régional...), ne se pose avec autant d'acuité et d'impérieuse nécessité de solution. Au point de constituer, pour nombre d'observateurs, l'un des principaux défis auxquels il doit répondre pour sortir de son impasse actuelle et amorcer le virage historique de son développement.

Par ailleurs, débordée par l'ampleur des missions qu'impose partout en Afrique l'urgence humanitaire naissant de circonstances de plus en plus nombreuses et variées, la Communauté internationale – États, Organisations internationales et ONG – ne sait plus quelle priorité établir, quel(s) " plan(s) " dresser pour faire face à la détresse de millions de personnes, chassées de leur

[1] Cf. J.Maila, in *Foi et développement*, n° 321, février 2004.

pays, de leurs régions, villes ou villages… souvent dans d'indicibles souffrances. Or, le facteur " ethnique " ou communautaire (au sens large) donne de plus en plus clairement à ces tragédies leur cachet particulier, la marque de leur singularité et de leur horreur. S'il n'est évidemment pas, en lui-même, explicatif de l'éclosion de toutes ces tragédies qui affectent l'Afrique, ce facteur identitaire joue clairement le rôle de révélateur et, surtout, d'amplificateur de ces dernières. Toute " revendication " tend à porter la marque identitaire survalorisée de son auteur, la participation ou l'opposition au pouvoir, à être conditionnée par des allégeances de même type ; la ligne de fracture politique n'est apparemment plus – ou alors très peu – celle qui sépare des conceptions opposées du monde. Les enjeux ne sont plus explicitement définis en termes économiques ou sociaux. Ils sont de plus en plus " identitaires ", " communautaires ", " culturels ".

Cette singularité relative s'explique par le " traitement " que subit sur le continent, la " question nationale ", et dont les conséquences en matière de sauvegarde des droits fondamentaux de la personne se posent avec une acuité décuplée en cas de conflits (1). Pour relever le défi de la paix et de la sécurité en Afrique, il sera donc nécessaire de mettre au premier plan des préoccupations des États africains et de la communauté internationale, la recherche de solutions aux problèmes posés par la coexistence multicommunautaire (2).

## 1. LE CONTEXTE IDENTITAIRE DE L'URGENCE : LA DÉFIANCE TRADITIONNELLE DES ÉTATS AFRICAINS À L'ÉGARD DES MINORITÉS

En Afrique, la question des minorités présente diverses particularités qu'il convient de prendre en considération afin de comprendre pourquoi, de fait, la plupart des situations d'urgence humanitaire prennent très rapidement une configuration communautaire avec les risques inhérents d'incontrôlabilité qu'elles entraînent pour tous les acteurs. Force est de constater que, " Terre des confusions ethniques et des minorités sans majorité " (J. Yacoub, *Les minorités dans le monde*), l'Afrique est le continent où, à l'évidence, les minorités ont le moins la faveur des États. Cela transparaît nettement dans leur attitude générale, marquée par la défiance politique et l'ambiguïté juridique à leur égard, voir leur rejet pur et simple.

La stigmatisation du fait minoritaire en tant qu'expression d'une complexité nationale difficile à assumer n'est pas un phénomène exclusivement africain. Mais en Afrique, elle a, pendant plusieurs décennies, fini par s'imposer presque comme une philosophie politique. Les raisons peuvent en être trouvées autant dans l'héritage colonial du continent (1.1) que dans l' idéologie de " construction nationale " des nouveaux États issus de la décolonisation (1.2).

### 1.1. L'HÉRITAGE COLONIAL DE MÉCONNAISSANCE ET D'INSTRUMENTALISATION DES IDENTITÉS AFRICAINES

À quelques nuances près, les différentes puissances coloniales européennes ont développé une attitude commune à l'égard du phénomène communautaire religieux, linguistique ou ethnique. Il s'est agi partout d'une politique ambivalente, à double tenant, liée à des considérations idéologique (doctrine officielle) et pratique (exercice effectif du pouvoir colonial) : d'une part, dévalorisation et méconnaissance officielle des ethnies dont l'existence fut partout réduite au phénomène tribal (" tribus africaines "), d'autre part, instrumentalisation du fait ethnique en jouant les ethnies les unes contre les autres, en s'appuyant sur des chefferies traditionnelles acquises à l'œuvre coloniale et démonétisées, en montant en épingle des alliances ethniques, en s'appuyant sur certaines ethnies contre d'autres, bref, en créant partout les conditions de la haine interethnique[2]. L'un des aspects essentiels de l'évolution politique en Afrique est lié à cette construction coloniale d'un nouveau fait ethnique dans les colonies, comme avatar de la vieille politique du *divide ut imperes*, diviser pour régner, dans le cadre de ce que la colonisation britannique qualifia d'*indirect rule*[3].

Le sentiment de solidarité ethnique a donc été en grande partie exalté et par là même perverti par ces pratiques coloniales, sapant les fondements des traditions africaines de partage ethnique des espaces et de leur coexistence immémoriale et codifiée par la coutume. Les puissances coloniales libérèrent des forces de destruction difficiles à juguler comme le note un auteur à propos de l'Afrique orientale : " En incitant les peuples à se tourner *inwards* vers leur tribu et par conséquent *backwards* vers le passé, au lieu de les tourner *forward and outwards* vers les idées de nation et de panafricanisme, l'*indirect rule* travailla contre le progrès de l'unité de l'Afrique orientale "[4]. Sans en simplifier les données, il est certain que la mise en œuvre de cette politique a probablement surdéterminé la mise sur pied du régime d'Apartheid et

---

[2] Cf., à propos du Nigeria, Oyedekpo Mouftaou Lalaye, " Groupes minoritaires et organisation institutionnelle : le cas du Nigeria ", in *Minorités et organisation de l'État*, Université de Moncton, ULB, Bruxelles, Bruylant, 1998 p. 472. Pour l'Afrique du Sud à l'époque de l'Apartheid, voir J.-Cl. Fritz " L'ethnique et le local dans les luttes politiques contemporaines en Afrique du Sud ", in Revue *Tiers-monde*, n° 141, janv-mars 1995, p. 103.

[3] Cf. Cl. Horut, " Frederick Lugard et la pensée coloniale britannique de son temps ", CEAN, Bordeaux.

[4] A. J. Hughes " East Africa ", cité par Pierre-François Gonidec, *Les systèmes politiques africains*, Paris, LGDJ, 3e éd., 1997.

l'éclatement de nombre de tragédies interethniques de l'Afrique post-coloniale (par exemple en Afrique du Sud, au Soudan, au Nigeria et, surtout, au Rwanda et au Burundi).

### 1.2. L'IDÉOLOGIE DE LA " CONSTRUCTION NATIONALE " POST-COLONIALE ET LA NÉGATION DE LA DIVERSITÉ COMMUNAUTAIRE

La décolonisation en Afrique a coïncidé avec le lancement des fameux chantiers de " construction nationale ". Rétrospectivement, il est remarquable de constater l'extrême similitude des expériences politiques initiées par les nouveaux États et leur constance dans la poursuite de la plupart des grandes orientations suivies par les anciennes puissances tutélaires, nonobstant la variété des formes de régime ou des proclamations idéologiques officielles. Ainsi, s'agissant de la question ethnique, tout en établissant le plus souvent un nouvel argumentaire axé sur l'exigence de cette " construction nationale ", les nouveaux États africains vont presque tous poursuivre la double politique de défiance et de manipulation suivie à l'égard des ethnies, avec davantage d'accent mis sur leur diabolisation et leur " invisibilisation ".

Sur le plan formel, cette double attitude va se traduire par une négation généralisée du phénomène communautaire et la condamnation concomitante de tout particularisme identitaire dans la quasi-totalité des constitutions post-coloniales africaines. Il suffit, pour s'en faire une idée, de se reporter aux constitutions initiales de la quasi-totalité des pays africains, surtout de tradition française... L'une des raisons de cette position vient de l'incompréhension des dirigeants africains de l'intérêt réel que peut représenter cette diversité ethnique objective qu'ils considèrent, au contraire et certainement " à tort, comme une source génératrice de dissensions et de tensions, un risque d'émiettement, voire même à l'origine des maux dont souffrent leurs pays "[5].

Héritiers d'une conception coloniale assimilationniste, la plupart de ces dirigeants ont très vite, à l'époque de la rédaction des premières constitutions, repris les antiennes doctrinales occidentales dominantes avant de chercher à en tirer profit dans l'arène étroitement politique. Architectes de la " construction nationale ", ils ont partout cherché à étouffer tout pluralisme, politique autant que national et social, au nom d'une conception générale du monde unitariste et autoritaire : Chef unique, Parti unique, Nation unique. C'est la théorie senghorienne du " brassage des patries " (entendues comme " ethnies ") : " La Nation, si elle rassemble les patries, c'est pour les transcender. Elle n'est pas, comme la Patrie, détermination naturelle, donc expression du milieu, mais

[5] Cf. L. Sylla, *Tribalisme et parti unique en Afrique noire*, Paris, FNSP, 1977.

volonté de construction, mieux, de reconstruction... La nation est supérieure à la Patrie "[6].

Mais, si les explications et les motivations politiques du choix de non reconnaissance des minorités peuvent être trouvées dans la trame même de l'histoire du continent et dans les rapports de pouvoir internes à chacun des États concernés, il reste que l'explication générale, la théorie juridico-politique sur laquelle repose cette attitude se trouve ailleurs qu'en Afrique. Elle est native d'Europe et elle a une génitrice : la France. Elle a un cadre formel d'expression : " l'État-nation " et s'appuie sur un principe général : *l'indivisibilité de la nation* dont le sens se décline à travers deux concepts-clé : " l'unité nationale " et l'" intégrité territoriale ", conçus de manière à exclure toute coexistence juridique possible entre composantes groupales identitaires (ethnies, communautés, nationalités...) au sein de cette nation *à la française* façonnée par l'État.

Ici, l'unité de la nation est conçue comme *unicité* de cette dernière tandis que l'État est sa modalité juridico-institutionnelle de concrétisation. Dans cette approche française reprise par la plupart des constituants africains, la nation est composée de citoyens unis dans l'État et par l'État et dont l'unité dans l'égalité doit précisément traduire *l'unité globale, indifférenciée* de la nation. Le principe d'égalité est fondateur de cette unité particulière en ce sens qu'il est réducteur des particularités autres que celles retenues par un droit unificateur, expression de la volonté générale.

Le fondement doctrinal de cette conception universalisée par le jacobinisme et l'expansion coloniale française se trouve dans le *Contrat social* de Rousseau, spécialement dans son interprétation abstraite du principe d'égalité, comme l'indique ce passage où il conçoit le contrat comme étant :

> " L'aliénation totale de chaque associé avec tous ses droits à toute la communauté. Car premièrement, chacun se donnant tout entier, la condition est égale pour tous, et la condition étant égale pour tous, nul n'a intérêt de la rendre onéreuse pour tous. De plus, l'aliénation se faisant sans réserve, l'union est aussi parfaite qu'elle ne peut l'être et nul associé n'a plus rien à réclamer... "[7]. L. Ferry et A. Renaut rappellent que, chez Rousseau, " la volonté générale qui dit le droit (la loi) ne consiste pas en une somme d'opinions communes, en une somme d'identités, mais bien en une intégration harmonieuse, une mise en accord de points de vue par définition différents bien qu'ayant, dans le meilleur des cas, une visée identique (cette mise en accord). "

---

[6] L. S. Senghor, *Nation et voie africaine du socialisme*, Paris, Le Seuil, 1971.

[7] *Contrat social*, Livre II, Chap III.

On voit bien là d'où le Président Senghor avait puisé l'inspiration de sa vision précitée du " brassage des Patries " par la Nation et de la supériorité ontologique de celle-ci sur celles-là. G. Burdeau résume, ainsi qu'il suit, la place de cet individu-citoyen dans la problématique de l'État-nation et de sa souveraineté :

> " cet individu dans lequel Rousseau place l'origine de la souveraineté, ce n'est pas un être de chair et de sang dont la volonté serait déterminée par les hommes, la condition sociale ou le genre de vie. C'est un individu qui, pur esprit et conscience pure, écoute en lui les enseignements de la raison... A ce titre, il est souverain, parce qu'il participe à la volonté générale qui, dans l'État, est la loi suprême. Or, cette volonté générale n'est elle-même qu'un produit des volontés citoyennes d'où sont exclues toutes les préférences subjectives. Elle exprime ce qui, rationnellement, est le bien de la collectivité sans faire aucune part aux différences d'intérêts ou de désirs divisant les membres du groupe "[8].

On comprend dès lors, qu'une telle conception désincarnée de la collectivité ait pu trouver grâce auprès de nombre de constituants africains en œuvre de " construction nationale " au moment de l'accession de leurs pays à l'indépendance. Si la " République assure à tous sans distinction... l'égalité devant la loi " (formule reprise des constitutions précitées), elle n'assure cette égalité qu'à ces derniers et non aux groupes, communautés, ethnies, etc. auxquels ils peuvent appartenir et qui exprimeraient leurs " préférences subjectives " c'est à dire identitaires réelles. Pour ces individus, la protection qui en découle, au plan du droit, est essentiellement d'ordre non discriminatoire, à l'effet d'assurer leur égalité en droits et de droit avec les autres citoyens. Tous ayant " une égale vocation à jouir de tous les droits et de toutes les libertés garantis par la Constitution ", il en découle que " Les discriminations de toutes sortes, notamment celles fondées sur la race, l'ethnie, la religion, la couleur, le sexe, la langue, la religion, la caste, les opinions politiques, la fortune et la naissance, sont prohibées. " (art. 1 de la Constitution du Burkina Faso, figurant à quelques variantes près, dans toutes les autres constitutions africaines, et qui présente un fort air de famille avec l'art. 1 de la Constitution française).

Au plan formel, l'indistinction dans la composition du " peuple " ou de la " nation " correspond au rejet de toute " discrimination " – nonobstant toute condition réelle des personnes – fondatrice de l'idéologie libérale égalitaire

[8] G. Burdeau, *La démocratie*, p 37-38.

française[9]. Pour le moins, le principe de non discrimination exclura en principe toutes les formes de discrimination, négatives ou positives, dès lors qu'elles ne situent pas leur domaine d'intervention, dans la sphère individuelle des rapports sociaux, dans l'affirmation des droits individuels ou dans leur éventuelle correction (discrimination positive)[10]. S'il y a un " droit à la différence ", il n'existe et ne s'exprime donc que dans la sphère des libertés, des droits et des devoirs de *l'individu* et non dans un cadre collectif identitaire ou à l'échelle du groupe social auquel il pourrait appartenir comme se l'est imposée la doctrine française, confirmée par la plus haute jurisprudence, et inscrite en filigrane dans les termes des constitutions africaines sus indiquées. N'ayant pas eu de traditions démocratiques pluralistes d'un État de droit enraciné dans sa spécificité culturelle et son histoire propre, l'État-nation africain ne pouvait donc faire de place aux composantes vivantes, réelles de son peuple. Il ne pouvait être qu'un État irréel ou en tout cas, un " État ailleurs "[11].

Enfin, il faut ajouter à cette inclination idéologique et politique au monolithisme, la peur des conflits internes qui, il est vrai, dès les premiers pas des jeunes États africains, ont menacé d'éclater ou ont embrasé certains d'entre eux et non des moindres, en étant d'ailleurs plus ou moins alimentés par des puissances extra africaines : guerres " civiles " du Congo (Katanga), du Nigeria (Biafra), du Tchad, du Soudan (Sud), de l'Éthiopie (Érythrée), plus tard, de la Somalie, du Zaïre (Kolwezi), du Liberia, de Sierra Léone, etc. et, bien plus tard, de la République Démocratique du Congo, du Congo Brazzaville, du Sénégal (Casamance) et des situations de vive tension ou de quasi conflits interethniques plus ou moins résorbés au Mali et au Niger (Touareg), etc., sans parler de l'effet repoussoir qu'a représenté le " différencialisme " raciste rhodésien et sud-africain.

---

[9] Cf. G. Koubi, " Droit et minorités dans la République française ", in A. Fenet, G. Koubi, I. Schulte-Tenckhoff, *Le droit et les minorités, op. cit.*, p. 298 s.

[10] Cette interprétation a été donnée lors du 1er Congrès de l'ACCPUF (Agence de Francophonie) tenu à Paris en avril 1997, par les rapports présentés par les différentes délégations africaines autour du thème " Normes constitutionnelles et conception du principe d'égalité ", en réponse à la question de savoir si le principe d'égalité pouvait s'appliquer à des communautés de personnes fondées sur un critère discriminant et s'il pouvait impliquer des discriminations positives. Cf. ces différents rapports : http://www.accpuf.org/cl/mrt.htm

[11] Cf. la stimulante étude de Luc Sindjoun, *L'État ailleurs, Entre noyau dur et case vide*, La vie du Droit en Afrique, Paris, Economica, 2002.

## 2. LE DÉFI DE LA PROTECTION DES MINORITÉS EN CAS DE CONFLIT : DE L'ACTION D'URGENCE À LA CONSTRUCTION COMMUNE DE L'HARMONIE COMMUNAUTAIRE

La protection humanitaire en Afrique est confrontée, un peu partout, à une menace récurrente : celle de voir toute situation d'urgence découlant ou non d'un conflit " politique ", dégénérer en un conflit identitaire où les catégories les plus fragiles des sociétés concernées, à savoir très souvent, les minorités nationales, être prises pour cibles (2.1).

Mais au-delà de l'extrême gravité des risques encourus dans les hypothèses de confrontations de type identitaire, ne convient-il pas de s'interroger sur les voies et moyens de sortir le continent de sa précarité juridique et institutionnelle vis-à-vis d'une question qui conditionne désormais, non seulement la " sécurité nationale " de chaque État africain, mais aussi la paix et l'unité du continent dans son ensemble (2.2) ?

### 2.1. LES RISQUES DÉCOULANT DE L'IDÉOLOGIE DE DÉFIANCE À L'ÉGARD DES MINORITÉS

Dès les premières manifestations de luttes politiques nationales de l'indépendance, la dimension ethnique va être plus ou moins explicitement au cœur des évènements, régimes et oppositions qui vont tendre à retourner et à transformer leur nationalisme anti-colonial en un néo-nationalisme ethnicisé comme nous en offre l'exemple saisissant de la Guinée du Président Ahmed Sékou Touré à l'encontre de l'ethnie Peul, accusée de connivence avec " l'impérialisme " et dont les membres furent massivement contraints à l'exil. Loin de prendre positivement acte de l'existence du phénomène dit minoritaire, les nouveaux appareils politiques et, de façon générale, l'ensemble de la classe politique africaine (y compris les nouvelles oppositions) vont cultiver les sentiments ethnicistes ou communautaristes, en appuyant leur pouvoir ou leurs revendications sur des réseaux de solidarités construits autour de l'identité particulière de leurs membres. Fondé sur l'idéologie juridique d'une " nation " unique, culturellement homogène et territorialement " indivisible ", l'État africain post-colonial, à l'instar de l'État français dont il est l'avatar, cultivera une vision assimilationniste des rapports intercommunautaires, négatrice des différences et même franchement hostile à toute diversité culturelle réelle.

Cette approche rappelle, à s'y méprendre la conception thaïlandaise que cite le rapporteur des Nations Unies pour les questions des minorités, M. F. Capotorti, et qu'il définit comme suit :

> " La politique officielle de la Thaïlande est de réaliser l'assimilation totale des groupes ethniques autres que les Thaïs et de créer chez tous les citoyens, quelle que soit leur origine raciale et culturelle, une même conscience nationale. La nature des mesures prises à cette fin varie selon les groupes et selon le degré de solidarité ethnique manifestée par les groupes intéressés. Comme le gouvernement n'ignore pas que les barrières linguistiques sont un obstacle important à l'assimilation des divers groupes ethniques, il s'efforce d' éliminer les problèmes relatifs aux minorités en absorbant les populations minoritaires dans le milieu culturel national, en s'attachant à affaiblir l'assise linguistique des groupes ethniques et en favorisant l'utilisation de la langue thaï. "[12].

Dans cette tâche permanente, le plus difficile tient à la construction de cette " uniformité nationale " car c'est sur elle que repose toute la logique théorique de l'État-nation à la française : " La nation doit former une communauté unique et solidaire et l'indivisibilité repose sur l'idée essentielle de l'homogénéité nationale " rappellera Jacques Robert[13]. Indépendamment de sa légitimité, la question qui s'est toujours historiquement posée à propos de cet objectif d' " homogénéité nationale " est celle des voies et moyens possibles de sa réalisation ainsi que sa conformité éthique et juridique avec les valeurs fondamentales de la communauté internationale. Il s'agit évidemment de l'ensemble des moyens politiques, administratifs, culturels, matériels, etc. par lesquels cet objectif d'homogénéité nationale pourrait se concrétiser. C'est en un mot la voie de l'*assimilation*. F. Capotorti dit de cette politique d'assimilation qu'elle " aurait pour objectif de créer une société homogène dans laquelle les personnes appartenant à des minorités devraient abandonner, même progressivement et sans contrainte, leurs traditions, leur culture et l'usage de leur langue pour adopter les traditions, la culture et la langue du groupe dominant. Même si, avec une telle politique, les groupes minoritaires ne sont pas rejetés, il ne leur est pas moins demandé d'accepter la primauté de la culture du groupe dominant "[14].

Comme partout ailleurs dans le monde, mais avec plus de virulence du fait de la sensibilité naturelle de la question communautaire en Afrique, cette doctrine politique assimilationniste va entraîner le continent dans une logique d'affrontements identitaires extrêmes que symbolisera pendant longtemps la terrible guerre civile du Biafra.

---

[12] *Rapport... ibid.* Comparer cette approche avec l'approche historique française exprimée notamment dans la " Déclaration de l'Abbé Grégoire le 6 juin 1794 sur l'unicité de la langue " et le " Rapport du Comité de salut public ", présenté par le député Barrère le 27 janvier 1794 interdisant les langues régionales considérées comme symboles de l'Ancien Régime.

[13] " L'intégrité du territoire ", in *Le Monde,* 16 février 1982.

[14] *Rapport..., op. cit.,* p. 34-35.

Aujourd'hui, la crise minoritaire a atteint un seuil critique comme le montrent les tragédies qui ensanglantent la quasi totalité des régions africaines et qui, dans certains cas, ont débouché sur de véritables guerres d'extermination. Mais, alors que pendant longtemps les conflits de cette nature restaient principalement circonscrits dans le cadre " interne " des États concernés, la tendance actuelle, depuis le début des années 90, est de les voir déborder des frontières " nationales " et alimenter, par effet d'entraînement, de véritables conflits régionaux. Transfrontalières par nature du fait des conditions historiques de leur " étatisation " coloniale (le partage de l'Afrique), les ethnies tendent de plus en plus à exprimer leur révolte ou leur résistance dans l'ensemble de l'aire géographique où elles étaient écartelées entre des États distincts : c'est l'ère dangereusement instable des conflits régionaux à base identitaire dont le " modèle-type " est constitué par " le " Conflit des Grands Lacs, que d'aucuns ont pu qualifier, par dérision sans doute autant que par inspiration historique, de " première guerre mondiale " africaine.

Suscitées le plus souvent par les politiques assimilationnistes des gouvernants du moment, les revendications identitaires vont donc pousser sur le terreau favorable de la crise économique et sociale et du désengagement de l'État (fin de l'État-Providence). L'allégeance n'étant plus " nationale " (appartenance au pays) et " sociale " (identification à une " classe " multiethnique) mais identitaire, les alliances vont très vite déborder les cadres étroitement étatiques, enjamber les frontières et donner aux affrontements une dimension sous-régionale voire régionale difficilement maîtrisable, comme on le voit de plus en plus souvent (Grands Lacs, Afrique du Centre et de l'Ouest par exemple, Afrique sahélo-saharienne).

Le lien communautaire se tisse autour d'enjeux divers, largement surdéterminés par les politiques menées par les gouvernements en place et de plus en plus souvent inextricablement mêlés : reconnaissance des valeurs culturelles, partage des postes politiques et administratifs, accès aux ressources minières, foncières et aquatiques locales, etc. Au point que le conflit identitaire se confonde parfois à la lutte pour le contrôle de la ressource locale dominante comme le diamant en Sierra Léone, le pétrole au Soudan et au Nigeria, etc.

Dans nombre de cas, les conflits identitaires n'acquièrent leur caractéristique principale que par le fait qu'une communauté, se sentant dominée ou en voie de l'être – c'est-à-dire, en clair, qui subit une politique d'assimilation – " résiste " à cette politique et s'enferme dès lors dans une logique d'affrontement. La revendication identitaire peut évidemment prendre diverses formes : " religieuse " (Islam et Christianisme au Nigeria, Soudan, etc.), " culturelle " (statut des langues : Mauritanie, Algérie, Mali, Niger, etc.), " juridique " (nationalité : en Côte d'Ivoire), " économique ", etc. Mais, dans les faits, tous ces aspects tendent à se confondre dans les mêmes politiques " nationales " et dans les réactions qu'elles suscitent.

Niant l'Autre en raison de son appartenance, la politique d'assimilation supprime, en définitive, toute logique individuelle au profit de l'appartenance collective car :

> " telle est la force du lien communautaire qu'il ne tient plus compte de la personne en tant que telle sinon comme une individualité dans une construction plus vaste. Les massacres qui accompagnent et jalonnent les guerres communautaires attestent de cette indistinction pour laquelle la personne individuelle n'a de sens qu'à composer une communauté plus étendue. Les purifications ethniques se fondent sur cette perception de masse qui aiguillonne les volontés éradicatrices de toute présence *allogène* "[14].

Négation de l'Autre et tendance à l'hégémonie pour le groupe dominant (majoritaire ou non) ; affirmation de soi et tendance au particularisme pour le(s) groupe(s) minoritaire(s) : cette logique spécifique pousse non seulement à la guerre totale (dans sa dimension) mais surtout à la guerre " radicale ", la guerre d'extermination, dans sa portée réelle : *le génocide.* Elle prend appui sur la conception " identitaire " univoque de l'État, l'assimilationnisme, poursuivant le même objectif par l'élimination physique de l'Autre. Elle mène tout droit vers la " purification ethnique ", comme solution pratique " finale " de la question identitaire. C'est la raison pour laquelle, en Afrique, plus que partout ailleurs dans le monde, il y a urgence à mettre fin à cette logique dévoyée de la construction nationale, conformément aux normes internationales relatives au respect des identités nationales et à la protection des minorités et aux valeurs traditionnelles africaines fondées sur la tolérance réciproque et la sauvegarde des différences.

### 2.2. L'EXIGENCE DE CONSTRUCTION D'UNE NOUVELLE APPROCHE DE LA QUESTION NATIONALE

L'idéologie nationale-étatique de négation du pluralisme ethnique a non seulement montré partout en Afrique ses limites mais, plus gravement, a été à l'origine de la multiplication des conflits civils et, leur tendance à se régionaliser. Les horreurs rwandaises et l'impasse actuelle de la Côte d'Ivoire empêtrée dans sa guerre larvée sur " l'ivoirité ", prouvent que le défi auquel est confronté le continent est à double dimension : interne et régional.

---

[14] Cf. J. Maila, in *Foi et développement*, n° 321, février 2004. Cf. le tableau saisissant que dresse J. Yacoub des conflits en questions in *Les minorités dans le monde..., op. cit.*

Sur le plan interne, il s'agit d'abord de la question cruciale de l'adaptation des différents droits nationaux à cette désormais incontournable réalité politique et sociale africaine qu'est l'éveil des " communautés ", " ethnies ", " nationalités ", etc. C'est bien évidemment le droit constitutionnel qui est ici concerné au premier chef.

La Constitution est le cadre juridique " naturel ", adéquat, de la question des minorités, non seulement comme norme formelle suprême mais surtout en tant que convention ou " pacte social ". À cet égard, le Doyen Vedel rappelle que dans les périodes de transition historiques que traversent les États comme celles que vécut l'Europe " lors du passage des monarchies souveraines aux monarchies constitutionnelles ", la logique contractuelle ou du compromis de la constitution s'impose aux acteurs politiques, cette logique étant " plus raisonnable que rationnelle ", soulignant fort opportunément que " Cette parenté entre la Constitution et le contrat politique est aussi évidente lorsque la Constitution consacre la création d'une entité se superposant à des entités préexistantes... "[15].

Cette approche de la notion de constitution est importante car elle permet de mieux discerner la contribution du droit constitutionnel au " débat politique " africain en cours, hors des limites classiques du formalisme juridique, et laisse entrevoir les lacunes de la plupart des constitutions africaines aussi bien celles du premier mouvement constitutionnaliste des années 60 que celles consécutives au déclenchement des " processus de démocratisation " des années 90, en matière de sauvegarde des droits fondamentaux, spécialement ceux pouvant se rapporter à " la détermination de la collectivité nationale ", la " composition humaine de la collectivité étatique " pour reprendre la formulation classique de Marcel Prelot.

Le constitutionnalisme traditionnel africain a connu une faillite monumentale, historique précisément parce qu'il n'a pas pu être vecteur d'un " compromis politique " quelconque, un " contrat politique " entre les différents acteurs politiques et sociaux. Imposé de haut par les nouvelles oligarchies post-coloniales africaines, il ne pouvait être porteur des valeurs et principes fondamentaux minimaux de ces acteurs politiques et sociaux, nonobstant leurs différences d'appartenance, en permettant de " poser les bases pacifiques de futurs combats politiques... ". Le néo-constitutionnalisme qui a suivi semble plus proche des réalités africaines et donc offrir plus de possibilités d'aider à poser et à résoudre les questions fondamentales des sociétés africaines telle celle de la coexistence harmonieuse des communautés ethniques. Les nouvelles constitutions africaines semblent inscrire leur dynamique dans une perspective

[15] Conférence inaugurale, in *Recueil des Cours de l'Académie internationale de droit Constitutionnel*, vol. 9, p. 8.

historico-empirique en rupture " épistémologique " avec le constitutionnalisme antérieur ; elles sont appelées à remplir, de ce fait, et remplissent déjà, pour nombre d'entre elles, leur fonction sociale conventionnelle ou contractuelle.

On peut d'ores et déjà relever dans certaines de ces constitutions des efforts considérables pour répondre à ce qu'un auteur considère à bon droit comme étant " la question constitutionnelle de ce début du XXI^e siècle " à savoir : " quel est le statut juridique et politique de ces peuples composant la substance humaine de l'État africain, à ce jour exclus du champ politique et constitutionnel ? "[16]. Il est clair que la réponse à cette question ne peut être trouvée dans un quelconque constitutionnalisme désincarné, héritier d'une tradition étrangère à l'Afrique. Elle ne peut être extraite que des particularités historiques du continent. Or en Afrique, la première et frappante réalité " sociale " concerne la reconnaissance mutuelle généralisée des ethnies. L'appartenance à une communauté infra-étatique n'est non seulement pas décriée ou déniée comme dans nombre d'États européens telle la France, mais est revendiquée et considérée comme une valeur positive de reconnaissance et de considération sociale. Tout l'univers politique, social et symbolique du continent se trouve comme enserré dans une logique communautaire.

Celle-ci se trouvant " intensifiée, par une tradition orale qui exalte les valeurs du groupe plutôt que les valeurs individuelles "[17]. Aussi, note un auteur avec évidence, " si l'on interroge les Africains sur leur appartenance ethnique, il est certain qu'ils sauront dire que les Kongo existent , les Yaka existent, de même les Topoke, Luba, Rund, Shokwe, Kuba, Teke, Bamiléké, Peuls, Sérère, Wolof, Fang, Haoussa, etc. "[18].

Cette réalité devrait donc imposer la reconnaissance constitutionnelle des ethnies en tant que réalité primordiale, composante fondatrice de l'État africain. Celui-ci devrait donc être *multinational ou multiethnique*, aussi naturellement que le sont la quasi-totalité des sociétés africaines, desquelles il devrait tirer sa source exclusive de légitimité. Point n'est besoin, du reste, de s'enfermer dans la logique numérique des rapports interethniques (majorité/minorités) comme ce fut le cas, pour des raisons historiques, en Europe[19]. Il suffit ici d'admettre que l'État multinational est la patrie des

---

[16] Cf. Mwayila Tshiyembé, " Constitutionnalisme et démocratie en Afrique Centrale et dans les Grands Lacs. Problèmes et perspectives ", in *Francophonie et démocratie*, Paris, Pedone, 2001, p. 412.

[17] Michel Dyé, " La personne et l'organisation communautaire dans la société négro-africaine traditionnelle ", in *Droits de la personne, droits de la collectivité en Afrique, Nouvelles du sud*, n° 28, p. 51.

[18] Bob-Limbaya Kirongozi, " Ethnie, transfrontalité et pouvoir en Afrique ", in P*ouvoir et paix civile en Afrique, Les cahiers Présence Africaine,* 1996, p. 194.

[19] Cf. notre " Droit constitutionnel et minorités ", in *Recueil des Cours de l'AIDC,* " Droit constitutionnel et minorités en Afrique ", vol XII, p. 293 s.

citoyens et des communautés qui fondent son identité. Il n'est pas celui de la " majorité " sociologique dominante ni celui des " minorités " coalisées. Les droits constitutionnels reconnus à tous découlent donc de cette réalité sociologique primordiale et non d'une quelconque tolérance unilatérale d'un État abstraitement conçu et hypostasié.

De cette approche réaliste de l'État africain, il découlera un statut de l'individu et des collectivités auxquelles il appartient selon un ordre de priorité formelle que définira chaque constituant national mais d'où découlera une doctrine authentiquement africaine des droits des citoyens, communautés et du peuple multinational comme du reste certaines des constitutions les plus récentes et les plus avancées du continent ont commencé à les transcrire : Afrique du Sud , Éthiopie, Cameroun, Île Maurice, Congo Brazzaville[20]...

Ainsi, cette doctrine juridique de reconnaissance et de protection des communautés composant l'univers social réel des États africains, aurait non seulement une vertu potentiellement apaisante des conflits identitaires en cours mais également une fonction préventive en contribuant à la création d'une autre normalité sociale que celle en cours dans nombre de pays africains, faite de tolérance réciproque, de respect mutuel et de réelle solidarité entre les composantes égales de nations plurielles, de nations " arc-en-ciel " selon la formule de Nelson Mandela.

Le second volet de la construction d'une autre approche de la question nationale en Afrique concerne sa dimension régionale, africaine. À l'instar des autres continents et leur emboîtant le pas, l'Afrique a, tout au long du processus de décolonisation et de consolidation de son environnement diplomatique propre, développé un droit régional remarquablement cohérent, avec l'objectif de créer un cadre spécifique, juridique et institutionnel, de rapprochement et de sécurisation des États (OUA puis Union Africaine).

Rattaché au droit universel, le régionalisme africain a su montrer une capacité certaine d'adaptation et d'évolution depuis la création de l'Organisation de l'Unité africaine. C'est dans ce contexte que les États africains ont pu établir un corpus juridique adapté à leurs préoccupations, sans déroger aux règles fondamentales du droit international général. Il en a été ainsi en matière de décolonisation (droit des peuples à disposer d'eux-mêmes), de protection des États (intangibilité des frontières et non intervention) et des individus (droits de l'homme et démocratie).

Pourtant, des lacunes importantes subsistent dans ce droit régional, du fait principalement de l'approche trop fortement nationale-étatiste (doctrine

---

[20] Cf. pour toutes ces constitutions J. du Bois de Gaudusson, G. Conac, Ch. Dessouche, *Les constitutions africaines*...

européenne classique) des rapports interafricaines comme en atteste les principales normes de la Charte africaine des droits de l 'homme et des peuples)[21]. Les Africains y avaient voulu faire œuvre d'originalité[22] en insistant sur la nécessité de tenir compte " des vertus de leurs traditions historiques et des valeurs de civilisation africaine qui doivent inspirer leurs réflexions sur la conception des Droits de l'homme et des peuples " (Préambule). Au bout du compte, la Charte est restée complètement muette sur l'une des questions les plus complexes et potentiellement les plus dangereuses pour la paix et la sécurité régionale : la question nationale. Nulle part, il n'en a été fait mention, les Africains ratant ainsi l'occasion d'en définir leur propre conception, au moment où, partout dans le monde cette question est mise à l'ordre du jour des préoccupations des États (voir notamment le droit européen en la matière). Fuite en avant ? Cette lacune atteste probablement de l'incapacité de la plupart des États africains de trouver un compromis acceptable sur l'identification même du phénomène ethnique et l'établissement d'un statut juridique adéquat, aussi bien au plan interne que régional, sans oublier les stades conventionnels intermédiaires (accords de sauvegarde des communautés transfrontalières par exemple). Cette situation d'occultation du phénomène ethnique de l'univers diplomatique africain peut-elle tenir longtemps alors que la question ensanglante le continent et constitue, d'ores et déjà l'une des principales causes du développement des conflits frontaliers, du fait de l'immense imbroglio entre statut des frontières et situation des frontaliers, appartenant souvent à des communautés " minoritaires " périphérisées ?

Face aux risques d'une généralisation des conflits chaotiques de type identitaire, les États africains devraient donc inscrire dans l'agenda de leurs urgences communes, l'établissement d'une Charte des Communautés ethniques ou, à tout le moins, s'entendre pour réviser la Charte des droits de l'Homme et des Peuples, pour y inclure en place de choix, les grandes absentes de leurs résolutions : les Communautés ethniques. Ce faisant, ils s'apercevront alors que " la dimension ethnique de la vie en Afrique reste un atout qui doit être reconnu et valablement exploité, et non arbitrairement rejeté "[23].

---

[21] Cf. K. M'Baye, *Les Droits de l'homme en Afrique*, Paris, Pedone, 1992 ; Valère Eteka Yemet, *La charte africaine des droits de l'homme et des peuples*, Paris, L'Harmattan, 1996.

[22] Cf. Fatah Ouguergouz, *La Charte africaine des droits de l'homme et des peuples, une approche juridique des droits de l'homme entre tradition et modernité*, Genève, Publication de l'Institut universitaires des Hautes études internationales, Paris, PUF, 1993.

[23] Olé Balogun, réalisateur nigérian de films, 1993, cité par J. Yacoub, *Les minorités dans le monde ", op. cit.*, p. 465.

**BIBLIOGRAPHIE**

- DYÉ (M.), " La personne et l'organisation communautaire dans la société négro-africaine traditionnelle ", in *Droits de la personne, droits de la collectivité en Afrique, Nouvelles du sud*, n° 28.
- ETEKA YEMET (V.), *La charte africaine des droits de l'homme et des peuples*, Paris, L'Harmattan, 1996.
- *Foi et développement*, n° 321, février 2004.
- FRITZ (J.-Cl.) " L'ethnique et le local dans les luttes politiques contemporaines en Afrique du suc ", in Revue *Tiers-monde*, n° 141, janv-mars 1995.
- GONIDEC (P.-Fr.), *Les systèmes politiques africains*, Paris, LGDJ, 3e éd., 1997.
- KIRONGOZI (B.-L.), " Ethnie, transfrontalité et pouvoir en Afrique ", in P*ouvoir et paix civile en Afrique, Les cahiers Présence Africaine,* 1996.
- LALAYE (O. M.), " Groupes minoritaires et organisation institutionnelle : le cas du Nigeria ", in *Minorités et organisation de l'État*, Université de Moncton, ULB, Bruxelles, Bruylant, 1998.
- M'BAYE (K.), *Les Droits de l'homme en Afrique*, Paris, Pedone, 1992.
- OUGUERGOUZ (F.), *La Charte africaine des droits de l'homme et des peuples, une approche juridique des droits de l'homme entre tradition et modernité*, Genève, Publication de l'Institut universitaires des Hautes études internationales, Paris, PUF, 1993.
- *Recueil des Cours de l'AIDC*, " Droit constitutionnel et minorités en Afrique ", vol XII.
- TSHIYEMBÉ (M.), " Constitutionnalisme et démocratie en Afrique Centrale et dans les Grands Lacs. Problèmes et perspectives ", in *Francophonie et démocratie*, Paris, Pedone, 2001.
- SENGHOR (L. S.), *Nation et voie africaine du socialisme*, Paris, Le Seuil, 1971.
- SINDJOUN (L.), *L'État ailleurs, Entre noyau dur et case vide*, La vie du Droit en Afrique, Paris, Économica, 2002.
- SYLLA (L.), *Tribalisme et parti unique en Afrique noire*, Paris, FNSP, 1977.

# SOUS-PARTIE II.

# L'URGENCE APPREHENDEE PAR LE DROIT PENAL

# CHAPITRE 5.

# CRIME CONTRE L'HUMANITE ET COMMUNAUTE[1]

Vladimir NASLEDNIKOV

## 1. LE CRIME CONTRE L'HUMANITÉ

La notion de Crime contre l'Humanité trouve son origine politique et diplomatique dans la Déclaration de Moscou du 30 octobre 1943 stigmatisant les atrocités nazies.

Le Royaume-Uni, les États-Unis d'Amérique et l'Union des Républiques Socialistes Soviétiques, parlant au nom et dans l'intérêt de 33 Nations unies, proclamèrent solennellement qu'elles poursuivront les criminels nazis jusqu'au bout de la terre et les remettront aux mains de leurs accusateurs pour que justice soit faite.

Vingt-huit ans auparavant, le 24 mai 1915, les gouvernements de France, d'Angleterre et de Russie transmettent à la Sublime Porte une déclaration commune ainsi rédigée :

> " Depuis un mois la population Kurde et Turque de l'Arménie procède de connivence et souvent avec l'aide des autorités Ottomanes, à des massacres des Arméniens... En présence de ces nouveaux crimes de la Turquie contre l'humanité et la civilisation, les gouvernements alliés font savoir publiquement à la Sublime Porte qu'ils tiendront personnellement responsables les membres du gouvernement ainsi que ceux de ses agents qui se trouveront impliqués dans de pareils massacres. "

Cette déclaration solennelle ne pourra empêcher la décision du gouvernement Jeune-Turc de déporter et d'exterminer les Arméniens Ottomans, dans les camps de concentration de Syrie-Mésopotamie en 1915-1916.

En 1919 la Conférence de la Paix de Paris conclura en particulier à la responsabilité pénale de Guillaume II, à l'origine de la violation par l'armée allemande des lois et coutumes de guerre et des lois de l'humanité.

L'article 227 du Traité de Versailles du 28 juin 1919 disposait :

---

[1] Cette étude est constituée de deux parties dont la première est publiée dans cet ouvrage, la seconde portant sur la question de la " Communauté universelle ".

> “ Les puissances alliées et associées mettent en accusation publique Guillaume II de Hohenzollern, ex-empereur d’Allemagne, pour offense suprême contre la morale internationale et l’autorité sacrée des Traités. Un Tribunal spécial sera constitué pour juger l’accusé en lui assurant les garanties essentielles du droit de défense. Il sera composé de cinq juges nommés par chacune des cinq puissances suivantes : États-Unis d’Amérique, Grande-Bretagne, France, Italie et Japon. ”

Mais les Pays-Bas refusèrent d’extrader Guillaume II qui ne sera jamais jugé. La Conférence Internationale de la Paix de La Haye affirmera en 1899 l’humanité comme principe dans le préambule de la Convention concernant les lois et coutumes de la guerre sur terre (Clause de Martens).

> “ En attendant qu’un code plus complet des lois de la guerre puisse être édicté, les hautes parties contractantes jugent opportun de constater que ... les populations et les belligérants restent sous la sauvegarde et sous l’empire des principes du droit des gens, tels qu’ils résultent des usages établis entre nations civilisées, des lois de l’humanité et des exigences de la conscience publique. ”

Le 22 juin 1941 l’armée allemande envahit l’U.R.S.S. C’est l’opération Barbarossa. Commence alors une guerre d’anéantissement et d’asservissement contre l’Union Soviétique dans le but de conquérir un espace vital à l’Est. La victoire de l’Armée Rouge à Stalingrad démontrera que le nazisme doit être vaincu.

Dans le même mouvement Hitler et les chefs nazis décident la destruction des Juifs européens, destruction qu’ils réaliseront d’abord en Union Soviétique puis dans les six centres de mise à mort, construits en Pologne en 1941 et 1942. Chelmno, Belzec, Sobibor, Maïdanek, Treblinka, Auschwitz. L’anéantissement des Juifs européens et la double politique d’extermination et d’asservissement menée par l’occupant nazi, principalement contre les peuples slaves, seront à l’origine de la nécessité d’élaborer une incrimination juridique spécifique : le crime contre l’humanité.

Le Tribunal Militaire International qui siégea à Nuremberg du 18 octobre 1945 au 1er octobre 1946, fut créé par l’accord de Londres du 8 août 1945 conclu entre la France, les États-Unis, le Royaume-Uni et l’U.R.S.S., pour la poursuite et le châtiment des grands criminels de guerre des puissances européennes de l’axe.

Le statut du Tribunal Militaire International fut préparé par les représentants juristes des quatre gouvernements lors de la conférence de Londres dont les travaux durèrent du 26 juin au 2 août 1945.

L'article 6 du Statut expose les trois incriminations juridiques fondamentales sur la base desquelles les vingt responsables nazis jugés au Procès de Nuremberg seront condamnés : crime contre la paix, crime de guerre, crime contre l'humanité.

Pour la première fois le crime contre l'humanité, ainsi détaillé dans l'article 6 C du Statut devenait une incrimination juridique objective :

> " Les Crimes contre l'Humanité : c'est-à-dire l'assassinat, l'extermination, la réduction en esclavage, la déportation, et tout autre acte inhumain commis contre toute population civile, avant ou pendant la guerre ou bien les persécutions pour des motifs politiques, raciaux ou religieux, lorsque ces actes ou persécutions, qu'ils aient constitués ou non une violation du droit interne du pays où ils ont été perpétrés ont été commis à la suite de tout crime rentrant dans la compétence du tribunal ou en liaison avec ce crime. "

À la suite du Procès de Nuremberg devait se tenir à Tokyo du 3 mai 1946 au 12 novembre 1948 le procès de vingt-huit hauts responsables japonais, principalement des militaires, dans le cadre du Tribunal Militaire pour l'Extrême-Orient.

En 1950 la Commission de Droit International de l'ONU, a systématisé les enseignements du jugement du Tribunal Militaire siégeant à Nuremberg, en un ensemble de principes dont l'énonciation avait pour but d'empêcher la réitération des crimes contre l'humanité.

Mais après le procès, la codification des principes de Nuremberg et la codification des droits fondamentaux de la personne humaine prirent des chemins séparés.

Aucun Code Pénal International, aucun Ordre Public Universel unifié ne purent voir le jour, qui auraient permis une prévention efficace du crime contre l'humanité.

Pourtant la Déclaration Universelle des Droits de l'Homme, adoptée et proclamée par l'Assemblée Générale des Nations Unies le 10 décembre 1948, posait l'homme comme citoyen du monde selon l'expression de René Cassin.

La reconnaissance de la dignité inhérente à tous les membres de la famille humaine devenait le fondement de la liberté, de la justice, de la paix dans le monde.

Sur le plan du droit international le crime de génocide et le crime d'apartheid devaient, par deux conventions des Nations Unies de 1948 et 1973, exprimer juridiquement l'interdit fondamental du crime contre l'humanité.

Mais manquait une définition internationale unifiée du crime contre l'humanité, sachant que l'article 6 C du Statut de Nuremberg, développait une énumération des actes inhumains, plutôt qu'une définition du crime contre l'humanité.

Dans son jugement du 12 décembre 1961 concernant le SS-*Obersturmbannführer* Adolf Eichmann, la Cour de district de Jérusalem affirmait : " Le crime contre le peuple juif qui constitue le crime de génocide n'est rien d'autre que le type le plus grave des crimes contre l'humanité "[2].

Suite à la loi française du 26 décembre 1964 déclarant imprescriptibles par leur nature les crimes contre l'humanité, une nouvelle définition de ce dernier, devait être proposée par la Chambre Criminelle de la Cour de Cassation dans son Arrêt du 20 décembre 1985 concernant Klaus Barbie.

> " Constituent les crimes imprescriptibles contre l'humanité au sens de l'article 6 C du Statut du Tribunal Militaire International de Nuremberg annexé à l'accord de Londres du 8 août 1945 – alors même qu'ils seraient également qualifiables de crimes de guerre selon l'article 6 B de ce texte – les actes inhumains et les persécutions qui au nom d'un État pratiquant une politique d'hégémonie idéologique ont été commis de façon systématique non seulement contre des personnes en raison de leur appartenance à une collectivité raciale ou religieuse, mais aussi contre les adversaires de cette politique, quelle que soit la forme de leur opposition. "

Entré en vigueur le 1er mars 1994, le nouveau code pénal détermine dans les articles 211-1, 212-1, 212-2, 213-3, la pensée du législateur français concernant le génocide et les autres crimes contre l'humanité.

La doctrine juridique française considère que l'essence sur le plan philosophique de la notion juridique de crime contre l'humanité, réside dans une atteinte à la dignité humaine, dignité constituant le socle sur lequel s'érigent la vie et la liberté de chaque homme constituant l'humanité.

La fonction première du principe d'humanité est la protection contre la barbarie, contre la bestialité, contre l'avilissement de l'homme. Le comportement qu'ordonne le principe d'humanité n'a pas pour support un sentiment humanitaire, un sentiment de pitié. Ce comportement repose sur une obligation objective, fondée sur la constatation et la conscience de l'unité du genre humain, unité considérée comme supérieure à l'appartenance des hommes à des nations, des races, des idéologies. En violant les normes juridiques impératives qui ont pour fondement la protection de la dignité de l'homme, c'est le principe d'humanité qui est violé dans son objectivité, et c'est donc l'Humanité elle même qui se trouve dégradée. Cette dégradation oblige à

---

[2] *The crime against the Jewish people which constitutes the crime of genocide is nothing but the gravest type of crimes against humanity.*

une réparation impérative qui se concrétise et se réalise par l'incrimination juridique de crime contre l'humanité.

Le Conseil de Sécurité des Nations Unies décidait le 25 mai 1993 dans une résolution 827, la création du Tribunal Pénal International pour l'ex-Yougoslavie.

L'article 5 du statut de ce Tribunal précise que les crimes contre l'humanité sont ceux qui ont été commis au cours d'un conflit armé, de caractère international ou interne et dirigés contre une population civile quelle qu'elle soit. Ces crimes comprennent : l'assassinat, l'extermination, la réduction en esclavage, l'expulsion, l'emprisonnement, la torture, le viol, les persécutions pour des raisons politiques, raciales et religieuses et les autres actes inhumains.

Dans sa résolution 955 du 8 novembre 1994, Le Conseil de Sécurité décidait la création du Tribunal International pour le Rwanda compétent pour poursuivre toutes les personnes responsables des violations graves du Droit International commises au Rwanda, principalement le crime de génocide et les crimes contre l'humanité.

Le 17 juillet 1998 a été adopté par la Conférence de Rome le statut qui régit la Cour Pénale Internationale, première juridiction pénale internationale à caractère permanent et à vocation universelle.

L'article 7 du statut énumère de la lettre A à K les actes constitutifs d'un crime contre l'humanité :

> a) Meurtre, b) Extermination, c) Réduction en esclavage, d) Déportation ou transfert forcé de population, e) Emprisonnement ou autre forme de privation grave de liberté physique en violation des dispositions fondamentales du droit international, f) Torture, g) Viol, esclavage sexuel, prostitution forcée, grossesse forcée, stérilisation forcée et toute autre forme de violence sexuelle de gravité comparable, h) Persécution de tout groupe ou de toute collectivité identifiable pour des motifs d'ordre politique, racial, national, ethnique, culturel, religieux ou sexiste... i) Disparitions forcées, j) Apartheid, k) Autres actes inhumains de caractère analogue causant intentionnellement de grandes souffrances ou des atteintes graves à l'intégrité physique ou à la santé physique ou mentale.

Ces actes constituent des crimes contre l'humanité lorsqu'ils sont perpétrés dans le cadre d'une attaque généralisée ou systématique lancée contre une population civile et en connaissance de cette attaque.

Le 1er juillet 2002 est entré en vigueur le traité qui dote la communauté internationale d'un tribunal pénal permanent pour juger les auteurs des crimes internationaux les plus graves : crimes de génocide, crimes contre l'humanité, crimes de guerre.

Les États-Unis ont averti formellement, le 6 mai 2002, le secrétaire général de l'ONU qu'ils n'avaient pas l'intention de ratifier le traité créant la Cour Pénale Internationale (CPI) et qu'ils ne se considèrent plus liés d'aucune manière aux buts et objectifs de ce texte. Une lettre adressée à Kofi Annan et signée par John R. Bolton, secrétaire d'État adjoint pour le contrôle des armements et la sécurité internationale, précise que les États-Unis estiment désormais ne plus avoir d'obligation légale résultant de la signature intervenue le 31 décembre 2000. Le président Bill Clinton, avant de quitter la Maison blanche, avait signé le Traité de Rome qui définit les statuts de la CPI, sans toutefois recommander à son successeur la ratification de ce texte, vigoureusement contesté au Congrès.

En France, le 29 mai 1998, les députés ont voté à l'unanimité la reconnaissance de l'existence du génocide arménien de 1915.

## 2. LA COMMUNAUTÉ SPIRITUELLE

L'*hybris* du crime, c'est le crime contre l'humanité, et le crime contre l'humanité c'est *das radicale Böse in der menschlichen Natur*, c'est-à-dire, le mal radical dans la nature humaine, selon le titre d'un article paru en 1792, écrit par le philosophe allemand Emmanuel Kant. Dans ses Recherches sur le développement de la pensée juridique et morale en Grèce, parues en 1917, Louis Gernet, qui a renouvelé de façon décisive les études grecques en France, étudie en préliminaire l'histoire d'un mot : *hybris*. Le terme d'*hybris* porte en lui cette idée d'une réalité du mal, substantielle, et en son fonds, inconcevable. Le terme d'*hybris* devient chez le poète grec Hésiode, un mot très fort et un terme très général. Désordre criminel, l'*hybris* frappe directement la majesté des dieux. Dans son poème : *Les Travaux et les Jours*, Hésiode pose une leçon : Écoute la justice, *Dikè*, ne laisse pas grandir la démesure, *Hybris*. L'historien Ian Kershaw écrit à propos d'Hitler :

> " Depuis le début des années 1920, ses admirateurs lui avaient instillé le sentiment de sa grandeur. Il avait volontiers embrassé l'aura qu'on lui prêtait. (...) Il devint l'adepte le plus fervent de son propre culte du Führer. L'*hybris* – cette arrogance démesurée qui mène à la catastrophe – était inévitable. "

Mal radical, mal inconcevable, l'*hybris* du crime, c'est-à-dire le crime contre l'humanité, révèle l'arrogance démesurée du meurtrier qui engendre et organise la catastrophe, c'est-à-dire la souffrance démesurée de la mise à mort en sa réalité. Il est donc urgent et impératif de mettre fin à la possibilité de cette catastrophe, puisque la réalité du crime contre l'humanité contribue à détruire, la communauté universelle, la communauté internationale, la communauté spirituelle.

Au-delà d'une communauté inavouable, au-delà d'une communauté désœuvrée, au-delà d'une communauté qui vient, il existe, comme fondement de l'existence de chaque homme, une communauté spirituelle, constituée simplement, de la paternité et de la filiation, comme lien inconscient que chaque homme construit avec lui-même, parce que ce lien représente l'intégralité du lien avec les autres. C'est en regard de ce double lien fondamental que Robert Antelme a intitulé son livre : *L'espèce humaine.* En écrivant ce livre en 1946, en mémoire de tous les hommes déportés, tués, systématiquement exterminés par les nazis, il affirme : " il n'y a pas des espèces humaines, il y a une espèce humaine ".

Pour construire cette communauté spirituelle, chaque homme doit éprouver une double expérience, énoncée clairement par Thomas Hobbes dans son livre *Léviathan ou Matière, Forme et Puissance de l'État Chrétien et Civil* publié en langue anglaise en 1651.

En premier lieu, chaque homme doit comprendre " qu'il est manifeste que pendant ce temps où les humains vivent sans qu'une puissance commune ne leur impose à tous un respect mêlé d'effroi, leur condition est ce qu'on appelle la guerre ; et celle-ci est telle qu'elle est une guerre de chacun contre chacun ".

En deuxième lieu, chaque homme doit comprendre " que rien ne vole plus facilement en éclats que la parole d'un homme *ce qui signifie* qu'il n'y a rien de plus facile à rompre qu'une parole humaine ".

C'est cette double expérience qui introduit chacun à l'obligation de vivre ensemble, et, de cette obligation, chacun éprouve la réalité d'une communauté spirituelle comme filiation et comme paternité. Or c'est cette réalité d'une communauté spirituelle qui est détruite par le double objectif de l'accomplissement d'un crime contre l'humanité, d'une part, en son sens le plus fort, une mise à mort, d'autre part en son sens le plus indicible, l'avilissement suprême, qui interdit la mémoire, la sépulture et la signification. Alors il se produit une destruction de la communauté spirituelle, parce qu'il y a destruction de la paternité et de la filiation.

Les survivants d'un crime contre l'humanité, et les descendants de ces survivants, en sont réduits à vivre comme des exilés de nulle part, parce qu'ils ne peuvent s'enraciner ni dans une filiation, ni dans une paternité, ni dans une sépulture, ni dans un lieu de naissance, parce qu'ils ne peuvent donc, accéder à cette double expérience énoncée par Thomas Hobbes, dont la réalité effective introduit chacun à l'obligation de vivre ensemble.

Les survivants d'un crime contre l'humanité, et les descendants de ces survivants, se perçoivent comme énucléés psychiquement, en ce sens que leur regard intérieur ne peut jamais devenir un regard extérieur, ce qui signifie que la vision de la personne tierce ne s'accomplit jamais, l'Autre reste un homme mort, le sens de la loi reste pour toujours lettre morte. L'Esprit reste un manuscrit illisible, la haine engendre l'indéchiffrable pulsion mortifère qui interdit de penser. L'héritage infernal du crime contre l'humanité détruit la perception du temps.

La perception du temps de l'Histoire permet de pénétrer dans la communauté spirituelle qui a présidé à la première énonciation de l'expression : crime contre l'humanité, car en effet s'impose l'idée, énoncée par Walter Benjamin en 1940, dans son texte sur le concept d'Histoire, selon laquelle la " connaissance du passé ressemblerait plutôt à l'acte par lequel à l'homme au moment d'un danger soudain se présentera un souvenir qui le sauve ".

Dès l'année 1915, se mettent en place les éléments doctrinaux et philologiques d'une communauté spirituelle structurée par la pensée du crime contre l'humanité.

En 1915, le sociologue français Émile Durkheim publie un livre *L'Allemagne Au-Dessus de Tout*, consacré à l'analyse de la relation entre la mentalité allemande et la guerre. Il choisit plus particulièrement comme objet d'étude un livre de Heinrich von Treitschke, intitulé *Politik*, publié en seconde édition à Leipzig en 1899, qui est l'édition d'un cours que ce dernier professait tous les ans à Berlin. Dans ce livre se trouvent énoncés, avec une netteté hardie précise Durkheim, tous les principes que la diplomatie et l'état-major allemand ont mis ou mettent journellement en pratique. Selon Treitschke, pour qu'il n'y ait pas de puissance supérieure à l'État allemand, il faut que la puissance de cet État soit supérieure à celle des autres États. L'indépendance absolue à laquelle il aspire ne peut donc être assurée que par sa suprématie. C'est à devenir ce sur-être que l'État allemand doit s'employer de toutes ses forces. L'État allemand doit être au-dessus de tout.

L'Allemagne s'est donc forgée un mythe, écrit Durkheim, qui est allé de plus en plus en se développant, en se compliquant et en se systématisant. Pour justifier son besoin d'être souveraine, elle s'est naturellement attribuée toutes les supériorités ; puis, pour rendre intelligible cette supériorité universelle, elle lui a cherché des causes dans la race, dans l'histoire, dans la légende. Ainsi est née cette mythologie pangermaniste, aux formes variées, tantôt poétiques et tantôt savantes, qui fait de l'Allemagne la plus haute incarnation terrestre de la puissance divine. De ce mythe est né le droit que s'est attribué l'état-major allemand de mener une guerre systématiquement inhumaine.

Or cette phrase : la guerre systématiquement inhumaine, inscrite comme sous-titre du chapitre IV de son livre par Durkheim représente l'expression d'une très grande clairvoyance de la part de son auteur. Cette phrase annonce le livre *La Guerre Totale*, traduit et publié en France en 1937, écrit en 1935, précisément par un des héros allemands de la première guerre mondiale, Erich Ludendorff, premier Quartier-Maître Général des Armées Allemandes. Cette phrase annonce donc la *Vernichtungskrieg*, c'est-à-dire la guerre d'extermination mise en œuvre par la *Wehrmacht*, l'armée de Hitler, en Union Soviétique lors de la 2e guerre mondiale.

La " philosophie " de cette *Vernichtungskrieg*, est énoncée, par le général Hoepner, commandant du groupe de *panzer* IV de la *Wermacht*, dans un texte du 2 mai 1941, lisible dans le livre clé de Omer Bartov (*L'Armée d'Hitler, La Wehrmacht, les nazis et la guerre*) :

> " La guerre contre la Russie est un élément essentiel de la lutte pour l'existence du peuple allemand. C'est la vieille lutte pour l'existence du peuple allemand. C'est la vieille lutte des Germains contre les Slaves, la défense de la culture européenne contre l'invasion moscovito-asiatique, la résistance contre le bolchevisme juif. Cette lutte doit avoir pour but la démolition de la Russie actuelle et doit donc être menée avec une rigueur sans précédent. Chaque opération, dans sa conception et son exécution, doit être guidée par une volonté absolue d'anéantissement total et impitoyable de l'ennemi. Il n'y a en particulier aucune pitié à avoir pour les représentants de l'actuel système russo-bolchevique. "

Le caractère systématique des actes inhumains, a été reconnu comme un des critères de la définition du crime contre l'humanité, par la Chambre criminelle de la Cour de Cassation, dans son arrêt Barbie en date du 20 décembre 1985, par la Commission du droit international de l'O.N.U. dans son rapport de 1994.

C'est dans le cadre de la guerre d'extermination menée en Union soviétique, que put cheminer dans l'esprit des hitlériens, la décision " d'une solution globale de la question juive " (*der Gesamtlösung der Judenfrage*). Selon l'historien Christopher R. Browning, la prise de décision d'une solution globale de la question juive revêtit la forme d'un processus cumulatif et ininterrompu qui s'étala du printemps 1941 à l'été 1942, avec deux tournants majeurs, l'un au milieu de l'été et l'autre au début de l'automne 1941, qui correspondirent à deux sommets dans l'euphorie de la victoire sur le front de l'Est, et scellèrent le sort des juifs d'Union Soviétique, puis celui des juifs d'Europe. Cette solution globale de la question juive signifiait l'extermination systématique des juifs dans le cadre d'une guerre systématiquement inhumaine. La phrase de Durkheim, La guerre systématiquement inhumaine, montrait le Procès de Nuremberg.

En 1918, un Arménien rédige à Jérusalem plusieurs textes, dont l'un porte le titre suivant : *Les Raisons de l'Extermination des Arméniens*.

L'auteur de ce texte, Yervant Perdahdjian est né en 1874 à Amassia en Turquie. Il occupe la fonction de vicaire patriarcal à Constantinople à partir de 1913. Dans ses *Mémoires du patriarcat* (Le Caire 1947, p. 190), le Patriarche des Arméniens à cette époque, Zavèn Der-Yéghiayian, dira de son vicaire " Il fut pour moi un extraordinaire collaborateur qui ne refusa jamais la moindre mission. " En juillet 1916, le patriarcat arménien est supprimé par les autorités turques. Perdahdjian s'exile à Jérusalem. En 1921, ce dernier quitte Jérusalem pour la Grèce, puis la Bulgarie où il devient l'archevêque des Arméniens bulgares. Il restera dans ce pays jusqu'à sa mort en 1938. Dans ce texte *Les Raisons de l'Extermination des Arméniens*, on peut lire :

> " Il me semble qu'il faut rechercher les raisons réelles de notre destruction dans la politique panturque des Jeunes-Turcs, dans la russophilie que les Allemands virent en nous lors des négociations sur les réformes et dans les services rendus avec abnégation par les volontaires du Caucase. C'est ainsi que le projet germano-turc s'enclencha et qu'une tempête terrible éclata. Par ailleurs, la solution de la question arménienne dans les circonstances de la guerre était du point de vue turc quelque chose de vital, alors que, pour les intérêts allemands, le projet (des réformes en Arménie) était intolérable. ( ...) Pour accomplir leur crime inouï, les dirigeants Jeunes-Turcs trouvèrent des circonstances exceptionnelles, qui leur ôtèrent toute crainte. "

Si nous voulons mieux saisir les éléments doctrinaux et philologiques de cette communauté spirituelle structurée par la pensée du crime contre l'humanité, il nous suffit de lire le livre d'André Nicolayévitch Mandelstam, publié en 1917, *Le Sort de L'empire Ottoman*. Ce qui est nommé : crime inouï en 1918 par l'arménien Perdahdjian, est nommé : crime de lèse-humanité en 1917 par le russe Mandelstam. Ce dernier écrit en effet dans ce livre :

> " Oui, l'Allemagne aurait pu imposer sa volonté à la Turquie, elle aurait pu empêcher les massacres. Mais, toute ruisselante du sang des victimes de sa folie pangermaniste, elle ne l'aurait pu faire sans perdre tout son prestige aux yeux des Turcs. (...) L'attitude de la nouvelle Allemagne devant les massacres arméniens découlait logiquement, fatalement, de toute sa conception de l'État, de sa politique de la force (*Machtpolitik*), de l'idée sacrilège qu'elle s'était faite de sa mission dans le monde. Mais si cette attitude était fatale pour le Sur-État allemand, les autres États, les simples, n'ont pas à s'incliner devant le criminel orgueil qui a créé cette nouvelle Allemagne, et qui est *devenu l'âme diabolique du pays entier* (Maurice Muret, *L'Orgueil Allemand*, p. 338 ; ce livre d'un neutre suisse est certainement un des plus terribles réquisitoires qu'on ait formulés contre l'orgueil allemand.). Ils opposeront à cet orgueil son fruit le plus sanglant, et ce fruit tombera lourdement dans la balance, le jour du Grand Jugement. Les États libres

condamneront l'Allemagne, qui s'est mise au-dessus de l'humanité, pour crime de lèse-humanité. "

Andr. N. Mandelstam est né en Russie. Il est diplômé des Facultés de droit et des langues orientales de l'Université de Pétrograd. Agrégé à la Chaire de droit international de cette université, sur la proposition de celui qu'il nomme son maître, Fiodor Fiodorovitch Martens (1845-1909), il est en même temps entré à la Chancellerie du ministère des Affaires étrangères. Il est envoyé par l'Université de Pétrograd à Paris en 1897 et 1898, où il suit les cours du professeur Louis Renault, titulaire depuis 1881 de la chaire de droit des gens. En 1898 Mandelstam est nommé drogman à l'ambassade de Russie à Constantinople, poste qu'il occupera pendant seize ans jusqu'en 1914. En 1900 il est promu par l'Université de Pétrograd au grade de docteur en droit international. C'est la triple qualité de Mandelstam, juriste, interprète, diplomate, qui confère à son livre *Le Sort de l'Empire Ottoman*, sa valeur toute particulière. Il analyse de manière claire et détaillée la relation qui unit la puissance germanique, la puissance turque et le massacre systématique des Arméniens. Il est doublement interprète. Du point de vue de la langue, du point de vue de la souffrance des Arméniens. Il écrit dans la préface de son livre : " C'est l'amour pour les faibles, amour éternel, sans limites, qui a guidé notre plume ". En tant que drogman il incarne l'interprète de la langue.

L'interprète est l'un des intermédiaires indispensables aux relations entre l'Empire Ottoman et l'Europe. On le désigne par le mot : *tercüman*, mot d'origine araméenne qui a pénétré très tôt dans la langue arabe puis turque. De ce mot dérivent *dragomanno* en italien et drogman ou truchement en français. En France c'est le ministre Colbert, qui par un édit du 18 novembre 1669 et à la demande de la Chambre de Commerce de Marseille, institue une école d'interprètes de carrière devant servir de drogmans (truchement, *tercüman*) aux ambassadeurs et consuls de France en Orient, école qui reçoit le nom d'École des Enfants de Langue ou Jeunes de Langue.

C'est donc ce Jeune de Langue, ce Drogman, ce juriste de droit international, ce diplomate, qui dans le cadre de l'Académie de Droit international de La Haye, professe en 1931 un cours sur *La Protection internationale des Droits de l'Homme*, dans lequel il énonce :

> " Pendant la Grande Guerre, le Gouvernement jeune-turc a méthodiquement exterminé environ un million de ses sujets arméniens. Ce crime contre l'humanité a été prouvé, dans toute son horreur, non seulement par les témoignages des neutres, réunis dans des publications officielles anglaises et suisses, mais par la correspondance diplomatique du ministère des Affaires étrangères de l'Allemagne, alliée de la Turquie. "

En 1930 est publié à Paris un livre écrit par Georges Clemenceau (1841-1929) : *Grandeurs et misères d'une victoire*. L'auteur écrit :

> " Que cette dernière guerre ait été une entreprise allemande de conquêtes en vue de s'assurer la domination de l'Europe et du monde par des annexions de territoires, cela ne peut être nié que par les auteurs mêmes de ce crime contre l'humanité. "

Le 8 novembre 1923 eut lieu à Munich en Bavière une tentative de coup d'État. Hitler était parmi les conjurés. Le 1er avril 1924 il fut condamné pour haute trahison à une peine de cinq ans de prison. Il ne purgea même pas un an de cette peine et obtint son élargissement le 20 décembre 1924. Son oisiveté forcée dans la prison de Landsberg conduisit Hitler à commencer la rédaction de *Mein Kampf*. La rédaction de ce livre qui s'étendit sur une période de quinze mois lui permit de consolider et de rationaliser sa vision du monde qu'il avait élaborée depuis 1919, Hitler était né le 20 avril 1889, à *Braunau am Inn*, sur la frontière entre l'Autriche et l'Allemagne. Le premier volume de *Mein Kampf* était publié en 1925, le deuxième en 1927, en 1933, le livre avait été vendu à plus de huit cent mille exemplaires. La traduction de *Mein Kampf* fut publiée à Paris sans doute en 1934. Dans cette traduction on peut lire page 483 :

> " Cette même hésitation dans la tactique se retrouva aussi dans la presse rouge. (...) beaucoup de gens commencèrent à se demander pourquoi on consacrait tant de phrases à notre mouvement s'il était si ridicule que cela. La curiosité des gens s'éveilla. Alors on fit demi-tour et on commença, pendant quelques temps, à nous représenter comme d'épouvantables criminels devant l'humanité. "

L'énonciation en 1930 et 1931, à Paris et à La Haye, par Georges Clemenceau et André N. Mandelstam, de l'expression crime contre l'humanité, montre que le crime contre l'humanité était déjà devenu une référence, pour la pensée juridique, politique, diplomatique, antérieurement au procès de Nuremberg.

En 1919 deux juristes français, F. Larnaude et A. de Lapradelle, rédigeaient une étude : *Examen de la responsabilité pénale de l'empereur Guillaume II d'Allemagne*. Cette étude leur avait été demandée par la Présidence du Conseil des Ministres. Elle fut distribuée en janvier 1919 aux délégués des Puissances de l'Entente, réunis à Paris à cette date pour la Conférence des préliminaires de Paix. Ils considéraient que le jugement de l'empereur allemand représentait une suite nécessaire de la guerre, qu'il revenait aux alliés et aux alliés seuls de constituer un haut tribunal, qu'il était nécessaire que ce Tribunal soit vraiment supérieur, qu'il soit une juridiction au plein sens du mot.

Ainsi dès 1930, étaient pleinement réalisés dans les consciences, les trois éléments fondamentaux qui formaient le socle architectural de la pensée du procès de Nuremberg. En premier lieu le concept de crime contre l'humanité, en deuxième lieu la relation établie entre ce concept et la guerre systématiquement inhumaine, en troisième lieu la nécessité de constituer un haut tribunal qui soit une juridiction à part entière, en mesure de juger de la responsabilité pénale des plus hauts responsables des actes inhumains commis pendant la guerre.

Le Procès de Nuremberg représente une mise en forme juridico-étatique, d'un matériel de pensée, entièrement constitué avant le procès, dans le cadre d'une communauté spirituelle constituée pour une part prépondérante, de juristes, d'hommes politiques, de diplomates, de nationalité française ou russe, qui ont refusé l'esprit allemand de la communauté raciale supérieure, pour s'appuyer dans le cheminement de leurs pensées sur l'esprit français de la communauté humaine universelle.

## 3. LA COMMUNAUTÉ INTERNATIONALE

En 1845 et 1846 Karl Marx et Friedrich Engels élaborent le texte de *L'Idéologie Allemande*, dans lequel ils formulent pour la première fois, de manière élaborée, la théorie du matérialisme historique. Par la critique détaillée de la philosophie allemande la plus récente et du socialisme allemand, Ils dégagent quelques principes qui vont constituer les fondements mêmes du marxisme. La nouveauté, sur le plan théorique, de ce texte, se situe dans le rapport qui se trouve établi entre l'ensemble des transformations politiques (statut de la propriété, forme du droit de l'État, constitution des nations) et idéologiques et l'histoire de la production des biens matériels. Étudier l'homme vivant, inséré dans l'histoire et la politique, c'est ce que proposent Marx et Engels dans *L'Idéologie Allemande.* Cet écrit représente donc à la fois un texte essentiel du marxisme et un moment décisif dans l'élaboration de la pensée de Marx. Le manuscrit, abandonné à la critique rongeuse des souris, fut publié pour la première fois à Moscou, en 1932, par les soins de l'Institut Marx-Engels-Lénine.

En 1840, Pierre Leroux publie à Paris un livre : *De L'Humanité De Son Principe Et De Son Avenir.* La question que se pose l'auteur est la suivante : Qu'est-ce que l'humanité, et en quoi consiste le lien qui unit l'homme individu à l'humanité. Pour Pierre Leroux, le christianisme est la plus grande religion du passé, mais il y a quelque chose de plus grand que le christianisme c'est l'humanité. Chaque homme est l'humanité, et ainsi l'humanité existe d'une existence véritable.

> " Que l'homme donc se défasse de cet orgueil qui lui fait croire qu'il existe par lui-même indépendamment de l'humanité. Sans doute il existe par lui-même, puisqu'il est l'humanité, comme je le dis ; il existe en Dieu par lui-même en tant qu'humanité. Mais il n'existe par lui-même en Dieu qu'en tant qu'il est humanité ; ce qui revient précisément à ceci, qu'il n'existe pas par lui-même, mais uniquement par l'humanité. "

Et Pierre Leroux de souligner que la politique prend donc pour principe l'accord de l'individu et de l'humanité.

Ces deux textes, *De L'Humanité* et *L'Idéologie Allemande*, permettent de nommer les deux termes du conflit doctrinal irréductible, dans lequel s'inscrivirent les deux guerres mondiales, d'une part la pensée allemande de la communauté, d'autre part la pensée française de l'humanité. La pensée allemande de la communauté c'était la théorie allemande du droit de la force, la pensée française de l'humanité c'était la théorie française de la force du droit. En mars 1915, un Français, Edgard Milhaud, Professeur à l'Université de Genève, prononce deux conférences qui ont pour objet la théorie allemande du droit de la force, la Révolution française et les droits des peuples, l'arbitrage, la paix et la nécessité d'une force internationale au service du droit. Il publie ces deux conférences sous le titre : *Du droit de la force à la force du droit*. Ce titre représente un chiasme, mot qui provient du mot grec : *kiasma*, croisement. Le chiasme inverse en le répétant un couple de mots, les deux membres de l'énoncé ayant même construction syntaxique. Le croisement des mots s'appuie, voire rebondit sur un parallélisme syntaxique. Par exemple Gaston Bachelard écrit : " Celui qui trouve sans chercher est celui qui a longtemps cherché sans trouver. "

Le chiasme qui figure le titre des deux conférences prononcées par Edgard Milhaud en 1915, n'a rien perdu de sa signification. Le 27 mars 2003, Dominique de Villepin, ministre des affaires étrangères prononce la conférence annuelle de l'Institut international d'études stratégiques de Londres. Il y explique la vision du monde qui a déterminé la position française dans la crise irakienne. Cette vision du monde tient en trois mots : le droit, la force et la justice. Sous ces trois mots se tient le chiasme : Du droit de la Force à la Force du Droit. Pour expliciter cette vision du monde, Dominique de Villepin s'appuie sur la figure du chiasme contenue dans une phrase de Pascal. Le ministre des affaires étrangères énonce :

" La force n'est pas le privilège des uns, le droit l'alibi des autres. Le droit nous engage tous. (...) Il n'y a pas d'un côté le choix de la force, de l'autre le choix du droit. La force doit être mise au service du droit. Elle doit être encadrée par le droit, afin de renverser la proposition de Pascal : *Ne pouvant faire que ce qui est juste fût fort, on a fait que ce qui est fort fut juste.* "

La plus grande partie du texte de *L'Idéologie Allemande*, était consacrée à l'interprétation critique d'un livre de Max Stirner, *L'Unique et sa Propriété* (*Der Einzige und sein Eigentum*) publié en 1844 à Leipzig. Ce livre consistait en une caricature de la pensée de Georg Wilhem Friedrich Hegel (1770-1831). Pour Hegel, il n'y a pas de transcendance, l'Histoire est le devenir de l'Esprit, et l'Esprit n'est rien d'autre que ce devenir historique de l'homme. Jamais, à aucun moment du temps, il n'y a d'Esprit existant en dehors du Monde historique humain. L'introduction de l'Histoire dans la philosophie est pour Hegel sa découverte principale et décisive. Or soulignent les auteurs de *L'Idéologie Allemande*, si, comme Hegel, on entreprend pour la première fois de mettre sur pied un schéma qui s'applique à l'histoire entière et au monde actuel dans sa totalité, on ne saurait le faire sans de vastes connaissances positives, une grande énergie, une puissante pénétration d'esprit, de même qu'on ne saurait se dispenser, par endroits, d'entrer dans le détail de l'histoire empirique.

Dans le monde spirituel caricatural de Stirner, les vastes connaissances positives, la grande énergie, la puissante pénétration d'esprit, la capacité d'entrer dans le détail de l'histoire empirique, étaient inexistants. L'histoire se réduisait pour lui au mouvement de l'auto-création du Moi comme incarnation de l'égoïsme. Pour s'affirmer pleinement en tant qu'unique, il faut que l'individu puisse s'approprier toute chose et en jouir à son gré. La faculté de s'approprier toute chose à son gré constitue ainsi selon Stirner, le fondement du droit illimité et de la puissance absolue du Moi. Stirner écrivait : " Le Droit est égal à la puissance de l'homme, la puissance est égale au Droit du Moi. " Par cette appropriation qui repose sur une liberté totale de choix, l'Unique devient le maître du monde. Libéré de tout ce qui s'oppose à son autonomie et disposant à son gré du monde, l'Unique peut s'adonner pleinement à la jouissance de la vie et créer ainsi par son autodétermination sa propre libération.

Cette caricature de l'esprit de Hegel cachait un petit-bourgeois conservateur, politiquement idéaliste, un petit-bourgeois idéaliste philosophiquement conservateur, comme le montre l'utilisation par Stirner du terme de : communauté. Alors que dans le cheminement spirituel de Hegel le terme de communauté est porteur d'une puissante force spéculative, dans le mouvement de la pensée de Stirner, le terme de : communauté a entièrement perdu sa puissance spéculative pour devenir uniquement un terme du combat idéologique.

Hegel, dans l'avant dernier chapitre de la *Phénoménologie de l'Esprit*, publié en 1807, après la tourmente révolutionnaire et en pleine épopée napoléonienne, écrit que :

> " L'esprit est donc posé dans le troisième élément, dans l'auto-conscience universelle ; il est sa communauté. Le mouvement de la communauté, (entendue) comme l'auto-conscience qui se différencie de sa représentation, est de produire au jour ce qui est advenu en soi. L'homme divin ou (le) Dieu humain, mort, est en soi l'auto-conscience universelle. "

Stirner, lui, écrivait dans son livre, *L'Unique et sa Propriété* :

> " Selon l'opinion des communistes, la communauté doit être propriétaire. Retournons la chose : c'est Moi qui suis propriétaire et Je M'entends simplement avec d'autres en ce qui concerne Ma propriété. (...) Si la communauté ne Me satisfait pas, Je Me révolte contre elle et défends Ma propriété. "

L'écriture de Hegel était dominée par le grandiose, l'effrayant, la force, la rage, la pureté, l'éternité, la nécessité, c'est-à-dire, précisément par une grande énergie, par une puissante pénétration d'esprit, par une véritable puissance phénoménologique de l'instinct de mort transformée en puissance dialectique implacable, l'écriture de Stirner n'était pour finir qu'une suite ininterrompue de mièvreries transformées en une grande construction idéaliste dont toute l'argumentation se réduisait à un jeu de mots : *Vermögen* signifie en allemand : 1. *pouvoir* ; 2. *avoir, fortune* ; et Stirner joue sur ce mot en le prenant successivement dans ses différentes acceptions.

> " Où prendre de l'argent ?... On ne paie pas avec de l'argent, dont il peut y avoir pénurie, mais avec son avoir, qui seul donne quelque pouvoir... Ce n'est pas l'argent qui est la cause de Vos maux, mais Votre impuissance à le prendre. (...) Faites agir Votre pouvoir, rassemblez Vos forces, et l'argent, Votre argent, l'argent frappé à Votre coin, ne manquera pas... Sache donc que Tu as autant d'argent que tu as de puissance; car tu vaux dans la mesure où tu te fais valoir. "

En juillet 1796, Hegel est âgé de 25 ans, il est précepteur à Berne depuis trois ans dans une famille patricienne, la famille du capitaine von Steiger. Il fait une randonnée dans les Alpes qui sera sa première et sa dernière expérience de la haute montagne. Du 25 juillet au 31 juillet il traverse l'Oberland bernois. Du lac de Thoune à Lucerne en passant par Interlaken,

Lauterbrunnen, Grindelwald, le Col du Grimsel, Andermatt, le Pont du diable, Altdorf. À partir de Guttannen, le dernier village bernois, le chemin est de plus en plus sauvage, désert et uniforme écrit Hegel dans son *Journal de voyage*. Des deux côtés ce ne sont que pierres nues et tristes. De temps à autre on aperçoit des sommets couverts de neige...

> " L'Aar présente quelques grandioses chutes d'eau qui s'effondrent avec une force effrayante. Au-dessus d'une de ces chutes, on a tendu un pont impressionnant où l'on est aspergé de gouttelettes. On voit ici de tout près la course puissante des flots jetés sur les rochers ; ceux-ci ressortent et l'on ne comprend pas comment ils peuvent résister à cette rage. Nulle part ne nous est offert un concept si pur de la nécessité naturelle (*Begriff von Müssen der Natur*) qu'à la vue de cette course des flots jetés sur les rochers ; course éternellement continue et en l'absence continuelle de toute fin. "

Hegel avait traduit la rage des flots de l'Aar se jetant sur les rochers en une force effrayante, en la force d'éternité de l'histoire pénétrant dans la philosophie et la retournant absolument jusqu'au savoir absolu. Marx avait traduit le nom de L'Unique, brandi par Stirner comme un signe miraculeux, comme étant le " nom " qui est au-dessus de tous les noms, le nom qui englobe chaque individu comme sujet, le nom miraculeux, ce mot magique qui dans le langage recèle la mort du langage. Marx avait donc compris radicalement que ce nom de L'Unique, brandi par Stirner, n'était que la traduction inconsciente et anticipatrice par Stirner, du nom unique de *Führer*, comme nom au-dessus de tous les noms, comme nom qui englobe chaque individu comme sujet, comme mot magique qui, dans le langage recèle la mort du langage.

Marx et Engels, en consacrant la plus grande partie de *L'Idéologie Allemande*, à la critique systématique du livre de Stirner, avaient mis à nu un élément central de l'idéalisme allemand, l'alliance entre le rêve de primauté absolue et le rêve de l'histoire, l'alliance entre le désir absolu de l'Unique et le désir absolu de la communauté. Ils avaient très clairement compris en lisant Stirner, ce *Gefühl* violent typiquement germanique qui liait ensemble indissolublement, le sentiment de la *Gemeinschaft*, le sentiment du *Führerprinzip*, et le sentiment de l'*Übermensch*. Ce qui signifie, qu'ils avaient très clairement compris en lisant Stirner, ce sens inné des réalités propre à l'être supérieur (*Gefühl)* qui liait ensemble indissolublement, le sentiment de la communauté, le sentiment du principe d'obéissance au chef infaillible, le sentiment du surhomme.

Il est particulièrement significatif de constater qu'un des modes de L'Unique selon Stirner, l'inexprimé, montré du doigt par Marx et Engels, qui en soulignent l'absolue inconsistance théorique ou spéculative, est repris à son compte par Erich Ludendorff, qui en fera un des modes d'être du général en chef dans son livre *La Guerre Totale*, écrit en 1935, presque un siècle après la parution du livre de Stirner. Cette filiation entre l'inexprimé de L'Unique, selon Stirner, et l'inexprimé du Général en Chef, dans le cadre de *La Guerre Totale*, selon Ludendorff, exprime cette relation particulière qui fut celui du monde germanique, entre le Führer, la guerre et la *Gemeinschaft*, relation qui trouva sa forme la plus achevée dans le nazisme, mais, relation qui était également présente dans le mythe pangermaniste, ainsi que dans la doctrine de la guerre totale.

Stirner écrit en 1845 : " Chez lui (l'Unique) c'est l'inexprimé qui est l'essentiel ". Ludendorff écrit en 1935 :

> " Le général en chef ne doit compter que sur lui-même. Il est isolé. Personne ne doit chercher à contrôler le cours intérieur de ses pensées, si dignes et si intelligents que soient les hommes de son entourage. (...) Enfin le général en chef doit avoir encore quelque chose d'autre, à peine exprimable... jamais l'histoire des guerres n'apprendra ce que c'est qu'un général en chef, jamais elle ne pourra exprimer ce qui se passe en lui. (...) quelque chose d'indicible doit émaner de lui. On naît ainsi, on ne peut le devenir. La volonté de vaincre doit jaillir de toute sa personne, pénétrer jusqu'au peuple et l'inciter à l'action héroïque. (...) L'homme qui est le chef véritable doit donc occuper la première place. "

L'unique, l'État Allemand, le Surhomme, le Général en Chef, le Führer, représentent cette colonne vertébrale du sentiment presque mystique de la communauté, de la *Gemeinschaft*, qui anime l'idéalisme allemand, dans sa triple formulation idéologique, pangermanisme, guerre totale, national-socialisme.

En 1926, est publié à Tübingen un livre sur la vie du sociologue allemand, Max Weber, écrit par son épouse, Marianne Weber, *Max Weber, Ein Lebensbild*. Cette dernière décrit l'expérience de son mari au début de la guerre, dans le travail de direction d'un hôpital militaire, situé dans le district d'Heidelberg. Cette description est intéressante car elle montre clairement l'élément quasi mystique qui structure l'expérience historique de l'idée allemande de la communauté.

> " Comme ils sont merveilleux, ces premiers mois ! L'ensemble de la vie intérieure est ramené à des traits simples, grands et communautaires. Tout ce qui est sans importance s'évanouit. Chacun est un homme de bonne volonté. Chaque journée comporte labeur et tension. Le personnel se lève jusqu'au supra-personnel (*das persönliche ist aufgehoben im überpersönlichen*) : c'est le point le plus haut de l'existence (*Dasein*). (...) C'est l'heure de la désindividualisation (*Entselbstung*), du ravissement

commun dans le Tout (*gemeinsame Entrückung in das Ganze*). L'amour ardent pour la communauté (*Gemeinschaft*) brise les limites du moi. Chacun ne fait qu'un seul sang et un seul corps avec les autres, tous unis dans la fraternité, prêts à annuler leur propre moi dans le service. "

La rédaction du livre de Marianne Weber est sans doute pratiquement concomitante de la rédaction de *Mein Kampf* par Hitler. Or, précisément, ce dernier s'efforce de définir ce qu'il en est pour lui, de l'idée de communauté. Pour Hitler l'idée de communauté se saisit sous les traits de la question de la race. Selon lui la question de la race n'est pas seulement la clef de l'histoire du monde, c'est celle de la culture du monde. La conception raciste (*völkisch*) fait place à la valeur des diverses races primitives de l'humanité. La conception raciste répond à la volonté la plus profonde de la nature, quand elle rétablit ce libre jeu des forces qui doit amener le progrès par la sélection. C'est seulement, écrit-il, quand s'opposera à la conception philosophique internationaliste – dirigée politiquement par le marxisme organisé – le front unique d'une conception philosophique raciste qu'une égale énergie au combat fera se ranger le succès du côté de l'éternelle vérité. Il faut donc assurer à la conception raciste un instrument de combat, de même que l'organisation du parti marxiste fait le champ libre pour l'internationalisme. C'est ce but que poursuit le Parti national-socialiste.

Pour donner corps à cette conception philosophique raciste, et l'intégrer dans l'idéalisme allemand propre au monde germanique, Hitler va lier sa conception raciste (*völkisch*) à la conception allemande quasi mystique de la communauté. Il va fusionner en une seule expression, la communauté nationale, la communauté populaire, la communauté allemande. La *völkische Gemeinschaft*, ou *Volksgemeinschaft*, c'est-à-dire la communauté raciale populaire, va ainsi devenir un des mots clés de l'idéologie allemande nazie, ce mot intégrant dans sa signification le corps doctrinal fondamental du pangermanisme, et le corps doctrinal fondamental de la guerre totale. C'est ainsi que la *Kampfgemeinschaft*, la communauté de combat pourra devenir cette expression de force et de puissance exprimant la " détresse " du peuple allemand dans la profondeur historique de son éternité, dans la profondeur éternelle de son historicité. Se rejoindront alors *die Volksgemeinschaft und die Kampfgemeinschaft*, dans le discours de l'ancien premier Quartier-Maître Général des Armées Allemandes en 1914-1918, Erich Ludendorff, et dans le discours du philosophe allemand Martin Heidegger.

Pour Ludendorff, le centre de gravité de la guerre totale se situe dans la communauté populaire, c'est-à-dire dans la *Volksgemeinschaft*. Dans son livre *La Guerre Totale*, rédigé en 1935, il écrit :

> “ Aujourd’hui, le mot *Peuple* a passé au premier plan : et l’on a reconnu toute la signification de l’âme populaire pour la conservation de la communauté, dans sa vie quotidienne, et encore plus dans les moments de mortelle détresse. Sans doute la conservation de l’État est-elle en jeu dans la guerre totale et ne faut-il pas la distinguer de celle d’un peuple libre, mais en fin de compte, ce n’est pas l’État qui combat dans la guerre totale, c’est la communauté populaire. Chaque individu doit, sur le front ou dans le pays, sacrifier l’ensemble de ses forces. Il ne pourra le faire que s’il est bien persuadé que loin d’être un vain mot, c’est une vérité sacrée que la guerre est exclusivement menée pour la conservation de la communauté populaire. Dans la communauté populaire (*Volk*) se situe le centre de gravité de la guerre totale. (...) Il appartient à la politique totale de mettre la force du peuple à la disposition de la direction de la guerre et de veiller à sa conservation. En se conformant aux grandes lois raciales et animiques, on réussira à fondre en une puissante unité, qui est la base de sa conservation vitale, le peuple, la politique, et la direction de la guerre. ”

On peut affirmer, sans crainte de se tromper, que le Discours tenu par Martin Heidegger pour la prise en charge solennelle du rectorat de l’université Fribourg-en-Brisgau le 27 mai 1933, *L’Auto-Affirmation de L’Université Allemande*, n’est qu’une forme de traduction du texte de Ludendorff *La Guerre Totale*. Les deux textes sont identiques en ce qu’ils traduisent la fusion exacerbée de la *Volksgemeinschaft* et de la *Kampfgemeinschaft*, dans l’affirmation d’une primauté historique absolue de la détresse du peuple allemand. Or ce mot clé de “ détresse ” nous le trouvons au cœur de la vision historique d’un pangermaniste, Joseph Ludwig Reimer. Dans son livre publié en 1905, *Ein Pangermanisches Deutschland*, il écrit :

> “ À la fin de l’Empire romain, les Germains avaient la prépondérance dans l’État ; et ils se familiarisèrent avec l’idée de cette prépondérance. (...) Lorsque Charlemagne posa sur sa tête la couronne impériale romaine, il ne se sentit plus roi de race germanique, mais héritier de l’empire romain universel. Le principe de l’universalisme avait triomphé de l’empire fondé par une race. (...) Cet héritage est la source de notre plus grande détresse. Presque toutes nos misères nationales en découlent ; les idées erronées d’humanité, d’unité de la race humaine purent dès lors prendre naissance. Désormais l’Allemand négligea l’individualité de la race et du peuple germanique. ”

Selon Martin Heidegger, c’est de la résolution du corps des étudiants allemands d’endurer le destin allemand dans sa plus extrême détresse que provient une volonté concernant l’essence de l’université. La première obligation des étudiants allemands est celle qui les conduit à la *Volksgemeinschaft*. La deuxième obligation est celle qui les lie à l’honneur et au destin de la nation au milieu des autres peuples. La troisième obligation de la communauté étudiante est celle qui la lie à la mission spirituelle du peuple allemand. Ce peuple, énonce-t-il, travaille à son destin dans la mesure où il place son histoire dans une certaine possibilité : celle de manifester la surpuissance de toutes les puissances formatrices du monde de l'existence humaine. La volonté-de-l'essence du corps enseignant et la volonté-de-l'essence du corps des étudiants doivent se contraindre réciproquement au combat. Toutes les capacités de volonté et de pensée, toutes les forces du cœur et toutes les aptitudes de la chair, doivent se déployer par le combat, se renforcer dans le combat et se conserver en tant que combat. La communauté de combat (*Kampfgemeinschaft*) des professeurs et des élèves...

Il existe un réel entrecroisement, une réelle dialectique, une réelle filiation, entre la sémantique, les concepts, la manière spéculative, le rythme de la phrase, d'un certain nombre de penseurs allemands et le mythe pangermaniste, la doctrine de la guerre totale, l'idéologie de *Mein Kampf.*

Quand Heidegger, le 27 mai 1933, énonce devant l'auditoire de l'université de Fribourg-en-Brisgau, dans le cadre de son discours pour la prise en charge du rectorat :

> " Mais nous voulons que notre peuple remplisse sa mission historique. (...) Vouloir l'essence de l'université allemande, c'est vouloir la science, au sens de vouloir la mission spirituelle historiale du peuple allemand en tant que peuple qui se sait lui-même dans son État. Science et destin allemand doivent, dans cette volonté de l'essence, parvenir en même temps à la puissance. "

Il ne fait que répéter ce qu'énonce Johann Gottlieb Fichte, à Berlin, en 1807-1808, au cours d'une série de 14 conférences publiques : *Reden an die Deutsche Nation*, Discours à la nation allemande.

> " C'est maintenant qu'il faut montrer ce que nous sommes, ou ce que nous ne sommes pas. (...) Si au contraire vous vous ressaisissez, (...) vous découvrez (...) vous voyez, par le regard de l'esprit, le nom allemand s'élever, grâce à cette génération, au rang le plus illustre de tous les peuples, vous voyez cette nation devenir celle qui va régénérer et rénover le monde. (...) Dans la nation qui, jusqu'à aujourd'hui, se nomme le peuple par excellence, autrement dit le peuple allemand, quelque chose d'originel s'est manifesté à l'époque moderne, du moins jusqu'à maintenant, une force productrice du nouveau s'y est affirmée ; désormais, grâce à une philosophie devenue transparente à elle-même, cette nation disposera enfin du miroir dans lequel elle se forgera une conception claire de ce qu'elle fut jusqu'ici par nature, sans en avoir véritablement conscience, et à quoi elle était destinée par cette nature ; (...)

cette philosophie allemande s'élève effectivement, et par l'activité même de sa pensée, à la notion immuable d'un " plus que l'infini ", et c'est là seulement qu'elle découvre l'être véritable. "

Fichte, dans ses conférences, énonce l'idée de l'existence allemande comme représentant une existence originelle. Le peuple allemand, c'est le peuple originel, c'est le peuple souche du monde moderne, l'homme véritablement allemand, porte en lui quelque chose d'absolument premier et d'originel. L'Allemand, c'est-à-dire l'homme de l'origine, a véritablement un peuple, et est en mesure de coïncider avec lui : il est le seul qui soit capable d'éprouver pour sa nation un amour véritable et conforme à la raison.

L'Unique (Stirner), c'est l'homme de l'origine (Fichte), et l'homme de l'origine c'est l'Homme supérieur (Reimer et von Bernhardi), l'homme supérieur c'est l'Aryen qui est le Prométhée de l'humanité (Hitler, *Mein Kampf*), Et le Prométhée de l'humanité c'est le général en chef Erich Ludendorf écrivant dans son livre *La Guerre Totale* : " J'écrivais pendant la guerre : l'esprit crée la victoire ".

La surpuissance, le peuple originel, le concept d'une humanité germanique, la prédestination métaphysique et historique du nom allemand, la supériorité de l'âme allemande, son éternité, le peuple rassemblé dans la guerre totale pour vaincre dans la plus grande détresse, la mission spirituelle du peuple allemand, les Aryens seuls fondateurs d'une humanité supérieure, l'étincelle divine du génie jaillissant de son front lumineux, la communauté raciale populaire rassemblée au nom du Führer, l'auto-affirmation de l'université allemande par le philosophe Heidegger, l'auto-création du Moi par l'idéologue Stirner, l'auto-création du nom allemand par le Führer Adolf Hitler, font partie de ces formes idéologiques aveuglantes, qui unifièrent dans une *Volksgemeinschaft* et dans une *Kampfgemeinschaft* nazies, les Allemands dans une histoire qu'ils découvrirent honteux et horrifiés portant le poids de leurs crimes et de leur aveuglement, comme Fichte portait le poids de l'avenir.

La réalité de l'idée d'une communauté internationale, suppose nécessairement la réalité de l'idée d'un cadre juridique. La réalité effective d'un cadre juridique repose absolument sur le principe de l'auto-limitation. Si le principe de l'auto-limitation, ne se traduit pas dans la réalité concrète, alors règne la démesure. Or l'*hybris* du crime c'est le crime contre l'humanité. Retenons donc, la très ancienne leçon du poète grec Hésiode. Écoute la justice, *Dikè*, ne laisse pas grandir la démesure, *Hybris*. Du principe de l'auto-limitation découle l'idée d'obligation. Louis Gernet, en 1951, avait publié une recherche afférente aux *Droit et prédroit en Grèce ancienne*. Il consacrait la première partie de cette recherche à un ensemble de représentations et de comportements où il est légitime de chercher les antécédents d'une pensée juridique qu'on peut dire fondamentale, puisque c'est celle qui concerne l'obligation. Or le premier motif d'une éventuelle communauté internationale, c'est l'obligation internationale, sans le respect de laquelle il est vain de parler de communauté internationale. Précisément le point de départ des deux guerres mondiales réside pour une part dans la violation par l'Allemagne de ses obligations internationales matérialisées dans des Traités internationaux. Retournons-nous alors vers le passé et déchiffrons alors pour le présent un texte toujours actuel, écrit en 1786, qui se situe aux origines de la diplomatie contemporaine : *Plan d'étude et de conduite pour un jeune homme qui se destine aux Affaires étrangères*. Dans ce texte particulièrement intéressant, puisqu'il permet de se faire une idée très précise de la manière dont on concevait en France à la fin de l'Ancien régime la formation d'un futur agent diplomatique, on peut lire :

> " Il y a des gens qui s'imaginent que la politique est l'art de tromper son adversaire. C'est l'erreur des esprits faux, des talents médiocres, des âmes basses. On n'est pas sans doute obligé de conseiller, d'éclairer, de guider son adversaire. (...) mais tout ce qu'on se permet de dire doit être la vérité même. C'est le point délicat de l'honneur d'un négociateur, comme le courage est celui d'un militaire. Un politique est un homme sage, prudent, instruit. S'il passe pour faux, il n'a plus de dignité. (...) Ces principes sont vrais pour tous les négociateurs en général, mais principalement pour les Français. Quand on a l'honneur de servir le premier souverain de l'Europe, il faut employer uniquement les moyens dignes de lui et qui annoncent sa justice. La fausseté déshonore une grande puissance. La ruse même n'est excusable que pour la faiblesse dont elle est l'apanage naturel ; il faut être juste quand on est puissant, et la vérité est seule digne d'accompagner la justice. "

L'idée d'une communauté internationale agrégée à l'idée d'un cadre juridique, engendre l'idée d'une communauté juridique internationale. Ainsi René Cassin écrit-il, dans son rapport du 27 février 1947 concernant la première session de la Commission plénière des Droits de l'Homme des Nations unies, s'étant tenue à New York, du 27 janvier au 10 février 1947 : la donnée essentielle qui domine toutes les autres, c'est que les Nations Unies en une communauté juridique organisée, se sont reconnues compétentes pour protéger l'être humain et " faciliter à tous, sans distinction de race, de sexe, de langue ou de religion, la jouissance des droits de l'homme et des libertés fondamentales ". La communauté juridique organisée des Nations Unies reposait sur l'affirmation de l'existence de l'unité de l'humanité, gouvernée par les intérêts généraux de l'humanité, intérêts généraux qui reposaient sur les lois de l'humanité, lois de l'humanité qui pouvaient être considérées comme la structure d'une conscience de l'humanité suffisamment forte pour interdire les souffrances de l'humanité. Tous ces termes étaient devenus une base commune de l'esprit du droit international porté par des juristes de nationalités diverses, tant européens qu'américains.

Ainsi, James Brown Scott est délégué des États-Unis à la seconde conférence de la paix de La Haye en 1907, et à la conférence des préliminaires de la paix se tenant à Paris en 1919. D'une série de cours qu'il donne à l'Université John Hopkins en 1908, qu'il met en forme pour une publication, et qui sont traduits par Albert de Lapradelle, il publie en France en 1927 un volumineux ouvrage sur les *Conférences de la Paix de La Haye*, rappelant que le français était une langue diplomatique, la langue officielle de la première conférence, il écrit que

> " L'existence même de la conférence fait ressortir l'unité de l'humanité, (...) Les intérêts généraux de l'humanité dépassent les intérêts individuels d'une nation, si puissante soit-elle, et de même que la société prive l'homme de ses droits absolus en tant qu'individu, de même les membres de la famille des nations doivent être prêts à renoncer à leurs droits absolus, dans l'intérêt de l'harmonie internationale. "

Fiodor Fiodorovtch Martens, délégué russe à la première conférence, propose, au nom des intérêts de l'humanité, d'introduire dans le préambule de la convention concernant les lois et coutumes de la guerre sur terre, une référence aux lois de l'humanité. Il s'agit de la clause de Martens. La Déclaration Universelle des Droits de l'Homme, adoptée et proclamée par l'Assemblée générale des Nations Unies, réunie à Paris, au Palais de Chaillot le 10 décembre 1948, justifie la nécessité de sa proclamation par les actes de barbarie qui révoltent la conscience de l'humanité. Madame Eléanor Roosevelt qui fut dans un premier temps présidente de la Commission des Droits de l'Homme de L'O.N.U. énonça : " Cette déclaration pourrait bien devenir la grande charte de toute l'humanité. " Enfin l'avant-projet de Déclaration Internationale des Droits de l'Homme, présenté le 16 juin 1947, par René Cassin, représentant de la France, au comité de Rédaction de cette commission soulignait que l'ignorance et le mépris des droits de l'homme ont été une des causes les plus importantes des souffrances de l'humanité.

Le terme d'humanité est donc bien ce quatrième terme, ce nombre quaternaire, ce référent, qui introduit dans le corps juridique du droit international, qu'il soit public ou pénal, ce principe fondamental de l'auto-limitation, et qui ainsi confère a la trinité formée par la communauté humaine, la communauté internationale, la communauté universelle, une force internationale vitale en opposition absolue avec la mise en œuvre du crime contre l'humanité.

**BIBLIOGRAPHIE**

- AGAMBEN (G.), *La communauté qui vient*, Paris, Seuil, 1990.
- ALTOUNIAN (J.), *La survivance, Traduire le trauma collectif*, Paris, Dunod, 2000.
- ANTELME (R.), *L'espèce humaine*, Paris, Gallimard, 1957.
- ARONEANU (E.), *Le crime contre l'Humanité*, Paris, Dalloz, 1961.
- AUGUSTIN d'Hippone (Saint), *Confessions*, trad. du latin par Louis de Mondadon, Paris, Éditions Pierre Horay, 1982.
- AUGUSTIN d'Hippone (Saint), *La Cité de Dieu*, trad. du latin par Louis Moreau (1846), Paris, Seuil, 1994.
- AUGUSTIN d'Hippone (Saint), *Oeuvres de Saint Augustin*, La Trinité, Paris, Institut d'Études Augustiniennes, 1955.
- AUGUSTIN d'Hippone (Saint), " Contre les Païens (Sermon Dolbeau 26) ", in É. Gilson, *Philosophie et Incarnation selon Saint Augustin*, Genève, Éditions Ad Solem, 1999.
- AUGUSTIN d'Hippone (Saint), *Vingt-six Sermons au Peuple d'Afrique*, Paris, Institut d'Études Augustiniennnes, 1996.
- BARTOV (O.), *L'Armée d'Hitler, La Wehrmacht, les Nazis et la guerre*, trad. Jean-Pierre Ricard, Paris, Hachette Littératures, 1999.
- BEDARIDA (F.), *Le Nazisme et le Génocide, Histoire et Témoignages*, Paris, Presses Pocket, 1992.
- BENJAMIN (W.), " Sur le concept d'Histoire (1940) ", in *Écrits français*, Paris, Gallimard, 1991.
- BENVENISTE (É.), " Civilisation : contribution à l'histoire du mot ", in *Problèmes de linguistique générale*, I, Paris, Gallimard, 1966.
- BERNHARDI (F. von), *L'Allemagne et la prochaine guerre*, Lausanne, Librairie Payot, 1916.
- BEYLERIAN (A.), *Les Grandes Puissances, l'Empire Ottoman et les Arméniens, dans les archives françaises (1914-1918), Recueil de documents*, Paris, Publications de la Sorbonne, 1983.
- BLANCHOT (M.), *La communauté inavouable*, Paris, Minuit, 1983.
- BONNOT DE MABLY (G.), *Principes des Négociations pour servir d'introduction au Droit public de l'Europe* (1757), Paris, Éditions Kimé, 2001.
- BONNOT DE MABLY (G.), *Entretiens de Phocion sur le rapport de la morale et de la politique*, Université de Caen, Centre de philosophie politique et juridique, 1986.
- BOUTROUX (É.), " Germanisme et Humanité ", in *Études d'Histoire de la philosophie Allemande*, Paris, Vrin, 1926.
- BROWNING (C. R.), *Politique Nazie, Travailleurs Juifs, Bourreaux Allemands*, trad. Jacqueline Carnaud, Paris, Les Belles Lettres, 2002.
- BULLOCK (A.), *Hitler et Staline vies parallèles*, trad. Serge Quadruppani, Paris, Albin Michel-Robert Laffont, 1994, 2 vol.
- CARNAZZA AMARI (G.), " Nouvel exposé du Principe de non intervention ", in *Revue de Droit International et de Législation Comparée*, t. V, 1873.
- CARNEGIE ENDOWMENT FOR INTERNATIONAL PEACE, *Violations des Lois et Coutumes de Guerre*, Conférence de Paris, 1919, Oxford, Clarendon Press, 1919.
- CHAVARDES (M.), *La chute de Constantinople*, Paris, Robert Laffont, 1963.
- CLEMENCEAU (G.), *Grandeurs et misères d'une victoire*, Paris, Plon, 1930.
- CICERON, *Les Devoirs, De officiis*, Paris, trad. Maurice Testard, Paris, Les Belles Lettres, 1984.
- CICERON, *Traité Des Lois, De Legibus*, trad. Georges De Plinval, Paris, Les Belles Lettres, 1968.
- COHEN (A.), *Salut à la Russie*, Paris, Éditions du préau des collines, 2003.

- CONSTANT (B.), *De l'Esprit de Conquête*, Montpellier, L'Archange Minotaure, 2003.
- DAGRON (G.), *Naissance d'une capitale, Constantinople et ses Institutions de 330 à 451*, Paris, PUF, 1974.
- DAUTRICOURT (J. Y.), " Le Droit pénal dans l'Ordre Public Universel ", in *Revue de Science Criminelle et Droit Pénal Comparé*, 1948.
- DAVID (E.), " Des occasions manquées de mettre en cause la responsabilité de la communauté internationale dans le génocide rwandais ", in Laurence Burgorgue-Larsen, dir., *La répression internationale du génocide rwandais*, Bruxelles, Bruylant, 2003.
- DEBRAY (R.), " Vive l'ONU libre ! ", in *Le Monde*, 29 novembre 2003.
- DEUTSCHER (I.), *Staline, Biographie Politique*, trad. Jean-Pierre Herbert, Paris, Gallimard, 1953.
- DUCASSE (I.), *Lautréamont, Oeuvres Complètes*, Paris, José Corti, 1969.
- DUFOUR (D.-R.), *Les mystères de la trinité*, Paris, Gallimard, 1990.
- DUPUY (P.-M.), " Les *considérations élémentaires d'Humanité* dans la jurisprudence de la Cour Internationale de Justice ", in *Mélanges en l'honneur de Nicolas Valticos, Droit et Justice*, Paris, Éditions A. Pedone, 1999.
- DUPUY (R.-J.), *La Communauté internationale entre le mythe et l'histoire*, Paris, Economica, 1986.
- DUPUY (R.-J.), *Dialectiques du Droit International, Souveraineté des États, Communauté Internationale et Droits de l'Humanité*, Paris, A. Pédone, 1999.
- DURKHEIM (É.), *" L' Allemagne Au-Dessus De Tout ", La mentalité allemande et la guerre*, Paris, Armand Colin, 1991 (1e éd., 1915).
- *Enfants de langue et Drogmans, (Dil Oglanlari ve Tercümanlar)*, Exposition Palais de France, Istanbul, 25 mai-18 juin 1995, catalogue éditions Yapi Kredi.
- FAYE (J. P.), *Langages totalitaires*, Paris, Hermann, 1972.
- FENELON, SALIGNAC DE LA MOTHE FENELON (F. de), *Dialogues des Morts*, Arles, Actes Sud, 1994.
- FENELON, SALIGNAC DE LA MOTHE FENELON (F. de), *Examen de conscience sur les Devoirs de la Royauté*, Paris, Gallimard, Bibliothèque de la Pléiade, 1971.
- FERAL (T.), *Le National-Socialisme, Vocabulaire et chronologie*, Paris, L'Harmattan, 1998.
- FEST (J.), *Hitler*, trad. Guy Fritsch-Estrangin, Paris, Gallimard , 1973, 2 vol.
- FICHTE (J. G.), *Discours à la nation allemande*, trad. Alain Renaut, Paris, Imprimerie Nationale, 1992.
- FICHTE (J. G.), *Discours à la nation allemande*, trad. S. Jankélévitch, Paris, Aubier, 1981.
- FREUD (S.), *L'Homme Moïse et la religion monothéiste*, Paris, Gallimard, 1968.
- GERNET (L.), " L'histoire d'un mot : *Hybris* ", in *Recherches sur le développement de la pensée juridique et morale en Grèce, Étude sémantique*, Paris, Albin Michel, 2001 (1e éd., 1917).
- GERNET (L.), " Droit et prédroit en Grèce ancienne ", in *Anthropologie de la Grèce Antique*, Paris, Maspero, 1968.
- GILSON (É.), *Introduction à l'étude de Saint Augustin*, Paris, Vrin, 1987.
- GOUX (J.-J.), " Freud et la structure religieuse du Nazisme ", in J.-J. Goux, *Les Iconoclastes*, Paris, Seuil, 1978.
- GRADOWSKI (Z.), *Au Cœur de L'Enfer, Document écrit d'un Sonderkommando d'Auschwitz*, 1944, trad. Batia Baum, Paris, Éditions Kimé, 2001.
- GRAVEN (J.), *Le difficile progrès du règne de la justice et de la paix internationales par le Droit, des origines à la Société des Nations*, Paris, Éditions A. Pédone, 1970.
- GROTIUS (H.), *Le Droit de la Guerre et de la Paix*, trad. P. Pradier-Fodéré, Paris, PUF, 1999.
- HAGGENMACHER (P.), " Mutations du concept de guerre juste de Grotius à Kant ", in S. Goyard-Fabre, dir., " La Guerre " : *Cahiers de Philosophie Politique et Juridique*, n° 10, Centre de Publications de l'Université de Caen, 1987.

- HAGGENMACHER (P.), " L'État Souverain comme Sujet du Droit International, de Vitoria à Vattel ", in *Droits*, n° 16, 1992.
- HEGEL (G. W. F.), *Phénoménologie de l'Esprit*, trad. Gwendoline Jarczyk, Pierre-Jean Labarrière, Paris, Gallimard, 1993.
- HEGEL (G. W. F.), *Journal d'un voyage dans les alpes bernoises (du 25 au 31 juillet 1796)*, trad. Robert Legros, Fabienne Verstraeten, Paris, Jérôme Millon, 1988.
- HEIDEGGER (M.), *L'auto-affirmation de l'université allemande*, trad. G.Granel, Paris, T.E.R. bilingue, 1987.
- HERACLITE, *Fragments*, Texte établi, traduit, commenté par Marcel Conche, Paris, PUF, 1986.
- HILBERG (R.), *La politique de la mémoire*, trad. Marie-France de Paloméra, Paris, Gallimard, 1996.
- HILBERG (R.), *La Destruction des Juifs d'Europe*, trad. Marie-France de Paloméra, André Charpentier, Paris, Fayard, 1988.
- HITLER (A.), *Mein Kampf (Mon Combat)*, trad. J. Gaudefroy-Demombynes, A. Calmettes, Paris, Nouvelles Éditions Latines.
- HOBBES (T.), *Léviathan ou Matière, forme et puissance de l'État chrétien et civil*, trad. Gérard Mairet, Paris, Gallimard, 2000.
- JODL (Général), " Audience en date du 5 juin 1946 ", in *Procès des grands criminels de guerre devant le Tribunal Militaire International de Nuremberg*, édité par le Tribunal militaire international de Nuremberg, 42 vol., 1947-1949, t. XV, p. 409 s.
- JOFFRIN (L.), *Les Batailles de Napoléon*, Paris, Seuil, 2000.
- JOUANNET (E.), *Emer de Vattel et l'émergence doctrinale du Droit International Classique*, Paris, Éditions A. Pédone, 1998.
- KAGENECK (A. von), *Examen de Conscience, " Nous étions vaincus, mais nous nous croyions innocents "*, Paris, Perrin, 1996.
- KANT (É.), *Sur le mal radical dans la nature humaine, Über das radicale Böse in der menschlichen Natur*, trad. Frédéric Gain, Paris, Éditions rue d'Ulm, 2001.
- KERSHAW (I.), *Hitler*, trad. Pierre-Emmanuel Dauzat, Paris, Flammarion, 1999-2000, 2 vol.
- KLARSFELD (S.), *L'Étoile des Juifs, témoignages et documents*, Paris, L'Archipel, 1992.
- KOJEVNIKOV (A. V.), " Préface à l'Oeuvre de Georges Bataille ", in *L'Arc*, n° 44, 1971.
- LACAN (J.), " La méprise du sujet supposé savoir ", in *Scilicet*, n° 1, 1968.
- LACOUE-LABARTHE (P.), NANCY (J.-L.), *Le mythe nazi*, Marseille, Éditions de l'aube, 1991.
- LA NOUE (F. de), *Discours Politiques et Militaires*, Genève, Librairie Droz, 1967.
- LAPRADELLE (A. de), *Maîtres et Doctrines du Droit des Gens*, Paris, Éditions Internationales, 1950.
- LARNAUDE (F.), LAPRADELLE (A. de), *Examen de la responsabilité pénale de l'empereur Guillaume II d'Allemagne*, Clunet, 1919.
- LEROUX (P.), *De l'Humanité de son principe et de son avenir*, Paris, Fayard, Corpus des œuvres de philosophie en langue française, 1985.
- LEWIN (M.), *Le siècle soviétique*, trad. Denis Paillard, Florence Prudhomme, Paris, Fayard-Le Monde diplomatique, 2003.
- LIDDELL HART (B. H.), *Les Généraux allemands parlent...*, trad. Lola Tranec, Paris, Stock, 1948.
- LISZT (F. von), *Le Droit International, Exposé systématique*, Paris, A. Pédone, 1928.
- LOSURDO (D.), *Heidegger et l'idéologie de la guerre*, trad. Jean-Michel Buée, Paris, PUF, 1998.
- LUDENDORFF (F.), *La Guerre Totale*, trad. A. Pfannstiel, Paris, Flammarion, 1937.
- MANDELSTAM (A. N.), *Le Sort de l'Empire Ottoman*, Lausanne, Paris, Librairie Payot, 1917.

- MANDELSTAM (A. N.), *La Société des Nations et les Puissances devant le Problème Arménien*, Paris, A. Pedone Éditeur, 1926.
- MANDELSTAM (A. N.), " La Protection Internationale des Droits de L'homme ", in *Recueil des Cours de l'Académie de Droit International*, 1931, IV.
- MARX (K.), ENGELS (F.), *L'Idéologie Allemande*, Paris, Éditions sociales, 1976.
- MAYER (A.), " La Maison Blanche sera-t-elle le Kremlin du XXIe siècle ? ", in *Le Monde*, 15 février 2003.
- MAYER (A. J.), *La " solution finale " dans l'histoire*, trad. Marie-Gabrielle, Jeannie Carlier, Paris, Éditions La Découverte, 1990.
- MENTHON (F. de), *Exposé introductif du Ministère Public Français au Procès de Nuremberg, 17 janvier 1946*, Paris, Office Français d'Édition, 1947.
- MEYROWITZ (H.), *La Répression par les Tribunaux allemands des Crimes contre l'Humanité et de l'appartenance à une organisation criminelle*, Paris, LGDJ, 1960.
- MICHEL (A.), *Les Rapports de la Rhétorique et de la Philosophie dans l'Œuvre de Cicéron, Recherches sur les fondements philosophiques de l'art de persuader*, Louvain-Paris, Éditions Peeters, 2e éd., 2003.
- MICHELET (J.), *L'Histoire de France, Le Moyen Âge*, Paris, Robert Laffont, 1981.
- MILHAUD (E.), *Du droit de la force à la force du droit*, Genève, Édition Atar, 1915.
- MINASSIAN (M.), dir., *La Grande Guerre Nationale de L'Union Soviétique, 1941-1945, Aperçu historique*, trad. Louis Perroud, Moscou, Éditions du Progrès, 1974.
- NANCY (J.-L.), *La communauté désœuvrée*, Paris, Christian Bourgois Éditeur, 1986.
- NEHER (A.), *L'identité juive*, Paris, Petite Bibliothèque Payot, 1994.
- NIETZSCHE (F.), *Ecce Homo*, trad. Jean-Claude Hémery, Paris, Gallimard, 1974.
- PACAUT (M.), *Frédéric Barberousse*, Paris, Fayard, 1990.
- PATEYRON (É.), *La contribution française à la rédaction de la Déclaration Universelle des Droits de l'Homme, René Cassin et la commission consultative des Droits de l'Homme*, Paris, La Documentation française, 1998.
- PELLET (A.), " L'agression ", in *Le Monde*, 23 et 24 mars 2003.
- PERDAHDJIAN (Y.), " Les Raisons de l'Extermination des Arméniens ", in *Revue d'Histoire Arménienne Contemporaine*, t. I, 1995.
- PERECHODNIK (C.), *Suis-je un meurtrier ?*, trad. Aleksandra Kroh, Paul Zawadzki, Paris, Éditions Liana Levi, 1995.
- PERLE (Y.), VARSHE (K.), " L'Anéantissement de la Varsovie Juive ", in *Revue d'Histoire de la Shoah*, n° 164, Septembre 1998 (Revue du Centre de Documentation Juive Contemporaine).
- PILLET (A.), " Le Droit International Public, ses éléments constitutifs, son domaine, son objet ", in *Revue Générale de Droit International Public*, t. I, 1894.
- POLIAKOV (L.), *Le Procès de Nuremberg*, Paris, Juliard, 1971.
- POLIAKOV (L.), *Le Procès de Jérusalem*, Paris, Calman-Lévy, 1963.
- POUSTOGAROV (V.), " Un humaniste des temps modernes : Fiodor Fiodorovitch Martens (1845-1909) ", in *Revue Internationale de la Croix-rouge*, mai-juin 1996, n° 819.
- PUFENDORF (S.), *Le Droit de la Nature et des Gens ou Système Général des Principes les plus importants de la Morale, de la Jurisprudence et de la Politique*, trad. Jean Barbeyrac, Université de Caen, Centre de Philosophie politique et juridique, 1987.
- REIMER (J. L.), *Ein Pangermanisches Deutschland*, Berlin et Leipzig, Friedrich Luckhard, 1905 ; extraits trad. par Charles Andler : *Le Pangermanisme Philosophique*, Paris, Louis Conard libraire éditeur, 1917.
- RENAULT (L.), *De l'Application du Droit pénal aux faits de guerre*, Clunet, 1915.
- RICHARD (L.), *Le Nazisme et la culture*, Bruxelles, Éditions Complexes, 1988.
- RICHELIEU, PLESSIS (A. du), Cardinal Duc de Richelieu, *Testament Politique*, Université de Caen, Centre de philosophie politique et juridique, 1985.

- ROBESPIERRE (M.), " Discours du 15 mai 1790 (Extrait) à l'Assemblée Constituante ", in Marc Belissa, *Fraternité Universelle et Intérêt National (1713-1795), Les Cosmopolitiques du Droit des Gens*, Paris, Éditions Kimé, 1998.
- ROUGIER (A.), " La Théorie de l'Intervention d'Humanité ", in *Revue Générale de Droit International Public*, t. XVII, 1910.
- RUIZ (A.), " Aux Origines de la diplomatie contemporaine : de l'ambassadeur improvisé à la formation du spécialiste (d'après un manuel de la fin de l'Ancien Régime) ", in *Histoire Diplomatique*, 1973.
- SCOTT (J. B.), *Les Conférences de la Paix de La Haye de 1899 et 1907*, trad. A. de Lapradelle. Paris, Éditions A. Pédone, 1927.
- SERENY (G.), *Au Fond des Ténèbres, De l'euthanasie à l'assassinat de masse : un examen de conscience*, trad. Colette Audry, Paris, Denoël, 1975.
- SIERAKOWIAK (D.), *Journal du ghetto de Lodz 1939-1943*, trad. Mona de Pracondal, Paris, Éditions du Rocher, 1997.
- SIMONOV (C.), *Les Vivants et les Morts, trad. R. Huntzbucler*, A. Robel, Paris, 1961.
- SPINOZA (B.), *Éthique démontrée suivant l'ordre géométrique et divisée en cinq parties*, trad. Charles Appuhn, Paris, Garnier Flammarion, 1965.
- TABACCO (G.), *Universalismes et Idéologies Politiques, De l'Antiquité tardive à la Renaissance*, Paris, Gérard Monfort, 2001.
- TZITZIS (S.), *Qu'est-ce que la Personne ?*, Paris, Arman Colin, 1999.
- VALERY (P.), " La crise de l'esprit ", in *Variété I*, Paris, Gallimard, 1924.
- VEDRINE (H.), *Face à l'hyper-puissance, Textes et discours 1995-2003*, Paris, Fayard, 2003.
- VERNANT (J.-P.), " Le mythe hésiodique des races, Essai d'analyse structurale ", in *Mythe et pensée chez les grecs, Études de psychologie historique*, Paris, Maspero, 1965.
- VICO (G.), *Origine de la poésie et du droit, De Constantia Jurisprudentis*, trad. Catherine Henri, Annie Henry, Paris, Café Clima Éditeur, 1983.
- VICO (G.), *Principes d'une Science Nouvelle relative à la Nature Commune des Nations*, trad. Ariel Doubine, Paris, Éditions Nagel, 1986.
- VILLEPIN (D. de), " Le droit, la force, et la justice ", in *Le Monde*, 28 mars 2003.
- VILLEY (M.), *La Formation de la Pensée Juridique Moderne*, Paris, PUF, 2003.
- VISSCHER (C. de), *Théories et Réalités en Droit International Public*, A. Pédone, 1953.
- WEIL (P.), " Vers une normativité relative en Droit International ", in *Revue Générale de Droit International Public*, t. 86, 1982.
- WEIL (P.), " Le Droit International en quête de son Identité ", in *Recueil des Cours de l'Académie de Droit International*, 1992, VI.
- WERTH (A.), *La Russie en Guerre*, trad. Michel Zéraffa, Paris, Stock, 1964, 2 vol.
- WOLFF (C.), *Principes du Droit de la Nature et des Gens*, Université de Caen, Centre de Philosophie politique et juridique, 1988.

# CHAPITRE 6.

# LE REGLEMENT NON JURIDICTIONNEL COMME ALTERNATIVE AUX SITUATIONS DE CRISE

Stephen ROSENBAUM

## INTRODUCTION

Au cours des dernières années, on a assisté dans le monde à une augmentation importante des engagements pris par les gouvernements envers la démocratie et l'économie de marché. Ces objectifs politiques et économiques ont donné lieu à un volume énorme de nouvelles lois importantes, y compris des réformes du droit constitutionnel, civil et commercial.

Ces tendances ont, à leur tour, donné naissance à un nombre croissant de litiges privés et publics, à l'intérieur des pays, comme sur la scène internationale. Parties plaidantes et avocats se plaignent du caractère conflictuel, de la longueur, du coût, de la partialité, du manque de clarté des jugements et de leur inapplication. Les magistrats réclament davantage de ressources pour les tribunaux et la gestion des affaires, davantage de pouvoirs disciplinaires sur le déroulement des procès, une rémunération plus importante et une plus grande protection contre l'influence illicite des milieux politiques et des syndicats du crime. Cet encombrement, ces retards et le manque d'application des jugements créent un cercle vicieux que les tribunaux ont du mal à rompre.

Un moyen de règlement alternatif de conflit, permet aux parties en cause de réaliser des économies considérables tout en leur apportant divers autres avantages. En facilitant le règlement des litiges, la médiation allège également le fardeau de l'appareil judiciaire et favorise l'exercice d'une justice prompte et efficace. Ce qui est nouveau, ce ne sont pas les modes de règlement eux-mêmes, c'est l'effort de systématisation de ces modes avec globalement plus de succès dans les pays de droit commun[1].

C'est sans doute aujourd'hui la forme la plus populaire de règlement à laquelle recourent les parties dans l'espoir de trouver une issue rapide et acceptable à un litige. Par ailleurs, en raison de sa flexibilité, elle trouve

---

[1] Guibril Camara, “ Du règlement non juridictionnel des litiges ”, *Audience solennelle de rentrée des cours et tribunaux*, Dakar, 5 novembre 1997.

également une place de plus en plus grande en droit pénal et dans les pourvois en appel.

Aux États-Unis, la procédure générique est connue par le terme A.D.R. *(Alternative Dispute Resolution).* Le sigle M.A.R.C. (Modes alternatifs de règlement des conflits), adopté du lexique de la république sœur du Sénégal[2], est par contre plus élégant en français et plus africain.

Étant donné que la plupart des tribunaux du monde font face à des problèmes comparables et que la médiation s'inscrit dans le contexte culturel de nombreux pays, l'usage de ce mode de règlement des différends semble destiné à se généraliser progressivement à l'heure actuelle, y compris dans les pays de droit civil.

Bien que le règlement des litiges comprenne de nombreuses procédures telles que l'arbitrage, " l'évaluation précoce neutre ", les mini-procès et les procédures sommaires par jury et la conciliation, la plus employée est sans doute la médiation.

L'émergence de la médiation remonte sans doute aux travaux américains dans le domaine de la théorie de la négociation. Au lieu de partir des positions des parties, les discussions portent sur les intérêts sous-jacents qui amènent les parties à adopter leurs positions. On peut, de cette manière, formuler des solutions qui satisfont, au moins en partie, les intérêts profonds de chacune des parties en cause, ce qui permet un règlement raisonné et mutuellement avantageux du litige.

## 1. LA MEDIATION ET SES ACTEURS

Dans la médiation, le médiateur – personne ayant reçu une formation lui permettant d'aider les parties à négocier entre-elles – anime des réunions confidentielles avec chacune des parties au litige[3]. Il n'a pas à dire qui a tort et qui a raison, et il ne doit pas tenter d'imposer aux parties un résultat quelconque. Son objectif est de tenter d'élaborer, à l'aide de ces réunions avec chaque partie, diverses possibilités de règlement que les parties peuvent avoir hésité à explorer par elles-mêmes et de déterminer les intérêts fondamentaux des parties que tout règlement devra prendre en compte.

Lorsque les parties ont choisi de recourir a une procédure de règlement des litiges, le médiateur est choisi conjointement par elles, en fonction de son

---

[2] Comité de réforme juridique, République du Sénégal, *Projet de renforcement des capacités du secteur privé, Les méthodes alternatives de règlement des conflits (AMRC)*, mai 2000, p. 36.

[3] Il faut distinguer entre le médiateur dans ce contexte et le Médiateur national, comme celui prévu dans le décret n° 340/PR/PM/97 du 19 juin 1997, chargé d'œuvrer pour la restauration et le maintien de la paix civile et politique du pays.

expérience plutôt que de la nature du conflit. Du fait qu'un médiateur n'a pas le pouvoir de trancher l'affaire, les parties en conflit avec l'État doivent accepter de coopérer à la recherche d'un médiateur acceptable et équitable aux yeux de tous. Si le médiateur parvient à aider les parties à trouver une solution amiable, le règlement se limite à un accord écrit qui a valeur de contrat. Dans certains cas, les parties peuvent présenter au juge du tribunal le règlement pour que celui-ci puisse être enregistré en tant que décision du tribunal. Si les parties n'ont pas réussi à s'entendre sur un règlement du conflit, il leur est possible de revenir devant le tribunal et d'engager un procès comme si la médiation n'avait jamais eu lieu.

La médiation, qui laisse les parties trouver leurs propres solutions en tenant compte de leurs intérêts fondamentaux, est une technique de règlement des litige particulièrement appropriée lorsque les parties en cause entretiennent ou prévoient d'entretenir des relations suivies. Elle est également adéquate en l'absence de telles circonstances.

Dans de nombreuses cultures juridiques non-européennes – y compris celles d'Afrique et des sociétés islamiques – la médiation judiciaire présente une similitude rassurante avec des formes traditionnelles de résolution des conflits antérieurs à l'influence coloniale. Elle est depuis des générations une procédure fondamentale de règlement des conflits, en marge de la voie judiciaire, présidée généralement par un sage de la communauté. Dans le cas tchadien, c'est le chef de canton ou le sultan qui joue ce rôle, ou bien le chef de quartier ou de carré, dans les villes[4]. La médiation intervient typiquement dans deux contextes aux États-Unis : le premier est celui d'une médiation ordonnée par le tribunal. Les tribunaux ont à leur disposition un groupe de médiateurs agréés (ou bien les avocats ou les juges à la retraite) qui offrent leurs services aux plaideurs, à la demande de ceux-ci ou à celle du tribunal.

Le deuxième est celui de la médiation privée. Ici, les parties en litige décident entre elles qu'il conviendrait de recourir à la médiation et choisissent un médiateur parmi les nombreux fournisseurs privés qui offrent leurs services. La médiation en tant que technique de règlement des litiges a d'abord été pratiquée dans le domaine du droit de la famille. C'est sans doute parce que l'investissement émotif des parties aboutissait souvent dans ce domaine à de graves problèmes de prise de positions arrêtées. D'ailleurs, les parties sont souvent, bon gré mal gré, obligées de maintenir des relations du fait de la présence des enfants. Tribunaux et plaideurs se sont rapidement rendu compte que ce processus était applicable au-delà du champ des litiges familiaux, dans d'autres domaines de litiges.

---

[4] Inades-Formation, *J'apprends à mieux connaître nos autorités*, 2002, p. 25-27. N.B. : le pouvoir actuel desdites autorités traditionnelles en ce qui concerne l'arbitrage et la conciliation volontaires. Pierre de Quirini (CEFOD), *Les Tribunaux au service des citoyens*, 1990, p. 19.

Les raisons de la popularité croissante de MARC et de la médiation en particulier dans tous les domaines du contentieux des affaires civiles sont les suivants :

1. c'est une procédure non menaçante : elle n'a pas (normalement) force obligatoire et laisse ainsi au client le contrôle de la situation ;
2. le MARC est relativement peu coûteux : la plupart des sessions de médiation ne durent qu'un ou deux jours ;
3. il est efficace : la plupart des médiateurs font état de taux de succès allant de 80 à 90 % ;
4. l'un des avantages du MARC réside dans sa souplesse. Les sessions peuvent être organisées comme les parties l'entendent, de la façon la plus propice au règlement du différend. Par exemple, avant une séance de médiation proprement dite, chaque partie pourrait soumettre au médiateur une brève déclaration dans laquelle elle indique sa position et à laquelle elle joindrait les pièces documentaires essentielles, telles que les contrats, ou autres écrits.

### 1.1. LES PRINCIPAUX PROTAGONISTES

Le rôle du juge se limite à la soumission de l'affaire à la médiation et, à l'occasion, à la désignation du médiateur. Il faut signaler la différence entre cette méthode et la phase de conciliation au sein du tribunal prévue dans l'administration de la justice tchadienne, où le juge lui-même est tenu de tenter la conciliation entre les parties dans son cabinet[5]. Or, dans certaines juridictions, on part du principe que c'est le juge qui, avec les parties, est le mieux placé pour déterminer si une affaire se prête a la médiation. D'autres options judiciaires comprennent la nomination d'un médiateur choisi par roulement sur une liste de médiateurs habilités ou faisant partie d'un programme administré par le tribunal. C'est en général ce qui a lieu dans les conflits familiaux impliquant des personnes à faible revenu et dans les petits litiges relevant d'un tribunal d'instance.

Une fois l'affaire déférée à la médiation, ce sont les avocats qui choisissent un médiateur si on recourt a un service privé. L'avocat a aussi un rôle important à jouer dans la préparation des plaideurs à la médiation. Cela consiste notamment à leur expliquer en détail la façon dont se déroulera la procédure, à leur indiquer les règles générales qu'appliquera le médiateur et à leur préciser que ce dernier aura pour tâche de faciliter la recherche d'une solution au litige et non pas de trancher l'affaire. Parfois, la présence d'un avocat est obligatoire aux séances de la médiation, sauf stipulation contraire, ou bien

---

[5] À vrai dire, le conciliateur n'est ni juge ni arbitre ; il peut organiser le déroulement des échanges de point de vue entre les parties en assurant la confidentialité. Dans ce sens, son rôle s'apparente en cela à celui du médiateur : Comité de réforme juridique, *op. cit.*, p. 17, n. 2.

elle est autorisée. Dans la plupart des juridictions, les participants sont généralement tenus d'assister à la médiation ordonnée par le tribunal. On part du principe que, lorsqu'on oblige les gens à être présents, ils font bon usage du temps qui leur est imparti et, au moins, communiquent avec la partie adverse.

La majorité des avocats et des plaideurs apprécient tout ce que la médiation ajoute au processus de négociation préalable à la comparution devant le tribunal. Les avocats constatent que la médiation obligatoire est parfaitement compatible avec leur pratique traditionnelle qui consiste à obtenir un règlement avant jugement dans la plupart des affaires civiles. On ne les empêche ni de négocier, ni d'élaborer leur stratégie ni de plaider comme leurs clients et eux-mêmes le souhaitent.

La médiation commence généralement par une séance commune à laquelle sont présents le médiateur et toutes les parties et leurs avocats. Le médiateur entend un exposé de la part de chacune des parties qui présente son point de vue et énonce les raisons pour lesquelles elle estime devoir avoir gain de cause. Bien que ce soient généralement les avocats qui interviennent lors de cette présentation, il est également important que les clients s'expriment eux-mêmes, et que les médiateurs les y encouragent.

Une fois qu'une partie a exposé sa cause, le médiateur reformule fréquemment la position de cette partie pour s'assurer qu'il a bien saisi tous les éléments de l'affaire. Lorsque le médiateur a entendu l'exposé des deux parties, la séance commune prend fin.

Cette séance commune vise plusieurs objectifs. Tout d'abord, elle permet au médiateur d'entendre lui-même l'exposé de la position de chaque partie. Ensuite, en reformulant ces positions de manière fidèle, le médiateur peut acquérir de la crédibilité auprès des parties en cause, en démontrant qu'il a bien compris leurs arguments. Enfin, et la chose est d'importance, elle permet aux parties d'entendre elles-mêmes les arguments présentés par leur adversaire, sans le “ filtrage ” qui intervient fréquemment lorsque toutes les communications passent par les avocats.

La séance commune est suivie de séances privées où le médiateur s'entretient avec chaque partie séparément pour s'efforcer de combler les écarts qui les séparent. Au cours de ces séances, auxquelles il consacre un temps considérable, le médiateur s'attache à déterminer avec les parties où se situent leurs véritables intérêts et à formuler des options susceptibles de les satisfaire. Simultanément, le médiateur recherche un terrain d'entente entre les parties.

Aux fins d'élaborer des solutions novatrices et d'encourager les parties à les accepter, le médiateur examine souvent les forces et les faiblesses juridiques de la cause de chaque partie. Généralement, après une série de sessions privées où les positions des deux parties se rapprochent progressivement, le médiateur parvient à une solution acceptable de part et d'autre.

L'un des éléments déterminants du succès d'une médiation est la confidentialité. Lorsque les parties décident de mener toutes les négociations dans la plus stricte confidentialité, elles sont davantage disposées à explorer diverses hypothèses de règlement du conflit. La confidentialité s'applique également aux réunions privées que le médiateur tient avec chaque partie, de sorte que rien de ce qui s'y dit n'est révélé à l'autre partie, sauf si les participants en décident autrement.

Si les parties parviennent à s'entendre, l'accord est rendu public parce que les citoyens ont le droit de connaître la façon dont l'État a réglé une affaire judiciaire. Mais s'il n'y a pas d'accord, il n'y a aucune raison de divulguer quoi que ce soit. On se contente alors de mentionner le fait que les parties ont tenté de parvenir à un règlement amiable.

## 1.2. LA FORMATION

Il n'existe actuellement aux États-Unis ni licence ni certificat nécessaires pour les médiateurs. Il n'y a pas non plus de formation professionnelle obligatoire. Toutefois, la plupart des médiateurs ont suivi divers programmes de formation. Les spécialistes savent qu'il est important de préciser les qualifications que doivent posséder les médiateurs pour protéger les consommateurs et préserver l'intégrité de la procédure. Dans la plupart des juridictions, ces qualifications sont fixées par une loi ou un règlement. La plupart des tribunaux fédéraux possèdent des programmes annexes de médiation qui exigent du personnel employé dans le cadre de ces services qu'il justifie d'une formation professionnelle. De plus, il faut une connaissance des normes professionnelles, sinon une adhérence à un code déontologique formel.

En général, plusieurs des conditions suivantes doivent être remplies : apprentissage de la médiation, exigence d'un certain niveau d'instruction et expérience antérieure dans des domaines connexes. Les tribunaux fédéraux comptent souvent sur les procédures de qualification ou d'habilitation des états fédérés, qui peuvent varier.

La formation doit être assurée par des personnes dont les qualifications sont reconnues par la cour suprême de l'État fédéré ou d'autres juridictions. Les candidats doivent remplir certaines conditions sur le plan éducatif. Les programmes couvrent généralement la théorie générale de la résolution des conflits. Les candidats acquièrent par la pratique des techniques précises de médiation et participent à un jeu de rôle au cours duquel ils sont observés et critiqués.

En outre, de nombreux établissements privés d'enseignement juridique et de formation continue proposent des programmes de médiation. La formation dispensée par les tribunaux, même un centre d'éducation juridique, comme l'ENAM, pourrait aussi offrir des conférences ou journées d'étude. La formation formelle est aussi importante pour les magistrats formés à la Faculté de droit et à l'ENAM. De même pour les autorités traditionnelles, qui ont hérité leur rôle dans le domaine des affaires coutumières.

### 1.3. LA REMUNERATION ET LES RESSOURCES NECESSAIRES

Les modalités de rémunération varient selon le contexte dans lequel se situe la médiation. Dans la plupart des programmes de médiation associés aux tribunaux, il est demandé aux médiateurs d'exercer leurs fonctions en partie à titre bénévole (par exemple, les quatre premières heures) et aux parties bénéficiaires de leurs bons offices de les rémunérer ensuite à un tarif horaire établi par le tribunal.

Dans le cas de la médiation privée, la rémunération et les honoraires font l'objet d'un accord entre les parties et le médiateur. Généralement, les médiateurs privés sont rémunérés à un tarif journalier établi, qui peut être d'un niveau substantiel. Les médiateurs privés peuvent exiger des tarifs élevés parce que les plaideurs reconnaissent la valeur potentielle de leurs services. En effet, les dépenses engagées dans la médiation privée sont nettement inférieures aux frais de justice qui seraient perçus pour la même affaire si les parties choisissaient la voie de la procédure contentieuse.

La manière de mettre sur pied un programme de médiation dépend des choix qui sont faits à propos des décisions et mesures d'application sus mentionnées. Les plus grosses dépenses sont généralement encourues quand les services de médiation sont fournis par le tribunal. Utiliser des médiateurs privés rémunérés par les parties est la solution la moins coûteuse. Dans certains États fédérés, les dépenses sont prélevées sur le budget général du tribunal par le biais de droits perçus pour la certification de la médiation. Il y a également parfois des sommes supplémentaires à verser.

L'encaissement des frais d'introduction d'une requête est également une source habituelle de fonds dans d'autres juridictions parce qu'il procure aux tribunaux une source fiable de revenus. Il légitime le processus de règlement amiable des litiges en exigeant que toute personne qui a recours au tribunal finance le programme, même si toutes les affaires ne font pas l'objet d'une médiation. Et, les plaideurs qui n'utilisent pas la conciliation peuvent en bénéficier indirectement en obtenant plus rapidement une procédure judiciaire traditionnelle. Cette approche a aussi l'avantage de montrer que les procès ne sont pas la seule tâche qui incombe aux tribunaux.

## 2. LA MISE EN ŒUVRE DE LA MEDIATION PENALE

Les affaires civiles mettent principalement en jeu des intérêts privés. L'État n'intervient qu'en fournissant des solutions non juridictionnelles qui permettent aux parties d'utiliser la loi pour régler des revendications relatives à leurs intérêts privés. Aux États-Unis, la charge de la preuve est une " prépondérance de preuves ". Les remèdes sont généralement monétaires ou équitables. La liberté personnelle entre rarement en jeu, la peine de mort n'est pas disponible et il n'y a pas de présomption d'innocence en faveur de l'accusé, comme, c'est le cas dans un procès criminel. Les décisions des parties privées sont acceptables tant qu'elles n'enfreignent aucune loi ni aucune autre forme d'intérêt public.

Les affaires pénales, en revanche, mettent en jeu des délits contre l'État et l'application des lois protège l'intérêt collectif et les normes de comportement de la société. Dans le système juridique anglo-américain, les accusés bénéficient de la présomption d'innocence tant que leur culpabilité n'a pas été établie " au-delà de tout doute bien fondé ". En outre, ils ont le droit de garder le silence et ne peuvent être contraints à déposer. Il est donc un peu difficile d'appliquer la médiation, qui est une procédure reposant sur le dialogue, aux affaires criminelles.

Néanmoins, les tentatives d'utilisation de la médiation en droit pénal ont lieu principalement entre victime et contrevenant et dans la justice de quartier. Il s'agit généralement de petits délits et d'autres infractions mineures qu'il serait peut-être malaisé de poursuivre en justice, les chèques sans provision par exemple.

Les programmes, comme celui d'une Maison de Justice, dépendent en général de la volonté des victimes et des contrevenants d'y participer de façon constructive. Par exemple, d'après un modèle typique, le Procureur de la République (ou son délégué) pourrait choisir, en fonction de la politique poursuivie et des circonstances de chaque espèce, les faits qu'il souhaite renvoyer devant le juge pénal ou d'instruction et ceux qu'il juge préférable d'être traités par voie de médiation[6].

Or, les graves problèmes surgissent lorsque les contrevenants se sentent contraints d'y participer et sont amenés à penser qu'ils risquent des poursuites et une peine plus rigoureuse s'ils ne parviennent pas à un accord par la médiation. Cela transforme le paradigme de la justice criminelle en plaçant la victime non

[6] Cf. le *Code de procédure pénale de la République du Sénégal*, art. 32 et 570, cité par le Comité de réforme juridique, *op. cit.*, p. 18, n. 2.

pas en marge mais au centre du processus, et cela donne à une partie privée le pouvoir de résoudre tout ou partie d'une affaire criminelle[7].

### 2.1. LES OBSTACLES A L'ACCEPTATION

Les avantages que présente la médiation judiciaire n'entraînent cependant pas nécessairement son acceptation. En dépit de son utilisation croissante, elle menace ostensiblement d'importantes valeurs propres à de nombreuses cultures juridiques modernes.

Indépendamment du point de vue traditionnel selon lequel la médiation judiciaire est un système exogène, les magistrats peuvent la considérer comme une menace pesant sur leur pouvoir de rendre des jugements publics et de faire des déclarations normatives. Ils peuvent craindre de voir les tribunaux subir une fuite des cerveaux du fait de la tentation perverse qu'auraient les juges de prendre une retraite anticipée à la recherche d'une carrière plus lucrative dans le règlement privé des conflits.

Les avocats qui tirent leurs revenus du prétoire peuvent estimer que la médiation judiciaire menace leurs moyens d'existence. Si le nombre de conflits réglés par la médiation augmente, ils peuvent craindre une diminution de la demande de leurs services.

Dans les systèmes où les juges inspirent peu de confiance, les plaideurs peuvent préférer une procédure plus formelle et publique, même si elle est plus rigide. En outre, dans certaines cultures, les plaideurs ne seront peut-être pas en mesure de préserver leur amour propre ou leur honneur s'ils doivent admettre leurs erreurs ou faire des concessions.

Les intellectuels peuvent s'élever contre l'utilisation de deniers publics pour soustraire les conflits judiciaires à la vigilance publique. Quant au public, il peut rejeter l'idée de contourner certains droits juridiques au nom de la probabilité du succès de la médiation ou de la valeur monétaire du temps.

De plus, la simple mise en place de solutions de remplacement des procès risque de ne pas s'avérer efficace dans la pratique si elle ne s'accompagne pas d'une importante diminution de la lenteur de la justice. Sans la pression d'un péril imminent, les parties sont rarement incitées à négocier directement. La médiation risque donc de ne pas être efficace si elle n'est pas étroitement liée à d'autres réformes qui raccourcissent les délais des jugements.

---

[7] Il faut se méfier également de la médiation informelle d'après le droit coutumier en ce qui concerne les affaires pénales. C'est ainsi que l'article 182 de la Constitution du Tchad prévoit qu' " aucune réparation coutumière ne saurait faire obstacle à l'action publique ".

## 2.2. LE RESPECT DES TRADITIONS

Dans chacune de ces initiatives, la connaissance et le respect de la culture locale sont indispensables. Tradition et interprétation sont extrêmement importantes. C'est ainsi que, dans le monde arabe, la notion de concession unilatérale (*tanazol*) a moins de chances d'aboutir que celle de compromis (*hal wassat*) realisée dans le cadre d'une série de concessions mutuelles (*musawama*). Dans le droit coutumier du Tchad, les autorités rurales ont déjà une expérience dans le règlement des conflits, notamment, ceux entre les éleveurs et agriculteurs. Bien qu'elles n'aient pas eu toujours du succès, on peut utiliser les institutions traditionnelles, telles que les chefs et les sultans, tout en assurant une bonne formation, une adhérence à un code déontologique, une indépendance du secteur administratif, et une harmonisation avec les codes de l'État moderne[8].

Les efforts visant à puiser dans ces traditions doivent tenir compte avec suffisamment de nuances des différences subtiles mais importantes qui existent entre ces formes culturelles préexistantes et les innovations plus récentes.

Grâce à ce processus de conception et d'adaptation, les instances juridiques devraient tenter d'obtenir un vaste consensus avant de mettre en œuvre la réforme, faute de quoi elles s'exposent à des déceptions. Si les principaux protagonistes ne sont pas disposés à participer de bonne foi, ce mécanisme essentiellement consensuel et fondé sur la collaboration sera de peu d'utilité.

Une fois la conception établie et le consensus obtenu, les instances juridiques doivent élaborer une stratégie d'application. Le cadre, l'ampleur et les conditions du premier stade d'application, ou projet-pilote, doivent être soigneusement définis. Les conséquences budgétaires, allocations de fonds, installations, procédures de sélection et d'homologation, évaluations et amendements apportés en cours de route sont tous extrêmement importants. L'attention préliminaire portée à ces facteurs renforcera les chances d'acceptation de la médiation.

---

[8] Cf., par exemple, l'expérience de médiation animée par une cellule de l'APLFT (Association pour la Promotion des Libertés Fondamentales au Tchad) dans la sous-préfecture de Guélendeng, en dépit de l'absence de moyens pour le suivi de la médiation et la réticence des autorités administratives. APLFT, *Rapport Annuel d'Activités*, 2001, p. 19-20. Cf. aussi l'expérience d'une mission d'explication et de médiation de la LTDH (Ligue tchadienne des Droits de l'Homme) dans les départements de Bar-Koh et de Lac Iro : LTDH, *Rapport d'activité et situation des Droits de l'Homme*, juin 2002, p. 12-133.

## 2.3. Les perspectives pour le XXI^e siecle

La médiation n'est pas un remède universel à tous les conflits du monde. La résistance à ses diverses formes, y compris la médiation judiciaire, restera forte dans certains milieux. Cependant, une évaluation des systèmes juridiques contemporains montrera que, s'ils ne recourent pas à des solutions complémentaires des procès, ils ont peu de chances d'aboutir à leur objectif principal qui est de rendre justice. Une étude approfondie des réformes mondiales opérées dans ce domaine mènera à une plus grande prise de conscience des outils disponibles pour résoudre les problèmes contemporains. Une adaptation réfléchie des modèles réalisables assurera la préservation de valeurs importantes et limitera les obstacles à son application. Le développement d'un consensus (à partir de la base) parmi les principaux participants au processus judiciaire créera les conditions de l'acceptation des réformes (venues du sommet). De plus, les stratégies efficaces d'application seront indispensables pour transformer des propositions bien intentionnées en des pratiques judiciaires efficaces et salutaires.

Grâce à ce processus d'évaluation, d'étude comparative, d'adaptation, de formation d'un consensus et de stratégie d'application, les communautés juridiques seront mieux en mesure d'utiliser la médiation judiciaire, l'un des nombreux outils conçus pour régler les conflits du siècle actuel.

## Bibliographie


- APLFT, *Rapport Annuel d'Activités*, 2001.
- CAMARA (G.), " Du règlement non juridictionnel des litiges ", *Audience solennelle de rentrée des cours et tribunaux*, Dakar, 5 novembre 1997.
- COMITE DE REFORME JURIDIQUE, REPUBLIQUE DU SENEGAL, *Projet de renforcement des capacités du secteur privé, Les méthodes alternatives de règlement des conflits (AMRC)*, mai 2000.
- INADES-FORMATION, *J'apprends à mieux connaître nos autorités,* 2002.
- LTDH, *Rapport d'activité et situation des Droits de l'Homme*, juin 2002.
- QUIRINI (P. de), *Les Tribunaux au service des citoyens*, 1990.

# CHAPITRE 7.

# URGENCE, EXIGENCES ET DIFFICULTES DE LA RECHERCHE VICTIMOLOGIQUE

Jean-Pierre BENAIS

## INTRODUCTION

C'est au cours des recherches menées dans le cadre du diplôme universitaire de *Victimologie et d'Agressologie* de la faculté de médecine de Paris XIII que l'intérêt et l'importance de la combinaison et du croisement des connaissances médicales et juridiques[1] se sont imposés pour mener à bien une recherche en victimologie.

Cette discipline est encore en formation, depuis que son champ de recherche scientifique est apparu, il y a une soixantaine d'années. La victimologie est à la fois la fille du droit pénal et de la criminologie, de la philosophie éthique et de la médecine légale.

Cela suppose donc de déterminer, de manière commune, les enjeux méthodologiques (1) et leurs enjeux conceptuels (2) de la recherche.

[1] Parmi nos travaux, il sera permis de citer : J.-P. Benais, *Inventaire de l'œuvre écrite publié de Paul Brouardel*, thèse de doctorat en médecine, Université de Paris VII, 1984 ; J.-P. Benais, R. Gherardi, " Paul Brouardel, Sa lutte contre l'exercice illégal de la Médecine ", in *La Revue de Médecine et d'Internat*, 1985, 2 ; J.-P. Benais, C. Chance-Duzant, M. Garnier, F. Zkhiri, " Réflexions sur les Urgences médico-judiciaires : Le point de vue du médecin-légiste, du médecin-biologiste, de l'avocat ", in *Journal de victimologie*, janvier-Juin 1996, 4, p. 9-12 ; J.-P. Benais, M. Garnier, " Bilan de l'activité d'un service de Médecine Légale à l'Assistance Publique de Paris (France) ", in *Actes des XIIe Journées Méditéranéennes de Médecine Légale*, Casablanca, Maroc, nov. 1996 ; J.-P. Benais, M. Garnier, " Les grands noms ayant œuvré pour la médecine légale parisienne ", communication à la Société de Médecine Légale et de Criminologie de France, Paris, in *J. Méd. Leg. Droit Méd.*, mai 1999, nov.-déc. 1999, vol. 42, n° 7-8, p. 661-664.

## 1. L'ENJEU METHODOLOGIQUE DE LA VICTIMOLOGIE : LA NECESSAIRE MULTIDISCIPLINARITE DE L'ETUDE

L'histoire de la " victime " a fait l'objet d'un certain nombre de recherches historiques[2]. Cependant, elles ont souvent été orchestrées vers seulement certains types de victimes, circonscrites historiquement ou géographiquement.

L'étude du concept victimaire rend nécessaire une vision multidisciplinaire de la question. Du stade de la vengeance privée à la réparation, implicitement contenue dans la rétribution publique, la victime a toujours fait partie de l'histoire des civilisations et de leurs droits.

Les expériences de pensée et de vie concernant le statut de la victime, confrontées avec les conceptions contemporaines visant la protection de la personne humaine, sont extrêmement nombreuses, apparemment fragmentaires, et parfois étrangères les unes aux autres.

Toute tentative d'élaboration d'un discours unitaire sur les différentes origines et les multiples aspects du statut de la " victime " (dans les domaines de la religion, de la philosophie, du droit, de la politique et du social, de la médecine et en particulier de la psychologie) risquerait de creuser une fracture artificielle entre eux si, dans le même temps, il n'était pas essayé de les unir par une discipline fédératrice : la victimologie. Bien que récente, cette discipline, est scientifiquement reconnue car elle permet de recomposer une unité fondamentale, premier postulat de toute connaissance.

Le droit peut-il ignorer l'interrogation initiale et primordiale de la relation de la victime et du coupable, objet central de la victimologie qui a sans doute été quelque peu évacuée par la criminologie qui s'interroge davantage sur la relation du coupable et de la société ? La difficulté d'appréhension historique et sociologique de la victime n'en fait pas moins un objet pouvant être étudié scientifiquement. Le nœud du problème semble être le suivant : si les victimes incarnées offrent des figures diverses, est-il possible de déterminer une identité ontologique de la victime, c'est-à-dire atemporelle et universelle ? Est-il possible de passer des victimes à la victime et donc d'offrir une notion (ou des

---

[2] B. Garnot, " Les victimes, de l'Antiquité à l'époque contemporaine ", in *Histoire de la justice : La cour d'assises, Bilan d'un héritage démocratique*, Paris, La documentation française, 2001, p. 241-245 ; B. Garnot, dir., *L'infrajudiciaire du Moyen Age à l'époque, contemporaine*, Dijon, EUD, 1995 ; Y. Bongert, " Rétribution et réparation dans l'Ancien droit français ", in *Mémoires de la Société pour l'Histoire du droit et des institutions des anciens pays bourguignons, comtois, romans*, 45e fasc., *Études d'histoire du droit médiéval en souvenir de Josette METMAN*, Dijon, EUD, 1988, p. 59-107 ; A. Laingui, A. Lebigre, *Histoire du droit pénal*, t. 2 : *La procédure criminelle*, Paris, Cujas, 1979, p. 33-45 : sur la procédure accusatoire. J. Collard, *Victimes*, Paris, Fayard, 1999, p. 43-47.

conceptions) de la victime, utile tant à la médecine qu'au droit ? La notion de victime, en tant que telle, doit être cernée, définie et connue pour pouvoir entrer dans le monde juridique qui, tout en ne l'ignorant pas, ne la considère toujours pas comme un objet central puisque le droit et, en particulier pénal, vise d'abord le rétablissement de l'ordre social (et non la réparation de la victime)[3].

Il apparaît illusoire de vouloir définir la victime hors d'un contexte précis. Les faits de société produisent des victimes qui ne sont appréciées et identifiées comme telles qu'en fonction d'un droit particulier, du droit de l'époque à laquelle ils se produisent et non en fonction d'un droit intemporel et, *a fortiori*, le droit contemporain fondé sur la défense des droits attributs de l'homme.

Est-il possible de reconnaître l'éminente dignité (même violée) de la victime tout en ne niant pas l'humanité (essentielle) du coupable ou, selon une autre formulation, de rendre la primauté (existentielle) à la victime tout en ne récusant pas les efforts (juridiques, jurisprudentiels, pénitentiaires) pour rendre le coupable à la société des humains ? Liberté, sécurité et paix : tels pourraient être les visées d'une société où la victimologie, dans le cadre du droit mais en ayant recours à d'autres sources, aurait acquis ses lettres de noblesse.

## 2. L'ENJEU CONCEPTUEL DE LA VICTIMOLOGIE : DE L'HOMME CONCRET A LA VICTIME CONSTRUITE PAR LA SCIENCE

Parler de la souffrance du corps et de l'âme de la victime oblige les acteurs (praticiens et théoriciens) de la victimologie (médecins, sociologues, psychologues, juristes) à la considérer avec la même position éthique que l'historien des sociétés concentrationnaires qui étudie les victimes des crimes d'État. Évoquer la victime c'est, en effet, être attentif à l'histoire de la souffrance de celles et de ceux que la violence frappe en leur corps, en leur dignité ou en leurs biens.

La perception sociale et juridique de cette souffrance morale et physique n'est pas uniforme. Elle a évolué au cours des siècles selon des seuils d'intolérance en constante élévation, en particulier depuis la Renaissance et l'importance octroyée à l'humain. La figure de la victime permet de suivre les degrés de cette intolérance progressive face à la violence et à ses conséquences.

---

[3] Sur cette question, cf. not. G. Bernard, " Sanction pénale (abord historique et philosophique de la) ", in *Dictionnaire des sciences criminelles*, sous la dir. de G. Lopez, S. Tzitzis, Paris, Dalloz, 2004, p. 847-850. Du même auteur, sur des questions connexes, cf. " Les critères de la présomption d'innocence au XVIIIe siècle : de l'objectivité des preuves à la subjectivité du juge ", in *La présomption d'innocence, Essais de philosophie pénale et de criminologie*, 2004, IV, p. 33-57.

Néanmoins, la victime est un objet construit par la sociologie. L'histoire montre que la victime n'a pas toujours été analysée de manière identique ; surtout, les victimes qui apparaissent au cours de l'histoire ne l'ont été qu'en raison des circonstances sociales. Le mendiant, par exemple, qui était au Moyen Âge une personne assistée parce que son importance socialo-morale était reconnue, est devenu, à l'époque moderne, un personnage indésirable, un fauteur de troubles très sévèrement réprimés : il était ainsi devenu une victime mais qui n'était pas reconnue comme telle. Il était pourtant un bouc émissaire et représente peut-être au sein de l'ensemble des victimes de cette époque le sommet de la victimation. Aussi, c'est bien en raison d'un contexte social que la figure de victime apparaît et peut être saisie.

Dés la fin du XVII^e^ siècle, la médico-légalisation progressive des crimes illustre une nouvelle attention juridique à la souffrance des plaignants et des victimes. Être attentif à la parole victimaire, c'est commencer à mesurer l'horizon d'attente de la réparation que peut porter la justice pénale pour les victimes et c'est interroger les normes civilisatrices d'une société dans sa capacité de réparation. Donner voix et figure aux victimes, penser ce qui lie l'impératif répressif à la réparation légale, capter la parole des plaignants pour comprendre la douleur qu'ils affrontent, c'est reconsidérer d'une manière originale le rôle fondamental de la justice. Aux XIX^e^ et XX^e^ siècles, la victime a été lentement appropriée par les sciences humaines et sociales (sociologie, ethnographie, anthropologie, psychologie).

Avec la reconnaissance pleine et entière de la victime, l'intégrité corporelle et psychologique de la victime apparaît comme le bien juridique suprême. Par la figure de la victime, l'éthique de l'historien de la justice rejoint, avec bonheur, celle du droit. Des méthodes sociologiques[4] de différentes écoles (françaises[5] et nord-américaines) ont été utilisées pour étudier la victime. Ces méthodes ont permis d'élaborer des théories explicatives de la victimation. Parmi les plus couramment utilisées, celles qui étudient la société dans sa globalité se réfèrent généralement à la théorie du contrôle social édifiée par Durkheim dans sa théorie dite d'intégration et de régulation sociale. Elle a été développée par la majorité des criminologues[6] et des victimologues actuels (E. Todd[7], M. Cusson[8], T. Hirschi[9], G. Lopez[10]).

---

[4] R. Boudon, *Les méthodes en sociologie*, Paris, PUF, 9^e^ éd., 1993 (" Que sais-je ? ").

[5] C'est Micheline Baril en 1984 qui, la première, a utilisé la méthode des questionnaires avec entretiens libres : cf. M. Baril, " L'Envers du crime ", in *Les cahiers de recherches criminologiques*, Montréal, Centre international de criminologie comparée, 1984, 2. Au-delà de l'analyse statistique ou du recueil des affects post-traumatiques, ses travaux ont toujours une visée pragmatique.

[6] E. Durkheim, *Le suicide*, Paris, PUF, 1887 ; D. Matza, *Delinquency and Drift*, New York, Wiley, 1964 ; M. Cusson, *Le contrôle social du crime*, Paris, PUF, 1983 ; du même : *Pourquoi punir ?*, Paris, Dalloz, 1987 ; *Croissance et décroissance du crime*, Paris, PUF, 1990 ;

Pour ces auteurs, victimes et conditions socio-économiques sont étroitement liées. La hausse de la criminalité (dans les pays occidentaux) coïncide avec les périodes de forte croissance économique. La fréquence des crimes et donc l'augmentation des victimes est proportionnelle à la taille des villes, mais elle affecte tout particulièrement des aires dites de délinquance où règnent alcoolisme, toxicomanie, individus isolés, familles monoparentales, personnes économiquement assistées, immigration, délinquance et usage de stupéfiants.

La victime a également été abordée par l'ethnographie, c'est-à-dire par le biais d'une observation participante après immersion dans le milieu considéré[11]. À l'issue d'un travail de terrain, le chercheur élabore son objet ethnologique (ou anthropologique) à partir des données ethnographiques qu'il a collectées par la méthode de l'observation (émotionnellement) participante. Cette dimension affective ne peut qu'alimenter une sérieuse réserve épistémologique. La méthode serait plus persuasive que scientifiquement convaincante. Il est difficile d'atteindre une certaine objectivité en matière de sciences humaines puisque l'observateur est le sujet même de l'observation.

Pour certains auteurs comme Gérard Lopez, la prise en compte de l'intersubjectivité, selon les référentiels caractéristiques des différentes écoles, serait l'élément clé de l'élaboration de l'objet, en fait la richesse et l'originalité

---

" Déviance ", in *Traité de Sociologie*, sous la dir. de R. Boudon, Paris, PUF, 1992, p. 389-422 ; T. Hirschi, *Causes of delinquency*, Berkeley, University of California Press, 1969 ; M. Frechette, M. Leblanc, *Délinquance et délinquants*, Chicoutimi, Gaétan Morin, 1987.

[7] E. Todd démontre, par la méthode des homologies structurales wébériennes, que le système anthropologique de base d'une démocratie occidentale permet d'expliquer l'assimilation ou la ségrégation des immigrés et, par conséquent, l'augmentation de la criminalité qui frappe certains groupes émigrés, exclus, échappant au contrôle social : cf. E. Todd, *L'invention de l'Europe*, Paris, Le Seuil, 1990.

[8] Pour M. Cusson (" Déviance ", *in Traité de Sociologie*, sous la dir. de R. Boudon, Paris, PUF, 1992, p. 389-422), le contrôle social est exercé par l'ensemble des processus par lesquels les membres d'un groupe s'encouragent les uns les autres à tenir compte de leurs attentes réciproques et à respecter les normes qu'ils se donnent. Le rôle de l'éducation est essentiel. La délinquance résulte d'un affaiblissement des liens sociaux.

[9] Pour T. Hirschi (*Causes of delinquency*, Berkeley, University of California Press, 1969), les meilleurs indicateurs d'intégration sociale sont : l'attachement à autrui, l'engagement dans un projet professionnel ou académique très investi, une activité qui laisse peu de prise à l'oisiveté, la conviction que les lois doivent être respectées, ce que ne permettent pas les parents de délinquants, volontiers inconstants, peu impliqués, mauvais éducateurs. L'échec et la déviance scolaire sont directement corrélés à la délinquance.

[10] G. Lopez, *Victimologie*, Paris, Dalloz, 1997.

[11] Baril, *L'Envers du crime, op cit,* a mené des enquêtes par des entretiens libres. Elle est la première à avoir laissé des témoignages de victimes. Elle s'est engagée dans un combat en faveur d'une prise de conscience de la souffrance des victimes, et a cherché à *identifier* les facteurs qui améliorent ou aggravent les conséquences de la victimation. Elle estimait que ses études devaient déboucher sur des applications pragmatiques dans le secteur de l'aide aux victimes.

de la démarche. Les solutions alternatives par l'étude anthropologique montrent que le règlement des conflits et l'indemnisation des victimes qui se développent est la manifestation du droit des victimes[12]. Mais, il semble qu'aujourd'hui la victime ne puisse pas être abordée sans une approche transculturelle. Cette vision ethnocentrique est directement issue de l'évolutionnisme de la fin du XIXe siècle.

Depuis la " mort de Dieu " et l'avènement de l'idéologie des droits de l'homme, le droit est devenu immanent à l'humanité. C'est pourquoi le droit ne pourrait être légitimé qu'à travers l'amour de l'humanité et en particulier du plus humble de ses membres : un enfant ou une victime. Les recherches contemporaines mettent l'accent sur les difficultés psycho-médico-socio-judiciaires que rencontrent les victimes. La dévictimation peut, en effet, prendre des mois, voire des années. Les troubles psychologiques peuvent devenir chroniques. Les psychologues, les médecins et les services d'aides aux victimes apportent leur pierre à la compréhension du phénomène.

En ce qui concerne l'apport psychanalytique, divers psychanalystes (Freud, Ferenczi, Klein) se sont aventurés sur le terrain du traumatisme[13], en particulier S. Freud[14] avec ses théories sur la séduction[15] et la pulsion de la mort[16] qu'il présenta comme un élément majeur de victimité[17]. D'autres, comme Ferenczi, posent d'emblée l'idée que l'origine extérieure du traumatisme n'a pas été suffisamment développée. Ils mettent en évidence les conséquences psychologiques des traumatismes comme facteur pathogène (confusion de la langue entre l'adulte et l'enfant, réflexions sur le traumatisme[18]). La théorie de Klein développe que la première expérience du monde extérieur est une

---

[12] Un courant doctrinal insiste " sur le fait que toute société, à des degrés d'intensité variable " et qu'elle " possède une multiplicité hiérarchisée d'ordonnancements juridiques que le Droit officiel reconnaît, tolère ou nie " : cf. N. Rouland, *L'anthropologie juridique*, Paris, PUF, 1990 (" Que sais-je ? ").

[13] G. Lopez, G. Piffaut, *Le viol*, Paris, PUF, 1993 (" Que sais-je ? ").

[14] Il s'agit de la théorie de la séduction et de la théorie plus générale du traumatisme à l'origine des " névroses actuelles ". Dans le premier cas, la cause doit être recherchée dans les événements importants de la vie passée. Dans le deuxième cas, l'origine des symptômes est à rechercher dans le présent (cela renvoie à l'événement stressant enclenchant la pathologie).

[15] " La scène de séduction est une scène réelle ou fantasmatique, où le sujet subit passivement, de la part d'un autre, des avances ou des manœuvres sexuelles " : cf. *Laplanche et Pontalis " Métapsychologie "*, Paris, Gallimard, 1940.

[16] S. Freud, " Pour introduire le narcissisme ", in *La vie sexuelle*, Paris, PUF, 1969.

[17] À *Thanatos* s'oppose la pulsion de vie qui lui est intriquée et qui, dirigée vers l'extérieur, tend à maintenir la vie. Ce mélange de libido et de destruction (intrication pulsionnelle) explique le sadisme lorsqu'il est orienté vers un objet extérieur, et le masochisme (primaire) lorsqu'il fait retour contre le sujet lui-même.

[18] V. Ferenczi, " Psychanalyse IV ", in *Œuvres complètes*, Paris, Payot, 1982.

expérience traumatisante. Tout traumatisme est une effraction. Il réveille ces fantasmes archaïques (humiliation, masochisme[19]).

## CONCLUSION

Au final, il existe une multitude de catégories de victimes. Où la vérité peut-elle être découverte ? Cela pose une question de fond. Faut-il considérer les faits de société en fonction du droit de l'époque à laquelle ils se produisent ou en fonction d'un droit postérieur (celui de l'époque contemporaine, en l'occurrence), qui peut lui être postérieur de plusieurs siècles ?

S'il y a eu une telle inflation de l'emploi du mot " victime " dans le vocabulaire de l'époque contemporaine, cela signifie que la question n'est plus intellectuellement et socialement abordée de la même manière qu'auparavant. De nos jours, tout individu estime avoir droit à une vie sociale, professionnelle, amoureuse, etc., parfaite ; s'il n'y parvient pas, il se considère comme victime : une victime de la société, du temps, de la mauvaise chance...

En définitive, la victime est un objet construit par la sociologie, en fonction des circonstances historiques, et il peut apparaître illusoire de vouloir la définir hors d'un contexte précis. Si cette conclusion s'avère juste, cela suppose un effort à fournir d'autant plus grand pour venir en aide à chacune des victimes concrètes que le médecin et le juriste sont amenés à rencontrer.

## BIBLIOGRAPHIE


- BARIL (M.), " L'Envers du crime ", in *Les cahiers de recherches criminologiques*, Montréal, Centre international de criminologie comparée, 1984, 2.
- BENAIS (J.-P.), *Inventaire de l'œuvre écrite publié de Paul Brouardel*, thèse de doctorat en médecine, Université de Paris VII, 1984.
- BENAIS (J.-P.), GHERARDI (R.), " Paul Brouardel, Sa lutte contre l'exercice illégal de la Médecine ", in *La Revue de Médecine et d'Internat*, 1985, 2.
- BENAIS (J.-P.), CHANCE-DUZANT (C.), GARNIER (M.), ZKHIRI (F.), " Réflexions sur les Urgences médico-judiciaires : Le point de vue du médecin-légiste, du médecin-biologiste, de l'avocat ", in *Journal de victimologie*, janvier-juin 1996, 4.
- BENAIS (J.-P.), GARNIER (M.), " Bilan de l'activité d'un service de Médecine Légale à l'Assistance Publique de Paris (France) ", in *Actes des XIIe Journées Méditéranéennes de Médecine Légale*, Casablanca, Maroc, nov. 1996.
- BENAIS (J.-P.), GARNIER (M.), " Les grands noms ayant œuvré pour la médecine légale parisienne ", communication à la Société de Médecine Légale et de Criminologie de France, Paris, in *J. Méd. Leg. Droit Méd.*, mai 1999, nov.-déc. 1999, vol. 42, n° 7-8.


[19] On entend par masochisme, la recherche de la souffrance physique et/ou morale (masochisme), de l'humiliation et de la déchéance de façon consciente ou inconsciente (masochisme moral).

- BERNARD (G.), " Morale, Politique et Droit, Des Classiques aux Modernes : remarques sur l'inversion des principes philosophiques du droit pénal ", in *Anales de la Fundacion Francisco Elias de Tejeda* (Madrid), 1999, V, p. 87-128.
- BERNARD (G.), " Sanction pénale (abord historique et philosophique de la) ", in *Dictionnaire des sciences criminelles*, sous la dir. de G. Lopez, S. Tzitzis, Paris, Dalloz, 2004, p. 847-850.
- BERNARD (G.), " Les critères de la présomption d'innocence au XVIIIe siècle : de l'objectivité des preuves à la subjectivité du juge ", in *La présomption d'innocence, Essais de philosophie pénale et de criminologie*, 2004, IV, p. 33-57.
- BERNARD (G.), *Introduction à l'histoire du droit et des institutions publiques*, Levallois-Perret, Studyrama, 2004 (" Panorama du droit "), cf. not. p. 352-365.
- BONGERT (Y.), " Rétribution et réparation dans l'Ancien droit français ", in *Mémoires de la Société pour l'Histoire du droit et des institutions des anciens pays bourguignons, comtois, romans*, 45e fasc., *Études d'histoire du droit médiéval en souvenir de Josette METMAN*, Dijon, EUD, 1988.
- BOUDON (R.), *Les méthodes en sociologie*, Paris, PUF, 9e éd., 1993 (" Que sais-je ? ").
- COLLARD (J.), *Victimes*, Paris, Fayard, 1999.
- CUSSON (M.), *Le contrôle social du crime*, Paris, PUF, 1983.
- CUSSON (M.), *Pourquoi punir ?*, Paris, Dalloz, 1987.
- CUSSON (M.), *Croissance et décroissance du crime*, Paris, PUF, 1990.
- CUSSON (M.), " Déviance ", in *Traité de Sociologie*, sous la dir. de R. Boudon, Paris, PUF, 1992.
- DURKHEIM (E.), *Le suicide*, Paris, PUF, 1887.
- FERENCZI (V.), " Psychanalyse IV ", in *Œuvres complètes*, Paris, Payot, 1982.
- FRECHETTE (M.), LEBLANC (M.), *Délinquance et délinquants*, Chicoutimi, Gaétan Morin, 1987.
- FREUD (S.), " Pour introduire le narcissisme ", in *La vie sexuelle*, Paris, PUF, 1969.
- GARNOT (B.), " Les victimes, de l'Antiquité à l'époque contemporaine ", in *Histoire de la justice* : *La cour d'assises, Bilan d'un héritage démocratique*, Paris, La documentation française, 2001.
- GARNOT (B.), dir., *L'infrajudiciaire du Moyen Age à l'époque, contemporaine*, Dijon, EUD, 1995.
- HIRSCHI (T.), *Causes of delinquency*, Berkeley, University of California Press, 1969.
- LAINGUI (A.), LEBIGRE (A.), *Histoire du droit pénal*, t. 2 : *La procédure criminelle*, Paris, Cujas, 1979.
- LOPEZ (G.), *Victimologie*, Paris, Dalloz, 1997.
- LOPEZ (G.), PIFFAUT (G.), *Le viol*, Paris, PUF, 1993 (" Que sais-je ? ").
- MATZA (D.), *Delinquency and Drift*, New York, Wiley, 1964.
- ROULAND (N.), *L'anthropologie juridique*, Paris, PUF, 1990 (" Que sais-je ? ").
- TODD (E.), *L'invention de l'Europe*, Paris, Le Seuil, 1990.

# PARTIE II.

# APPROCHES PRATIQUES DE L'URGENCE ET MISE EN ŒUVRE DES DROITS FONDAMENTAUX

# SOUS-PARTIE I.

# L'URGENCE DANS LE DROIT INTERNATIONAL

# CHAPITRE 8.

# GOUVERNANCE ET URGENCE

Arnaud de RAULIN

## INTRODUCTION

Le thème violence, situations d'urgence et droits fondamentaux a surtout pour objet et objectif la critique d'un modèle qui est celui de la gouvernance mondiale.

Selon Michel Foucault, gouverner c'est " agir en sorte de structurer le champ d'action possible d'autrui ". À partir de cette réflexion, plusieurs remarques peuvent être faites.

- Dans cette acception, si les pratiques de gouvernement et les fonctions de gouvernant apparaissent nécessaires à la régulation des sociétés humaines, gouverner est donc une pratique impliquant des responsabilités dont il convient de rendre des comptes.

Il ne suffit pas de contempler les illuminations du charisme humanitaire ou la solidité des principes traditionnels tels que : " La société a le droit de demander compte à tout agent public de son administration ". Cette stipulation (article 5) de la déclaration de 1789 est d'une actualité brûlante face aux événements actuels, ou encore de mal-gouvernance que posent certains pays.

- Les études menées jusque-là en particulier sur l'Afrique se sont presque toutes orientées sur la problématique de la structuration de l'État et du processus de démocratisation alors que les recherches sur l'observation, la formulation et l'exécution des projets et des politiques publiques restaient bien minces. Il importait de porter notre recherche sur l'effectivité et les résultats de la gouvernance de l'État à travers l'observation des politiques publiques élaborées et exécutées dans un contexte d'urgence.

Si le concept de gouvernance assimilé à l'État de droit est désormais dans le domaine public et de la grammaire politique, la co-gouvernance renvoie ici aux perspectives de renouvellement de l'analyse et de la maîtrise des relations entre d'une part le gouvernement et d'autre part les organisations privées et publiques institutionnalisées.

- La " bonne gouvernance " en tant que nouvelle conditionnalité et en tant que nouveau modèle de référence culturellement idéologiquement marqué, peut apparaître à ses destinataires comme l'enveloppe d'un rapport de domination[1].

- Cette notion se serait en particulier imposée aux États africains comme nouvelle conditionnalité d'aide et de coopération économique depuis que les organismes de financement ont acquis la conviction que la réforme des institutions est le gage du succès du modèle néo-libéral de croissance qui sous-entend les programmes d'ajustement. Ils établissent un lien indissociable entre le développement et le modèle d'organisation et de fonctionnement des États.

Dans la conception classique de l'ingérence humanitaire, il est entendu que celle-ci ne trouve sa légitimité et sa légalité que si l'on est en présence de situations particulièrement graves et urgentes telles que des catastrophes naturelles ou des violations massives et importantes des droits de l'homme.

- L'urgence apparaît de plus en plus comme un nouveau mode de gestion des affaires publiques et c'est un état qui tend même à se banaliser dans les pays en voie de développement. La culture de l'urgence imprègne son champ administratif.

- Le contexte international pose la question de l'administration du monde qui est de plus en plus régie par le principe de contrariété.

Cette asymétrie de valeurs que l'on constate parfois entre les droits fondamentaux et les situations d'urgences est caractéristique de notre société. Cette opposition entre le bien et le mal et ce jeu à somme nulle qui conduit à un perdant et un gagnant est révélatrice de la crise internationale actuelle et de l'évolution du droit humanitaire.

Dans un premier temps, nous nous attacherons à définir les concepts d'ingérence/urgence à la lumière de la gouvernance et ensuite nous analyserons l'urgence à l'épreuve des faits.

## 1. L'URGENCE ET LA NOUVELLE CULTURE DE GESTION DES AFFAIRES PUBLIQUES

Face à des changements brutaux et soudains de situations, les organisations et les modes de décision traditionnels apparaissent inadaptés et

[1] Cf. Benjamin Boumakani, " La bonne gouvernance et l'État en Afrique ", in *Revue juridique et politique, Indépendance et coopération*, n° 1, 2002, p. 21 s.

souvent dépassés d'où l'intérêt de recourir à des nouvelles approches et méthodes de gestion.

Cette étude sera abordée sous deux aspects à la fois historique et juridique.

### 1.1. L'HISTORICITE DES SITUATIONS D'URGENCE

La doctrine classique distingue trois catégories de droits de l'homme : ceux de la première génération, c'est-à-dire les droits civils et politiques qui correspondent aux droits et libertés les plus fondamentaux (Déclaration française de 1789). Les droits collectifs de la seconde génération sont venus s'ajouter à ceux de la première appelés " droits de créances " : droit au travail et à l'emploi, droit à l'instruction et à la culture, droit de grèves, droit de la famille... Les droits de la troisième génération (environnement et solidarité) qui sont le plus souvent programmatoires viennent compléter le tableau.

Ne pourrait-on invoquer une nouvelle génération de normes qui correspondrait à l'obligation pour la communauté internationale de respecter certains droits et libertés fondamentaux ?

Ces normes auraient un fondement international (*jus cogens*) et leur portée (*erga omnes*) renforcerait leur qualité. Ces règles seraient exécutoires et l'observance de celles-ci également impératives pourraient être garanties par des opérations de maintien de la paix et de sécurité internationale. En effet, la nature incompressible de ces obligations procède de l'idée que la règle internationale de la protection des droits de l'homme n'est pas une règle internationale comme les autres : elle n'est pas soumise au principe de réciprocité et elle bénéficie d'une applicabilité directe. Il s'agit là, n'en doutons pas, d'un renversement de perspective par rapport aux trois premières générations de droit.

### 1.2. L'APPROCHE SUBSTANTIELLE

De plus en plus, la gouvernance est saisie par le développement et l'urgence. La dialectique urgence / gouvernance s'inscrit dans un contexte de situation exceptionnelle auquel doit correspondre des mesures exceptionnelles. L'urgence n'est pas une situation banale, et ordinaire, elle se rencontre principalement dans des situations de crise. La parallèle entre le droit interne (article 16 de la constitution française) et le droit international (le chapitre 7 de la Charte de l'ONU) est à cet égard significatif.

L'urgence est aussi un concept évolutif, flexible et actuel. Celle-ci, dans les pays d'Afrique peut être considérée comme étant un état durable et structurel.

Le niveau de déclenchement de l'urgence n'est pas le même en Afrique et en Occident. Quant aux acteurs concernés, l'urgence fait appel à des acteurs très différents tels que les ONG, les organisations internationales et les États.

L'urgence au regard de la gouvernance pose deux questions essentielles : celle de la licéité de l'acte et celle non moins importante, de la qualification. Cette décision sous-tend le débat de l'opportunité de l'urgence matérielle et objective à la fois dans le temps et dans l'espace.

En droit interne, l'urgence est liée à l'exercice du pouvoir de crise. Les raisons invoquées procèdent du maintien de l'ordre et de la sécurité publique, des conflits politiques.

Dans cette hypothèse, les droits et libertés fondamentaux ne jouissent plus des mêmes degrés de protection.

La raison d'État prime sur toute autre considération juridique. C'est bien sûr l'article 16 de la constitution française qui reste la référence principale pour les constitutions francophones bien que celle-ci ne mentionne pas de manière expresse la notion d'urgence. Celle-ci est qualifiée clairement dans la constitution guinéenne du 23 décembre 1990 dans son article 74 :

> " L'état de siège comme l'état d'urgence, est décrété par le Président de la République ".

On trouve l'équivalent dans la constitution de Côte d'Ivoire du 3 novembre 1960 dans son article 19 et aussi celle du Niger du 12 mai 1996 (article 53).

Ce droit est inscrit dans les constitutions des États africains comme un droit constitutionnel.

La décision et la responsabilité de cette mesure sont du ressort du Président de la République de l'État concerné.

Les nouvelles constitutions africaines consacrent en cela une tradition selon la circonstance d'État d'urgence ou d'exception.

Il peut arriver bien sûr que l'État profite de cette situation pour accentuer la répression policière, suspensive ou restrictive de l'exercice des droits et libertés fondamentaux. Au plan interne, une telle mesure peut soigner l'image personnelle du décideur politique comme son contraire ainsi que celle de son parti et celle de la classe politique.

Les précédents de la vague d'attentats qui s'est déferlée sur la France en 1995, et pour laquelle le plan de sécurité d'urgence " Vigipirate " a été mis en place, ainsi que les mesures drastiques de sécurité déployées par les autorités américaines au lendemain des attentats du 11 septembre 2001 contre le *World Trade Center* et le " Pentagone " constituent des exceptions, où parfois une mesure d'urgence se concilie difficilement avec le droit international.

Après les événements du 11 septembre 2001, les États-Unis détiennent 186 détenus originaires de 25 pays à Guantanamo à Cuba, et 271 hommes à Kandahar en Afghanistan. La controverse juridique porte sur le statut des prisonniers faits par les américains lors de leur campagne d'Afghanistan à la fois contre les talibans et contre les terroristes du réseau islamiste *Al-Quaida* qu'hébergeait le régime de Kaboul.

L'administration a décidé que les combattants du régime taliban peuvent bénéficier de la 3e convention de Genève de 1949 sur le traitement des prisonniers de guerre. En revanche, les miliciens *d'Al-Quaida,* le mouvement d'Oussama Ben Laden, n'en bénéficieront pas. Le Président Bush fait une distinction juridique entre les talibans, qui luttaient pour leur pays face à une force étrangère, et les membres présumés de la nébuleuse *d'Al-Quaida* : *Al Quaida* n'est pas un État. Ces membres *d'Al-Quaida* considérés comme des terroristes peuvent être assimilés à des mercenaires selon l'article 47 du Protocole 1 relatif aux Conventions de Genève du 12 août 1949. Un mercenaire n'a pas droit au statut de combattant ou de prisonnier de guerre.

Article 47 – Mercenaires

1. Un mercenaire n'a pas droit au statut de combattant ou de prisonnier de guerre.
2. Le terme " mercenaire " s'entend de toute personne :
   a) qui est spécialement recrutée dans le pays ou à l'étranger pour combattre dans un conflit armé ;
   b) qui en fait prend une part directe aux hostilités ;
   c) qui prend part aux hostilités essentiellement en vue d'obtenir un avantage personnel et à laquelle est effectivement promise, par une Partie du conflit ou en son nom, une rémunération matérielle nettement supérieure à celle qui est promise ou payée à des combattants ayant un rang et une fonction analogues dans les forces armées de cette Partie ;
   d) qui n'est ni ressortissant d'une Partie au conflit, ni résident du territoire contrôlé par une Partie au conflit ;
   e) qui n'est pas membre des forces armées d'une Partie au conflit ; et
   f) qui n'a pas été envoyée par un État autre qu'une Partie au conflit en mission officielle en tant que membre des forces armées dudit État.

Selon l'article 4 de la Convention de Genève de 1949 relative au traitement des prisonniers de guerre, les combattants doivent remplir 4 conditions pour être qualifiés de prisonnier de guerre : faire partie d'une hiérarchie militaire, porter un uniforme ou d'autres signes distinctifs visibles à distances, porter ouvertement leurs armes, conduire les opérations militaires en concordance avec les lois et les usages.

Les prisonniers de guerre détenus dans le cadre d'un conflit armé bénéficient " des garanties fondamentales " édictées par les conventions de Genève, comme la présomption d'innocence, l'absence de contrainte pour obtenir des aveux, le droit d'être défendu par un avocat de son choix, de recourir en appel... (article 6 relatif au Protocole 2 concernant la protection des victimes des conflits armés non internationaux).

Concrètement, cette décision n'aura pas de conséquences sur les conditions de détention des détenus. Les Américains invoquent l'urgence de la lutte antiterroriste pour les mesures d'exception. Les garanties judiciaires qui devraient être accordées aux prisonniers et auxquelles les USA ont décidé de se soustraire à un but non avoué mais probable, de pouvoir procéder comme ils l'entendent aux interrogatoires. Certains des détenus sont probablement des criminels plutôt que des combattants ce qui les fait tomber dans un trou noir du droit international.

Si les sources de la notion d'urgence sont bien constitutionnelles, les conditions de licéité et ses modalités de mise en œuvre ne sont pas toujours conformes aux objectifs visés.

## 2. LA NOTION D'URGENCE A L'EPREUVE DES FAITS

La notion d'urgence en droit international signifie un ensemble de mesures conservatoires destinées à rétablir la force, la sûreté et la garantie des droits de l'homme. L'urgence sera fondée dès lors qu'une circonstance juridique, politique, environnementale, économique ou sociale menace l'intégrité physique, la garantie du droit à la vie, la liberté d'aller et venir, le droit de disposer de son corps, autant que l'exercice des libertés fondamentales, d'un individu, d'une minorité ou d'un peuple.

Le droit international accorde à l'individu le statut de sujet. Cette donnée rend l'État comptable de la garantie des droits individuels et habilite du même coup la communauté internationale, à se constituer partie civile en sa faveur, en cas de menace ou de violations importantes des droits de l'homme. L'individu est aussi doté de droits incompressibles, qu'il peut directement faire valoir une fois que les procédures de saisine nationale aient été épuisées.

Pour faire obligation aux États d'assumer leur devoir de protection des droits individuels, le droit international des droits de l'homme valide aujourd'hui des notions nouvelles telles que le droit d'ingérence, l'intervention humanitaire, la zone humanitaire sûre et plus récemment le devoir d'ingérence humanitaire[2]. La création de notions telles que " les zones de sécurité au Kurdistan irakien " en 1991, les " couloirs humanitaires " en Yougoslavie en 1992, les " zones humanitaires sûres " au Rwanda en 1994 sont des signes incontestables de progrès du droit humanitaire malgré l'insistance d'un contexte marqué sur le respect de la souveraineté. Ces modalités nouvelles de matérialisation de la notion d'urgence viennent enrichir les modalités controversées, mais classiques d'actions d'urgence que sont l'exercice du droit de légitime défense, les mesures de maintien de paix, les interventions et les représailles armées. Certes le droit international se trouve encore dans la difficulté conceptuelle et matérielle de fixer le plafond et le plancher d'un fait ou d'une action d'urgence attentatoire aux droits fondamentaux. Si la communauté internationale peut en effet constater le caractère intra ou infra étatique affectant gravement l'ordre juridique ou politique interne, à qui il revient en permanence le droit de protéger l'individu, elle se trouve dans l'impossibilité de qualifier en terme normatif et conceptuel précis, le moment adéquat et irréfutable à partir duquel la communauté internationale se substitue de plein droit à l'ordre étatique défaillant pour mettre en branle des actions militaires et humanitaires au nom du droit et du devoir d'ingérence. Bien plus, les expériences récentes montrent un certain esprit sélectif de la communauté internationale, l'ONU en tête, quand un certain type d'intérêts et d'acteurs sont impliqués ou concernés (ex. : le cas de l'ex-Yougoslavie, le cas de Pinochet, Noriega, Israël). Les cas cités montrent d'ailleurs une attitude ambivalente dans l'appréciation de la notion d'urgence où nous voyons quelquefois le Conseil de Sécurité de l'ONU louvoyer quand il s'agit de condamner Israël. En 1995, après l'échec de la Conférence de Paris sur l'ex-Yougoslavie et la menace qui pesait sur la paix dans les Balkans et les effets néfastes sur les valeurs communes occidentales, (le respect des droits de l'homme, la protection des minorités...), la communauté internationale sous la bannière des États-Unis, suivie par l'ensemble des pays occidentaux, a qualifié d'urgente et de suffisamment grave, la situation en ex-Yougoslavie pour décider d'une action militaire d'urgence. Des mobiles semblables ont motivé et justifié la création du tribunal pénal international pour l'ex-Yougoslavie, et la traduction devant cette juridiction de M. Milosevic.

La qualification et l'appréciation de la notion d'urgence en droit international dans le cas des minorités kurdes en Turquie et dans le Nord de l'Irak sont appréciées et appliquées diversement...

Il faut reconnaître que l'ambivalence dans la qualification de l'urgence est pleinement vérifiée dans les cas de rupture et de violation du droit

---

[2] M. Torelli, " De l'assistance à l'ingérence humanitaire ", in *Revue internationale de la Croix rouge*, n° 795, p. 246.

international. Que ce soit le Rwanda en 1994, avec l'assassinat du Président Habyarimana et du génocide qui s'en est suivi, ou de l'implosion de la RDC, entraînant des violations massives des droits de l'homme et drainant en outre sur les routes et vers les pays voisins un flot impressionnant de réfugiés, ou encore en Somalie ou dans le cas du conflit Ethiopie-Erythrée, la communauté internationale, l'ONU en tête, n'a pas pu prendre à temps justement les mesures d'urgence qui s'imposaient pour faire appliquer le droit international en général et le droit international humanitaire en particulier[3]. Il aura fallu beaucoup de temps à l'ONU et aux États-Unis, après bien des tergiversations, avant qu'une mesure d'urgence soit adoptée et appliquée.

Nous pouvons donc affirmer que la qualification et la matérialisation de la notion d'urgence en droit international contemporain sont un concept à géométrie variable, ceci à cause des enjeux et des intérêts propres à chaque État.

Or, le devoir d'ingérence comme la bonne gouvernance peuvent s'opposer aux principes de souveraineté[4]. Il peut exister des connexions entre ces différentes règles tout comme des incompatibilités. Un examen des différents cas pourra compléter notre analyse.

### 2.1. La guerre de l'eau

L'eau est une ressource vitale. Depuis la première Conférence des Nations unies sur l'eau en 1977, l'accès à l'eau potable est reconnu comme un des droits humains fondamentaux. Certains souhaiteraient l'assimiler à un droit de l'homme. Pourtant, si ce principe vient d'être réaffirmé à l'occasion du Sommet mondial sur le développement durable à Johannesburg, le droit d'accès à l'eau potable ne constitue pas encore, loin s'en faut, une réalité.

À ce jour, plus d'1,4 milliard de personnes sont privées d'accès à l'eau, 5 millions de personnes dans le monde, essentiellement des femmes et des enfants, meurent chaque année de maladies liées à la mauvaise qualité de l'eau. Loin de remédier à cette situation, la vague de privatisation des services de distribution d'eau et d'assainissement a souvent contribué à renforcer l'inégalité d'accès à ces services, devenus trop chers pour les populations pauvres.

Certains exemples montrent bien l'opposition qui peut exister entre certains droits fondamentaux et la bonne gouvernance.

La " guerre de l'eau " à Cochabamba, troisième ville de Bolivie, illustre à bien des égards cet état de fait et témoigne de la lutte des populations pour défendre leur droit d'accès aux services de base.

---

[3] Cf. *supra*.

[4] Cf. en particulier la Résolution de l'AG des Nations Unies du 8 septembre 2000 : " Déclaration du Millénaire ".

En septembre 1999, le gouvernement bolivien sous la pression des instances internationales avait accepté d'octroyer au consortium *Aguas del Tunari* une concession de quarante ans sur les services de distribution d'eau et d'assainissement de Cochabamba. L'augmentation des tarifs imposée par l'entreprise a conduit les habitants dans la rue. Les émeutes qui ont suivi se sont soldées par un mort et des dizaines de blessés. En avril 2000, le gouvernement a finalement décidé de résilier le contrat de concession, la distribution et l'assainissement de l'eau revenant à la municipalité de Cochabamba.

C'est sur la base de cette résiliation qu'*Aguas del Tunari* a déposé un recours en arbitrage auprès du Centre international de règlement des différends relatifs aux investissements (CIRDI). Directement rattaché à la Banque mondiale, cet organisme, pour certains, n'est pas en mesure d'offrir une solution juste et équitable au litige en cours. La Banque s'est en effet toujours prononcée en faveur de la privatisation du système de distribution d'eau de la ville, allant jusqu'à en faire une condition *sine qua non* à l'octroi de toute aide additionnelle et à l'allègement de la dette.

Ainsi, la Bolivie dont plus d'un tiers de la population vit au-dessous du seuil de pauvreté, pourrait être contrainte à l'issue de l'arbitrage en cours d'indemniser l'une des multinationales les plus riches du monde. En statuant sur la base de traités bilatéraux de protection des investissements, l'arbitrage du CIRDI pourrait assurer comme prétendait le faire en son temps l'Accord multilatéral sur les investissement (AMI) la suprématie des droits des investisseurs sur les droits humains fondamentaux.

En Argentine, dans la province de Tucuman, la concession d'*Aguas de Aconquija*, contrôlée par Vivendi, a été annulée en 1998 par le gouverneur, qui jugeait les tarifs trop élevés. Vivendi a porté l'affaire devant le CIRDI, accusant l'État argentin d'avoir bafoué le traité de protection réciproque des investissements signés par la France et l'Argentine en 1991.

La mise en place d'une " gouvernance de l'eau " mondiale, régionale et par bassin hydrographique est un défi immense et nécessaire. Les enjeux sont primordiaux : santé publique, sécurité alimentaire, équilibre écologique et développement.

Aux guerres de l'eau qui pointent à l'horizon, entre le " tout privé " et le " tout public " il est impératif d'opposer un esprit de coopération.

L'inquiétude majeure repose sur la tendance de la Banque mondiale à accorder ses faveurs au secteur privé, bien qu'elle s'en défende. Les " pauvres " deviennent des " clients ", la santé, l'éducation des " services " et non plus des " biens publics ".

Qu'il s'agisse de financement ou de la gestion de l'eau, plusieurs solutions sont proposées :

Le rapport Camdessus propose plusieurs pistes pour orienter l'investissement vers les PVD : mobilisation de l'épargne locale, augmentation de l'aide publique[5], nouvelle forme de solidarité par un impôt mondial – les consommations des pays riches paieraient un centime supplémentaire le mètre cube d'eau pour financer des actions dans les pays pauvres.

Seule une relation de confiance et un partenariat à longue durée entre usagers, autorités publiques et opérateurs privés permettront d'assurer effectivement que l'accès à l'eau soit un droit imprescriptible de la personne humaine.

## 2.2. L'ARME ALIMENTAIRE

Dans la guerre irakienne, l'humanitaire est aussi un des enjeux majeurs de ce conflit. Qu'il s'agisse du sort des prisonniers et de la protection qui leur est accordée, ou encore de l'avenir du programme " Pétrole contre nourriture ", de nombreuses interrogations demeurent. Depuis l'offensive américaine et anglaise en Irak en mai 2003, le Secrétaire général Koffi Annan a décidé, sans discussion, sans vote que celui-ci serait abandonné.

Rappelons que par ce système, l'ONU contrôlait les sorties de pétrole et les entrées de marchandises en Irak. L'argent était déposé sur un compte bloqué à New York. Il servait aussi à financer les besoins de la population irakienne mais aussi toutes sortes d'à-côtés : compensations de dommage de guerre au Koweit, administration du programme[6], jusqu'aux inspections en désarmement.

Désormais, le pétrole irakien pourrait financer les secours d'urgence ce qui serait une première dans les annales humanitaires.

Avec l'abandon de ce programme " Pétrole contre nourriture ", certains considèrent que l'ONU se situe d'entrée de jeu dans la logique de l'après-guerre[7] et prive désormais la population de la distribution de la nourriture.

L'arme de la faim est formellement interdite par le droit international humanitaire. Cette interdiction a été expressément posée par la quatrième convention de Genève de 1949 sur la protection des populations civiles. Les États-Unis et la Grande Bretagne prévoient d'apporter l'aide alimentaire dans le sillage des opérations militaires.

La situation actuelle pose de nombreux problèmes non seulement juridiques mais aussi de fonctionnement de l'aide humanitaire.

En premier lieu, l'abandon ou la redéfinition du programme " Pétrole contre nourriture " ne peut se faire que par le vote d'une résolution.

---

[5] Ces dernières ne couvriraient que 15 % du coût des infrastructures nécessaires.

[6] Le programme " Pétrole contre nourriture " était d'un montant de 2,5 milliards de dollars, soit plus que le budget régulier de l'ONU.

[7] Cf. la position de Jean-Christophe Rufin, *Le Monde*, 21 mars 2003, p. 10.

En second lieu, quelle sera l'autorité ou les personnes mandatées pour gérer directement le programme " Pétrole contre nourriture " sans passer par le gouvernement irakien. Qui aura le droit de signer les contrats d'équipements à la place du régime irakien ? Les entreprises du pays ne faisant pas partie de la coalition seront-elles exclues d'office des appels d'offre ?

En attendant une solution institutionnelle, on aurait pu confier la responsabilité de ce programme à un consortium d'ONG comme certains le préconisaient.

Comme on l'observe, la discussion " humanitaire " donne lieu à " d'intéressants débats *commerciaux* " à l'ONU. Pour la France, " seules les Nations unies ont la légitimité pour accompagner l'après-guerre "[8].

Qu'il s'agisse du devenir politique de cette guerre ou de la gestion de ces ressources, l'idée est que la règle internationale a été bafouée par la décision unilatérale de déclencher la guerre en Irak et qu'il est urgent de restaurer l'autorité de l'ONU et de lui donner " un rôle central " dans la gestion des affaires internationales.

Sans débattre de la question sensible de la reconstruction, question qui semble un peu anticipée, les Européens se sont mis d'accord le 30 mars 2000, sur une aide humanitaire d'urgence aux populations irakiennes victimes des bombardements[9]. À l'époque du triomphe de l'humanitaire, une action internationale défie certaines normes humanitaires...

### 2.3. La guerre des Grands lacs

On connaît déjà un peu l'histoire de cette guerre. Celle-ci a réellement commencé en 1990[10] et qui eut comme point d'orgue le génocide perpétré d'avril à juin 1994[11] par les extrémistes Hutus. Elle se caractérise par une grande complexité et c'est une guerre aux dimensions ethnique, culturelle (l'axe identitaire est très important), territoriale et politique (la conquête du pouvoir est un objectif à atteindre...). C'est le type même du conflit où l'on passe

[8] Déclaration de Dominique de Villepin (alors Ministre des Affaires étrangères de la France).

[9] 15 millions d'euros au titre du programme d'aide ECHO pour l'Irak seront affectés aux besoins les plus urgents de la population.

[10] La guerre du Rwanda va commencer le 1er octobre 1990 avec l'attaque du FPR (Front Patriotique Rwandais). C'est un mouvement politico-militaire créé par la diaspora tutsie rwandaise en Ouganda, en 1987, au pouvoir à Kigali depuis juillet 1994.

[11] C'est à partir de cette date qu'on fait commencer le génocide rwandais. C'est à partir de la mort des deux présidents, Juvénal Habyarimana (Rwanda) et Cyprien Ntaryamire (Burundi) dans l'attentat du 6 avril 1994. Ils se trouvaient dans un avion qui aurait été abattu soit par des rebelles tutsis, soit par des extrémistes hutus. Pour l'instant, les experts retiennent les deux thèses contradictoires.

insensiblement et de manière progressive d'une guerre civile à un conflit interétatique.

Du point de vue du droit international et des relations internationales, cette guerre fait ressortir plusieurs points essentiels.

L'affaire rwandaise est intéressante car elle est symptomatique des faiblesses des autorités publiques nationales et internationales dans la gestion des crises. Elle a montré surtout l'incapacité des organisations internationales à prévoir des crises de grande ampleur[12] malgré les signaux forts qui lui étaient envoyés.

Le génocide rwandais est un véritable échec de la communauté internationale. Celle-ci a sous-estimé le caractère autoritaire, ethnique et raciste du régime rwandais responsable du génocide. Mais, trois critiques principales sont adressées à l'encontre de l'ONU et des opérations humanitaires qui ont été conduites sous son autorité : un manque de volonté politique (pendant longtemps la ligne politique du Conseil de Sécurité était de préconiser la reprise des négociations entre les parties)[13] ; un manque de rapidité (les chaînes de décision militaire et diplomatique sont restées trop autonomes)[14] ; un manque de moyens (les militaires de la MINUAR étaient pratiquement désarmés et n'avaient pas de moyens de transport). La MINUAR a été dans l'incapacité de contrer la propagande haineuse de RTLMC en appelant la population rwandaise à la raison. Cette carence de l'ONU fut particulièrement nette le 21 avril 1994. À cette date, le Conseil de Sécurité adopte à l'unanimité la résolution 912 qui prévoit de ramener les effectifs de la MINUAR de 1 515 à 270 personnes alors que le génocide est déclenché depuis 15 jours.

Sur le plan chronologique, plusieurs opérations internationales furent menées au Rwanda. Il y eut d'abord, les opérations françaises " Noirot " et " Amaryllis ", entre 1990 et 1993. Ces deux actions furent conduites au titre de l'assistance d'État à État. Il y a eu ensuite, les opérations MINUAR[15] et

---

[12] On estime que le bilan général du génocide rwandais se situe dans la fourchette entre 500 000 et 700 000 victimes.

[13] On a souligné la lâcheté et le cynisme des États. Lâcheté, parce que les gens avaient peur d'y aller, les soldats belges avaient été massacrés et les Américains étaient sous le coup du syndrome somalien.

[14] L'ONU n'avait pas pris la mesure du drame qui s'annonçait. Dès le 11 janvier 1994, un télégramme adressé à l'ONU par la MINUAR, rapportait un plan d'extermination des Tutsis.

[15] MINUAR : Mission d'Assistance des Nations Unies au Rwanda. Cette mission a fait l'objet de cinq résolutions du Conseil de Sécurité des Nations-Unies. Elle a été créée par la résolution 872 du 5 octobre 1993. Cf. en particulier, les résolutions 912, 918 et 925 respectivement du 21 avril 1994, 17 mai 1994 et 8 juin 1994. Cf. l'ouvrage de P. Guillot, L. Minear, *Soldat à la rescousse, Les leçons humanitaires du Rwanda*, Éd. OCDE, 1996.

" Turquoise "[16] qui sont dès le départ définies comme des interventions humanitaires placées sous le mandat de l'ONU.

Il faut aussi signaler la création par le Conseil de Sécurité (résolution 955 du 8 novembre 1994) d'un tribunal international pour juger les responsables d'actes du génocide rwandais. C'est la ville d'Arusha (Tanzanie) qui a été choisie comme siège du tribunal (résolution 877 des N.U.)[17].

En second lieu, la première dérive qui a été à la source de cette crise, c'est la conception de la démocratie comme étant simplement la loi du plus grand nombre : un homme une voix. Une démocratie qui ne se réfère qu'à la majorité sociologique risque de devenir conflictuelle surtout dans des pays comme le Rwanda ou le Burundi. Le binôme Tutsi/Hutu dans ces États déterminent les relations politiques et partant toutes les relations sociales.

En troisième lieu, sur le plan du droit humanitaire, il est fondamental de noter que le droit de poursuite exercé par des pays comme le Rwanda, l'Angola et l'Ouganda sur le territoire de la RDC a constitué une violation flagrante du droit international et du droit des réfugiés. La traque des réfugiés hutus sur le territoire de la RDC par ces pays a été une des caractéristiques de la guerre des Grands Lacs.

Une fois installés dans le pays d'accueil, les réfugiés peuvent être affectés dans leur sécurité et leur bien-être. C'est ainsi que les réfugiés rwandais et burundais hutus ont été victimes des attaques transfrontières lancées par les armées rwandaise et burundaise. Pour ce faire, une des mesures d'urgence à prendre est le relogement des réfugiés à une distance " sûre " de la zone frontalière.

La faible réaction de la communauté internationale s'explique par le fait qu'il n'était pas facile de défendre des génocidaires.

Les causes de la fuite vers le pays de refuge sont plus ou moins connues. Les persécutions, la rupture de l'ordre et de la légalité, les violences ethniques, la guerre civile et les violations généralisées des droits de l'homme ont compté parmi les raisons qui poussaient les groupes d'individus à quitter leur pays pour devenir des réfugiés. On sait maintenant comment les réfugiés rwandais-hutus ont été victimes de la guerre de rébellion dans le Kivu. Les parties en guerre ont attaqué sans discrimination les combattants et les civils et

---

[16] L'opération " Turquoise " qui s'est déroulée du 22 juin au 22 août 1994, approuvée par l'ONU (résolution 929) avait pour objectif de créer une " zone humanitaire sûre " dans le sud-ouest du pays. Elle se différencie des opérations militaires précédentes menées par la France au Rwanda, qu'il s'agisse de " Noirot " ou d' " Amaryllis ". Elle concerne les Rwandais eux-mêmes et non plus les ressortissants français ou les ressortissants européens.

[17] Cf Mutoy Mubiala, " Le tribunal international pour le Rwanda : vraie ou fausse copie du tribunal pénal international pour l'ex-Yougoslavie ", in *RGDIP*, 1995, 4 ; voir aussi S. Restancourt, Revue *ARIES*, 1996, vol. 15, n° 11, p. 63-68.

qui plus est, dans les camps de réfugiés, évidemment en violation flagrante du droit humanitaire international.

Lors de leur admission dans un pays d'origine, d'autres risques menacent les fuyards tels que les comportements abusifs, les violences sexuelles à l'endroit des femmes et des jeunes filles particulièrement, les extorsions émanant des bandits armés ou des agents de l'État gardes-frontières, et de militaires indisciplinés. Tous ces problèmes impliquent une protection en situation d'urgence.

En quatrième lieu, il convient de noter que les réfugiés de la sous-région n'ont pas beaucoup connu de problèmes de refoulement aux frontières des États d'accueil. L'obligation de ne pas refouler a, d'une manière générale, été respectée par les États de la sous-région. Il est de principe que fournir un refuge à des personnes fuyant des dangers est un acte pacifique et humanitaire, qui ne doit être considéré inamical par aucun autre État. (Convention de Genève et de l'OUA, conclusions du Comité Exécutif du HCR).

Enfin, les situations d'urgence relatives aux réfugiés sont normalement résolues par le rapatriement volontaire des réfugiés vers leur pays d'origine. Ceci est possible une fois le danger éliminé ou suffisamment atténué. Ces conditions ne sont pas encore complètement remplies au Rwanda pour le retour des réfugiés hutus.

## CONCLUSION

Les distorsions et tensions entre d'une part les droits fondamentaux et d'autre part la mise en œuvre de certaines politiques publiques menées par les États et les organisations internationales apparaissent de plus en plus fréquentes et fortes. Ces dernières peuvent être détournées de leur objectif premier.

Sans doute, l'environnement économique (ex. : politique de restructuration du FMI) et géopolitique (le terrorisme) a renforcé ce phénomène et amplifié les contradictions entre la " bonne gouvernance " et les situations d'urgence. C'est pourquoi, le contrôle et l'évaluation des politiques publiques deviennent de plus en plus nécessaires.

Les notions d'intérêt général et de bien public sont importantes pour comprendre la révérence dont toute société doit témoigner à l'égard des " gouvernants ", même si par ailleurs et par endroits leur légitimité est de façon récurrente contestée. La logique de titularisation du " gouvernemental ", seul maître à bord, fait l'objet d'irrévérentes mises en accusation.

Certains parlent de " gouvernement participatif ", cette formule associe le gouvernement et les forces vives de la nation à la " bonne gouvernance ".

La société civile (ONG, entreprises, intellectuels, mouvements religieux, etc.) en tant que nouvel élément d'une démocratie participative a un rôle décisif à jouer dans l'élaboration et l'exécution des politiques publiques.

Si le concept de gouvernance est désormais dans le domaine public, la co-gouvernance renvoie ici aux perspectives de renouvellement de l'analyse et de la maîtrise des relations entre le gouvernement et les organisations privées institutionnalisées.

Il serait réducteur et faussement commode d'utiliser de simples catégories conceptuelles telles État/société civile, privé/public, le " haut "/ le " bas ", le " dedans "/ le " dehors ", etc. car cette analyse ne rendrait pas compte des dynamiques institutionnelles et les stratégies politiques mises en œuvre par la gamme diversifiée d'acteurs sociaux pour assurer la coproduction d'un certain nombre de bien publics tel que la santé, la sécurité, l'éducation, la justice, etc.

En tous les cas, le choix d'une telle démarche vise à ouvrir des perspectives empiriques les plus larges possibles afin d'apprécier et d'évaluer le mieux possible l'exécution des politiques publiques.

**BIBLIOGRAPHIE**


- BOUMAKANI (B.), " La bonne gouvernance et l'État en Afrique ", in *Revue juridique et politique, Indépendance et coopération*, n° 1, 2002.
- GUILLOT (P.), MINEAR (L.), *Soldat à la rescousse, Les leçons humanitaires du Rwanda*, Éd. OCDE, 1996.
- MUBIALA (M.), " Le tribunal international pour le Rwanda : vraie ou fausse copie du tribunal pénal international pour l'ex-Yougoslavie ", in *RGDIP*, 1995, 4.
- RESTANCOURT (S.), Revue *ARIES*, 1996, vol. 15, n° 11.
- TORELLI (M.), " De l'assistance à l'ingérence humanitaire ", in *Revue internationale de la Croix rouge*, n° 795.

# CHAPITRE 9.

# LE SYSTEME D'ALERTE RAPIDE DANS LE CADRE DU MECANISME DE PREVENTION ET DE GESTION DES CONFLITS DE L'OUA ET AUTRES SOLUTIONS AUX CONFLITS INTERNES

Mamadou KASSE

## INTRODUCTION

L'objectif d'un système d'alerte rapide et d'analyse politique EWPAS (*Early Warning and Political Analysis System*) au sein de l'OUA, doit être de déclencher une réaction efficace en temps opportun face à une situation de crise.

Un système bien conçu sera en mesure de compiler les informations adéquates, d'effectuer des analyses de conflits émergents, de suggérer des modalités de réponse, et de transmettre ces analyses et suggestions au Secrétaire général et à l'organe central, à qui il incombe de prendre les décisions.

Un système d'alerte rapide et d'analyse politique ne peut exister séparément du Secrétaire Général et de l'Organe Central, puisque ces derniers génèrent la volonté politique de prendre les mesures adéquates.

Sa fonction est de recueillir une vaste somme d'informations pouvant servir d'indicateurs utiles pour signaler la montée d'instabilités imminentes au niveau national, régional et international. Cette vaste somme d'informations, agrémentée d'une bonne analyse, mettrait en garde contre des situations sur le point d'exploser, ainsi que contre celles où les signes d'un conflit naissant sont manifestes, auquel cas une action préventive pourrait être menée pour éviter l'aggravation de la crise.

Les informations et l'analyse fournies par le système devraient servir à la fois d'indicateurs de sécurité et d'indicateurs économiques et sociaux. Les catégories d'informations requises devraient être les suivantes :

- *Indicateurs politiques* : La nature des processus politiques intérieurs, le niveau de participation politique dans toutes les couches de la société, le degré d'exclusion à caractère ethnique, religieux, régional ou autre...

- *Statut de l'appareil de sécurité* : l'accroissement des préoccupations sécuritaires d'un État, l'évolution numérique et fonctionnelle des forces chargées d'assurer la sécurité, la direction de la police civile ou autres forces paramilitaires, les niveaux d'armements nationaux et régionaux, le positionnement de forces militaires, les points chauds potentiels et existants, les zones et les degrés d'activités militaires...

- *Niveau de militarisation de la société* : la nature et la magnitude de la détention d'armes par la population, la présence de mines terrestres...

- *Indicateurs sociaux* : les informations et tendances démographiques, la densité de la population, les mouvements de population...

- *Indicateurs économiques* : le revenu par habitant, les indicateurs sur la distribution des ressources et le coût de la vie, le taux de chômage, les niveaux de productions des ressources et le coût de la vie, les niveaux de la production alimentaire et les moyens de distribution...

- *Informations fournies par les individus ou des institutions* : les ONG et autres éléments de la société civile sur le terrain, analystes, groupes de réflexion, universités...

Un système aussi complexe exigera du temps et des ressources humaines et matérielles pour jouer le rôle de prévention. Le système d'alerte rapide et d'analyse politique n'est pas encore fonctionnel. II a fait l'objet d'une étude par les experts de l'Académie Internationale de la Paix notamment, à qui l'OUA avait confié ce travail en vue de sa mise en œuvre effective. Mais comme il a été dit tantôt, c'est un système complexe qui nécessite autant de ressources financières qu'humaines.

Néanmoins, au sein de l'Union Africaine, les études se poursuivent en vue de son expérimentation éventuelle après la période de transition de l'Organisation africaine en juillet 2003.

## 1. LE MECANISME DE MISE EN ŒUVRE DU SYSTEME D'ALERTE RAPIDE

Le système d'alerte rapide nous semble un instrument qui pourrait être efficace pour la résolution des conflits. Pour le démontrer, prenons le cas actuel de la crise ivoirienne et faisons une simulation en supposant que ce mode de prévention était réellement fonctionnel depuis les années 80 qui ont vu apparaître les premiers indices de la crise.

Le système aurait pu alerter les gouvernements ivoiriens successifs sur les dangers de la politique d'ivoirité, d'une part, et les menaces liées à la révocation des 750 soldats recrutés par l'ex-président Robert Guei, d'autre part...

À partir d'une telle hypothèse, faisons une analyse de la crise ivoirienne (la démobilisation en question avait été décidée par le gouvernement de Laurent Gbagbo).

D'abord concernant la notion d'ivoirité, aussi bien les observateurs nationaux qu'internationaux de la vie politique ivoirienne savaient pertinemment, depuis la mort du président Houphouët Boigny, qu'elle allait diviser la Côte d'Ivoire en deux camps, les partisans d'Alassane Ouattara et le reste du pays. Ce qui conduirait à un clivage musulman-chrétien. Pourtant, aussi bien Henri Konan Bédié, Robert Gueí que Laurent Gbagbo ont persisté dans cette voie insensée qui a conduit aujourd'hui la Côte d'Ivoire dans la situation que l'on connaît.

Pourtant, après les premiers troubles engendrés par l'exclusion d'Alassane Ouattara de la course présidentielle du fait qu'il n'est pas Ivoirien après avoir dirigé le pays comme Premier ministre, le président Sénégalais Abdoulaye Wade, dans sa tentative de médiation pour ramener les partisans de Ouattara et de Gbagbo à la raison, avait demandé au président ivoirien de former un gouvernement d'union nationale et d'organiser des élections transparentes et démocratiques.

Les mutins d'aujourd'hui sont ceux qui avaient chassé du pouvoir l'ancien président Henri Konan Bédié et mis à sa place le Général Guei après une simple mutinerie. Ils sont à la base des différentes opérations de déstabilisation qu'a connues la Côte d'Ivoire. Certains se trouvaient en exil dans des pays voisins de la Côte d'Ivoire au moment des récents événements.

Laurent Gbagbo avait décidé de les démobiliser et c'est cette menace qui pesait sur eux qui a été à l'origine de leur soulèvement. L'un des chefs mutins s'est exprimé ainsi : “ On nous prend quand c'est chaud et après on nous jette ”, cela traduit l'état d'esprit de ces soldats aguerris et conscients du rôle qu'ils ont toujours joué.

Lorsque Laurent Gbagbo accéda au pouvoir, il héritait tout naturellement de ces 750 soldats de Guei et avait décidé de les démobiliser en raison de leur âge avancé. Mais officieusement, c'est parce que le nouveau pouvoir n'était pas assuré de la loyauté de ces hommes tout acquis au chef de l'ancienne junte militaire et qui pouvaient avec certaines complicités avoir accès aux armes.

Mais le gouvernement n'en restait pas moins sensible au volet social, c'est pourquoi le ministre d'État chargé de la Défense et de la Protection Civile, avait tenté de trouver des mesures d'accompagnement, notamment en envisageant d'aider ceux de ces soldats qui bénéficiaient d'une formation professionnelle à se réinsérer dans la vie civile. Tandis que pour d'autres, un plan de formation professionnelle était prévu à leur intention.

Mais ces soldats n'entendaient pas quitter l'armée et l'avaient fait savoir publiquement dans une lettre adressée à leur ministre de tutelle et diffusée par le journal *24 Heures* dans son édition des 21 et 22 septembre 2002. Mais le redressement de la situation économique imposait au gouvernement la réduction de la masse salariale, et " les soldats de Guei " en étaient les premières cibles. D'une certaine manière, le gouvernement voulait se débarrasser d'éléments de l'armée peu fiables et aux velléités putschistes toujours redoutées.

Quelle analyse politique a été faite d'une telle situation qui portait tous les indices d'une crise à venir ? Pourtant, tout le monde savait à l'intérieur de la Côte d'Ivoire et à l'extérieur que les dangers d'un soulèvement soit populaire, soit militaire, existaient. Mais rien n'y faisait, les autorités ivoiriennes étaient " aveugles " à tous les indices que nous avons évoqués, et avaient notamment peu pris compte du souhait des militaires insurgés de rester dans l'armée ivoirienne.

Tout cela sur fond de crise sociale, malgré la tenue des assises nationales et l'octroi de la carte nationale d'identité à Ouattara, et également économique. Le Mécanisme de Prévention des conflits et plus précisément le système d'alerte rapide aurait immédiatement analysé ces indices pour les porter au niveau de l'Organe Central aux fins d'une intervention préventive.

Pour en revenir au cas ivoirien, la prévention aurait pu se traduire par un accroissement des crédits de l'armée ivoirienne pour prendre en compte ces 750 soldats, ce qui aurait évité leur démobilisation, et en dépit des injonctions de la Banque Mondiale, car c'est cette menace de démobilisation qui a conduit entre autres à la situation actuelle. Parmi les indicateurs relatifs au niveau de la militarisation de la société, figure notamment le fait que la Côte d'Ivoire, depuis l'indépendance, ne dispose pas d'armée régulière capable de faire face ou d'enrayer une petite mutinerie comme celle qui a ébranlé ce pays. En cela, les présidents Bédié et Gbagbo ont manqué de vision. Il est vrai que l'ancien président Houphouët Boigny disait que la Côte d'Ivoire n'avait pas besoin d'une armée, mais le contexte est aujourd'hui différent, la France n'assurant plus comme jadis son rôle de protecteur des régimes africains.

Ainsi, en Côte d'Ivoire, les indicateurs politiques, sociaux et économiques étaient au rendez-vous depuis un bon moment. Par contre, rien n'avait pu être fait dans le cadre d'une vraie diplomatie préventive au sens ou nous l'avons définie dans cette thèse. C'est-à-dire une diplomatie préventive pré-active et non réactive. Donc, à défaut jusqu'ici d'une diplomatie pré-active, l'OUA et surtout la CEDEAO se contentent de réagir après l'éclatement des conflits par des actions, il faut le reconnaître, non négligeables de médiations qui portent rarement leurs fruits à cause des susceptibilités des dirigeants africains.

En effet, la mise en œuvre d'une vraie prévention se heurte à un environnement politique complexe et surtout à l'aveuglement des dirigeants africains vis-à-vis des signaux pourtant perceptibles d'une crise qui s'annonce.

À cet égard, citons le président burkinabé Blaise Campaoré :

> " il vaut mieux que les Ivoiriens se préoccupent des causes réelles qui ont provoqué l'instabilité chez eux, plutôt que de chercher un facteur extérieur. Vous ne pouvez pas proclamer l'ivoirité c'est-à-dire diviser les gens en citoyens de première et de deuxième classe, développer la xénophobie, et ajouter à tout cela ces élections imparfaites sans fragiliser le pays. La poudrière qu'on a sous les yeux aujourd'hui, cela fait trois ans qu'on la voyait se mettre en place ".

Mais n'eut été la force d'interposition de la CEDEAO née d'une décision unanime de ses pays membres, la situation de la Côte d'Ivoire aurait été encore plus grave. Il faut donc saluer le rôle important de la CEDEAO dans le règlement des crises africaines que ce soit au Liberia, en Sierra Leone, en République centrafricaine et aujourd'hui en Côte d'Ivoire. Il s'y ajoute que sa bonne volonté arrive souvent à ralentir sinon éviter l'escalade d'un conflit grâce à des médiations conduites par des anciens chefs d'États ou des personnalités africaines.

En résumé, la diplomatie préventive par l'intermédiaire d'un système d'alerte rapide et d'analyse politique serait l'idéal pour arriver à la résolution des conflits. Malgré la complexité d'un tel système, les pays africains devraient tous y adhérer et lui donner les moyens effectifs de sa mise en œuvre après la transition de l'Union Africaine. Mais on peut certes par ce mécanisme prévoir les conflits, toutefois il est encore mieux d'éradiquer les causes de ces conflits qui ont pour nom la pauvreté, le déficit démocratique.

À propos de la pauvreté liée au développement et de la démocratie, prenons d'abord l'exemple de certains pays africains : la République centrafricaine, le Niger et la Côte d'Ivoire pour montrer qu'elles sont les conditions premières de stabilité et de paix dans un pays. C'est par la suite que sera abordée, comme autre solution de règlement des conflits, l'éradication de leurs causes citées plus haut (pauvreté, déficit démocratique...).

Les récentes tentatives de soulèvement de militaires au Niger ont été réglées par une augmentation de leurs émoluments, décidée par le chef de l'État, toujours pour sauver son fauteuil.

La République centrafricaine connue pour être le pays aux crises à répétition, ne connaîtra la stabilité que dans un contexte économique plus viable, quand les salaires seront payés régulièrement et temps. Cela c'est sur le plan économique. Il s'y ajoute, et cela est valable pour tous les pays africains, que le fondement de la stabilité est la démocratie et le respect des droits de l'Homme.

La République centrafricaine avait vu l'ONU et l'OUA voler à son secours lors de sa première crise politique et sociale. Ces deux institutions se sont retirées quand le pays a été pacifié car, comme nous l'avions dit à l'occasion, les forces du maintien de la paix n'ont pas la vocation de durer et à un moment donné, il faut que les autorités de ce peuple prennent leurs responsabilités pour prendre en charge le destin de la République centrafricaine. C'est ce qui s'est passé.

Quelques années plus tard, c'est-à-dire en l'an 2002, la République centrafricaine fait face à une grave rébellion. Pourtant, l'année dernière en 2001, les chefs d'États africains, n'étant pas rassurés sur la situation de ce pays après le retrait des forces onusiennes (MINURCA), s'étaient réunis à Khartoum, au Soudan, pour tenter d'apaiser la tension avec le Tchad après un coup d'État avorté contre le régime d'Ange Félix Patassé.

Au Gabon également, initiateur d'une rencontre à Libreville, il s'agissait de trouver une solution aux crises à répétition qu'affronte la République centrafricaine depuis des années et qui avaient conduit à l'installation de plusieurs centaines de soldats libyens à Bangui pour soutenir le président Patassé. C'est la personne soupçonnée d'avoir fomenté ce coup d'État, l'ancien chef d'État Major Bozizé, qui a menacé de prendre le pouvoir. Exilé au Tchad, il a été à la source du différend entre les deux pays. En effet, le 28 octobre 2002, Bangui se réveille sous le choc, car le Général Bozizé a attaqué la ville à l'arme lourde. Le président Patassé se trouva donc en mauvaise posture face aux troupes rebelles qui contrôlent une partie de la capitale.

Mais ce qui est plus grave, c'est le risque d'extension du conflit car, en franchissant l'Oubangui à partir du Congo Kinshasa voisin, près de 300 combattants du Mouvement pour la Libération du Congo (MLC), qui contrôle la rive d'en face, sont venus à la rescousse d'Ange Félix Patassé.

D'autre part, la majorité de l'armée centrafricaine au sein de laquelle les Gbayas, l'ethnie du Général Bozizé, sont fortement représentés ont soit rallié les rebelles ou refusé de combattre. Cette rébellion comme il fallait s'y attendre se déroule sur fond de crise sociale et financière.

En effet, victime de sa paranoïa aiguë qui a fini par frapper même son entourage, le chef de l'État centrafricain s'est lui-même isolé.

Son régime, tout en refusant le dialogue avec les syndicats et les partis d'opposition, a cumulé plus de trente mois d'arriérés de traitements dans la fonction publique. Dans ces conditions, la garde libyenne ne semble plus à mesure de sauver le pouvoir. L'OUA confrontée à la situation de la Côte d'Ivoire, qui malgré le cessez-le-feu, n'a pas encore trouvé solution à sa crise, a un autre sujet de préoccupation.

C'est au moment où je poursuivais mon analyse du conflit ivoirien que la rébellion s'est installée de nouveau en Centrafrique, ce qui a contraint à la patience avant de clôturer le chapitre de la crise centrafricaine.

Ceci pour dire que traiter des conflits en Afrique nécessite des “ allers et retours fréquents ”, car une crise en Afrique n'est jamais à cent pour cent terminée, et cela pourrait peut-être m'inspirer demain à traiter d'un sujet aussi intéressant et actuel que “ la résurgence des conflits en Afrique ”. Mais pour l'heure, je voudrais faire quelques suggestions de solutions par lesquelles les crises internes en Afrique pourraient être éradiquées.

## 2. QUELLES SOLUTIONS AUX CRISES INTERNES EN AFRIQUE ?

Sans pour autant délaisser les méthodes de règlement de crises déjà instaurées par l'OUA, la CEDEAO, CEN-SAD, l'IGAD..., dont les plus connues sont la prévention et la médiation, il conviendrait de s'orienter davantage vers l'approfondissement d'une culture de la paix passant par les actions ci-après :

- coordination entre les différents mécanismes de prévention de gestion et de règlement des conflits ;
- signature d'un pacte entre chaque État africain et les mécanismes de prévention de gestion et règlement des conflits par lequel les dirigeants africains et autorités compétentes s'engagent à prendre en compte les signaux d'alerte émanant des centres régionaux ou sous-régionaux de prévention de conflits ou des organisations non gouvernementales qui ont l'avantage d'être sur le terrain.

Cela est d'autant plus vrai que les organisations non gouvernementales comme OXFAM ou Christian Aid émettent des rapports annuels exhaustifs et de qualité sur la pauvreté, la corruption, la violation des droits de l'Homme, les risques de conflits qui menacent tel ou tel pays.

Comme pour le moratoire sur les armes légères et de petit calibre, les pays africains devraient s'engager solennellement à respecter les avis et préventions issus dans le cadre général du système d'alerte rapide (*Early Warning*) instauré par les Mécanismes de Prévention, de Gestion et de Règlement des conflits.

**a.** En plus de cet engagement, il faudrait que l'activité des différents mécanismes puisse être coordonnée par l'Organe Central de Prévention et de Gestion des conflits de l'OUA.

La multiplication des mécanismes (on parle au niveau de la francophonie lors du dernier sommet de Beyrouth en octobre 2002, de la création d'un organe de prévention et de lutte contre les conflits) ne nuirait-elle pas à l'objectif recherché qui est de lutter efficacement contre les conflits en Afrique ?

**b.** Renforcer les mécanismes de défense des droits de l'Homme.

Un meilleur respect, en effet, des droits de l'Homme tant par les États que par les individus aura un effet positif sur la prévention et la gestion des conflits.

À cet égard, il suffit, entre autres mesures, de renforcer la Commission africaine des droits de l'Homme et des peuples créée en juillet 1981 qui, jusqu'ici, n'a pas joué le rôle qui lui est dévolu.

La Commission avait recommandé la création d'une Cour africaine des droits de l'Homme qui tarde à voir le jour à cause de la réticence de certains États connus pour leur comportement négatif vis-à-vis des droits humains. Toutefois, le système prévu dans le Nouveau Partenariat pour le Développement de l'Afrique (NEPAD) appelé le *Peer Review System* par lequel les chefs d'États évaluent leurs pairs, pourrait être expérimenté.

Mais pour que cette expérience puisse marcher, il faudrait que les dirigeants africains prennent leur responsabilité et aient le courage de dénoncer leurs pairs dont les pays violent les droits de l'Homme ou ne respectent pas les principes démocratiques.

Cela nous fait penser au cas du Zimbabwe dont le chef de l'État accusé par les Européens et en particulier l'Angleterre, de violations flagrantes des droits de l'Homme et soutenu par la plupart de ses homologues chefs d'États, au lieu d'être critiqué comme s'y attendait le gouvernement de Londres.

**c.** C'est aussi dans la même veine que les processus démocratiques devraient être renforcés. La participation de l'OUA et des organisations sous-régionales à la surveillance des élections est connue et participe de leur engagement en faveur du processus de démocratisation du continent.

L'OUA en particulier doit condamner fermement les élections frauduleuses comme il est de cours en Afrique. S'il est vrai que les observateurs internationaux surveillent aujourd'hui la plupart des élections en Afrique, leur évaluation est souvent très complaisante, car on part de l'idée qu'un peu de fraude n'entache en rien le caractère transparent des élections africaines. Cette idée doit être abandonnée, car la démocratie est un concept universel, et il ne saurait y avoir deux poids, deux mesures. Combien d'élections sont transparentes tout au long du processus électoral ? Rares sont les pays comme le Sénégal qui ont connu pour la première fois une élection présidentielle transparente, sans fraudes et qui ont consacré la défaite écrasante du parti au pouvoir depuis plus de vingt ans. Cela a pu se passer ainsi, car c'est le peuple sénégalais lui-même et sa jeunesse qui se sont mobilisés pour empêcher toutes manipulations des élections comme cela s'est toujours passé. Cette mobilisation populaire devrait faire tache d'huile dans d'autres pays africains.

D'autre part, il suffit que l'OUA et la Communauté internationale aident à la conscientisation des masses africaines sur le fait capital, qu'elles sont capables de faire changer les choses dans le bon sens. D'autre part, il faudrait coordonner les efforts de la Communauté internationale au sens large avec ceux des commissions électorales, souvent qualifiées " d'indépendantes ", établies dans les pays avant les élections.

L'Aide internationale, y compris les ressources financières et la formation d'observateurs locaux neutres, pourrait ensuite être dirigée vers ces commissions pour leur permettre de remplir leurs fonctions.

**d.** Une meilleure gestion des armées africaines est également de nature à prévenir les conflits en Afrique. Il a été constaté que la plupart des conflits qui éclatent en Afrique, Côte d'Ivoire, République centrafricaine, Niger sont issus d'une rébellion militaire née généralement de frustrations d'une armée mal payée ou pas du tout pendant des mois.

En vue de prévenir toute velléité dans l'armée africaine, il conviendrait de prendre entre autres, les mesures ci-après :

- octroi d'un budget adéquat aux forces armées ;
- application rigoureuse et sans favoritisme sur la base de l'ethnie ou de la religion, des dispositions contenues dans le statut général de l'armée de chaque pays, concernant les nominations, les avancements en grade et la retraite ;
- création de structures telles que la Caisse Militaire de Sécurité Sociale au sein de l'armée pour une prise en charge adéquate du militaire, de sa famille et de ses ayants droit ;
- en dernier lieu, l'instauration de la formation civique dans l'armée et la dépolitisation de celle-ci sont autant de moyens susceptibles de la tenir à l'écart des affaires politiques et de jouer le rôle premier qui lui est dévolu à savoir la défense de l'intégrité du territoire et l'accomplissement des autres tâches de développement.

**e.** Sur un plan autre que militaire, l'intégration et le fédéralisme constituent également des solutions à la résolution des crises en Afrique.

Concernant l'intégration régionale et sous-régionale, le rôle joué pour le rapprochement des peuples africains est inestimable aussi bien dans le cadre de la circulation des biens que des personnes. Au niveau de la CEDEAO, la carte d'identité de la CEDEAO disponible au niveau de chaque État depuis cette année, témoigne de la volonté des pays membres d'aller plus en avant dans l'intégration des peuples.

Cette politique d'intégration est un processus qui devrait intégrer le concept révolutionnaire de " pays-frontières ", si cher à l'ancien président du Mali, Alpha Oumar Konaré, et par lequel les habitants des villages frontaliers devraient jouir d'une double nationalité c'est-à-dire de celle de leur propre pays et du pays frontalier.

Par exemple, les habitants de Rosso Sénégal et de Rosso Mauritanie devraient avoir la nationalité sénégalaise et mauritanienne.

Cette idée généreuse d'intégration, si elle est mise en œuvre, pourrait contribuer au mélange des peuples africains qui souvent partagent les mêmes cultures et regroupent les mêmes ethnies. Enfin, l'utilisation des sanctions comme au Burundi a une portée très limitée car, d'une part, c'est le cas des pays où un régime démocratiquement élu a été renversé par un coup d'État civil ou militaire, mettant le pays en conflit ou en danger de l'être. Mais tous les conflits n'ont pas pour cause un coup d'État, et même après constat, ils sont de plus en plus nés d'une rébellion d'un groupe ethnique ou de militaires frustrés ou marginalisés.

Il s'y ajoute que les sanctions internationales c'est-à-dire décidées par un organisme comme l'OUA ou la CEDEAO, peuvent avoir l'avantage de dissuader d'éventuels auteurs de coup d'État, mais c'est toujours les populations qui en souffrent économiquement ou financièrement. En tout état de cause, cela devrait être l'ultime recours.

Pour conclure, il faut reconnaître que l'Afrique dispose d'une panoplie de mécanismes qui ne demandent qu'à être mis en œuvre mais dans les conditions adéquates et surtout avec la collaboration entière des chefs d'États et hommes politiques africains.

Si leurs intérêts sont relégués au second plan et celui de leur pays et du continent, en premier, les conflits disparaîtraient progressivement.

Les solutions préconisées sont peut-être nouvelles, mais n'ont pas jusqu'ici bénéficié d'une volonté politique réelle en vue de leur mise en œuvre. Pour cela, beaucoup d'espoir est fondé sur le Mécanisme de Prévention de Gestion et de Règlement des conflits dont se sont dotées l'Organisation de l'Unité Africaine, aujourd'hui Union Africaine (UA), et certaines organisations sous-régionales dont la Communauté Économique des États de l'Afrique de l'Ouest (CEDEAO). Quid du Mécanisme de l'OUA pour la Prévention et le Règlement des conflits et dans quelles conditions a-t-il été créé ?

Au vu de l'analyse des solutions préconisées aussi bien par l'Organisation de l'Unité Africaine, de la Communauté Économique des États de l'Afrique de l'Ouest que par certaines institutions non gouvernementales spécialisées dans le règlement des conflits, on voit bien que les initiatives ne manquent pas pour éradiquer ce mal que constituent les conflits notamment internes en Afrique.

Il faut toutefois préciser que le Mécanisme de Prévention de Règlement et de Gestion des conflits initié par l'OUA n'a jamais été fonctionnel du fait des difficultés liées à sa mise en œuvre. Car, comme il a été démontré dans le cas de la Côte d'Ivoire, la diplomatie préventive, qui constitue un de ses éléments essentiels, n'a jusqu'ici connu qu'un succès mitigé dans la crise burundaise. Depuis donc la crise burundaise qui constitue un terrain d'essai pour la diplomatie préventive, il n'y a réellement pas eu de prévention des conflits ni dans le cas de la Côte d'Ivoire, ni dans celui d'autres pays où des conflits ont surgi. Ce sont plutôt des forces d'interposition soit de l'OUA, soit de la CEDEAO, soit de la CEMAC qui ont été déployées après l'éclatement des crises en Centrafrique, en Côte d'Ivoire, en Sierra Leone…

Cela est d'autant plus vrai que la vraie prévention par un système d'alerte rapide préconisée par les différents mécanismes de prévention des conflits, n'a été jusqu'ici mise en œuvre nulle part en Afrique.

Rappelons-nous que dans le cas de la crise ivoirienne, des simulations ont été faites sur la mise en œuvre du système d'alerte rapide qui aurait évité à la Côte d'Ivoire la situation qu'elle connaît aujourd'hui.

Il s'agissait pour la Côte d'Ivoire que les indicateurs sociaux, économiques, politiques… fassent l'objet d'une surveillance par des observateurs nationaux et internationaux c'est-à-dire à l'intérieur comme à l'extérieur de la Côte d'Ivoire.

C'est dommage que le système de prévention des conflits ne fût pas fonctionnel au moment où l'un des pays les plus importants de l'Afrique de l'Ouest, la Côte d'Ivoire, montrait depuis une décennie des signaux alarmants qui ont sans surprise aucune pour les observateurs politiques internationaux abouti inexorablement à la crise ivoirienne. Mais à défaut d'une vraie politique de prévention c'est-à-dire pré-active et non-réactive des conflits, la CEDEAO, l'UA (Union Africaine) n'ont jamais baissé les bras pour aller à la rescousse disons plutôt au chevet des pays en crise.

En effet, n'eussent été les forces d'interposition qu'elles ont déployées depuis des décennies en Afrique (Sierra Leone, Liberia, Rwanda, Centrafrique, aujourd'hui la Côte d'Ivoire), les crises auraient pris une autre dimension. Ce qu'il est urgent de faire maintenant, c'est de trouver des solutions originales aux crises africaines tout en espérant que l'Union Africaine restructurée fasse du Mécanisme de Prévention de Gestion des conflits un outil efficace qui pourra être utilisé avec efficacité par le règlement effectif des crises dés leur naissance, c'est-à-dire avant qu'elles ne se transforment en conflit armé.

C'est seulement dans ces conditions que l'on peut parler de prévention. Certes, les difficultés liées à la mise en œuvre d'une vraie prévention, passant nécessairement par un mécanisme d'alerte rapide, sont réelles en Afrique comme il a été si bien démontré dans le cas ivoirien à cause notamment de la susceptibilité des dirigeants africains qui acceptent mal l'évaluation négative de leurs performances dans tous les domaines.

En effet, c'est de cela qu'il s'agit car les bureaux régionaux d'observation des conflits, prévus dans le cadre d'un système d'alerte rapide, auront pour rôle d'observer les divers signaux envoyés par un pays donné dans le domaine social, économique, politique, et notamment celui des droits de l'Homme ou militaire capables d'alerter sur le caractère imminent ou non d'une crise. L'avantage d'un tel système est de permettre à l'OUA, la CEDEAO, la CEMAC et autres institutions internationales de prendre les mesures nécessaires pour éviter la progression d'une crise éventuelle.

Ces solutions sont de différentes natures : la médiation de pays voisins, de personnalités influentes africaines ou étrangères (anciens chefs d'États), envoyés spéciaux... II convient d'ajouter à cette liste, telle que le préconise la CEDEAO, des sages africains dont le rôle est de plus en plus utile pour le règlement des crises à l'africaine.

Comme on peut le constater, les conflits en Afrique constituent une préoccupation majeure pour l'Afrique et la Communauté internationale. C'est ce qui justifie la Conférence Épiscopale Sénégal, Mauritanie, Guinée-Bissau, Iles du Cap-Vert qui s'est tenue à Dakar en mars 2001 sur l'éradication des conflits dans la sous-région ouest-africaine.

À mon propre niveau, après avoir fait état des solutions préconisées (mécanismes de prévention) par l'OUA notamment, je voudrais à présent proposer la démarche suivante : c'est la chose la plus fondamentale, supprimer les causes des conflits en faisant, d'une part, de la paix une guerre et, d'autre part, de la guerre une paix. En effet, la suppression des conflits suppose d'abord que l'on fasse un constat de l'existant autrement dit, procéder à la détermination des éléments ou circonstances belligènes. Ce sont les prémisses de base. Ces éléments ou circonstances sont de plusieurs ordres :

- d'abord, le fondement et le lieu du conflit ;
- ensuite, la source c'est-à-dire le facteur explicatif de ce conflit ;
- et enfin, la définition de la méthodologie de gestion du conflit et sa résolution ou la façon d'extirper le mal.

Il est certain qu'entre le fondement et la source du conflit, la frontière est évanescente, très diffuse ; elle est loin d'être réelle.

Ces éléments reposeront sur un fondement composé également de trois éléments qui contribueront à la suppression des causes du conflit. Il s'agit :

- de la paix, sans laquelle tout développement est impossible :
- du développement, sans lequel toute démocratie est singulièrement fragile ;
- et de la démocratie elle-même, sans laquelle toute liberté, tout droit, voire ceux dits fondamentaux est largement illusoire, car la paix devient elle-même violence.

Le Pape Paul VI disait si justement " le développement est le nouveau nom de la Paix ". C'est ce qui a d'ailleurs conduit à la troisième génération des droits de l'Homme, c'est-à-dire les droits de solidarité, à la suite de ceux de liberté et d'égalité.

Il existe bien sûr entre les trois éléments, paix - développement - démocratie, un phénomène d'interaction. C'est cette culture de la paix qui devrait être l'instrument privilégié de lutte contre les conflits.

C'est pourquoi au niveau individuel, il faut rechercher la " petite paix locale " qui contribuera à la paix générale.

Il convient également d'ajouter à cette culture de la paix l'élimination de la pauvreté et de la misère. Charles Péguy disait : " La pauvreté c'est encore l'espoir de vivre, la misère c'est la damnation ". C'est parce que cette misère crée des hommes dangereux, révoltés, assoiffés de vengeance contre toute une société qu'il faut la tuer, la tuer inlassablement, chaque fois que l'occasion se présente.

Quelqu'un disait avec justesse qu'entre le fort et le faible, c'est la liberté qui opprime et c'est la loi qui affranchit. La suppression des causes des conflits passe nécessairement par la prise et l'application de lois justes pour toutes les communautés et tous les citoyens et qui puissent créer l'espoir. C'est dans ce contexte que la minorité, quelle qu'elle soit, ne doit pas être tolérée, mais respectée, pour lui permettre de participer pleinement à l'œuvre de la réalisation globale.

À la lutte contre la pauvreté, passant par l'égalité des chances pour tous les citoyens, il convient d'y ajouter la démocratie qui réunit ces trois synchrones, cités plus haut, que sont la paix, le développement dont dépendent la pauvreté et la démocratie. C'est l'un des facteurs importants devant permettre la suppression des causes des conflits qu'il faut prendre soin d'instituer et d'enraciner dans les sociétés africaines.

La démocratie est un mode de règlement pacifique des différends politiques. Or, la politique est l'art de gérer la cité ; il faut par conséquent développer des mesures de confiance entre l'ensemble des acteurs et qui conduiraient à un dialogue social permanent, car tout malentendu non réglé par le dialogue est source de conflit.

C'est pourquoi la transparence doit être de rigueur dans toutes les procédures que l'on veut voir emprunter et se stabiliser dans la voie de la démocratie. La transparence chasse l'arbitraire, qu'il soit voulu ou inconscient, et donne ainsi confiance aux populations en ce qui concerne la démocratie.

Des conflits latents peuvent ainsi être évités, et la bonne gouvernance n'en serait que d'autant plus facilitée.

Sans reprendre ici tous les éléments constitutifs de la démocratie, il faut citer : la liberté d'expression et la liberté de conscience. II faut rappeler à cet égard la déclaration des Nations Unies et notamment les principes fondamentaux concernant la contribution des organes d'information ou le renforcement de la paix et de la compréhension internationale, et la promotion des droits de l'Homme. Ces deux domaines doivent faire l'objet d'une vigilance de tout instant. Mais il faut avouer que la démocratie est une quête permanente, un acquis qui n'est jamais définitif, mais qui a plutôt besoin d'être amélioré ; cela nécessite donc une vigilance de tous les jours et à tous les niveaux.

Parallèlement à ces mesures, certaines autres, toutes aussi importantes devraient être entreprises et encouragées, car si le conflit se résout en aval par la gestion physique, il se gère également et surtout en amont par la bonne volonté des uns et des autres, ce qui est communément appelé la société civile. Cette société civile joue un rôle plus rapproché par rapport aux populations. Elle prend en charge les intérêts au quotidien des citoyens ; ce rôle se traduit par des actions et initiatives multiples devant aboutir à la recherche et à la consolidation de la paix. Ces actions en marge du conflit politique se sont avérées d'une importance capitale.

## CONCLUSION

La résolution des conflits internes est toujours en train de chercher ses marques en Afrique. Les différents mécanismes de prévention de gestion et de règlement des conflits ont été revisités.

D'autres solutions ont été proposées telles que l'éradication de la pauvreté, l'instauration de la démocratie au sens large en passant par le traitement égal des individus et non sur la base de la religion ou de l'ethnie...

II faut également souligner que des pays comme la République centrafricaine, la Côte d'Ivoire ont réuni toutes les tares (pauvreté, déficit démocratique) qui sont reconnues comme les causes essentielles de conflit ;

c'est la raison pour laquelle ils sont revenus à plusieurs reprises et à dessein dans mes argumentations.

Maintenant, après avoir proposé des solutions de règlement des crises, il convient d'avoir une méthodologie pour arriver à un règlement efficace. Cette méthodologie s'articule sur les stratégies suivantes :

- l'observation pour prévenir les conflits ;
- les conflits potentiels sont désamorcés (germes) ;
- les situations conflictuelles sont détectées ;
- les modèles explicatifs de génération de propagation des conflits sont connus ;
- les bonnes décisions sont prises et mises en œuvre.

Les conflits potentiels sont désamorcés (germes). Les conflits en tant que phénomènes sociaux touchent toutes les couches des populations africaines. Au-delà des conflits déclarés et visibles par tous, il existe des germes de conflits potentiels qu'il s'agit de détecter et de désamorcer avant qu'ils n'atteignent un autre niveau d'intensité.

Les situations conflictuelles sont détectées. Les origines du conflit au sein des pays et entre les pays de la région africaine sont multiples, variées et complexes et se traduisent en des situations de tensions politiques, socio-économiques, culturelles et ethniques. Tuer les germes de ces conflits nécessite que les situations, presque toutes susceptibles de générer un conflit, soient détectées. Tout cela fait appel à l'existence d'un réseau d'observation, car il faut observer pour agir.

Les modèles explicatifs de génération et de propagation des conflits sont connus. Les situations conflictuelles sont des résultats de ce processus. II est essentiel de comprendre comment on aboutit à un état conflictuel partant de germes qui existaient depuis. Les modèles explicatifs renvoient à une typologie des conflits se basant sur l'histoire des conflits en Afrique et dans le monde. L'étude de ces modèles sur un nombre restreint de conflits permettra d'engager les décisions et de prendre les précautions pour les désamorcer. II s'agira donc d'étudier un échantillon représentatif des conflits détectés soit le tiers.

Les bonnes décisions sont prises et mises en œuvre. La gestion des conflits dans les pays africains fait appel à la gestion rationnelle des informations recueillies par le réseau d'observation sur le terrain, ce qui renvoie au système d'alerte rapide.

# CHAPITRE 10.

# URGENCE ET DROIT DES PEUPLES PREMIERS

Gilles FIÉVET

> “ Pourquoi me tuez-vous ? Eh quoi ! Ne demeurez vous pas de l'autre côté de l'eau ? Mon ami si vous demeuriez de ce côté, je serais un assassin. Cela serait injuste de vous tuer de la sorte. Mais puisque vous demeurez de l'autre côté, je suis un brave, et cela est juste. ”
>
> Pascal, *Pensées*, éd. Havet, VI, 3.

## INTRODUCTION

Avec la période coloniale de la fin du XV$^{e}$ siècle[1] (début de la globalisation occidentale), les dirigeants et les classes dominantes des États de l'Ouest européen proposent comme beaucoup d'autres avant eux une vision déformée et mutilée des rapports entre les êtres humains. Ils évacuent l'altérité des peuples “ découverts ” en la plaçant hors du champ de l'humanité et en l'apparentant à l'animalité. La subordination contrainte de ces malheureux est en effet essentiellement fondée sur leur “ naturalisation ”. Ils sont relégués *de facto* puis *de jure* hors civilisation et hors culture :

> “ la recherche du contrôle des ressources et de l'accumulation du capital va conduire l'occident capitaliste à une prise de possession du monde, dont les *justifications* seraient entre autres le caractère de *non-humanité, sous-humanité* ou *humanité en devenir* de certaines personnes et de certains peuples

[1] Elle débouchera progressivement sur le processus du “ développement ” capitaliste et sur sa mondialisation, lié historiquement au phénomène d'occidentalisation du monde. Sur son impact sur le monde non-européen, cf. I. Wallerstein, *Le capitalisme historique*, Paris, la Découverte, 1985.

> et leur incapacité à mettre en valeur un monde potentiellement si riche par manque de travail, de compétence, de volonté ou de besoins… "[2].

L'irruption du racisme en Occident coïncide avec la conquête du " Nouveau Monde ". Le préjugé sert d'excuse ou de raison à la domination politique et à l'exploitation économique. L'infériorisation de l'Autre et son incroyable humiliation permettent d'évacuer l'exigence humaine suprême de reconnaissance et de dignité. Le " droit de conquête " appliqué provoque la rencontre avec des organisations sociales très dissemblables, méconnaissant en tous les cas les concepts européens d'État et de propriété privée. La spoliation des peuples obéit dès lors à un *modus operandi* quasi immuable : pour s'assurer la pleine jouissance de leurs terres les envahisseurs les en dépossèdent discrétionnairement, souvent par les armes. Ils les dépeuplent physiquement par l'extermination pure et simple (génocide), le refoulement (épuration ethnique), mais encore théoriquement par l'application exorbitante du " principe juridique " à valeur coutumière de la *terra nullius.* Ce dernier les autorise à affirmer l'extension territoriale de leur souveraineté en ne la subordonnant pas au respect des droits humains individuels et collectifs préexistants (dialectique du " civilisé " et du " barbare ").Mythe raciste d'une terre vierge de toute présence humaine avant l'arrivée des colonisateurs, il justifie le dépouillement et l'exclusion de multiples communautés de " sauvages " décrétées unilatéralement " sans État " (il ne sera abrogé en Australie qu'à partir de 1992). Le point de vue colonialiste essentiellement masculin se refusait à l'évidence l'accès à une pensée de l'universel humain. Il s'arrogera d'autant plus aisément le droit de poser la question des modalités d'acquisition d'espaces dont l'annexion privative supposait l'absence de " propriétaires ". La problématique

---

[2] J.-C. Fritz, " Le développement comme système de domination de la nature et des hommes ", in *L'humanité face à la mondialisation, Droit des Peuples et environnement*, L'Harmattan, 1997, p. 88 ; bibliographie anglaise très importante. Francisco de Vitoria (1480-1546) fut l'un des seuls théoriciens à penser l'égalité des peuples, allant jusqu'à soutenir que si les Indiens avaient découvert les terres européennes, ils auraient eu alors eux aussi le droit de se les approprier. Au XVIe siècle, Sepulveda, adversaire de Bartholomé de Las Casas le grand défenseur des Amérindiens (controverse de Valladolid) estimait qu'ils étaient plus proches des singes que des Espagnols. G. Washington considérait les Amérindiens comme infra-humains " comme des loups " disait-il. À la même époque en Europe, " les pauvres surtout, accaparés par la quête quotidienne de leur subsistance, n'ont pas même le temps d'acquérir les rudiments qui leur permettraient d'échapper à l'ignorance crasse qui contribue à les maintenir dans leur condition. Ce dont Voltaire se félicite – et il n'est pas le seul ! – craignant que trop d'instruction détourne le peuple de toutes les professions viles ou trop pénibles dont la société pourtant ne peut se passer. De fait les pauvres ne peuvent pas accéder à la plénitude de l'humanité et ne peuvent donc prétendre participer à cet épanouissement qu'est la vie politique ; c'est ce que les Lumières admettent explicitement. " : R. Dupuy, *La politique du peuple, Racines, permanences et ambiguïtés du populisme,* Paris, Albin Michel, 2002, p. 19.

posée n'est jamais celle de savoir si l'occupation est légitime, ou si le titre particulier d'appropriation allégué entraîne l'assentiment des " indigènes "[3]. Il s'agit uniquement de répondre aux préoccupations d'États prédateurs, relativement à l'établissement de critères sur le fondement desquels ils pourront rendre opposable l'extension de leur *imperium* à leurs rivaux mimétiques. La concurrence impériale exacerbée entre " puissances " européennes d'idéologie voisine en fait un problème juridique international majeur dans une période de fièvre colonialiste encourageant toutes les aventures. Divers systèmes d'acquisition des territoires valant titre juridique à l'extension de la souveraineté sont successivement retenus (attribution pontificale, occupation fictive avec information faite aux autres États, puis occupation effective consacrée au Congrès de Berlin en 1885 (pratique du premier arrivé, premier servi)[4]. Ces contorsions pseudo-juridiques masquent mal des valses-hésitations argumentatives fourbies par les " États civilisés " pour tenter de donner l'illusion qu'ils demeuraient malgré tout, au moins formellement, dans le champ éthique. En fait c'est la force brutale qui prévaut sur tout le reste : elle tente simplement parfois de se draper des oripeaux de théories juridiques *ad hoc* fondatrices du droit international émergent. La soumission des peuples obéit cependant bien à une logique d'occupation/dépossession profitant essentiellement aux élites économiques et politiques des quelques États alors existants[5]. Les compagnies coloniales privées protégées par les États et les colons occupent le plus souvent ces terres en pleine propriété ou en concession

---

[3] Les traités dits " de verroterie " ou de " cession " permettront cependant d'inventer et d'exciper d'une acceptation indigène que l'on opposait aux États rivaux. Les cédants ne pouvaient cependant pas exister juridiquement dès lors que les tribus n'étaient pas reconnues comme des sujets de droit égaux et que leur terre avait été déclarée sans maître. " N'est-on pas allé jusqu'à vouloir cette façade de responsabilité juridique pour maquiller la violence du fait colonial et le parer des vertus d'un accord en soutirant aux " indigènes " leur paraphe dont on pouvait se décorer, comme eux de la verroterie offerte en échange ? " : M. Chemillier-Geandreau, *Humanité et souverainetés, Essai sur la fonction du droit international*, Paris, La Découverte, 1995, p. 92.

[4] " Planter le drapeau national ! ", sur la terre des autres, sur les terres inhabitées, sur des espaces marins de plus en plus vastes, sur les corps célestes... un délire obsessionnel.

[5] La nouvelle compréhension que l'Européen eut de lui, il y a 400 ans, est principalement due à la conception que se firent de Dieu la Renaissance et le nominalisme. Il devint (à l'image du dieu islamique) le Tout-Puissant. Son image sur terre (le mâle chrétien européen) devait tendre lui aussi à la *potensia absoluta*. Il ne pouvait y parvenir que par la " connaissance et la puissance " (Haroun al Rachid, Al Mamun, F. Bacon et R. Descartes).C'est sur ce raisonnement que la méthode d'analyse et d'objectivisation des systèmes naturels conduisit à les soumettre à la volonté humaine, *divide et impera*. Cette méthode de fragmentation opposera la nature à l'homme comme une chose à son propriétaire. À la subjectivisation de l'homme correspondront la chosification et la commercialisation de la nature. Le dualisme cartésien de la *res cogitans* et de la *res extensa* (seule l'étendue caractérise la matière) constitue la théorie du processus dualiste moderne de différenciation entre l'homme et son " environnement ". Il aboutira à l'exploitation technologique de toute la planète.

temporaire, tout en forçant les " autochtones " à " se mettre au travail ". En les privant de l'accès à leurs ressources traditionnelles on les condamnait soit à disparaître[6], soit à travailler à bon compte pour le colonisateur dans le cadre d'une relation hiérarchisée[7]. La conquête des terres et l'exploitation des ressources naturelles corrélative servent le servage des hommes et réciproquement :

> " qui contrôle l'espace et les ressources contrôle aussi ceux qui y vivent. La version inégalitaire coloniale et post-coloniale d'un directoire d'États et de groupes sociaux minoritaires gérant le monde comme une sorte de *patrimoine commun de l'humanité* s'est traduite par la subordination et la dépossession des " autres " et a conduit à la perte de leur patrimoine communautaire "[8].

Le postulat universellement imposé est que tout " chrétien " à peau blanche est " par nature " potentiellement membre de la caste héréditaire des maîtres. L'élaboration *ex nihilo* de ce statut social discriminatoire aboutit à l'édification et au maintien dans le temps d'une culture raciste de l'*apartheid*. L'Afrique du Sud et la Namibie n'entament leur évolution vers une société multiraciale qu'à partir de 1990.

L'épuisement rapide des " ressources humaines " amérindiennes[9] (extermination, répressions, épidémies, luttes fratricides par État colonisateur interposé...) prépare la voie à la traite et à l'esclavage des Africains[10]. Ils sont à

---

[6] Le génocide des " Caraïbes " fut total. Les habitants de l'actuelle Martinique préférèrent le suicide collectif au servage, se jetant du haut d'une falaise. 2000 tribus indiennes peuplaient l'Amérique avant la " découverte ". Elles parlaient plus de 500 langues différentes et comptaient près de 100 millions d'individus. Un siècle et demi plus tard, ils n'étaient plus que 4.5 millions. Ils sont aujourd'hui 47 millions dont plus de 44 en Amérique Latine. Au Nord, en quatre siècles et jusqu'à Wounded-Knee (1890) dernier acte d'un génocide programmé, les " seuls bons Indiens étant des Indiens morts ", passèrent de 7 à 8 millions à 400 000. Rappelons encore le massacre de plusieurs dizaines de millions de bisons dans le but avoué de " venir à bout " de ceux qui s'appelaient pourtant entre eux " les hommes véritables ".

[7] Cf S. Bessis, *L'Occident et les autres : histoire d'une suprématie*, Paris, La Découverte, 2003, 340 p.

[8] Fritz, *loc. cit*, p. 102.

[9] Cf. Oruno D. Lara, *Les Caraïbes*, Paris, PUF, 1997 et *De l'oubli à l'histoire, espace et identités caraïbes*, Paris, Maisonneuve et Larose, 1999.

[10] La loi du 21 mai 2001 (JORF du 23 mai 2001) reconnaît que la traite négrière et l'esclavage étaient constitutifs d'un crime contre l'humanité (12 millions d'Africains environ seront déportés par les Européens). Cf. R. Château-Dégat, *La traite des noirs, de l'Afrique à l'Amérique*, Lafontaine, Martinique 1998 et O. Pétré-Grenouilleau, *Les traites négrières*, La Documentation française, 2003. La Conférence des N.U de Durban (8 septembre 2001) ira dans le même sens. " Elle condamne le fait que l'esclavage et des pratiques analogues existent encore dans certaines régions du monde (...) [Dans un Programme d'action elle relève que] certains États ont pris

leur tour immédiatement déshumanisés par des appellations comme " bois d'ébène " ou " pièces d'Inde " (réification des non-Européens). Intégrés dans la catégorie juridique des " biens meubles " et comme tels soumis à l'*usus,* au *fructus* et à l'*abusus*, ils font les frais du même paradigme racial dichotomique radical. Perçus à travers un prisme systématiquement négatif (les Noirs ne sont pas capables d'être libres, ils ne peuvent donc pas bénéficier des droits et privilèges et la servitude leur est consubstantielle) ils fournissent la main d'œuvre indispensable à la mise en exploitation des territoires accaparés (canne à sucre, coton, tabac, riz...). Au milieu du XVI^e siècle, il y avait déjà probablement 4 000 esclaves noirs dans les îles de Sao Tomé. " L'institution particulière " finit par se généraliser à la fin du XVII^e siècle jusqu'à devenir le système de travail principal de l'Amérique coloniale[11]. Le pullulement des immigrés et les ravages causés par l'expansion concomitante de modes de vie allogènes incompatibles (l'*european Way of Live*) aboutissent le plus souvent à la destruction des écosystèmes et des modes de vie traditionnels (écocide). Ils étaient tous les deux liés aux milieux et aux ressources qui les supportaient. Ces processus donnent naissance à des mondes aborigènes pathologiques longtemps expurgés de leurs forces de vie[12].Les États " chrétiens " (*Gott mit uns*)

---

l'initiative d'exprimer des regrets ou des remords ou de présenter des excuses, et appelle tous ceux qui n'ont pas contribué à rétablir la dignité des victimes à trouver des manières adaptées pour le faire ". Les musulmans n'ont jamais manifesté de repentir pour les abominations racistes commises sans interruption par leurs coreligionnaires entre le VII^e et le XIX^e. Environ 17 millions de personnes furent pourtant razziées et vendues par eux. Il s'agit du plus grand trafic d'hommes de l'histoire, les prélèvements s'étant effectués aussi dans les pays slaves, le Caucase et l'Asie centrale. Des survivances esclavagistes notoires se manifestent dans certains pays islamiques. Cf. O. Pétré-Grenouilleau, " La traite oubliée des négriers musulmans ", in *L'Histoire* : " La vérité sur l'esclavage ", n° 280, octobre 2003, p. 48-55 et J. Heers, *Les négriers en terre d'Islam*, Perrin, 2003, 312 p. " Pour l'Islam *Allah t'a rendu propriétaire de l'esclave* (Coran), l'esclavage des noirs n'est pas seulement la privation de la liberté et le travail forcé, il est aussi la destruction raciale. La plupart des esclaves noirs sont en effet transformés en eunuques et ceux qui résistent sont massacrés. Telle est la raison [avec la surmortalité des captifs], de l'absence presque totale d'éléments ethniques noirs en terre arabe d'Islam, en dépit des énormes transplantations réalisées et contrairement à ce qui se passa en Amérique " : www.Lestraitesnégrières.free.fr/esclavageantique.htm.

[11] Dans les colonies françaises de l'Amérique tropicale, la société esclavagiste sera juridiquement organisée par le célèbre édit de mars 1685 ou *Code noir.* Il légitimera la taxinomie raciale correspondant aux " principes " des Européens. C'est dans la colonie française de Saint-Domingue que les esclaves s'insurgeront en août 1791 pour réclamer l'abolition du système esclavagiste. Organisés par Toussaint Louverture en véritable armée révolutionnaire, ils parviendront à obtenir le 29 août 1793 l'abolition immédiate et sans condition de l'esclavage dans la colonie. Cette rébellion réussie marquait le début d'un long siècle d'émancipation. L'esclavage n'est aboli dans les colonies qu'en 1835 pour les Anglais, en 1848 pour les Français, en 1864 pour les Américains, et en 1888 pour les Brésiliens.

[12] Ce brassage de genres incompatibles entraînera des conséquences tragiques pour les autochtones, notamment décimés par des affections virales jusque-là inconnues d'eux. Elles

parviennent ainsi les premiers (sur l'imitation des empires romain et musulmans arabe et ottoman[13] et grâce aux avancées des sciences et de la technologie de la puissance)[14] à exploiter à leur profit exclusif le patrimoine commun de l'humanité dans toutes ses dimensions : naturelles surtout, mais aussi humaines et donc sélectivement culturelles[15]. Ils manifestaient ce faisant leur attachement pervers à un désir violent de possession monopolistique : de Dieu, des corps et des esprits, des terres et de leurs ressources. L'esprit de domination " est autant affaire de psyché que d'accès aux biens, l'une et l'autre étant enchevêtrées "[16]. Tous les peuples hors " chrétienté "[17] sont ensuite progressivement placés hors droit et soumis à la loi du plus puissant[18] :

---

risquent de se multiplier dans un futur proche du fait de l'homogénéisation en cours de la nature, facilitée par le progrès scientifique et technique et généralisée et stimulée par l'internationalisation des marchés. Le " virus du Nil occidental " aurait ainsi déjà fait plus de 400 morts aux États-Unis. De même les migrations d'espèces allogènes prédatrices des espèces autochtones (tortues de Floride, hannetons chinois, écrevisses de Louisiane...) bouleversent-elles dangereusement les écosystèmes.

[13] Cf. *L'histoire* : " Les racines de la mondialisation, De Rome à New-York ", n° 270, novembre 2002 et P.-H. Richardot, *Les grands empires. Histoire et géopolitique*, Ellipses, 2003, 463 p.

[14] Les causes des " découvertes " furent avant tout politiques : le rôle exceptionnel joué par le petit royaume du Portugal et par l'Espagne s'explique par le fait qu'ils se sont édifiés dans la lutte contre les royaumes islamiques et contre la menace pressante que faisaient peser sur leur existence les grands États musulmans d'Afrique et au-delà l'empire turc en expansion. L'achèvement de la *Reconquista* leur conférera des ambitions et des moyens nouveaux. Avec continuité et en passant de la simple croisade marocaine (prise de Ceuta en 1415) au dessein africain puis planétaire, quelques hommes décidés (Henri le Navigateur, Magellan, Christophe Colomb...) donneront l'impulsion aux voyages successifs. À travers ces actions se révèle le souci constant d'éloigner la puissance musulmane, voire de tenter de la contourner pour prendre contact avec d'autres qui pourraient aussi se trouver menacés par elle. Très rapidement l'aspect " économique " deviendra cependant prépondérant. Le commerce (y compris celui des esclaves) puis l'empire emprunteront toutes les routes traditionnelles du commerce musulman. Cf. B. Bennassou, J. Jacquart, *Le XVI$^{e}$ siècle*, Paris, Armand Colin, 1972, p. 19-21.

[15] Cf. J. Needham, *La science chinoise et l'Occident*, Paris, Seuil, 1973. Les collections des musées européens en attestent.

[16] Chemillier-Geandreau, *op.cit.*, p. 204.

[17] En 1454 le pape Nicolas V légalisa la traite des Africains et en 1498 Martin V décréta (sur le modèle du concept islamique de " *dar al Islam* ") que " la terre appartient au Christ et que le vicaire a le droit de disposer de tout ce qui n'est pas occupé par les chrétiens. Les infidèles ne sauraient être possesseurs d'aucune partie de la terre. " La gémellité des cultures musulmane et chrétiennes européennes sur l'ensemble de ces aspects (mépris de l'autre, esclavage féroce, esprit de rapine et de domination....) apparaît dans son évidence effrayante. Les racines de la mondialisation sont bien à rechercher dans leur projet impérial mimétique commun. Pour C. Levi-Strauss, " L'Islam nous a islamisés quand l'Occident s'est laissé entraîner par les Croisades à s'opposer à lui et donc à lui ressembler, plutôt qu'à se prêter s'il n'avait pas existé à cette lente osmose avec le bouddhisme qui nous eût christianisés davantage et dans un sens d'autant plus chrétien que nous serions remontés en deçà du christianisme même. C'est alors que l'Occident a perdu sa chance de rester femme. " : *Tristes tropiques*, Plon, 1955, p. 443. Catholiques et musulmans ont par ailleurs toujours tenté de dénier leur fondement juif radical, en prétendant le

> " garder la maison et courir le monde était la double finalité des pouvoirs étatiques. La seconde était le complément de la première car la puissance de la *maison* dépendait de ses débouchés et appendices extérieurs. Or s'ouvrir sur les voisins immédiats et à leurs dépens n'est guère possible dans l'Europe qui émerge des traités de Westphalie. La guerre de trente ans (1618-1648) avait fait en Europe 8 millions de morts dont 350 000 au combat. On rapporte que le cannibalisme fut pratiqué... "[19].

Pour faire une première exception et mettre la Turquie (l'homme malade) sous la protection du droit international européen, une décision conventionnelle *inter se* est nécessaire : l'article 7 du traité de Paris du 30 mars 1856 déclare " la sublime Porte admise à participer aux avantages du droit public et du Concert européen ". Il intègre juridiquement et pour la première fois un peuple non-chrétien dans le " Concert des nations ".

C'est pour le profit des treize États blancs confédérés d'Amérique (W.A.S.P) et à l'occasion du premier élargissement du système européen d'États et de son droit des gens (1776-1783) que le concept juridique de *droit des peuples à disposer d'eux-mêmes* ou *principe du droit à l'autodétermination* voit le jour[20].Pour l'ensemble du continent américain on ne peut cependant à aucun moment parler de décolonisation véritable : les indépendances acquises, des peuples autochtones longtemps dominés vont se retrouver " enfermés " à

---

subroger pour les uns et l'abroger pour les autres. Ces deux religions autoproclamées *Verus* et *Novus Israël* seront de ce fait souvent conduites à mettre leurs actes ignobles en accord avec leurs croyances. Elles ne seraient pourtant tout simplement pas nées si les juifs n'avaient pas initié l'histoire du monothéisme éthique. Hitler dira plus tard que " La conscience est une invention juive ".

[18] Cf. " Le temps des colonies ", *Les collections de l'histoire*, n° 11, 4/2001, bibliographie, p. 100. " Tout État chrétien était libre de faire n'importe où n'importe quoi. " : A. Decencière-Ferrandière, " Essai historique et critique sur l'occupation comme mode d'acquérir les territoires en droit international ", in *RDI*, 1937, p. 371.Ces processus sont de tous les temps. La tradition juive condense les mesures prises par Pharaon pour " neutraliser " les Juifs en Égypte et résoudre la " question " posée par leur existence. Trois termes hébreux les synthétisent : 1. Guérout : *abolition de tout statut juridique* ; 2. Înoui *: spoliation économique intégrale et réduction à l'état de misère* ; 3. Êvdout *: réduction à l'état d'esclaves* : R. Draï, *Lettre ouverte au cardinal Lustiger*, Alinéa, Aix-en Provence, 1989, p. 30.

[19] Chemillier-Geandreau, *op.cit.*, p. 129.

[20] Les traités de paix de Westphalie de 1648 ont établi pour la première fois semble-t-il en Europe, la protection des protestants et des juifs reconnus dignes d'un traitement égal à celui des catholiques. L'indépendance des États-Unis, reconnue par la métropole (traité de Paris de 1783) consacre la première le principe de libre disposition. La problématique des groupes minoritaires et de la reconnaissance de droits particuliers liés à leur statut est fort ancienne (exemple du statut discriminatoire de la " *dhimma* " octroyé par l'Islam classique aux " gens du livre "). Cf. J. Poumarède, " Approche historique du droit des minorités et des peuples autochtones ", in N. Rouland, dir., *Droit des minorités et des peuples autochtones,* Paris, PUF, 1996, p. 35-154.

l'intérieur des frontières des nouveaux États avec les descendants de leurs anciens maîtres héréditairement " aux affaires ". Elles y restent le plus souvent les victimes d'un *apartheid* subreptice et d'un racisme violent[21]. En droit international, le droit des peuples ne concerne plus guère en règle générale à partir de ce moment que les transferts territoriaux d'État à État, mais aussi les conditions dans lesquelles un territoire pouvait être amené à se séparer d'un État pour en constituer un nouveau (sécession).Il envisage également le problème de la fusion : deux États jusqu'alors indépendants décident d'en constituer un seul. Il s'agit en fait et en droit de déterminer dans quelle mesure les vœux des populations et donc le consentement des individus concernés peut jouer un rôle dans les modifications des seuls territoires étatiques[22]. Le droit des peuples ainsi réduit prend sa source dans la nouvelle philosophie des Lumières et dans l'idéologie du " droit naturel ".

S'il trouve à s'affirmer d'une façon particulièrement forte dans le siècle des Lumières et notamment dans son paroxysme révolutionnaire américain et français, il rencontre aussi un franc succès dans l'Europe du XIXe siècle sous le nom de *principe des nationalités*[23]. La foi dans le progrès indéfini d'une humanité réunie et guidée par un Occident en pleine expansion capitaliste et industrielle, sous l'égide des droits de l'homme, connaît alors son âge d'or[24]. C'est à partir du Congrès de Berlin de 1878 que commence à s'y affirmer la

---

[21] Cf. R. Menchu, " Le Guatemala est raciste avec force et furie ", in *Le Figaro*, 8 et 9 septembre 2003, p. 3. Les Indiens mayas divisés en plus de vingt langues différentes et sans chef y sont pratiquement exclus du pouvoir alors qu'ils représentent plus de la moitié de la population. À partir du moment où la Cour constitutionnelle a accepté la candidature à la présidence du général Rios Montt convaincu d'atrocités génocidaires commises sur les Indiens, plus de vingt candidats activistes des droits de l'homme et journalistes ont été assassinés.

[22] " Au XIXe siècle, quand on parlait du principe des nationalités, on voulait dire qu'un groupe d'individus formant une unité naturelle, une nation, pouvait aspirer à former une unité politique, soit par séparation d'un État préexistant, soit par fusion avec d'autres éléments participant de la même nationalité. " : Mme P. Bastid. *Cours de D.I.P, Licence*, Paris, Les cours du droit, 1963-1964, p. 657.

[23] De façon schématique ce dernier était compris comme le " droit de toute communauté *ethno-culturelle* ou nationale à créer son propre État ou à se rattacher à celui de sa nation-mère. " : I. BOEV " Le droit des peuples à l'autodétermination en droit des minorités ", in *L'Europe en formation*, n°317, 2000, p. 7. Cf., également, I.O. Bokatala, *L'ONU et la protection des minorités*, Bruxelles, Bruylant, 1992, p. 13 s. Le concept de peuple comme objet d'une science politique, juridique, sociologique est une invention européenne relativement récente. Son aire de diffusion reste restreinte en dépit de la conviction universaliste de ceux qui l'utilisent.

[24] C'est en 1830 que la France de la Restauration se lance dans une expédition aventureuse contre le dey d'Alger pour des motifs de politique intérieure. C'est le véritable début de l'Empire français qui durera donc moins d'un siècle et demi. " Vers 1900, l'exploitation de l'Afrique équatoriale française est confiée à des compagnies privées. Travail forcé, massacres, camps d'otages : voici venu le temps du pillage systématique… " : C. Coquery-Vidrovitch, " Le pillage de l'Afrique ", in *Les collections de l'histoire*, n° 11, *loc. cit*, p. 36-42.

dimension internationale de la protection des minorités, première expression d'une tendance typique de l'histoire contemporaine à surmonter la distinction entre politique intérieure et politique internationale dans ce domaine[25]. Dès 1917 elle est garantie par le Soviet des commissaires du peuple. Elle sera ensuite systématiquement bafouée par l'URSS qui abolit les écoles des minorités et leurs institutions culturelles, assassine leurs intellectuels et interdit toute pratique relative à l'exercice du droit à la différence identitaire. Les atrocités de la Première guerre mondiale seront nécessaires pour que l'Occident en rabatte enfin un peu de son arrogance. À l'occasion de " la grande transformation " de 1919[26], appuyé par le président Wilson[27], le principe détermine très largement le tracé des frontières des nouvelles nations européennes (effondrement du Reich allemand et des empires ottoman et austro-hongrois). Les gouvernements centraux de l'époque estiment cependant rapidement nécessaire qu'y soient apportées des limitations[28]. Les effets envisageables d'une application généreuse du principe trop favorable à l'émancipation d'un grand nombre de communautés minoritaires sont jugés menaçants pour la stabilité des États. Des " minorités nationales " émergent alors inévitablement au sein même de la plupart des nouvelles entités

---

[25] À Berlin fut approuvé le principe selon lequel la reconnaissance de l'indépendance de la Serbie, du Monténégro, de la Bulgarie et de la Roumanie par les autres États était subordonnée à la concession de la liberté religieuse. La tendance qui s'affirmera alors progressivement sera celle d'étendre à tous les États et à toutes les minorités (y compris les minorités nationales) la protection internationale des droits. La Convention-cadre pour la protection des minorités nationales du Conseil de l'Europe du 10 novembre 1994 exclut *a priori* l'insertion d'une définition un tant soit peu opératoire de la minorité faute d'une volonté des États d'accepter de collectiviser le système de protection minoritaire qu'ils entendent paradoxalement promouvoir. Son art.1er situe ce système normatif de protection dans " le cadre de la protection internationale des droits de l'homme " conformément au droit international général. Ce faisant il exclut que cette protection puisse en Europe relever du seul domaine réservé des États.

[26] K. Polanyi, *La Grande Transformation* (1944), Paris, Gallimard, 1988. La Grande Guerre ne fut pas seulement affaire de " civilisés " : environ 400 000 sujets de l'Empire français (Sénégalais, Nord-Africains, Malgaches, Annamites...) se virent alors conférer par la " République " le droit de tuer et de mourir à défaut du droit de voter.

[27] Les " 14 points " du Président Wilson ne contenaient pas l'expression de droit des peuples. Ils s'en tenaient à des formules plutôt confuses. Le point 5 était rédigé comme suit : " Arrangement libre dans un esprit large et absolument impartial de toutes les revendications coloniales, basé sur le respect strict du principe qu'en réglant toutes les questions de souveraineté, les intérêts des populations devront peser un poids égal avec les demandes équitables du gouvernement dont le titre sera à définir. " Cf. H. Thierry, S. Sur, J. Combacau, C. Vallée, *Droit international public*, Paris, Montchrétien, 1986, p. 490. Le Pacte de la SDN, création de puissances coloniales, ne faisait évidemment pas mention du droit des peuples.

[28] C'est ainsi qu'on a inclus dans la Tchécoslovaquie la population des Sudètes et qu'on a donné à la Pologne des droits sur Dantzig dont la population était également germanophone. Cela servira d'alibi à Hitler pour exiger à Munich le démembrement de la Tchécoslovaquie, puis pour déclencher dans le second cas un conflit mondial.

souveraines : leur " aspiration à la souveraineté ne pouvait être réalisée, le territoire sur lequel elles se trouvaient habiter étant réservé à l'expression territoriale exclusive de la souveraineté d'une autre Nation, majoritaire dans les frontières dudit État "[29]. C'est dans cette optique (excluant *a priori* les communautés religieuses et linguistiques) que le premier régime international de protection des minorités est mis en place et garanti par un système complexe de mécanismes internationaux au sein de la S.D.N[30]. Si ce projet politique ne vise en 1918 que des populations européennes que les puissances alliées ne voulaient pas pour des raisons politiques et/ou économiques faire bénéficier du droit de libre disposition, il pouvait au moins en théorie s'étendre à partir de 1945 à de nombreuses minorités du monde à l'occasion du processus de la décolonisation.

Il n'en est pas allé ainsi dans le cadre juridique de la société internationale reconstruit à la hâte par les " alliés " à partir d'un acquis colonial lourd d'ambiguïtés et avant même que les combats n'aient cessé. En 1945, le délicat problème des droits des minorités (cause majeure des deux terribles guerres civiles européennes) est presque totalement occulté au profit des " droits de l'homme " d'une part (idéologie libérale) et d'un " droit des peuples " de type collectif annoncé mais non défini d'autre part. Cette position impliquait encore à ce moment la négation politique des peuples colonisés et le refus d'une prise en compte de leurs aspirations à l'indépendance (révolte de Sétif en mai 1945). Elle s'expliquait aussi parce que la question des minorités germanophones avait été exploitée par l'État nazi pour créer les " cinquièmes colonnes ", avant-garde de sa politique d'agression et d'homicide[31]. Les limitations imposées aux États par le droit international sur le sujet du

---

[29] Cf. N. Levrat, " Solutions institutionnelles pour des sociétés plurielles ", in *Minorités et organisation de l'État*, ULB, 4e colloque international du centre international de la *common law* en Français (CICLEF), Bruylant, 1999, p. 62.

[30] Cf. S. Bartsch, " Le système des minorités dans la Société des nations ", in Liebich et Reszler, *L'Europe centrale et ses minorités : vers une solution européenne ?*, Paris, PUF, 1993, p. 37-50 et J. Verhoeven, " Les principales étapes de la protection des minorités ", in *R.T.D.H*, n° 30 (sur la protection des minorités), Bruxelles, 1997. Selon R. Cassin, il s'agissait en fait d'un régime discriminatoire car il était établi à la charge de quelques États seulement. Les mêmes charges n'étaient pas imposées aux autres États, les " alliés ", qui s'étaient investis de la mission de contrôler la mise en œuvre et le respect des droits des minorités par la Pologne, la Roumanie et la Tchécoslovaquie qui avaient combattu auprès de l'Allemagne. Cf. " La Déclaration universelle et la mise en œuvre des droits de l'homme ", in *R.C.A.D.I*, t. 79, 1951, p. 239 s.

[31] La Commission des droits de l'homme avait cependant créé une " sous-Commission de la lutte contre les mesures discriminatoires et de la protection des minorités " chargée en 1947 de préparer une définition du terme " minorité ". Elle soumettait la même année ses propositions qui n'ont pas été retenues dans le texte final de la Déclaration de 1948.La protection de minorités juridiquement définies se heurtait au refus de certains États qui craignaient pour leur " unité nationale ". Les moyens de l'O.N.U, structure inter-étatique, ont toujours pour limite la volonté de coopérer des États.

traitement des personnes sises sur leur territoire n'allait donc plus uniquement concerner les minorités nationales et leurs membres. Elles s'étendraient désormais à l'ensemble des individus sur le fondement du principe de l'universalité des droits de l'homme[32]. Ce changement radical de perspective politique et juridique conduisit une doctrine occidentale longtemps dominante à considérer – de façon semble-t-il erronée[33] – que la protection des populations minoritaires était suffisamment assurée par cette garantie individuelle universelle. Ce courant niait ainsi la possible survivance d'un droit distinct des minorités en leurs refusant l'octroi d'une protection spéciale. Il la jugeait incompatible avec les principes d'égalité et de non-discrimination. C'est finalement sur le fondement d'un droit des peuples idéologiquement interprété que le droit de la décolonisation fut fondé et qu'il développe ses effets calamiteux. Il est imposé par le canal intergouvernemental de l'O.N.U. comme un droit à l'indépendance réservé aux seuls " peuples coloniaux " dans l'unique forme étatique. Il entérinait *de jure* les caractéristiques adémocratiques et réductrices d'un mouvement de décolonisation déjà très largement engagé en dehors de lui[34]. L'enchaînement entre l'accélération du processus de mondialisation marchande et la chute du mur de Berlin fait brusquement du " temps mondial " un événement planétaire[35]. Les inquiétudes nées de l'observation des effets délitants de cet engloutissement généralisé dans le présent-profit sur les cultures et sur les écosystèmes, concourent aujourd'hui à la réactivation d'autres significations du droit des peuples. Notamment revendiqué par les Peuples premiers en tant que groupes déniés comme identités sociales[36], il sert la cause d'une demande d'émancipation relative. Elle implique la validation aux plans interne et international d'un système de protection

[32] L'art. 1er de la Déclaration de 1948 dispose que " tous les êtres humains naissent libres et égaux en dignité et en droits ". Ce principe fondateur induit logiquement que (art. 2) " chacun peut se prévaloir de tous les droits et de toutes les libertés proclamées dans la présente Déclaration, sans distinction aucune de race, de couleur, de sexe, de religion, d'opinion politique ou de toute autre opinion, d'origine nationale ou sociale, de fortune, de naissance ou de toute autre situation ".
[33] Cf. *infra*.
[34] L'Inde et l'Indonésie accédèrent à l'indépendance au lendemain de la seconde guerre mondiale. De nombreux territoires français connurent un sort identique en 1960 lorsque la résolution 1514 (XV) fut adoptée. Très souvent (colonies portugaises, Algérie, Rhodésie, Namibie...) l'indépendance ne fut acquise qu'après des conflits prolongés. Enfin certains territoires furent décolonisés relativement pacifiquement sans qu'il soit fait recours au droit de la décolonisation.
[35] Cf. Z. Laïdi, *Le temps mondial*, Paris, Complexe, 1997. Pour P.-A. Taguieff, " La domination du temps réel entraîne la déréalisation de l'espace réel et des identités collectives. La consistance des identités et des communautés stables est mise en doute, l'instabilité est normalisée, l'état fluctuant dérive de l'esprit capitaliste et devient la règle de la vie quotidienne " : *L'effacement de l'avenir*, Galilée, 2000, p. 197.
[36] Cf. *infra*.

minoritaire spécifique, à la fois classique mais aussi révolutionnaire dans certains de ses aspects.

Pour tenter de parer au " chaos global " et à la violence des rapports internationaux qui s'annoncent[37], scénarii désormais tout à fait envisageables résultant d'évolutions sociales erratiques portées à leur paroxysme (surpopulation, sur-urbanisation, surproduction, surexploitation, sur-pollutions, désertification, déforestation, pandémies, nations en déréliction, violences réactives extrêmes...), la pensée écologique semble pouvoir incarner l'un des recours politiques à privilégier pour la prise de conscience universelle et pour la mise en œuvre de remèdes salutaires. Le thème de la sauvegarde et de la permanence de l'humanité aujourd'hui confrontée à des périls avérés qui la menacent, semble de nature à pouvoir remettre en cause la domination et à écarter les risques de sa résurgence. Dans cette voie et tout en restant conscient qu'il sera toujours humainement impossible de réaliser un état permanent de stabilité et de non-violence absolue (le paradis sur terre), il apparaît inévitable de faire appel à un imaginaire politique alternatif dont l'objectif principal consisterait à assigner à chacun la place qui lui revient dans des échanges inter-humains enfin devenus équitables. Il s'agirait notamment de repenser

> " le fondement radical de la société mondiale, de manière à rendre possible une émancipation partout incomplète ou confisquée et à le faire de manière à réaliser dans le même mouvement à la fois les droits de l'homme et ceux des peuples. L'émancipation ici visée est celle des groupes et des individus et non l'une ou l'autre... "[38].

Pour mettre en œuvre ce projet (en supposant que la confiscation de la démocratie par un gouvernement " expertocratique " transnational ne soit pas

[37] " Les hommes sont ainsi faits qu'ils retombent toujours dans leurs rivalités mimétiques (...). Il faut que le scandale arrive et il arrive toujours, sporadiquement d'abord et on n'y prête guère attention, mais bientôt il prolifère. " : R. Girard, *Je vois Satan tomber comme l'éclair*, Paris, Grasset, Paris, 1999, p. 127. Pour cet auteur, " La violence semble prise dans un processus qui rappelle la propagation du feu, ou celle d'une épidémie. Les grandes images mythiques ressurgissent comme si la violence retrouvait une forme très ancienne et un peu mystérieuse. C'est comme un tourbillon au sein duquel les violences les plus violentes vont se rejoindre et se confondre. Il y a les violences familiales et scolaires, celles dont se rendent coupables ces adolescents qui massacrent leurs camarades dans les écoles américaines, et il y a les violences visibles dans le monde entier, le terrorisme sans limites ni frontières. Ce dernier se livre à une véritable guerre d'extermination contre les populations civiles. Il semble qu'on se dirige vers un rendez-vous planétaire de l'humanité avec sa propre violence. " : *Celui par qui le scandale arrive*, Desclée de Brouwer, 2001, p. 16.

[38] Chemillier-Geandreau, *op.cit.*, p. 222.

déjà fatale)[39] il peut sembler prioritaire et juste, ne serait-ce que parce qu'il faut bien commencer par réintégrer une première catégorie d'exclus parmi les moins contestables, que soit mis en place un régime international de protection et de réparation spécifique pour ces groupes humains vulnérables essentiels que sont les Peuples premiers. La plupart du temps ancrés sur un territoire matrice d'un lien social ancestral privilégié ou plus prosaïquement parce qu'ils ont été parqués dans des réserves périphériques, ils sont toujours bien connus des gouvernants en place du fait de leur irréductible et " inquiétante " étrangeté. Alors qu'ils n'ont jamais consenti aucune cession officielle définitive de leur terre à une quelconque autorité coloniale, ils ne sont que rarement reconnus *a priori* dans l'ordre constitutionnel des États sur le territoire desquels ils survivent[40]. La peur phobique de l'éclatement et de la fragmentation (en fait la crainte d'une perte de puissance que nul ne peut pourtant empêcher lorsqu'elle survient tôt ou tard) mais aussi la prétention à se couper d'une antériorité méprisée au motif que celle-ci serait " faible " et " dépassée ", se traduisent par un renfermement physique et mental crispé des pouvoirs gouvernementaux toujours suffisants et péremptoires vis-à-vis des assujettis. De tels sentiments les conduisent le plus fréquemment au refus soupçonneux[41] et parfois violent de leur droit à l'autonomie et à la considération et donc à l'existence politique (verrouillage archaïque). Pour qu'un *corpus* de droit spécifique des communautés autochtones puisse voir le jour, il apparaît cependant bien nécessaire que son objet soit clairement identifié, eu égard notamment à la qualité et donc à la reconnaissance des titulaires des droits qu'il entend garantir. Le droit positif national et international situe toujours idéologiquement et illogiquement la défense des droits culturels ou du " droit à la différence ", dans

---

[39] Les États-Unis, au nom du *Novus ordo seclorum* déjà inscrit sur le billet de un dollar américain, envisageraient bien de prendre la direction d'un tel gouvernement. Cf. leur projet liberticide d'instauration d'une monnaie unique électronique mondiale et de la micro-puce sous-cutanée imposée à tous autorisant seule les échanges monétaires. Elle est déjà en vente libre dans ce pays. Cf. le site entièrement consacré à une pétition contre la micro puce sous-cutanée : www.geocities.com/nomicrochip/homepage.htm/.

[40] J.-J. Simard écrit que " c'est le Blanc qui a inventé l'Autochtone par réduction (géographique d'abord) pour s'accaparer de sa terre ; puis économique en l'asphyxiant, politico/administrative en lui déniant ses formes traditionnelles de gouvernement et en créant une bureaucratie pour s'occuper de lui ; juridiquement enfin en le dotant de droits dont il ne voulait pas et en le transformant en sujet de compétence constitutionnelle. " : " La réduction des Amérindiens : entre l'envers du Blanc et l'avenir pour soi ", in J. Lafontant, *L'État et les Minorités*, Winnipeg, 1996, p. 153.

[41] Cf. la désignation immédiate et sans preuve " des Basques " comme coupables par les autorités de Madrid dans l'horrible attentat du 11 mars. Les Peuples n'ont-ils pas le droit à la présomption d'innocence ?

le cadre du seul exercice privé des libertés publiques[42]. Si cette protection invite inévitablement à la reconnaissance d'un droit fondamental individuel à l'identité, à être soi-même, sa dimension subjective en fait aussi fatalement un phénomène d'ordre collectif[43]. Dès lors que l'on appréhende les droits culturels comme autant de droits individuels (leur contenu peut varier en fonction de la spécificité de l'identité d'appartenance) il apparaît que les Indigènes connaissent un sort identique à celui des personnes relevant des autres minorités nationales. Ils ressortissent en effet la plupart du temps aussi de cette catégorie et relèvent à ce titre du droit commun des minorités (1). Ce n'est que dans les hypothèses de plus en plus fréquentes où une population aborigène jouit d'une reconnaissance d'autonomie politique sur sa terre historique (Écossais, Flamands, Inuits du Canada...) ou d'une indépendance nationale (Papouasie Nouvelle-Guinée, Israël, Érythrée...) que ce constat n'est évidemment plus fondé. Si l'on accepte d'admettre que les droits culturels sont aussi des droits collectifs restituant l'individu à son appartenance sociale naturelle, " il s'agit (alors) pour le groupe du libre choix des conditions dans lesquelles il entend réaliser ses droits culturels au sein de la nation étatique "[44], autrement dit du droit générique à " l'autodétermination culturelle "[45]. Celui-ci peut se résumer pour les Peuples premiers par la reconnaissance constitutionnelle d'un droit imprescriptible de libre disposition (à protéger internationalement) se réalisant sous la forme d'un réinvestissement communautaire de la terre ancestrale, condition *sine qua non* de la pérennité de leur identité. Ce " droit à la terre " est inséparablement associé à une *praxis* économique vivrière localisée, dont les enjeux sont eux-mêmes conditionnés par une protection écologique traditionnelle intégrale du site concerné (2).

---

[42] Le droit est un outil tout à fait incapable de garantir à lui seul l'enjeu véritable de toute quête de reconnaissance : la fraternité, l'amitié et l'estime sociale qui sont l'inverse du mépris.

[43] Pierré-Caps note justement que " le seul fait d'inclure la protection minoritaire dans le système d'ensemble de la protection des droits de l'homme révèle une contradiction logique : si les droits de l'homme suffisent à protéger les " personnes appartenant aux minorités nationales " il paraît superfétatoire de distinguer ces dernières, sauf à considérer que la thématique des droits de l'homme ne peut à elle seule rendre compte de la protection minoritaire. " : " Peut-on parler actuellement d'un droit européen des minorités ? ", in *A.F.D.I*, Paris, 1994, p. 93.

[44] *Ibid.*, p. 104.

[45] N. Rouland, " L'archipel des droits de l'homme ", in *L'actualité de la déclaration universelle des droits de l'homme*, Montréal, 10 décembre 1993, p. 16.

## 1. UNE PROTECTION INDIVIDUELLE RELEVANT DU DROIT COMMUN DES MINORITES

Un tel libellé conduit inévitablement à dépasser une approche seulement juridique pour intégrer celle-ci dans un contexte socio-politique plus large qui seul puisse lui donner quelque signification pertinente. Notre propos n'est pas de procéder à l'énumération des droits culturels traditionnellement reconnus aux " personnes appartenant aux minorités nationales " (linguistiques, ethniques, religieux, éducatifs, politiques...). Cette tentative équivaudrait à paraphraser les textes protecteurs internationaux de référence, de toutes façons jamais exhaustifs *ratione materiae,* parce qu'il est impossible d'enfermer l'ensemble des identités dans une définition juridique unique et déterminée *a priori* par des " spécialistes " extérieurs aux groupes humains concernés. D'autre part, et à cause d'un refus léonin endémique des États de reconnaissance des minorités dans leur dimension collective, il n'existe toujours pas de définition juridique positive de celles-ci, ni des Peuples, qui soit acceptée internationalement et/ou régionalement. Elle seule autoriserait pourtant l'élaboration et la mise en œuvre de protections opératoires[46] de ces groupes en évitant les dangers d'un empirisme élusif pratiquant par exemple l'amalgame impossible[47] entre

---

[46] Ainsi la Convention-cadre pour la protection des minorités nationales du Conseil de l'Europe du 10 novembre 1994 " excluait *a priori* l'insertion d'une définition un tant soit peu formelle. Instrument multilatéral à vocation *programmatoire* et téléologique, la convention-cadre se borne à formuler et préciser des principes que les États s'engagent, le cas échéant, à respecter dans leur propre législation nationale en vue de protéger les minorités. Il appartient aux États concernés d'accommoder ces objectifs avec leur propre situation nationale. L'on comprend dans ces conditions, le pragmatisme de la convention, qui désigne le phénomène minoritaire sans le qualifier, même si celui-ci relève d'une explication on ne peut plus prosaïque, à savoir l'impossibilité de réunir l'accord de tous les États membres du Conseil de l'Europe sur une définition opératoire. " : Piérré-Caps, *loc. cit.,* p. 89. Cette convention ne reconnaît de ce fait aucun droit à caractère collectif, son article 3 § 2 ne visant que la protection des " personnes appartenant à des minorités nationales " qui peuvent exercer leurs droits individuellement ou conjointement avec d'autres. Le rapport explicatif de la convention-cadre publié par le Conseil de l'Europe prend soin de préciser que " l'exercice en commun des droits et libertés est distinct de la notion de droits collectifs ". Il en va de même des textes de la CSCE qui considèrent les " droits des personnes appartenant à des minorités nationales... comme des droits de l'homme reconnus universellement ", conformément au droit international général.

[47] " Le risque est en effet de faire du phénomène minoritaire un véritable pavillon de complaisance au sein duquel convergerait toutes les frustrations communautaires. " : Piérré-Caps, *loc. cit.,* p. 89-90. On ne peut ainsi pas envisager sérieusement que des minorités parfois nombreuses d'immigration récente qui ont choisi librement leur intégration dans la nationalité française (arabe, berbère, chinoise, portugaise, etc.) ne puissent pas exiger l'emploi de leur langue maternelle dans leurs rapports avec les autorités administratives. Leur " patrie de nature " s'ils veulent la conserver est leur Peuple d'origine, la France n'étant en ce cas pour eux que leur

immigration et minorités nationales. Il paraît utile du fait de cette lacune du droit international d'examiner quelques définitions socio-politiques, puis juridiques des minorités en général. Elles permettront de parvenir à une spécification plus fine des bénéficiaires ainsi qu'au dégagement des lignes forces qui justifient l'existence d'un système normatif de protection.

Pour l'*Encyclopédie britannique* de 1979,

> " la description la plus fréquente d'un groupe minoritaire est celle d'un ensemble de personnes distinctes du point de vue de la race, de la religion, de la langue ou de la nationalité des autres membres de la société dans laquelle elles vivent, qui se considèrent elles-mêmes et sont considérées par les autres comme séparées et différentes. La séparation implique souvent aussi que les membres d'une telle minorité sont exclus de toute participation à la vie de la société du fait même que, de quelque manière, ils diffèrent du groupe dominant, situation qui génèrent des attitudes de discrimination et de préjugés à l'égard de la minorité en question, attitudes qui peuvent être aussi partagées par d'autres groupes ou minorités dans la société. La minorité est elle-même portée à répondre par des attitudes déterminées de loyauté à l'égard du groupe qu'elle constitue et à développer des comportements qui, à dessein ou non, aggravent avantage la ségrégation dont elle est l'objet. "[48]

*L'Encyclopédie Universalis* de 1985 ne donnait quant à elle aucune définition de la minorité. L'auteur de l'article correspondant à cette rubrique estimait que " le terme de minorité semble ne pas avoir besoin de définition tant il est vrai qu'il fait partie du langage courant et que chacun sait, au sens large, de quoi il s'agit ". Il écrivait cependant plus loin, montrant le caractère peu fondé de la première assertion, que " la notion de minorité ne se laisse pas aisément définir parce qu'il ne s'agit pas d'une notion juridique. La *minorité* doit bien davantage être définie comme notion socio-politique "[49]. Il énumérait ensuite quatre " éléments " qui lui apparaissaient nécessaires à l'existence d'une minorité :

> - un élément communautaire (un ensemble de caractéristiques subjectives et objectives unissant ses membres),

---

" patrie de citoyenneté ". Les minorités et les Peuples nationaux " de souche " sont évidemment en leur double qualité de national et de minoritaire national dans une autre situation historique.

[48] H. S. Morris, " Minorities and Ethnic groups ", in *Encyclopaedia Britannica*, Macropaedia, vol. 15, 1979, p. 260-267.

[49] Cf. dans ce sens F. Rigaux, " Mission impossible : la définition de la minorité ", in *R.T.D.H.*, n° 30, 1997, p. 155-175.

- un élément quantitatif (le groupe doit comprendre un nombre suffisant de membres notamment parce que les petites minorités sont négligées et n'obtiennent jamais la satisfaction de leurs doléances)[50],

- la conscience minoritaire (elle est considérée comme indispensable), et

- l'oppression quelle que soit sa forme dont elle est l'objet[51].

On peut donc estimer selon ces premières réflexions qu' " une minorité est une formation sociale relativement cohérente et nombreuse, caractérisée par ses particularités culturelles, dominée dans la région du monde où elle est implantée par un pouvoir politique qu'anime une idéologie en conflit avec la sienne "[52]. On remarquera qu'une telle approche ne retient pas ou plutôt minimise les critères culturels classiques de langue, de race ou de religion, qui contribuent le plus souvent à affaiblir les groupes minoritaires plutôt qu'ils ne servent leur cause : les minorités ne sont que rarement des unités sans faille et solidement constituées et la politique étatique joue alors de leurs clivages internes pour renforcer sa domination (Kurdes sunnites et chiites et qui parlent une bonne dizaine de langues différentes, Basques d'expression espagnole ou française, Guyanais indiens, créoles ou noirs, religion similaire à celle du groupe dominant...).

Sur le plan juridique une première définition de la notion a été délivrée en droit international par l'avis consultatif de la C.P.I.J. du 31 juillet 1930 relatif à " l'émigration des communautés gréco-bulgares " :

> " le critérium de la communauté au sens des articles de la Convention (du 27 novembre 1919, conclu entre la Bulgarie et la Grèce) est l'existence d'une collectivité de personnes vivant dans un pays ou une localité donnée, ayant une race, une religion, une langue et des traditions qui leur sont propres, et unies par l'identité de cette race, de cette religion, de cette langue et de ces traditions dans un sentiment de solidarité, à l'effet de conserver leurs traditions, de maintenir leur culte, d'assurer l'instruction et l'éducation de leurs enfants conformément au génie de leur race et de s'assister mutuellement. "[53]

En 1935, la haute Cour eut l'occasion de préciser l'objet du système de protection minoritaire mis en place en 1919-1920 :

---

[50] Il n'est évidemment pas envisageable, sous peine de réduire à néant le principe même du fonctionnement du système démocratique, que tout groupe qui serait mis en minorité du fait d'un choix démocratique puisse revendiquer à son profit un agencement de la décision majoritaire lui permettant d'appliquer les choix qu'il défend.

[51] A. Demichel, in *Encyclopaedia Universalis*, Paris, 1985, vol.12, p. 326-331.

[52] W. Grossin, " Les minorités, une approche sociologique ", in *I.E.M.*, session 1989 : *Les minorités*, p. 26.

[53] CPJI, série B, n° 17, p. 19 et 21-23.

> “ l’idée qui est à la base des traités pour la protection des minorités est d’assurer à des groupes sociaux incorporés dans un État, dont la population est d’une race, d’une langue ou d’une religion autre que la leur, la possibilité d’une coexistence pacifique et d’une collaboration cordiale avec cette population, tout en gardant les caractères par lesquels ils se distinguent de la majorité et en satisfaisant aux exigences qui en découlent ”[54].

Cette définition ne diffère somme toute pas fondamentalement des définitions sociologiques classiques de la nation qui ramènent également à une imbrication plus ou moins probante d’éléments constitutifs objectifs et subjectifs disparates[55]. Elle peut d’ailleurs expliquer pourquoi les représentants des Peuples premiers lorsque qu’ils se rencontrent au plan international se reconnaissent entre eux comme des “ nations souveraines ”[56]. Dans une autre espèce, la C.P.J.I avait encore indiqué que “ la question de savoir si une personne appartient à une minorité de race, de langue ou de religion (...) est une question de fait et non de pure volonté ”[57]. Cette constatation est généralement vraie. Mais pour éviter que des individus qui ne le désireraient plus ne se retrouvent enfermés dans des groupes traditionnels entièrement déterminés *a*

---

[54] CPJI, 6 avril 1935, *Écoles minoritaires en Albanie*, série A/B, n° 64, p. 19.

[55] Le caractère ambigu de l’idéologie nationale est mis en lumière par la flexibilité des principes qui justifient l’unité de la nation. Par exemple au XIX$^{e}$ prévalait en France la “ théorie élective ” tandis qu’en Allemagne s’était affirmée la “ théorie naturelle ”. La première justifie l’existence des nations comme fondement de la volonté de vivre ensemble ou selon la célèbre formule de E. Renan, comme “ plébiscite de tous les jours ”.En revanche, la théorie naturelle lie l’existence des nations à des facteurs qui transcendent la volonté humaine comme la langue et la race. La prédominance de la théorie élective en France et de la théorie naturelle en Allemagne doit être attribuée à la seule raison d’État et en particulier au besoin de trouver une justification crédible de la domination sur l’Alsace et la Lorraine que se disputaient les deux pays. En d’autres termes chacune des deux théories était particulièrement adaptée pour soutenir la cause de chacun des deux adversaires.

[56] R. Michel, “ Nations souveraines ”, in *Terre sauvage*, avril 2002, p. 3.

[57] Avis consultatif du 3 mars 1928, *Compétence des tribunaux de Dantzig*, série B, n° 15, p. 32-33. L’appartenance à un Peuple ne se décrète donc pas. Elle se fonde sur la liberté de choix des individus d’appartenir à une minorité, ce qui suppose l’acceptation des charges et des obligations qui en résultent. Le droit européen des minorités a mis en avant ce constat : l’article 3 de la Convention-cadre pour la protection des minorités nationales du Conseil de l’Europe dispose en effet que “ toute personne appartenant à une minorité nationale a le droit de choisir librement d’être traitée ou de ne pas être traitée comme telle... ”. De même le § 32 du document de conclusion de la réunion de Copenhague sur la dimension humaine de la C.S.C.E. du 29 juin 1990 énonce-t-il que “ l’appartenance à une minorité nationale est une question relevant d’un choix personnel ” et qu’ “ aucun désavantage ne peut résulter de ce choix ”. Rappelons que dans cette perspective E. Renan écrit en 1882 que la nation se construit à la base de l’adhésion volontaire et permanente à une communauté humaine. Cf. *Qu’est-ce qu’une nation ?*, Paris, Presse Pocket, 1992, p. 54 s. Le double processus de mondialisation et d’individualisation sape aujourd’hui le sentiment national sans lequel une nation perd sa consistance “ héritage de gloire et de regrets à partager ” et dans l’avenir d’un “ même programme à réaliser ”.

*priori*, l'exigence d'une manifestation expresse de volonté sous la forme d'une déclaration d'appartenance minoritaire consignée est parfois envisagée dans certains pays, par exemple sur un " registre de nationalité ".

> " Certains États d'Europe centrale pratiquent depuis peu de temps ce système d'autonomie personnelle et font de ce droit subjectif d'option active un droit constitutionnellement reconnu. Tel est le cas de la Hongrie, qui l'organise par la loi du 7 juillet 1993 sur les *Droits des minorités nationales et ethniques* et de l'Estonie par la loi du 25 octobre 1993 sur l'*Autonomie culturelle des minorités nationales* "[58].

Dans d'autres cas ce sont les autorités coutumières elles-mêmes qui se chargent d'effectuer le départ entre les individus qui veulent rester au sein de la communauté et ceux qui désirent s'en détacher : ainsi en Guyane française est-il imposé à ceux des Indiens Kali'na qui souhaitent disposer d'un terrain agricole sur la zone communautaire de " Sumuru " de choisir d'opter ou non pour l'appartenance à la communauté. Une charte communautaire à signer et dont les termes doivent être respectés a été rédigée en 1989. Un système de cotisation obligatoire par famille a également été mis en place. Les fonds ainsi collectés sont affectés au soutien des projets indigènes et notamment à l'aménagement de la zone communautaire. Dès lors qu'une famille n'a pas cotisé et n'a pas signé la charte (conditions cumulatives), elle ne peut pas avoir la jouissance d'un lopin de terre sur la zone. Tout Kali'na peut s'inscrire dès qu'il le décide, à la condition toutefois de payer l'arriéré de cotisation depuis 1989 afin que tous se retrouvent à égalité. Ce processus a été initié par les anciens et permet une véritable solidarité au sein de la communauté. Il met en avant la volonté individuelle d'adhésion en exigeant la manifestation d'une réelle motivation pour pouvoir accéder aux droits communautaires[59].Ce " phénomène de droit public subjectif "[60] aboutit parfois à ce qu'un individu de couleur blanche décide de son appartenance à la minorité noire (cas fréquents aux États-Unis) : s'étant découvert des ancêtres esclaves, il opte moralement pour une situation de son identité du côté des victimes plutôt que de celui des bourreaux. Il est entendu qu'une telle décision personnelle ne devrait en aucun cas entraîner un quelconque désavantage pour l'optant au sein de l'État dont il a la nationalité.

Dans le système des Nations Unies la minorité désignée par des critères seulement objectifs a toujours été inéluctablement synonyme de " minorité

---

[58] Cf. Piérré-Caps, *loc. cit.*, p. 87 et " Le principe de l'autonomie personnelle et l'aménagement constitutionnel du pluralisme national : l'exemple hongrois ", in *R.D.P*, 1994, p. 401-428.

[59] Cf. B. Gerfault, *Espaces de vie et droit à la terre des peuples autochtones, Le cas de la communauté amérindienne Kali'na de Kourou-Guyane française*, Mémoire de maîtrise, sous la dir. de V. Veschambre, Université d'Angers, octobre 2003.

[60] Piérré-Caps, " Peut-on parler actuellement d'un droit européen des minorités ? ", *loc. cit.*, p. 91.

nationale "[61]. La Déclaration universelle des droits de l'homme adoptée sous la forme d'une résolution de l'AG de l'ONU[62] contient déjà les dispositions suivantes :

> " Considérant que les Nations Unies ne peuvent demeurer indifférentes au sort des minorités (...) Considérant qu'il est difficile d'adopter une solution uniforme de cette question complexe et délicate qui revêt des aspects particuliers dans chaque État où elle se pose (...) Considérant le caractère universel de la Déclaration des droits de l'Homme (...) Décide de ne pas traiter par une disposition spécifique dans le corps de cette Déclaration la question des minorités. " On peut raisonnablement déduire de ce texte que " l'interprétation affirmant que l'universalisme des droits de l'homme s'oppose à toute prise en considération de la spécificité des situations des minorités (...) ne constitue pas une interprétation valide de la volonté de la communauté internationale telle qu'elle a été exprimée par l'AG des Nations Unies. En effet, elle n'exclut pas la possible et nécessaire prise en considération du sort des minorités par des instruments spécifiques ; elle constate seulement qu'une telle approche n'a pas sa place dans une *Déclaration universelle*, et qu'en conséquence la question des minorités devra faire l'objet d'un traitement tenant compte *des aspects particuliers dans chaque État où elle se pose* (...) " un droit des minorités de type universel – au niveau international – (...) poserait de délicates questions de définition des objectifs d'un tel droit, ainsi que de définition des groupes susceptibles d'en bénéficier ".

Cette association entre l'État et ses minorités sera à nouveau mise en lumière dans le mémorandum du Secrétaire général des Nations Unies portant sur la " Définition et classification des minorités " du 27 décembre 1949. Après avoir effectué le constat de la difficulté à formuler une définition rigoureuse du concept le document disposait que le terme minorité désignait le plus souvent " des collectivités présentant certaines caractéristiques (ethniques, linguistiques, culturelles, religieuses, etc) et presque toujours, des collectivités ayant un caractère national "[63]. C'est la Sous-Commission de la lutte contre les mesures discriminatoires et de la protection des minorités de la Commission des droits

---

[61] Cf. Bokatala, *L'ONU et la protection des minorités*, *op. cit.*

[62] Résolution 217 (III) c, du 10 décembre 1948, reprod. in A. Fenet, et *alii*, *Le droit des minorités : analyses et textes*, Bruxelles, Bruylant, 1995, p. 340-341.

[63] N-U, doc. E/CN.4/sub. 2/85, p. 10. Piérré-Caps (*loc. cit.*, p. 87-88) note que " le fait de désigner le minoritaire comme un national de l'État où il vit permet de spécifier la situation qui le constitue de celles liées à l'immigration et qui ne pose pas du tout le même type de problème, ne serait-ce qu'au regard du droit à l'autodétermination. À cet argument de fond s'ajoute le fait que la question des travailleurs migrants avait déjà fait l'objet d'une convention au sein même du Conseil de l'Europe (convention européenne relative au statut juridique du travailleur migrant du 24/11/1977) ".

de l'homme (elle comprend un groupe de travail sur les populations indigènes) qui en 1967 reprendra le flambeau en entreprenant une étude sur l'application des principes énoncés à l'article 27 du Pacte de 1966 et sur la notion de minorité. En 1977 elle examinait les conclusions de son rapporteur spécial Francesco Capotorti qui proposait une première définition. Pour lui, une minorité est

> " un groupe numériquement inférieur au reste de la population d'un État, en position non dominante, dont les membres-ressortissants de l'État possèdent du point de vue ethnique, religieux ou linguistique, des caractéristiques qui différent de celles du reste de la population et manifestent même de façon implicite, un sentiment de solidarité, à l'effet de préserver leur culture, leurs traditions, leur religion ou leur langue "[64].

Dans son étude transmise à la Commission des droits de l'homme le rapporteur, dont la définition fait aujourd'hui toujours référence au plan international[65], proposait la mise en place de procédures nationales permettant de régler les cas de violation des droits reconnus à l'article 27. Il suggérait aussi d'élaborer un projet de déclaration sur les droits des membres des groupes minoritaires. En 1978, la Commission mettait en place un groupe de travail pour rédiger un tel texte sur la base d'un projet présenté par la Yougoslavie. Ses travaux débouchèrent à la fin des années 80 sur un accord préliminaire relatif à un projet de préambule et à des projets d'articles jamais aboutis à ce jour en droit positif. La notion de minorité comportant inévitablement une dimension collective remet en question le rapport isomorphe jusqu'ici imposé par l'État entre lui-même et le citoyen. Elle pose à terme la question inévitable de l'attribution d'une personnalité morale de droit public spécifique à son profit et donc d'une limitation de la souveraineté nationale qu'aucune organisation internationale n'est actuellement en mesure de réaliser sans l'accord de ses États membres[66]. En attendant ces évolutions, le Pacte de 1966 reste donc aujourd'hui le seul instrument à vocation universelle qui soit relativement contraignant pour les

---

[64] *Etude des droits des personnes appartenant aux minorités ethniques, religieuses et linguistiques*, Publication des N-U, n° 78. XIV. 1. 1979, New-York, 119 p.

[65] Cf. par exemple l'article 2 § 1 du projet de convention pour la protection des minorités du Conseil de l'Europe élaboré en 1991 qui disposait : " Aux fins de la présente Convention, le terme *minorité* désigne un groupe numériquement inférieur au reste de la population d'un État, dont les membres, qui ont la nationalité de cet État, possèdent des caractéristiques ethniques, religieuses ou linguistiques différentes du reste de la population et sont animés de la volonté de préserver leur culture, leurs traditions, leur religion ou leur langue ". Il précisait en son article 2 § 3 que " l'appartenance à une minorité est une question relevant d'un choix personnel ".

[66] Cf., pour une étude de cette problématique dans le cadre de la SDN, S. Friedman, *Le problème des minorités ethniques et sa solution par l'autonomie et la personnification*, Thèse droit, Toulouse, 1927, 196 p.

États qui l'ont ratifié et qui organise un mécanisme individuel de protection des personnes appartenant à des minorités " ethniques, culturelles ou linguistiques "[67].

La comparaison des définitions sociologiques et juridiques de la minorité autorise à penser que l'apport théorique des premières apparaît plus important, en ce sens qu'elles mettent l'accent sur l'essence même de la notion de minorité : la relation de domination qui caractérise fondamentalement les rapports (politiques, économiques, sociaux) majorité/minorité[68]. Ce rapport inégal reste très largement occulté dans les définitions juridiques inévitablement plus conformes au point de vue des États. Les premières révèlent encore l'existence d'une confrontation sous-jacente de deux idéologies, de deux systèmes d'idées sociales antagonistes liés aux intérêts divergents des deux communautés en opposition. Ces idéologies forment la base de la justification des revendications/prétentions (domination/résistance) et des actions sociales corrélatives dans une période donnée. Si nier consiste à affirmer qu'une chose n'existe pas, c'est également porter un jugement vérifiable sur la réalité (différente de la vérité). Cette attitude présume que le négateur doit normalement accepter d'assumer la charge de la preuve à l'encontre du tenant d'une affirmation contraire[69]. La dénégation procède quant à elle d'un tout autre processus mental. Elle est une négation univoque qui refuse toute remise en

---

[67] Le projet de protocole additionnel à la Convention européenne des droits de l'homme sur les droits des minorités (Recommandation 1201 de l'Assemblée parlementaire du Conseil de l'Europe du 1/2/1993) insiste lui aussi sur le caractère national des minorités. Son article 1er dispose : " l'expression minorité nationale désigne un groupe de personnes dans un État qui, a) résident sur le territoire de cet État et en sont citoyens, b) entretiennent des liens anciens, solides et durables avec cet État, c) présentent des caractéristiques ethniques, culturelles, religieuses ou linguistiques spécifiques, d) sont animés de la volonté de préserver ensemble ce qui fait leur identité commune, notamment leur culture, leurs traditions, leur religion ou leur langue ". Cf. H. Klebes, " Commentaire du projet de Protocole ", in *R.U.D.H.*, 1993, p. 186-187. Piérré-Caps (*loc. cit.*, p. 88) estime que cette définition " est toutefois plus précise, sinon plus restrictive, dans la mesure où elle renforce le lien d'allégeance minoritaire à l'État en le soumettant à une condition d'effectivité et de durée, et l'on retrouve là le souci de bien distinguer les situations liées à l'immigration, voire aux réfugiés ". L'art 1er de la loi hongroise du 7 juillet 1993 subordonne le bénéfice de la qualité de minorité au fait d'avoir habité la Hongrie depuis au moins un siècle.

[68] Notons que dans de rares hypothèses des minorités au pouvoir parviennent à opprimer des majorités : minorité alaouite en Syrie, sunnite en Irak.

[69] " Lorsqu'il y a désaccord et que l'on vise à sortir de l'état d'incompréhension conflictuelle par la discussion persuasive, que l'on vise à convaincre en excluant la tromperie, la manipulation ou la menace, alors il faut nécessairement recourir à des arguments et donc à des critères rationnels qui en tant que dotés d'une validité universelle sont des principes. Une telle discussion argumentée fait nécessairement appel à une légitimation ayant validité universelle, donc excédant les valeurs et les normes (socio-centriques, conventionnelles) fournies par le contexte particulier (une culture, une communauté, une tradition) dans lequel a lieu la discussion. " : Taguieff, *op.cit.*, p. 413.

question des assertions qui la fondent. Il en est ainsi de l'État lorsqu'il s'accroche aux " principes " fondateurs de l'idéologie souverainiste qui légitiment son existence et son ordre (des assertions dogmatiques) afin de dénier le droit à l'existence et à l'autodétermination d'un peuple autochtone qui existait pourtant bien avant lui (*summum jus, summa injuria*). Il se range alors du côté des négationnistes[70]. Si à ce jour très peu de souverainetés semblent disposées à relativiser, sinon à abandonner ces principes (souveraineté nationale, unité, indivisibilité, compétence générale...) c'est en raison de l'investissement plus ou moins inconscient de ceux-ci. Pour ces empires au petit pied, reconnaître ce qu'ils dénient avec force de droit sans motif véritablement convaincant n'équivaudrait pas en effet à se borner au sujet pourtant apparemment bien délimité du débat. Il leur faudrait simultanément renoncer à l'objectif (le précieux) que cette dénégation leur permet d'occulter tout en le préservant et en espérant sa réalisation dans le futur : l'accomplissement cette fois mené à son terme sous d'autres formes (la mondialisation homogénéisante par exemple) de l'anéantissement de ces empêcheurs de dominer, d'unifier et d'exploiter en rond que sont les Peuples historiques résiduels. Cette attitude autorise implicitement la non-reconnaissance des crimes contre l'humanité souvent commis à leur encontre dans le passé. Elle permet aussi de fuir toute responsabilité coloniale vis-à-vis de l'autre et donc de continuer impunément à refuser les réparations dues pour les très lourds préjudices subis par ces victimes[71]. Dénier l'existence d'un peuple historique

> " c'est dire que ce qui s'est déroulé depuis la colonisation était et est légitime et que ce qui est légitime s'inscrit dans l'ordre du légalement permis pour le présent, pour le passé mais aussi pour l'avenir. Cette décision rend toujours possible dans l'avenir l'anéantissement des peuples, sa répétition

[70] Ce négationnisme fut bien mis en lumière par le Conseil constitutionnel français dans sa décision du 9 mai 1991 relative au statut de la Corse. Alors que le Parlement avait enfin reconnu l'existence du peuple corse, la haute juridiction décidait que " la France est ainsi que le proclame l'article 2 de la Constitution de 1958, une République indivisible, laïque, démocratique et sociale qui assure l'égalité devant la loi de tous les citoyens quelle que soit leur origine ; que dès lors, la mention faite par le législateur [du] *peuple corse, composante du peuple français* est contraire à la constitution, laquelle ne connaît que le peuple français, composé de tous les citoyens français sans distinction d'origine, de race ou de religion ". Il précisait que " le concept juridique " de " peuple français " a " valeur constitutionnelle " : C. C., décision 290 DC, *Statut de la Corse*, JO, 14 mai 1991, p. 6350. Confronté à ce jugement dicté par des considérations stratégiques recouvrant le seul intérêt de l'État centralisé français, on ne peut s'empêcher de penser *mutadis mutandis* au tribunal de l'Inquisition déniant à Galilée la rotondité de la terre. *Eppur si muove* !!! Les peuples aborigènes aussi.

[71] La culture caïnite, mère de toutes les cultures humaines, est fondée sur le déni de faiblesse. Elle se perpétue depuis l'origine par le mensonge, la rivalité, l'exclusion et l'irresponsabilité vis-à-vis de l'autre. *Suis-je le gardien de mon frère ?* (Gn., 4, 9).

possible. Seul peut enrayer le fonctionnement d'un tel engrenage une déclaration du représentant du bourreau reconnaissant la nature et la gravité de ses actes, en les disqualifiant au regard de la conscience morale humaine de manière à conjurer toute possible répétition. "[72]

À défaut d'une telle attitude de repentance, ces minorités spécifiques souvent instables et fragiles, aux droits jamais totalement reconnus au sein des ordres étatiques, ne sont pas en mesure d'entretenir des rapports normaux et égalitaires avec leur entourage. Dans les faits peu de choses sont reconnues aujourd'hui du passé pré-colonial des Peuples. L'application sans réserve de la loi majoritaire par l'État moderne au nom de l'égalité de tous les citoyens peut heurter leurs coutumes et empêcher leurs pratiques culturelles traditionnelles particulières. Elle entraîne alors des contraintes, des rétorsions, des violences de plus en plus étendues et insidieuses dont l'objectif est d'atteindre et de détruire des modes de vie identitaires pourtant encore préservés il n'y a pas si longtemps encore[73]. Demander à des individus qui ne font pas partie du groupe majoritaire de se soumettre au choix démocratique sur de telles questions revient à exiger d'eux qu'ils renoncent à leur identité, à leur être profond. Telle exigence ne peut jamais être légitimement fondée, hormis dans les hypothèses où l'identité en question porte atteinte aux valeurs humaines fondamentales (égalité homme-femme par exemple). Lorsque ces communautés se sentent atteintes dans leur être collectif par les rigueurs indifférenciées de la loi, par son inadaptation à leur situation particulière, un fossé se creuse inévitablement entre elles et le reste de la nation. Un sentiment exacerbé d'appartenance à la communauté maltraitée se développe alors dans les épreuves subies, plus vif, plus profond et plus généralement partagé par ses membres. C'est la phase de prise de conscience minoritaire. Les réactions de solidarité qu'entraîne le mauvais sort partagé renforcent une dialectique identitaire qui accroît le fossé de la différence, de l'opposition, de la contestation et au final du mépris et de la haine réciproques entre les opprimés et les partisans du pouvoir oppresseur. Certaines communautés minoritaires ou étrangères peuvent par ailleurs se caractériser elles aussi par un ethnocentrisme agressif (aucun Peuple n'est entièrement positif). L'exo-groupe n'est exempt ni d'ethnocentrisme (toutes les communautés humaines sont peu ou prou ethnocentriques) ni même de xénophobie. L'hostilité, tout comme la tolérance, la compréhension et l'amitié

---

[72] Cf. Draï, *op. cit.*, p. 24.

[73] Pour G. Burdeau " L'Ancien régime n'avait pas le souci d'uniformité qui caractérise les États modernes : De même que l'unité de la nation s'accommodait de la pluralité des statuts individuels dans l'organisation sociale (clergé, noblesse, tiers-état, corporations...) de même le loyalisme ne prenait pas ombrage du particularisme provincial (...). Chaque province a son statut propre et souvent ses États particuliers. " : " L'idée de nation ", *Encyclopaedia universalis*, 1985, Paris, 1985, vol. 12, p. 937.

se rencontrent des deux côtés. Dans le pire des cas, celui du conflit violent entre la majorité et la minorité (Tchétchénie), l'enchaînement infernal des actes terroristes sanglants et des massacres répressifs commis en représailles peut se donner libre cours. Les membres de la minorité deviennent alors des ennemis à abattre. Ainsi la Turquie a-t-elle " résolu " la question arménienne notamment en 1894-96 (150 000 morts), en 1914-15 (près d'un million et demi de morts soit environ 50 % de la population) et en 1920-22. Il semble aller de soi qu'une fois l'autonomie et la considération de la minorité acquises, une fois le rapport de domination/subjugation définitivement supprimé, l'idée même de minorité doit être abandonnée parce qu'elle est par définition réductrice et qu'elle est devenue inutile. Les notions de communautés et de Peuples semblent alors plus respectueuses des identités et plus porteuses d'avenir.

En 1995, l'O.N.U. a ouvert une " Décennie des peuples autochtones ", " ensembles d'êtres humains liés par un attachement à un territoire commun, à des traditions ou à des croyances communes "[74]. Son ambition était de coordonner et d'encourager les gouvernements à trouver des solutions à leurs problèmes dans les domaines des droits de l'homme, du maintien de leurs identités et du respect de leurs sites d'implantation. Elle apportait la preuve ce faisant que ces groupes minoritaires présentent des caractéristiques qui les distinguent de tous les autres, au point de faire l'objet d'une protection particulière. Minorités culturelles et ethniques au sein des États, souvent en butte à des spoliations violentes, toujours discriminées, elles ont de l'Arctique à l'Amazonie et de l'Afrique à l'Indonésie beaucoup de choses en commun, à commencer par des traditions marquées toutes largement antérieures au fait colonial. Certaines institutions spécialisées de l'O.N.U. se sont essayées à dégager les traits spécifiques permettant une approche plus précise de ce type original de communautés infra-étatiques " premières occupantes " d'un territoire[75]. Elles faisaient ainsi la preuve d'une relative autonomie dans un domaine pourtant politiquement très sensible. Ces institutions tentaient, au moins partiellement et au-delà du contenu politique du droit à l'autodétermination, de remédier aux silences du droit international sur le sens des concepts de minorité et de Peuple. C'est l'organisation internationale du travail qui semble être la mieux parvenue à dégager certains critères autorisant

---

[74] Cf. la définition du terme polysémique " peuple ", in *Dictionnaire de droit international public*, dir. J. Salmon, Bruylant, 2001, p. 827.

[75] Elles étaient toujours affublées il n'y pas si longtemps encore du qualificatif générique péjoratif de " peuplades primitives ". Au sortir du premier conflit mondial la " peuplade " était pour le *Petit Larousse illustré* une " société humaine incomplètement organisée " (?) avec pour exemple donné " les peuplades nègres d'Afrique ". Aujourd'hui, " souvent péjoratif. Groupement humain de faible ou de moyenne importance peuplant un territoire non clairement délimité, à la culture jugée archaïque ". La définition est somme toute toujours aussi nulle quoique politiquement plus correcte.

une première approche juridique de ce que sont les Peuples premiers. Cette plus grande efficacité s'explique sans doute par le fait que la Conférence internationale du Travail comprend non seulement des fonctionnaires nationaux, mais aussi des représentants de la société civile (employeurs et surtout travailleurs). Dans une résolution 169 concernant " les peuples indigènes et tribaux dans les pays indépendants " du 27 juin 1989 (art. 1 § 3), l'institution évoque en effet

> les " peuples tribaux des pays indépendants dont les conditions sociales, culturelles et économiques les distinguent des autres sections de la population du pays et dont le statut est réglé en partie ou en tout par leurs propres coutumes ou traditions ou par des lois et règlements spéciaux ". Elle qualifie les indigènes en tant qu'individus comme étant les " personnes de pays indépendants, qui sont considérées comme indigènes de par leur descendance des populations qui habitaient le pays ou la région à laquelle le pays appartenait au moment de la conquête, de la colonisation ou de l'établissement des frontières actuelles et qui, indépendamment de leur statut légal, conservent une partie ou la totalité de leurs propres institutions sociales, économiques, culturelles et politiques ".

Ces associations humaines, non volontaires à l'origine et non institutionnalisées, constituent des groupements " naturels " (comme la famille). Elles n'existent pas seulement sur le fondement du seul intérêt mais surtout sur celui de " l'affectivité " (M. Duverger), de la nécessité vitale d'association et sur l'intérêt en même temps (protection, don, partage...). Elles sont toujours légitimement et fondamentalement attachées aux liens communautaires primordiaux antérieurs à l'imposition le plus souvent violente du sentiment national. Elles se répartissent actuellement dans une soixantaine d'États sur les cinq continents et comptent quelque 5 000 ethnies recensées par l'O.N.U. Elles rassemblent entre 300 et 400 millions d'âmes selon les sources[76].Notons encore qu'il ne se crée plus de Peuples nouveaux contrairement à ce qui se passe pour les États.

Parce que l'un des objectifs la Banque Mondiale (B.I.R.D.) est de

> " contribuer à l'élévation du niveau de vie dans le monde en favorisant notamment les investissements visant à augmenter la productivité dans les pays pauvres et en les associant aux prises de décision concernant leur développement ", elle a en 1991 donné sa propre définition des peuples indigènes : " les termes de *peuples autochtones*, *minorités ethniques autochtones*, *groupes tribaux* et *tribus énumérées* désignent des groupes

[76] Le mensuel *Terre sauvage* (terresauvage@bayard-presse.com) réalise de très intéressantes monographies de certains de ces peuples.

sociaux ayant une identité sociale et culturelle différente de celle de la société dominante, qui les rend susceptibles d'être désavantagés dans le processus de développement "[77].

Sa réflexion est essentiellement la même que celle de l'OIT. Elle s'effectue dans le cadre de la recherche affichée d'une protection des autochtones contre les projets de développement qui pourraient leur nuire. Elle ambitionne de les associer aux seuls plans qui obtiendraient leur assentiment. Ces travaux méritoires parce qu'initiateurs d'une démarche enfin plus respectueuse des droits humains collectifs restent cependant isolés. Ils n'ont pas à ce jour connu la consécration du droit international et relèvent donc toujours au mieux d'une typologie classificatoire et de la *lex ferenda*. Le seul fait qu'ils existent leur confère cependant une forte valeur symbolique ainsi qu'un poids politique important dans les débats internationaux et les luttes internes menées par les Peuples aborigènes, après un quasi-silence du droit international d'une quarantaine d'années.

Le champ sociologique a de son côté tenté de penser des critères opératoires permettant de mieux appréhender la réalité autochtone. Elle retient généralement six éléments identificatoires.

**a.** Le fait de descendre des habitants originaires d'une terre nourricière (concept *d'homo-situs*) qui a été à un moment conquis par d'autres et d'avoir le sens profond de l'appartenance trans-temporelle à celle-ci. Le " territoire ressource " constitue en ce sens une première enveloppe d'identité spatiale. Il est à la fois critère de l'identité héritée et espace des nécessités vitales lui permettant de se perpétuer[78]. Cet attachement implique une relative concentration géographique des populations concernées sur un lieu donné. Elles manifestent ce faisant l'importance culturelle des liens tissés entre le passé, le présent et l'avenir et une forte attitude de respect pour leurs aînés et les esprits de leurs ancêtres toujours présents sur leur terre. Ce lien convivial

---

[77] Cf Operational Directive 4.20 : Indigenous Peoples, *The World Bank operational Manual*, 17 septembre 1991.

[78] " Il n'est pas inutile de rappeler que le territoire n'est pas seulement un concept juridique ou politique. Il s'inscrit tout d'abord dans le registre des phénomènes naturels propre au règne animal. Chacun sait que les espèces animales délimitent et défendent leur territoire contre l'intrusion des autres espèces ou même des autres groupes de la même espèce (...) On voit mal dans ces conditions pourquoi l'espèce humaine échapperait à cette sorte d'instinct où se combinent le besoin de sécurité et la recherche de convivialité. Autant dire que le territoire n'est pas une invention arbitraire des juristes et qu'il sera difficile de le passer par profits et pertes. " : M. Merle, " Un système international sans territoire ? ", in *L'international sans territoire*, dir. B. Badie, M. C. Smouths, Paris, L'Harmattan, 1996, p. 291.

intergénérationnel aujourd'hui presque perdu en Occident a permis de maintenir pendant des millénaires un équilibre entre les différents âges de la vie.

**b.** La volonté individuelle des intéressés de se considérer comme des indigènes et d'être intégrés par la communauté en tant que tels. Il s'agira essentiellement d'éviter que le groupe soit déterminé de l'extérieur par des tiers quels qu'ils soient. Le droit de libre disposition présente donc cette particularité de ne pas pouvoir être exercé par des individus ou des institutions extérieures sinon étrangères à la collectivité humaine qui le réclame. Les critères selon lesquels un Peuple est distinct tiennent au choix même de ces critères par les individus le composant[79]. Cette liberté (il n'y a pas de démocratie sans liberté de choisir) s'exerce sur un plan identitaire individuel et collectif au sens large du terme. À l'idéologie occidentale fondée sur une conception individualiste égoïste de la personne la perception indigène oppose l'importance centrale du communautaire. Il va de soi que seul le Peuple est habilité à prononcer son auto-dissolution lorsqu'il opte par exemple pour l'assimilation. Une grande attention portée à ce que les acteurs disent d'eux-mêmes, à ce qu'ils sont, à ce qu'ils font, à ce qu'ils savent, ouvre un champ scientifique considérablement élargi en termes spatiaux. Cette libération géographique affranchit de l'unique référence à l'espace matériel.

Les quatre autres critères recensent les principaux aspects des différences culturelles constitutives de l'identité minoritaire indigène. Ces sociétés en dépit des changements provoqués par le processus de colonisation/mondialisation se distinguent toujours par des traits culturels prégnants qui ont persisté sur de très longues périodes. Ils continuent à produire un impact important sur leurs comportements économiques et politiques. " Les sciences de la nature sont impuissantes [contrairement à ce que croyait Condorcet] concernant le contrôle des affaires publiques et *a fortiori* la maîtrise des affects et des représentations. "[80]

**c.** L'économie et le mode de production présentent toujours les mêmes caractéristiques : agriculture de subsistance légère dégageant peu de surplus, travail humain consommant peu d'énergie dans le cadre d'une dépendance forte

---

[79] " Chaque peuple a une idée propre de ce qu'il est, avec la tendance à généraliser son propre critère en le transposant à la définition de tous les autres peuples. " : F. Ost, " Peuples et écosystèmes : pour sortir de l'injuste milieu ", in *L'humanité face à la mondialisation, op. cit.*, p. 30.

[80] Taguieff, *op.cit.*, p. 263 : " Loin de garantir, en vertu d'un lien de causalité ou de corrélation le progrès moral, juridique et politique, le progrès scientifico-technique pourrait même plutôt dans certains cas nourrir les passions destructrices, le désir de dominer et le goût de la terreur ".

au milieu nourricier, essentiellement chasse, pêche et cueillette[81]. Ces communautés pratiquent fréquemment le don et le troc affectifs et s'adonnent de ce fait assez peu à l'échange marchand. Les objets n'y sont jamais réduits à leur seul aspect utilitaire. Elles ignorent encore souvent la réduction des échanges selon l'équivalence à l'argent. Ces modes de vie faiblement monétisés invitent à repenser la dynamique communicative et bienveillante du donner.[82] Elles méconnaissent le droit de propriété remplacé par la détention de droits d'accès traditionnels à la terre[83] : dès lors que le modèle d'appropriation individuel occidental leur est imposé, il y a perte d'identité culturelle et atteinte à leur liberté fondamentale. La propriété collective est le fondement de la solidarité du groupe et du respect des relations *inter se.*[84] Elles sont perçues comme " pauvres " dans la pensée occidentale parce qu'elles ne produisent pas ou peu d'excédent, qu'elles ne capitalisent pas et qu'elles ont peu de besoins[85]. L'une de leurs grandes richesses réside pourtant dans l'insertion harmonieuse de leurs besoins individuels et collectifs au sein des équilibres humains et environnementaux dont elles dépendent : ils sont nécessairement proportionnés aux moyens dont ces sociétés disposent pour les satisfaire (dialectique de la rareté des biens disponibles et du besoin). Ces pratiques confirment le jugement selon lequel la valeur d'une " société se définit moins par les technologies

---

[81] En 1930, Ahlbrinck, biologiste néerlandais ne comptabilisait pas moins de 500 espèces végétales utiles à la population Kali'na dans *L'encyclopédie des Caraïbes*, Amsterdam 1931. Le milieu est bien la base fondamentale de la culture de ces peuples contrairement aux populations urbanisées et parquées qui ne connaissent plus rien des réalités naturelles.

[82] Cf. J. Burger, *Report from the Frontier, The State of the Word's Indigenous Peoples,* Londres, Zed Books and Cultural Survival Inc. Cambridge, MA, 1987, p. 9. Pour tous ces aspects, cf. G. Fritz, " Les peuples indigènes survivances et défi ", in *L'humanité face à la mondialisation, op. cit.*, p. 40-47.

[83] " Il n'existe chez les Galibis aucune forme d'appropriation du sol aux individus ou aux groupes. Chacun possède un droit d'usage sur les terres qu'il a défrichées, aussi longtemps qu'il les utilise effectivement. Le droit disparaît si l'occupant abandonne les lieux ou meurt ; la coutume ne prévoit aucune forme d'héritage. " Le pouvoir économique comme le pouvoir politique ne se transmettent pas. Cf. J. Hurault, *Français et Indiens de Guyane, 1604-1972*, Guyane Presse-Diffusion. Cayenne. 1972, p. 17. Pour J. A. Charles, chef coutumier de Kourou (mars 2003), " La terre ne peut appartenir à personne d'autre qu'à celui qui l'a créée, quel que soit le nom qu'on lui donne. Les communautés indigènes se considèrent comme usufruitières, locataires et enfants. Cette notion ne contredit nullement celle de territoire tribal et n'empêche donc pas la guerre et les conflits. Elle exclut cependant toute cession, toute vente et tout morcellement " (cf. Gerfault, *op. cit.*).

[84] Les valeurs culturelles, morales et autres, ainsi que les traditions des peuples indigènes sont extrêmement variées et elles ne sont admissibles que dans leurs aspects compatibles avec le respect des droits fondamentaux de l'individu et les valeurs de paix. A défaut les valeurs véhiculées par ces traditions sont erronées et doivent être abandonnées d'une façon ou d'une autre.

[85] Cf. S. Latouche, " La pauvreté, mauvaise conscience des âmes sensibles et invention perverse des maîtres du monde, Sortir de l'économie ", in *Politis,* janvier 2003.

qu'elle est capable de créer (et de mettre en œuvre) que par celles qu'elle choisit d'utiliser de préférence à d'autres "[86].

**d.** Le système politique en second lieu (non-centralisé et fondé sur le consensus, le consentement spontané des populations, la solidarité naturelle au sein du groupe et des structures complexes de parenté ou de hiérarchie)[87]. La légitimité politique se fonde sur la tradition, c'est-à-dire sur un sens partagé de l'agir et de l'existence et non sur un contrat social mythique et abstrait entre des individus autarciques raisonnants et raisonnables. Le chef coutumier est le représentant de la communauté. C'est elle qui décide en assemblée de son élection généralement à l'unanimité. Son seul privilège traditionnel était de marcher le premier au combat. Les droits coutumiers et les institutions sont produits en nombre réduit par les comportements quotidiens ritualisés et sont compris et admis de tous.

---

[86] J. Ellul, *Le bluff technologique*, Paris, Hachette, 1988, p. 185. En Occident c'est désormais la loi du marché confisqué, c'est-à-dire le profit monopolisé par les dominants qui détermine l'ordre naturel.

[87] Dans son message sur l'état de l'Union du 3 décembre 1901, T. Roosevelt affirmait " selon moi, les temps sont venus de nous décider nettement à reconnaître l'Indien comme un individu et non comme un membre d'une tribu ". Le *Dawes Severalty Act* de 1887 avait déjà tenté de briser leur résistance en les traitant comme des individus à intégrer et non comme des membres de leurs tribus. Cette tentative de les " civiliser " échoua et la spoliation des terres tribales se poursuivit. Pour G. Fritz (*loc. cit.*, p. 42-43) " un Indien coupé de sa tribu n'est pas *un bon américain* mais un marginal de plus, un Indien *clochardisé*. Le résultat ressemble plus à un ethnocide qu'à de la démocratie. Dans ces conditions, l'individualisme a fini par couvrir bien des crimes (...). En mettant en place un pouvoir dépersonnalisé, confié à des spécialistes censés agir au nom de la collectivité, on a fini par se retrouver face à des structures bureaucratiques rendues peu contrôlables par leur taille et leur déterminisme interne. Dans ce cadre, le système juridique se caractérise par une masse de textes écrits (qui s'oppose au système coutumier des peuples indigènes), même si là aussi, on peut estimer qu'il n'y a pas forcément progrès. C'est un système juridique hors de la portée des membres de la société qui remplace des règles présentes à leur esprit. " Cf. également N. Rouland, *Anthropologie juridique*, Paris, PUF, Coll. Que sais-je ?, 1990.

**e.** La culture spécifique, à savoir la langue, la tradition orale[88] (concept " d'homme-récit " informé du passé et de ses origines par opposition à celui " d'homme-présent " fermé à l'antériorité et persuadé de son auto-fondation). L'indigène sait encore, au moins intuitivement, qu'il lui est impossible de façonner son identité de façon autonome sans en référer à l'ordre symbolique institué avant et en dehors de lui et dans le cadre duquel il a été " élevé ". Ces communautés font montre d'une attitude de fidélité à un mythe fondateur naturaliste et à une tradition partagée transmise par l'éducation. Leur cosmogonie particulière sacralise toujours la nature dont l'homme n'est qu'une composante (conception moniste ou holiste). La spiritualité le plus souvent chamaniste ou animiste implique une grande tolérance et la plasticité des représentations de l'invisible indicible, un pragmatisme des rites et des liens forts entre la spiritualité et les milieux naturels spécifiques. Les pratiques artistiques enfin sont nombreuses et souvent en liaison avec le sacré (arts premiers).

**f.** La perception écologique fondamentale des interactions entre le groupe, l'individu et le site d'implantation donne à ces ensembles humains une vision du monde radicalement différente de la conception occidentale (savoir culturel de la logique interactive qui anime l'existence de tous les éléments constitutifs d'un milieu naturel). La dualité homme/nature étant impensée, aucune discrimination véritable n'existe pour eux entre les hommes, les animaux, les végétaux et les minéraux. Leurs attitudes toujours prudentes et protectrices vis-à-vis du milieu naturel sont induites par le souci permanent de ne pas affecter les rapports homme/terre vivrière dans le long terme (notion de responsabilité collective[89], pratiques de conservation vis-à-vis des ressources sacralisées qui appartiennent au " Grand-Tout ", nomadisme de préservation des sites, longues jachères...). Les mœurs et la morale sont conditionnées par les cycles naturels.

---

[88] " Lorsque Marie Smith, 83 ans, résidente en Alaska, mourra, elle emportera avec elle l'eyak, la langue de ses ancêtres. Car Marie affirme être la dernière à parler encore cette langue sur terre. Comme l'eyak, plus de 3 000 langues sont menacées à plus ou moins brève échéance. D'après les statistiques de l'U.N.E.S.C.O., une langue se maintient lorsqu'elle est parlée par au moins 100 000 personnes. Et la plupart des langues en péril – dans le meilleur des cas – ne le sont plus que par 2 500 individus " : *Grands Reportages*, n° 236, septembre 2001, p. 12. Selon certains linguistes, c'est entre 50 et 95 % des 6 000 langues encore parlées sur la planète qui pourraient disparaître au cours de ce siècle. La grande majorité d'entre elles n'étant pas fixée par l'écriture, chacune emportera avec elle des savoirs et des modes d'expression accumulés au fil des générations : M. Masliah, *Le patrimoine commun de l'humanité*, mémoire de DESS, sous la dir. de G. Fiévet, Faculté de droit de Douai, Université d'Artois, octobre 2003, p. 70.
Cf. également : www.unesco,org/courrier/2001/O9/f/culture.htm

[89] Pour M. Remond-Gouilloud, " L'humanité se déployant dans la durée, projette la responsabilité en delà des bornes de la vie humaine ", in *Remarques sur une homonymie, Les hommes et l'environnement, Etudes en hommage à Alexandre Kiss*, Paris, Frison-Roche, 1998, p. 61.

Le respect des lois de l'interaction homme/nature et l'organisation de la prévision conditionnent à la fois la perpétuation de la société[90], sa survie et l'intégrité de la nature[91].

La notion de mentalité peut synthétiser l'ensemble de ces critères parce qu'elle est proche de celle de culture " au sens où l'on ne peut comprendre la mentalité d'une société que de l'intérieur, en partant de ce qui a de la valeur pour elle-même, sans lui imposer des critères de valeur ou de logique venus de notre propre société "[92]. Cette remarque n'implique évidemment pas une impossible reconstruction *in integrum* de collectivités telles qu'elles existaient avant les conquêtes coloniales (mythe de l'âge d'or opposé à l'incertitude de l'avenir) mais bien leurs valorisations telles qu'elles ont été ré-élaborées, enrichies, critiquées à travers des siècles de résistance et de confrontation avec la culture dominante.

> " L'idée même d'un passage de la tradition à celui de la raison n'existe plus. Les processus se conduisent simultanément en temps réel, pourrait-on dire. De ce fait l'individu cherche moins à conquérir le monde pour construire son identité, qu'à affirmer ou à reconstruire sa particularité dans un monde qui s'impose à lui... "[93]. " Il s'agit d'assurer à la fois le droit à conserver, entretenir et développer un patrimoine particulier, et à bénéficier de la culture de communication, en y apportant sa contribution ".

---

[90] Cf. le site de l'O.N.G. *Paroles de nature*, née d'une rencontre de ses fondateurs avec la nature et les Peuples indiens d'Amazonie, (parolesdenature@wanadoo.fr). Egalement : www.peuples; org/wpp (site forum des peuples premiers), home.worldnet.fr/-icra-int) (site de la Commission internationale pour les droits des peuples indigènes) et terresacree.org/tradprim.htm (les *pages jaunes* des peuples autochtones).

[91] Cf. " Nature sauvage, nature sauvée ?, Ecologie et peuples autochtones " : revue *Ethnies*. Disponible à l'O.N.G *Survival*, organisation de soutien aux peuples indigènes : survival.wcube.fr

[92] Cette pensée enchantée du monde peut encore être " la nôtre mais elle a cessé de paraître visible et énonçable parce qu'elle a été recouverte par la rationalité scientifique, qui a fini en quelque sorte par occuper l'ensemble de nos préoccupations au détriment d'autres façons de concevoir le monde. Il y a donc en nous des modes de penser qui ont la même validité que la conception scientifique du monde et que nous découvrons lors de la rencontre avec les sociétés dites primitives. Nous pensons en effet de manière primitive dès que nous relâchons la pression de la rationalité scientifique et que nous regardons le monde non plus comme un ensemble de choses à connaître dans un schéma cohérent et exhaustif, mais comme un ensemble d'événements ponctuels et imprévisibles avec lesquels il faut vivre et agir " : F. Keck, " La mentalité primitive ", in *Le nouvel Observateur*, n° 51, p. 17. Z. Laïdi (*op. cit.*, p. 22) note que " les jugements visuels ne sont pas le produit d'une mesure objective de la géométrie mais la résultante d'une expérience, d'une sorte d'éducation au regard. Il n'y a pas de vision sans pensée. La vision est une pensée conditionnée ".

[93] Laïdi, *op. cit.*, p. 19.

Les droits culturels de l'homme se réalisent à la fois par " inculturation " et " enculturation " : " ce sont les deux faces de l'identité culturelle : identité de distinction et d'appartenance, le droit au particulier et le droit à l'universel (et inversement) "[94].

Ce phénomène de différenciation / adhésion / participation se révèle notamment dans le fait que ces cultures irréversiblement métissées en appellent aux droits individuels humains fondamentaux, fondement insuffisant nous l'avons dit mais indispensable de leur revendication. Il confirme que si ces valeurs-là

> " ne sont pas déposées de toute éternité dans la nature humaine[95], l'adhésion à des valeurs est toujours une adhésion à une communauté de sens, à une tradition (...). Les fins qui orientent notre existence ne sont manifestement pas le produit d'un choix arbitraire et souverain mais le produit d'une auto-interprétation contextualisée de notre situation, dans un horizon socio-culturel qui nous précède "[96].

Ces observations fondamentales invitent à refuser tout relativisme[97], tout " culturalisme " sentimentaliste ou esthétique qui ferait l'apologie univoque et sommaire de toute pratique dès lors qu'elle serait exotique. Le risque gravissime particulièrement fort dans notre temps d'indolence et de décadence serait alors d'opter pour une conception nihiliste et mystificatrice du monde selon laquelle tous les sens de l'existence et toutes les valeurs sont équivalentes (risque de *babélisation* du monde). Une telle perception est erronée. Au nom de la religion sécularisée de l'individualisme possessif inscrit dans le cadre des États régaliens à vocation impériale les libéraux ont pourtant fait du Bien une question d'opinion, de préférences personnelles, de "*feeling* ", aux risques et périls de la cohérence des sociétés dites modernes qu'ils ont contribué et contribuent encore à façonner[98]. Les conditions d'exercice de la démocratie y deviennent hautement problématiques dans des collectivités qui présument

---

[94] P. Meyer-Bisch, " Les droits culturels : une catégorie sous-développée des droits de l'homme ", in *Cahiers du centre interdisciplinaire d'éthique et des droits de l'homme*, Université de Fribourg, décembre 1991, p. 13-14, cité par Piérré-Caps, *loc. cit.*, p. 104.

[95] Elles trouvent fondamentalement leur source dans la Bible, qui n'appartient à aucune race, à aucun peuple, ni à aucune nation et sont largement partageables dans un consensus laïque.

[96] A. Berten, " Libéraux et communautariens ", *op. cit.*, Paris, PUF, 1997. Les droits de l'Homme faussement attribués par la pensée libérale à un " état de nature " ont en réalité été laborieusement construits et acquis inter-subjectivement à partir du Moyen Âge dans quelques pays d'Europe occidentale sur le socle incontestable de la spiritualité judéo-chrétienne. Ils ont ensuite été plus ou moins reçus dans les autres parties du monde auxquels ils étaient étrangers.

[97] Cf. Girard, *Celui par qui le scandale arrive, op. cit.*, p. 15-63.

[98] Cf., sur l'effacement du collectif et l'omnipotence croissante des individualismes, M. Gauchet, *La démocratie contre elle-même*, Paris, Gallimard, 2003.

l'autonomie totale des individus c'est-à-dire l'autonomie de leurs désirs. D'une façon plus générale nous nous retrouvons aujourd'hui de façon inquiétante dans une situation d'ambivalence des valeurs[99]. Si l'on devait établir une hiérarchisation des valeurs, il serait donc irrecevable que des droits culturels puissent être validés s'ils avaient pour effet de nier les droits fondamentaux de la personne, partie substantielle non négociable de l'ossature de la démocratie.

C'est cette mentalité spécifique qui explique l'incompréhension et le refus de la conception européenne de la souveraineté politique exclusive de l'État et du développement économique technicien illimité qui en est résulté. Les Peuples indigènes non encore acculturés rejettent (quand ils y parviennent) le système " étatico-mercantiliste "[100] partout imposé et l'économie de marché mondialisée que l'on tente de leur imposer[101]. Il est appréhendé par eux comme une façon scandaleuse de penser les valeurs et les grandes questions de la vie. Partageant des croyances, des règles d'échanges et une vie communautaire fort éloignée de la modernité scientifique et marchande, étrangers à la pensée occidentale d'une domination/exploitation nécessaire de la nature, ils demandent simplement leur droit à demeurer ce qu'ils sont, lui-même tributaire d'une maîtrise traditionnelle exclusive de leur terre-mère. Or, nombre de ces sites jusque-là globalement préservés sont actuellement convoités ou déjà pillés et dégradés par les compagnies transnationales forestières ou minières, par les colons en quête de terre et/ou par le tourisme de masse. Dernières contrées " vierges " à piller et à dévaster : ce statut territorial particulier peu enviable explique peut-être le rôle de *leader* joué par les indigènes dans l'opposition à la globalisation. Répétés à l'envi, ces scénarii catastrophes menacent à court terme leur survie indissociable de la préservation intégrale de leur milieu. L'extinction définitive de ces ultimes témoins/gardiens d'un équilibre originel symbiotique avec lequel il nous faudrait bien tôt ou tard renouer pourrait bien préfigurer de notre disparition programmée.

---

[99] Or il paraît évident que l' " on ne saurait couvrir du manteau des droits de l'homme des convictions et des pratiques qui les contredisent. Ainsi certains manifestes islamiques se réfèrent à cet égard simultanément aux droits de l'homme et à des textes sacrés qui ne s'accordent pas avec eux. C'est là une source de confusion " : H. Thierry, " Evolution du droit international ", in *R.C.A.D.I*, 1990/III, vol. 222. Cf. également F. Sudre, *Droit international et européen des droits de l'homme*, Paris, P.U.F, 1989, p. 89.

[100] Fritz, *loc. cit.*, p. 41.

[101] Concept nouveau d' " États globalitaires " visant ceux qui mondialisent et à qui profite cette tyrannie subreptice mais terriblement efficace d'un type inédit.

## 2. UNE PROTECTION COMMUNAUTAIRE RELEVANT DU DROIT DE L'ENVIRONNEMENT

La nécessité de solutions globales partout affichée par *la langue de coton*[102] semble bien impliquer à terme la liquidation de tous les sujets fragmentaires. Le nouvel ordre mondial est un concept intégriste niveleur de l'histoire. Frustrés et protestataires, des groupes humains interdits d'histoire et de politique depuis des siècles prennent conscience du fait que la mondialisation plus encore que sa matrice, la colonisation, se fondent sur la négation de toutes les cultures préexistantes[103]. Ils s'opposent avec l'énergie du désespoir à cette forme de " solution finale ", mouvement d'éradication définitif des particularismes et d'appropriation marchande de l'homme et des ressources naturelles par les plus forts. Ils revendiquent leur droit (non-hégémonique) à reprendre en main leur destin en plaçant en priorité éthique que tous les hommes soient traités humainement.

> " Parce que les moins favorisés n'ont pas accès à la puissance économique non-territoriale, le territoire est sans doute la seule base qui leur reste pour se défendre (...) en général, on peut poser comme hypothèses que l'homogénéisation vient d'en haut, des forces des plus puissants, du capital et des communications de masse, et que l'affirmation des identités vient d'en bas comme moyen de défense des moins puissants "[104].

Les Peuples premiers redeviennent dans ce contexte des obstacles encombrants pour l'idéologie dominante et sa fonction unificatrice. Ils permettent d'envisager que l'emprise du projet économique néo-libéral de globalisation n'est pas irréversible (lorsque la " science économique " se fait idéologie ou

---

[102] Concepts inventés par F.-B. Huyghe, *La langue de coton*, Paris, Robert Laffont, 1991. À l'inverse du marxisme (la langue de bois) la " langue de coton " se caractérise par le flou de ses concepts et un unanimisme de bon aloi. Comment pourrait-on en effet être contre les " concepts-totem " " de bonne gouvernance ", " d'investissement éthique ", " de développement durable ", ou de " participation ". Cet usage du langage vise à produire un consensus, à se référer aux mêmes valeurs en interdisant de formuler des idées adverses. Le pouvoir d'énoncer ces totems auxquels tout le monde se réfère n'est plus un pouvoir d'État. C'est plutôt le fruit d'un pouvoir gris et mou, angoissant et difficile à cerner. Mais derrière ces choix existent de vrais enjeux idéologiques : " Langue de bois ou langue de coton ? ", in Revue *cadres@venir.com*, n°4, septembre 2003, p. 9-10. Cf. également G. Rist, dir., *Les mots du pouvoir, Sens et non-sens de la rhétorique internationale, Nouveau cahier de l'I.U.E.D.*, Paris, PUF, coll. Enjeux, 2002.

[103] Pour le politologue Paul Ariès, " la globalisation actuelle ne retient du monde que ce qui peut être digéré par sa propre logique. Elle ne se fonde sur aucune culture mais, au contraire, sur la négation de toutes les cultures préexistantes " : *Les fils de McDo, La Mc Donalisation du monde*, Paris, L'Harmattan, 1997, p. 220. Également G. Rist, dir., *La culture otage du développement ?*, Paris, L'Harmattan, 1994.

[104] R. W. Cox, " Territoire et interdependence ", in *L'international sans territoire, op. cit.*, p. 242.

mythe, des faits de la réalité deviennent des axiomes de la vie sociale qui éliminent toute possibilité de dissension) et invitent les hommes à prendre conscience que sur le plan qualitatif il existe d'autres manières beaucoup moins aliénantes d'être au monde que celle imposée par l'Occident marchand. Par leur seule existence ils parviennent à introduire dans le système imposé un élément de dissonance cognitive qui réside dans la radicalité de l'alternative proposée : la satisfaction de leurs doléances passe inévitablement par la dévalorisation et le cantonnement d'aspects primordiaux de la culture occidentale, par leur non-respect. Privés de leur liberté, exilés à l'intérieur de leurs terres, exposés au mieux à l'indifférence et au mépris, ils parviennent malgré tout à constituer une force spécifique de contestation et de remise en cause systématique du modèle hégémonique, qui par sa cupidité non entravée et sa volonté machiavélique d'ignorer les différences et les inégalités de base produit des résultats aggravant toujours plus ces inégalités[105]. Ce n'est plus la capacité à survivre dans la nature grâce à des économies vivrières subtiles et inoffensives pour la vie mais l'aptitude à faire des profits qui est devenue depuis peu le critère principal de sélection[106]. Insistant sur le lien ancestral indéfectible qui les unit à leur terre[107] (un mort qui y est enterré, un enfant qui y naît, une goutte de sueur versée sur elle pour la faire fructifier vaut mieux pour eux que tous les titres véreux présentés par les faussaires) ils revendiquent le droit à exister autrement, refusant de rendre un culte sans réserve aux occidentaux, à leurs techniques et à leur " modernité ". Ils excipent de titres historiques et de pratiques sociales dont l'antériorité incontestable et l'innocuité écologique avérée leur confèrent une crédibilité et une légitimité nouvelles. Celles-ci sont par ailleurs confortées par une reconnaissance croissante des populations allogènes d'implantation plus

[105] La globalisation est d'abord une intégration au sein des régions dites développées du monde. 92 % de la production européenne sont consommés en Europe. Sur les 8 % restants, 4 % sont destinés aux États-Unis et au Japon, pays " plus avancés " vis-à-vis desquels l'Europe est déficitaire.

[106] Que restera-t-il bientôt de cette nature donnée dès lors que l'homme est devenu capable de changer la structure génétique des êtres vivants ? Le risque n'est-il pas que ceux qui créeront désormais le sens du monde dans des laboratoires décident que seuls les êtres serviables et rentables pour le système auront droit à la vie. Les autres seraient alors insensiblement exterminés.

[107] Notons en Europe le cas particulier du " peuple tsigane " dont la caractéristique culturelle principale est d'être dispersée et sans site d'implantation permanent. Son mode d'être au monde est de voyager et d'occuper temporairement les sites des autres. Son association-participation à la protection des milieux qu'il utilise, constitue *mutatis mutandis* un défi comparable à celui posé par le tourisme de masse et les pollutions importantes qu'il génère. La tendance actuelle, notamment affirmée par le Parlement européen et l'assemblée parlementaire du Conseil de l'Europe, consiste à reconnaître l'existence d'un peuple tsigane européen composé des populations tsiganes appartenant aux différents pays du continent. Pour le PE, cf., par exemple, résolution B5-0147, 51, 66 et 74/1999, *JOCE*, n° C 107, du 13 avril 2000, p. 108-109.

récente, inquiètes des effets constatés de leurs propres modes de vie destructeurs de la vie et du lien social[108]. Amputées brutalement de leurs repères symboliques[109], polluées et de plus en plus souvent affectées par des formes nombreuses de psychose, elles commencent à percevoir dans la sagesse et dans certaines manières d'être des indigènes des savoir-faire alternatifs susceptibles de fournir pour le futur des réservoirs de solutions de rechange à un système en bout de course. Ces hommes simples et frugaux pourraient dans un avenir proche apporter leur contribution à un projet global alternatif, permettant de sortir des impasses dans lesquelles la " modernité " et sa logique de " l'indistinction barbare "[110] semblent conduire les sociétés urbaines standardisées. Ces savoirs premiers (y compris ceux qui survivent au sein de nos propres cultures) restent toutefois encore très largement méprisés et refusés par les pouvoirs en place (notamment lors de la programmation d'opérations de gestion de l'environnement et/ou d'exploitation des ressources sur le territoire où des Peuples survivent)[111]. Ils ont longtemps été déniés par l'idéologie

---

[108] " L'accélération de la mobilité sous toutes ses formes (géographique, sociale, matrimoniale, politique) fait de l'espace social un espace d'instabilité croissante dépourvu d'*horizons de sens légitimes* ou d'*horizons moraux* où nul projet collectif ne peut être esquissé (...). Les individus réduits à leur insularité, produits de l'individualisme extrême, expérimentent dans l'inquiétude, parfois dans la dépression, les conséquences immédiates de leur désaffiliation, de leur désappartenance, de leur déracinement, en même temps que celles du rétrécissement de leurs horizons temporels. Dénués d'un passé pourvoyeur de sens, ils sont privés d'un avenir imaginable autrement que sous la poursuite indéfinie du processus techno-informationnel actuellement observable, perpétuelle fuite en avant érigée par les théoriciens de la mondialisation *heureuse* en mouvement inéluctable et salvateur. " : Taguieff, *op.cit.,* p. 9-10. Lors du procès des Indiens rebelles de Wounded Knee (1974) un sondage révéla que 70 % de la population américaine approuvait la lutte armée des Indiens.

[109] Cf., par exemple, en France l'amputation du cours d'histoire-géographie en 1998 au profit d'une " nouvelle discipline " intitulée " éducation civique juridique et sociale " visant à " épanouir à terme un citoyen adulte, libre, autonome, exerçant sa raison critique dans une cité à laquelle il participe activement " (*BOEN* du 5 août 1999). Il s'agit en pratique d'organiser des débats à partir d'exposés portant au fil des semaines sur le foulard islamique, la peine de mort, le rap et le tag comme composantes de l'art urbain contemporain...

[110] P. Ariès, " L'Europe face à la régression totalitaire ", in *L'Europe globalisée*, Paris, L'Harmattan, 2002, p. 41. Là où règne l'identique, la violence, la dictature et le chaos ne sont jamais loin. La mise au pas des cultures et des peuples dans le monde musulman par un retour massif à " l'islam des origines " est un exemple dramatique de ce constat.

[111] Un rapport de la DG XI -ce- " États-Nations et peuples indigènes " http://www.ulb.ac.be /soco:apft:GENERAL/TEXTE/ RPDGXI/prfr16.htm, p. 2. indique que " Les projets sont conçus dans les capitales voire à l'étranger, sans concertation avec les indigènes qui au mieux se verront mis au courant lors de la délimitation du projet sur le terrain (exemple de la délimitation des parcs nationaux en Afrique équatoriale, exclusion physique des paysans traditionnels des aires forestières qu'ils utilisent, en vue d'un aménagement forestier à vocation industrielle, cas de Sumatra où les agroforêts sont remplacées par des plans d'eucalyptus pour la pâte à papier, d'un projet forestier au Cameroun où l'essentiel des aires forestières seraient attribuées à des sociétés pour les enrichir en bois d'œuvre, etc.). Or exclure les sociétés paysannes forestières des projets

positiviste qui mena contre eux dans le passé de véritables campagnes d'éradication violentes. Pourtant, et pour ne prendre qu'un seul exemple, l'OMS estime que 80 % de l'humanité a toujours recours à ce qu'il est convenu d'appeler des " médecines traditionnelles ". Ces autres façons de soigner constituent pourtant bien des savoirs authentiques, vivants et évolutifs. La perception et le traitement des problèmes de santé sont spécifiques à chaque culture. La preuve de leur contemporanéité réside dans le constat que

> " la médecine occidentale a intégré quantité d'éléments venant de ces ensembles parallèles, de chez elle et d'ailleurs. Il n'y a donc pas une médecine moderne face à des vestiges de médecines anciennes, mais une mosaïque de cultures dans lesquelles se rencontrent des manières différentes de prendre en charge la santé des peuples. Les connaissances locales n'ont d'ailleurs pas forcément besoin de passer par la médecine occidentale pour effectuer des avancées généralisables (...) Celle-ci saura-t-elle s'intégrer à cet ensemble culturel mondial, utiliser sa puissance explicative et ses réseaux pour aider à une certaine complémentarité ? ou choisira-t-elle d'écraser les autres savoirs en en récupérant les morceaux, dans la logique mercantile de la mondialisation ? "[112]

Il semble que la seconde solution reste plus que jamais privilégiée par l'énorme machine concurrentielle américaine à laquelle s'accrochent désespérément (malgré les apparences du moment) les " alliés/rivaux " européens et le Japon au sein de l'O.M.C. Deux accords multilatéraux sont actuellement gérés par la nouvelle version du *Trade, not Aid* : l' " accord général sur le commerce et les services " (A.G.C.S) prévoit d'amener progressivement nombre de services aujourd'hui publics au statut privé commun des productions et des échanges marchands, sans possibilité de re-nationalisation. Il menace prioritairement la protection publique des moins nantis dans les pays post-industriels (santé, culture, éducation, assurance sociale...). D'aucuns le qualifient pour cela d' " accord anti-services publics "[113]. Mais c'est plutôt la conception juridique

---

d'aménagement c'est se priver de leur participation active et de leur savoir ancestral sur l'écologie de la forêt et c'est faire grossir les rangs d'un sous-prolétariat totalement paupérisé et manœuvrable. " La conception occidentale de la brevetabilité du vivant constitue potentiellement un outil supplémentaire de dépossession et de domination de nombreux peuples, alors que ceux-ci ont par leur créativité, contribué très largement à préserver et à développer la diversité biologique.

[112] F. Lille, F.-X. Verschave, *On peut changer le monde, À la recherché des biens publics mondiaux*, Paris, La Découverte, 2003, p. 38-39. Dans son rapport 2002, le P.N.U.D. fait notamment savoir qu' " entre 1992 et 1997 le Vietnam a réduit le nombre de décès dus au paludisme de 97 % et le nombre de cas a baissé de pratiquement 60 % grâce à des médicaments de qualité produits localement ".

[113] Les oppositions locales à cet accord négocié au niveau communautaire sont sans précédant : 15 régions françaises, la ville de Paris et des centaines de communes se sont déclarées " Zones non

de la brevetabilité du vivant qu'ont développée les pays riches qui constitue l'un des outils majeurs de la spoliation " nouvelle formule " des Peuples indigènes. Ils ont pourtant indéniablement largement contribué par leur créativité propre à préserver et à développer la diversité biologique du monde[114]. L'accord " aspects de propriété intellectuelle touchant au commerce " (A.D.P.I.C) peut être désigné comme l' " accord anti-biens publics de la connaissance "[115]. Entré en vigueur depuis 2002 sauf pour les " pays les moins avancés ", il reste vivement controversé quant à ses conséquences et à ses objectifs. La logique qu'il développe conduit notamment à autoriser en la légalisant au plan mondial la captation par dépôts de brevets interposés des savoirs locaux traditionnels (principalement curatifs mais aussi artistiques, architecturaux...). Les grandes firmes mondialisées ont compris depuis quelques temps déjà l'intérêt qu'elles avaient à prospecter systématiquement les cultures locales à l'origine dissimulée de nombreuses " découvertes scientifiques " modernes. L'humanité se trouve alors dépossédée *de jure* de patrimoines cognitifs inestimables dont nul ne peut être assuré qu'il en sera fait une utilisation adaptée aux différentes cultures et/ou conforme à l'intérêt du plus grand nombre : la recherche et les moyens médicaux sont essentiellement orientés en Occident vers la mise au point de thérapies très coûteuses (celles qui rapportent) inaccessibles financièrement et de toutes les façons inadaptées culturellement à la grande majorité des populations de la planète. Il n'est en outre pas rare qu'une connaissance soit acquise à vil prix à un Peuple détenteur ignorant la valeur de ce qu'il transmet, puis immédiatement brevetée et " placardisée " dans le seul objectif antagoniste d'empêcher " la concurrence " d'y accéder. Les méthodes se perfectionnent, les acteurs se diversifient tout en s'associant pour une plus grande efficacité, mais la mentalité de profit monopolistique qui confère la puissance et les moyens prédateurs utilisés pour le réaliser ne varient pas. Après avoir été " délestés " de leurs terres, de leurs ressources et de leur liberté par les États, les Peuples sont maintenant " vidés " de leur mémoire et de leurs connaissances par des groupes

---

AGCS ". Le Parlement belge a demandé à ce que soit révisé le mandat de la Commission et du commissaire Pascal Lamy. Ce précédent juridique et institutionnel (peu divulgué) est fort intéressant car rien n'existe en droit international pour traiter un tel problème de dissidences locales. Si ce mouvement s'accentuait et persistait l'O.M.C. n'aurait plus les moyens de ses ambitions. Nous serions remis face à un problème politique citoyen alors qu'actuellement toutes ces tractations se font dans une non information complète des principaux concernés (privatisation de l'eau, des ressources naturelles, de l'information et demain de l'éducation et de la santé).

[114] Ces Peuples n'ayant jamais érigé de villes, de monuments à la gloire des conquérants et autres politiques, où à celle du " Tout Puissant " tel que les Musulmans et les Européens se le sont représentés, ne connaissent pas ou peu d'inscription de leurs oeuvres culturelles au " patrimoine mondial de l'humanité ". Ils ont pourtant tout simplement permis plus que tout autre à la vie de s'épanouir. Dans un monde d'apparences, cela ne vaut rien.

[115] Lille, Versage, *op. cit.*, p. 41-42.

privés sans scrupule. Mus par le fantasme de puissance et par l'objectif d'accroissement de leur chiffre d'affaires, ils se soucient comme d'une guigne de la pérennité des Peuples, d'une quelconque justice à leur égard et du mieux-être du plus grand nombre[116].Certains États non développés demandent aujourd'hui aux États globalisateurs, jusqu'ici sans succès, que soient mis en œuvre des mécanismes de protection des connaissances autochtones pour que celles-ci ne soient plus confisquées sans contrepartie " juste et équitable " par quelques grands groupes transnationaux. Pour ce faire une harmonisation entre l'article 15 de la Convention de Rio sur la diversité biologique qui reconnaît à chaque État un droit sur ses ressources naturelles et l'accord A.D.P.I.C. leur apparaît indispensable[117].

Des tensions, voire des incompatibilités apparaissent nettement entre d'une part le " développement, la " croissance " tels qu'ils sont pensés et imposés au monde par l'incivilisation occidentale du gaspillage[118] et une protection effective des " milieux "[119] et d'autre part entre la protection proclamée de " l'humanité dans son ensemble " et le respect des " droits inaliénables des divers Peuples ". Elles conduisent à l'inévitable prise en compte de deux problématiques fondamentales : celle des liens dialectiques qui unissent toute communauté humaine et son territoire d'expression culturelle (notion de site ou de territoire de sens) et celle des rapports que doivent

---

[116] D'après l'O.N.G. *M.S.F.* " Les chiffres montrent que la recherche sur les maladies tropicales est au point mort : sur les 1 233 nouveaux médicaments introduits sur le marché entre 1975 et 1997, 13 seulement concernent le traitement d'une de ces maladies. Les multinationales pharmaceutiques, en quête de profit, préfèrent la commercialisation de traitements contre l'obésité ou la perte de cheveux à destination des pays riches à celle de nouveaux médicaments contre la malaria. " Dans le même temps " des médicaments essentiels efficaces dans le traitement des maladies tropicales disparaissent du marché faute de rentabilité". Cf. " Campagne pour l'accès aux médicaments essentiels ", 2001. www.acessmed-msf.org. Les firmes pharmaceutiques auraient engrangé 157 milliards de dollars de bénéfices en 2003.

[117] Cf. P. Vincent, " Les résultats de la 4e conférence ministérielle de l'O.M.C., Vers un cycle du développement ? ", in *R.B.D.I.*, 2003/1, p. 117-118. Dans le même ordre d'idée l'auteur signale que le Kenya regrettait à la Conférence de Doha que le mécanisme de protection des appellations d'origine contrôlée soit exclusivement réservé aux boissons spiritueuses exportées essentiellement par des pays développés et ne puissent être appliqué à d'autres productions des pays du Sud (café, thé, tabac).

[118] Cf. G. Rist, *Le développement, Histoire d'une croyance occidentale*, Paris, Presses de la fondation des sciences politiques, 1996.

[119] " Ce ne serait plus le paradigme de l'*environnement* perspective anthropocentrique ; ce ne serait plus le paradigme *nature* perspective biocentrique ou écocentrique ; ce serait autre chose de dialectique mettant en rapport et en tension ces deux pôles. On pourrait parler ici de *milieu*. Le milieu, plutôt que l'environnement ou la nature. Le milieu c'est à dire ce que nous faisons de la nature et ce que la nature fait de nous : une sorte d'*hybride* (...) un imbroglio de nature et de culture. " : Ost, *loc. cit.*, p. 17.

entretenir l'unité et la diversité inhérentes à toute société humaine démocratique et dynamique. La première conduit à penser que

> " le peuple se définit moins par des caractères acquis, largement postérieurs, la langue, la religion, les institutions, que par le dialogue qu'il a noué et qu'il ne cesse d'entretenir avec l'espace ambiant (...).Le conquérant, le colonisateur est celui qui, dans sa volonté d'occuper le territoire, c'est-à-dire d'exploiter la nature à ses fins propres, subjugue et souvent anéantit les populations, rompant en même temps le lien entre celles-ci et leur sol ancestral. Quand, dans le premier tiers du XIX$^{e}$ siècle, la Cour suprême des États-Unis justifie par la théorie de la découverte la mainmise exercée sur les terres jusque-là occupées par les Indiens, elle fait prévaloir le territoire sur les hommes et les femmes qui y habitent. L'utilisation traditionnelle du sol qui ne correspond pas aux critères de la société capitaliste en formation est réputée non-avenue, le colonialisme se définissant par une forme déterminée d'occupation du territoire et d'exploitation des ressources qu'il contient ".

Une telle perspective indique le critère fondamental à prendre en compte dans une définition positive à construire des peuples indigènes : " un peuple pourrait donc se définir par le type de relations qu'il entretient avec son milieu naturel, par les méthodes selon lesquelles il y emprunte ce qui est nécessaire à sa survie "[120] parce que les représentations que les hommes se font de la nature et des rapports qu'ils entretiennent avec elle sont des catégories de leur culture. Le milieu pourrait alors se décrire comme un " site-habitat " toujours singulier sur lequel une fraternité humaine donnée vit et exerce des compétences spécifiques adaptées souvent uniques. Elles lui appartiennent en propre, chaque génération effectuant nécessairement un travail de ré-appropriation par le biais d'une éducation à la maîtrise d'un patrimoine complexe légué par les générations défuntes (passé). Une telle communauté est à la fois l'héritière de son territoire d'expression culturelle et de son " mode d'emploi " (la boîte à outils) à l'origine des identités individuelles et de l'identité collective (présent). Elle est naturellement en charge de faire évoluer cette mémoire active en fonction des nécessités nouvelles et des apports extérieurs (le changement n'implique aucun modèle préétabli)[121] et de réaliser son projet éducatif de transmission aux générations à venir (futur)[122]. La possession et la maîtrise de ce patrimoine

[120] F. Rigaux, " Les peuples entre l'individu et l'humanité ", in *L'humanité face à la mondialisation, op. cit.*, p. 31.

[121] " Que l'esprit critique nous protège des connaissances bien établies ? C'est le secret de la découverte et de la création. " (H. Zaoual).

[122] " La réalité sociologique du peuple est essentiellement mouvante, les êtres humains qui entrent dans sa composition varient à chaque instant, les nouveaux-nés prenant la place des défunts. Là gît précisément le mystère : à travers la succession imperceptible des générations une entité subsiste, que certains appelleront l'âme du peuple et qu'il est plus adéquat de désigner par le

culturel sophistiqué et évolutif (le vrai patrimoine sera de plus en plus immatériel et symbolique, éthique, culturel, écologique et génétique) impliquent logiquement que les choix d'aménagement et de gestion du milieu naturel spécifique dans le cadre duquel cette communauté s'inscrit lui soient dévolus. Un Peuple réalisant toujours sur le long terme une *affectio territorialis* souvent sacralisée et ritualisée avec sa terre[123], sa préservation, sa valorisation et son exploitation devraient lui incomber au premier chef (principe de subsidiarité) sur le fondement de ses propres principes d'organisation et de ses formes traditionnelles de vie communautaire[124]. Cette perspective constitue un trait

---

concept d'institutions. Les actuels membres du peuple forment un pont entre le passé et l'avenir. Les institutions populaires s'appuient à la tradition qu'elles ont reçue, mais elles préparent et sauvegardent l'avenir. Le territoire avec lequel le peuple a fait un pacte, un contrat naturel parallèle au contrat social, est le patrimoine, au sens le plus noble du terme, qui doit être transmis intact où amélioré à ceux et à celles qui suivront ". : Rigaux, *loc. cit.*, p. 32.

[123] Dupuy (*op. cit.*, p. 120–121) se référant à Ph. Baud (*L'émotion en politique, Problèmes d'analyse*, Paris, Presses de Sciences-Po, 1996) écrit : " Il insiste longuement sur les processus d'identification des individus par l'appartenance volontaire ou imposée à des groupes qui ont une prédilection pour certains lieux où s'exprime leur forme particulière de sociabilité. Cela entraîne des investissements affectifs considérables dès la petite enfance et crée le décor d'une socialisation qui aboutit à des classements des gens et des lieux donnant aux choses leur sens et justifiant la valeur qu'on leur attribue. Qu'une contestation venue d'ailleurs remette en cause les hiérarchies acceptées et donc sacralisées, surtout quand on les considère comme " naturelles ", et le monde se vide de sens. S'impose donc la nécessité de restaurer l'ordre perdu en sacrifiant celui par lequel le scandale est arrivé ". Il ajoute (p. 122) que la politique émotionnelle du peuple " ne peut être d'emblée et par essence cataloguée comme l'expression d'un archaïsme profond dans la mesure où la plupart de ses éléments émotionnels se retrouvent *mutatis mutandis* dans beaucoup de comportements politiques actuels " (exemple de la succession des scrutins) " élément essentiel de la liturgie démocratique (…) pacificateur et rassurant, qui permet, sans doute de ne pas trop s'interroger sur les limites du credo lui-même. "

[124] Ainsi le cas archétypal du peuple juif, *Âm-Israël* (racine *îm*, être ensemble) depuis 3 500 ans, que Sartre disait être le " plus ancien des peuples " et qui reste perpétuellement menacé d'annihilation. De Pharaon jusqu'à Hitler en passant par Nabuchodonosor, Titus, Justinien, Mahomet, Philippe le Bel et l'Inquisition, cette persécution obsessionnelle n'a jamais été due au fait que la communauté juive ait été, ou soit, en concurrence avec d'autres pour l'empire du monde. Cette constante criminelle trouve uniquement son fondement dans la permanence de sa différence, laquelle porte sur des éléments toujours très conflictuels : sa loi révélée qui est avant tout parole et promesse perpétuelle d'élection et de libération de la servitude, son économie chabattique, son refus de l'idolâtrie, l'infrangible réciprocité entre le juif et son peuple et réciproquement, le rappel permanent à la non-dispersion, à la délivrance et de son droit imprescriptible à réintégrer sa terre sacrée. *L'an prochain libres à Jérusalem* : cette prière répétée à chaque pâques juive était déjà formulée avant la " conversion " de Constantin et *a fortiori* avant que les conquérants de l'islam ne se fussent lancés à l'assaut du monde… D'abord contraint de se séparer de sa terre par des violences physiques atroces imputables aux césars divinisés, puis privé pour longtemps de son droit au retour par l'annexion guerrière de l'islam qui s'empressera de construire " les mosquées " sur le lieu saint d'implantation de son unique sanctuaire, ce peuple n'a cependant jamais abandonné son projet de rétablissement sur sa terre pour y reprendre une existence collective. L'État d'Israël, dont le statut international est reconnu, apporte au monde la

essentiel et général de la revendication de l'ensemble des Peuples aborigènes. Leur lien originel à un territoire fait d'eux des *Natives* (ceux qui sont nés là). Il est le fondement d'un très grand nombre de leurs doléances et peut être envisagé à ce titre comme le ciment de leurs cultures sans la reconnaissance duquel il y a inévitablement perte d'identité et des pratiques culturelles. Il " rend (également) évident le lien étroit entre l'alternative écologique et l'alternative politique, économique et culturelle, fondée sur l'autodétermination " (Giulio Girardi). La vraie liberté est toujours située, étant entendu que cette vision territoriale ne s'apprécie pas comme en Occident au mètre carré près : le concept de frontière est inconnu de ces Peuples. On comprend à la lumière de ces précisions le hiatus irréductible opposant deux visions contemporaines du monde : celle des " peuples des écosystèmes " qui vivent des ressources particulières du milieu où ils existent et qu'ils ont appris à utiliser et à gérer et celle des " peuples de la biosphère " qui vivent des ressources à l'échelle planétaire grâce à l'échange généralisé et à la monnaie qui le rend possible "[125]. Les premiers font une utilisation des ressources naturelles adaptée aux caractéristiques aléatoires des territoires (climat, saisons, faune, flore, hydrographie...) dans le but de pourvoir aux besoins fondamentaux des groupes humains qui en vivent. Elle est dès lors forcément limitée, ajustée en temps réel, parce qu'inspirée par le souci dialectique constant de parvenir d'une part à assurer au mieux les besoins incompressibles de la communauté et sa pérennité sur le site et d'autre part de garantir au maximum dans le temps le renouvellement et la disponibilité des " produits de base ". Ce rapport le plus possible équilibré entre le groupe et son territoire entraîne toujours chez les indigènes des pratiques strictes de maîtrise des naissances. Les seconds,

---

preuve que le simple écoulement du temps ne peut jamais entamer l'illégitimité fondatrice de tous les types d'occupation violente (assyrienne, romaine, byzantine, musulmane arabe, française, musulmane turque, britannique). Aucun vainqueur militaire quelle que soit l'ostentation de son triomphe ne peut être assuré de sa survie historique.

125 Fritz, *loc. cit.*, p. 101. Douze planètes seraient nécessaires pour permettre à tous les humains de vivre comme les Occidentaux. Malgré cette opulence l'homme occidental, enfant de la pensée libérale et " confortable " a peur des ombres qui le menacent. Il est solitaire (14 millions de célibataires en France) " non seulement dans le sens de l'autarcie économique, mais dans le sens de l'autarcie symbolique, dans le fait qu'il ne partage pas un but commun qui le transcende comme individu. Il lui manque un télos qui transcende son intérêt personnel. (...) D'où l'ennui profond qui hante les sociétés modernes libérales : par l'absence, caractéristique du nihilisme, de véritables enjeux historiques et symboliques, la vie humaine s'aplatit et se rétrécit. " (C. Taylor, *Malaise dans la modernité*). Cf. M. Bernard, " Les communautariens et la déconstruction de l'individualisme libéral " : http://www.ao.qc.ca/chroniques/michel/individualisme.html.
Taylor fait aussi une mise en garde concernant la disparition de la justice sociale a laquelle conduit l'individualisme libéral : les politiques de redistribution exigées par la justice sociale ne sont démocratiquement acceptables que là où les citoyens partagent un même sens du bien commun.

obligatoirement les moins nombreux, " sur-vivent " d'une exploitation sans limites tant du point de vue des quantités prélevées que des espaces terrestres sur lesquels elle étend son emprise. Elle ambitionne principalement de satisfaire, tout en les excitant sans relâche dans un but de profits toujours augmentés, les besoins socialement fabriqués d'une minorité consommatrice solvable névrosée (je consomme donc je suis) toujours insatisfaite et de plus en plus stressée. Elle est d'avantage orientée vers les besoins abstraits de croissance économique et de jouissance immédiate que vers l'éthique et des principes propres à assurer la vie en commun sur la planète[126].

> " Le modèle de pillage des ressources naturelles qui est en passe de détruire en quelques décennies un patrimoine constitué durant des millions d'années, obéit à un dessein dominateur qui se pare des prestiges de la science et d'une philosophie universaliste. Selon le schéma qui a justifié les conquêtes coloniales, tous les espaces qu'ils soient peuplés ou non, sont, à l'instar d'une *terra nullius*, ouverts à l'appropriation des ressources qui y sont contenues par ceux qui maîtrisent les techniques aptes à leur faire produire un profit immédiat (...). L'espace est unifié, en ce sens qu'un concept univoque de l'espace, séparé de tout lien privilégié avec une société déterminée est ouvert à une exploitation prétendue rationnelle, mais qui n'a d'autre objectif que *la croissance*, c'est-à-dire l'accumulation d'un profit immédiat confisqué dans les faits par les maîtres du monde détenteurs des capitaux privés internationaux. Le temps n'en est pas moins colonisé que l'espace : toute valeur ultérieure est escomptée au prix de son utilisation instantanée. Est seule prise en compte la valeur qu'il est possible de dégager immédiatement des biens naturels disponibles "[127].

---

[126] Lorsqu'une multinationale découvre des sites de matières premières, il y a remise en cause partielle ou méconnaissance totale des droits des populations locales (drames de l'exploitation des forêts amazoniennes ou camerounaises ou de celle de minerais en Afrique, Australie et Nouvelle-Zélande). Cette " criminalité écologique " occultée reste la plupart du temps impunie. " Depuis toujours les entrepreneurs se gavent de l'occasion qui passent. C'est pour eux un titre de gloire que de s'être placés au bon endroit, au bon moment. Le neuf, c'est la taille des occasions et l'ampleur des conséquences. Les occasions ignorent les souverainetés nationales. Aucun État n'en peut limiter le déferlement (...). L'alternative est donc nette : donner quartier libre aux conglomérats au détriment des droits humains ou amener les États à la coordination qu'exige une situation inédite (...). Ce n'est pas empêcher l'entreprise privée de vivre que de lui signifier clairement les exigences de l'intérêt public ". : L. Laplante, *L'utopie des droits individuels, L'ONU à la lumière de Seattle*, Ecososiété, Montréal. 2000, p. 134. Plus de 90 % des entreprises étant des PME (– de 250 employés), elles préfèrent que le cadre politico-juridique empêche les grands prédateurs d'écraser le marché.

[127] Cf. Rigaux, *loc. cit.*, p. 29 s. La Convention pour la protection du patrimoine mondial, culturel et naturel (U.N.E.S.C.O, novembre 1972) constatait " que le patrimoine culturel et le patrimoine naturel sont de plus en plus menacés de destruction non seulement par les causes traditionnelles de dégradation mais encore par l'évolution de la vie sociale et économique qui les aggrave par des phénomènes d'altération ou de destruction encore plus redoutables ". L'Amérique du Nord qui

La colonisation du monde par des besoins artificiels venus du Nord et par la prolifération/dissémination des produits polluants associée à leur satisfaction (discours analgésique sur le traitement des déchets) s'accompagne inévitablement de l'impossibilité de les assouvir pour la plupart des humains (la caractéristique fondamentale de la matière étant sa rareté). La libération des désirs attisés par une publicité déculpabilisante omniprésente entraîne l'apparition inévitable de nouvelles formes d'exclusion et de frustration de plus en plus génératrices de violences, y compris au Nord.

Les droits à un environnement sain et à une bio-économie le plus possible localisée[128] par le biais du " droit à la terre " (fin d'une pseudo-science et début d'une conscience) pourraient donc dans " l'après et l'autrement du développement "[129] être d'avantage rattachés " aux droits des Peuples " : le

---

compte 6 % de la population mondiale utilise de 40 à 50 % des ressources naturelles mondiales et les pays occidentaux portent la plus lourde responsabilité des problèmes de pollution atmosphérique, d'épuisement des ressources et de destruction des espèces animales et végétales. La " main invisible " du marché est au service de stratégies tout à fait rationnelles de conquête du pouvoir économique et politique à l'échelle de la planète.

128 " Le terme de développement, dont l'emploi immodéré se poursuit, ne résistera plus longtemps à une remise en cause rendue nécessaire par le monde global où le développement n'a plus qu'un sens technique ou industriel (la Recherche et développement, le développement des marchés ou d'un produit). Semblent devenus obsolètes et franchement idéalistes les discours sur le développement des hommes en société, encore plus celui des peuples." : B. Hours, *L'idéologie humanitaire ou le spectacle de l'altérité perdue, Les ONG, acteurs de la globalisation*, Paris, L'Harmattan, 1998, p. 14-15. Sur le site comme "patrie imaginaire" imprégnant les comportements individuels, collectifs et toutes les manifestations matérielles d'une contrée donnée (paysage, habitat, architecture, outils, savoir faire et techniques... cf. les travaux de l'économiste H. Zaoual, " Le site et l'organisation en économie du développement ", in *Canadian Journal of Development Studies*, Université d'Ottawa. n° 2, vol. XXI, 2000, p. 295-321 et " De l'*homo œconomicus* à l'*homo situs* ", in *Les nouveaux Cahiers de l'Institut Universitaire d'Étude du Développement*, Genève, 1998, p. 83-100. Notons encore que le philosophe Xénophon (430-355 av. J.-C.) faisait dans son *Économique*, l'apologie de la vie rurale, dénonçant déjà les riches artisans-commerçants vivant de la transformation et de l'échange des matières premières naturelles, dans un éloignement inhérent, de la nature. " Chez Xénophon, il n'y a pas de vertu sans un lien à la nature (médiatisée par les travaux agricoles) et il n'y a pas de vertu non plus sans le refus de l'asservissement de l'homme à la technique. C'est là une dimension résolument politique car c'est bien l'option urbaine qui est stigmatisée par l'écrivain grec, le choix d'organiser la vie des hommes selon des règles nouvelles, le langage, la participation, la compétence locale (...) finalement ce qui insupporte Xénophon est l'illusion urbaine d'une indépendance totale de l'homme, d'une autonomie : l'homme de la ville ne saisit pas, dans l'hystérie de sa pseudo-liberté, son asservissement à la technique " : F-X Ajavon, " Xénophon, philosophe politique, *gentleman-farmer* ", in *Res publica*, n° 30, Août 2002, p. 2-6.

129 Cf. F. de Ravignan, " L'après et l'autrement du développement ", conférence au salon Primevère, Lyon, février 2001 et réseau de l'après développement (www.après-developpement.org) pour la bibliographie sur l'après développement. Idem, " Défaire le

Québec, la Catalogne, la Flandre ont déjà inscrit au répertoire de leurs revendications la pleine maîtrise territoriale de leur développement économique et de la sauvegarde de leur patrimoine naturel. Les Écossais et les Inuits du Canada l'ont déjà obtenue. En soutenant cette perspective les États les plus démocratiques[130] et les plus conscients de la richesse patrimoniale inestimable que représentent les cultures dans leur diversité (nous pensons notamment à la communauté de politique étrangère européenne en fondation et au Canada) manifesteraient enfin la reconnaissance de leur dette historique incommensurable (notamment écologique) à leur égard[131]. Ils exprimeraient en outre leur volonté d'entrer en résistance contre un projet " global-productiviste " qui perpétue les rapports violents et inéquitables instaurés il y a plus de cinq cents ans. Ils indiqueraient encore la possibilité de choix de développement alternatifs, pensés en termes de droits collectifs à la fois pluralistes, interactifs, solidaires et complexes, mettant ainsi fin à l'énorme paradoxe de notre époque qui consiste à occulter avec tant de facilité l'évidence historique et humaniste que " le pluralisme c'est la diversité localisée et que le totalitarisme démocratique dans lequel nous sommes entrés n'est qu'une démagogie abstraite et une escroquerie planétaire au service du mythe du marché "[132]. Il s'agirait notamment de reconnaître le droit des " perdants " à protéger leur culture et leur vie en préservant par exemple dans le long terme des productions locales et régionales non compétitives lorsque leurs avantages sont supérieurs à ceux de la concurrence. Elles permettraient la garantie *a minima* d'une autosuffisance alimentaire et d'un revenu de base au niveau local. Les personnes concernées seraient alors dégagées de la dépendance humiliante aux aides sociales étatiques précaires. Elles seraient également préservées des échecs des stratégies de croissance, par nature aléatoires, menées par l'État. Une telle évolution impliquerait la défiscalisation nationale d'échanges réalisés la plupart du temps hors de tout but d'accumulation de capital sur le mode du troc ou du don dans

---

développement, Refaire le monde ", in *Colloque U.N.E.S.C.O., 2002*, Parangon, 2003, 410 p. Le numéro spécial de *L'écologiste* (n° 6) fait le point sur la question.

[130] " La démocratie nous est un bien précieux ; c'est le moins mauvais des systèmes que nous avons appris à opposer aux dictateurs minoritaires. Mais la démocratie est un organe vivant. Ce n'est pas un lac, c'est un océan de forces contraires d'autant plus sain qu'il bouillonne à une température proche de sa dissolution. C'est un ensemble brûlant. Il n'y a donc pas d'acquis en démocratie. Il n'y a que la lutte, que la vigilance, que le souci d'être attentif au juste, au bon, au vrai. " (P. Chamoiseau, *Libération*, 28 novembre 1999, p. 8).

[131] " La compétence de guerre sans limite, les *conquêtes occupations*, l'exploitation et la domination des autres peuples ont reçu les applications grandioses et sanglantes, prestigieuses et cruelles, si puissantes matériellement et si fragiles éthiquement, que l'histoire de l'humanité a enregistrées pour l'éternité et qu'elle ne peut d'ailleurs qu'assumer comme l'expression d'une époque de l'homme dans la puissance égarée et la vanité dérisoire de ses entreprises. " : M. Bedjaoui, *Pour un nouvel ordre économique international,* p. 58.

[132] Hours, *op.cit.*, p. 82.

des marchés locaux, voire la promotion de monnaies et de banques associatives locales aptes à garantir une protection minimale à des hommes qui à défaut sont rejetés par le système économique global (la loi de la concurrence exclut aujourd'hui la majorité de la population mondiale). L'existence concrète des personnes et des Peuples, leur dignité et leurs besoins fondamentaux, la conservation de leurs spécificités, deviendraient l'aspect prioritaire de ce nouveau cadre institutionnel de production et d'échanges économiques libérateur des angoisses et des incertitudes liées à l'engrenage inhumain quotidien du marché. Une telle édification de sociétés civiles locales responsables et capables de protéger leurs membres des effets ravageurs d'un système sur lequel ils n'ont aucune emprise est parfois déjà en cours, notamment en Amérique du Sud (faillite totale de l'État argentin) et en Afrique (en fait très peu confrontée au processus de mondialisation) : bâtis à l'intérieur de frontières artificielles emprisonnant des peuples différents et sans passé commun, les États africains ne sont plus que des coquilles juridiques vides impuissantes désormais à éradiquer les patries charnelles fondatrices des véritables enracinements. Le réel africain profond resurgit inévitablement dans sa nature ethnique et tribale. Ce constat

> " met plus que jamais en relief la nature éternellement arbitraire des constructions territoriales, leur relativité historique et culturelle ; elle suggère surtout que d'autres aménagements de l'espace sont possibles, que l'aventure territoriale plus ou moins amorcée avec la Paix de Westphalie peut prendre fin pour susciter d'autres formes de géographie mondiale "[133].

De nouveaux moyens constitutionnels facilitant la cohabitation et l'échange interethniques organisés sur des bases originales et remettant en cause les " fondements " philosophiques et politiques des sociétés occidentales seront

---

[133] Badie, Smouth, *L'international sans territoire, op. cit.*, p. 11. Pour eux, l'espace en monde musulman contemporain pourrait être, *mutatis mutandis*, un exemple dont il serait possible de s'inspirer. " Si la conception touarègue d'un monde tribal nomadique constitue une forme extrême, la variété des configurations intermédiaires est très riche. L'espace en monde musulman revêt ainsi des pertinences multiples et correspond à des contours variables, peut – être même volatils, dès lors que s'entrecroisent des constructions micro – communautaires vivaces, des États-nations qui savent protéger jalousement leur souveraineté, des ensembles régionaux marqués par une forte indépendance et un espace de croyance qui mobilise de plus en plus les allégeances et s'impose comme tel dans le jeu international. " Dans ce contexte culturel particulier, " les situations deviennent fluides et aléatoires, les relations d'autorités variables selon les enjeux : le territoire en perd sa fonction de contrôle. L'action collective, elle-même, se construit en suivant des imaginaires territoriaux multiples et volatils, rendant hasardeux, voire dérisoires, les espoirs de régulation territoriale du jeu international ". Cf., également, J. Rosenau, " Les processus de mondialisation : retombées significatives, échanges impalpables et symbolique subtile ", in *Études internationales*, XXIV, 3 septembre 1993, p. 497-512.

finalement trouvés[134]. Parce que notre monde a besoin de bio-diversité il a également un besoin vital de diversité culturelle[135]. Parce qu'il est impossible d'envisager une réponse universaliste à la question du sens humain de l'existence et de l'agir (on ne peut pas appréhender l'humanité à travers un seul modèle) " il est donc nécessaire de prendre en considération l'infinie variété de ces modèles "[136] en inventant ensemble la *praxis* d'un partage du monde à partir de la multiplicité et une amitié universelle permettant d'échapper à l'alternative archaïque bourreaux-victimes. Cette action suppose le dialogue ouvert à propos du monde, y inclus la possibilité du *dissensus* et de la controverse.

> " Cet équilibre sans cesse recherché et toujours instable, cette reconnaissance de l'autre sans capitulation devant ses préjugés définissent au bout du compte la tolérance au sens fort du terme. Celle qui s'affirme, mais sans démagogie ni renoncement ; celle qui récuse tout aussi bien la certitude fermée sur elle-même que le relativisme irresponsable "[137].

Le respect du passé est indispensable à la réinvention constante de notre présent que son héritage nous viennent des Peuples indigènes ou des Lumières. Les sociétés du don ont au moins autant à nous apprendre que celles qui ont produit la révolution industrielle. Il est donc capital pour nous de porter un regard archéologique synthétique sur tous les acquis de cet héritage commun afin d'y puiser tout ce qu'il contient d'enrichissant pour l'avenir commun. Un monde où les individus seraient totalement exclus de la production du sens de leur vie individuelle et collective par le biais d'une expropriation hors de leurs territoires, de leurs sociétés, de leurs noms et de leurs valeurs ne serait plus humain. Le nouveau-né *(néos)* n'est homme qu'en puissance. Ce sont toujours une éducation particulière, une langue et une culture " maternelles " qui actualisent son destin personnel. La culture est une seconde nature et la

---

[134] Ainsi le principe européo-américain *one man, one vote* interdit-il la prise en compte de la réalité africaine profonde constituée par les groupes (ethnies, tribus, clans ou lignages). Il sera nécessaire à terme d'inventer un moyen de représentation ou d'association qui ira aux groupes minoritaires et non plus systématiquement aux individus. Cf. B. Lugan, *God bless Africa, Contre la mort programmée du continent noir*, Carnot, 2003.

[135] La " régulation de l'extinction " des espèces vivantes, qui se faisait suivant des processus biologiques et écologiques complexes, a été fortement modifiée par la gestion moderne qui a contribué à multiplier de 1 000 à 10 000 fois le taux d'extinction " de base " estimé par les scientifiques. Parmi les régions développées, l'Europe a déjà été pratiquement " convertie " par l'homme, moins de 0, 1 % du paysage n'ayant pas subi d'altération, alors que mondialement la proportion moyenne globale serait de 30 % : Fritz, *loc. cit.*, p. 97-98.

[136] P.-M. Dupuy, " Humanité, communauté et efficacité du droit " in *Humanité et droit international, Mélanges R.-J. Dupuy*, Paris, Pédone, 1991, p. 136.

[137] J.-C. Guillebaud, *La refondation du monde*, Paris, Seuil, 1999, p. 276-277.

communauté rend seule l'homme humain et même tout simplement possible[138]. " L'universel, c'est le local moins les murs " disait l'écrivain portugais Miguel Torga en 1954. Les juristes les plus lucides expriment aussi cette vérité paradoxale lorsqu'ils constatent que " chaque homme n'accède à l'humanité que par la médiation d'une culture particulière "[139]. La conception moderne univoque d'un citoyen sans appartenance n'est pas faite pour des hommes réels, elle les fait souffrir en les déconstruisant et en les isolant. Les hommes ne se réduisent jamais à des êtres purement rationnels et raisonnables définis par leurs seules adhésions vertueuses et cartésiennes à des principes abstraits (droits de l'homme, État de droit, citoyenneté nationale, européenne, universelle...). S'ils " ne vivent pas de pain seulement " ils ne vivent pas non plus uniquement de citoyenneté mais aussi de réaliser leurs aspirations à la liberté, à l'autonomie, voire à la souveraineté de leur communauté politique : l'une des tensions caractérisant notre " modernité politique " issue des Lumières est bien celle " entre l'abstraction du citoyen sujet de droit et les enracinements particuliers des individus concrets "[140]. Le seul respect des droits fondamentaux de la personne ne suffit pas au plein épanouissement de la plupart des êtres humains, la preuve en est le développement des revendications particulières, trait majeur des sociétés contemporaines. Les Peuples (avec aujourd'hui certaines ONG[141] et le relais associatif) sont par définition des interfaces, des relais entre les deux valeurs clés que sont l'utopie démocratique d'une part et la personne et la société réelle d'autre part (*in medio stat virtus)*. À la différence de la société des États dépourvue du sens de l'antériorité et d'autant plus ancrée dans le présent qu'elle a la présomption d'être le temps lui-même (les actualités, les sondages, les élections, le budget, la croissance...) les Peuples sont l'incarnation de l'humanité, à savoir le genre humain dans sa réalité et sa durée. Réduire le sens à un seul modèle standardisé et imposé par les dirigeants de l'Occident marchand au nom de l'humanité ferait prendre le risque d'un assèchement peut-être fatal du réservoir culturel des sociétés humaines[142].

---

[138] " L'occupation responsable d'une position, l'être là, constituent la condition humaine jusqu'au jour où (...) l'altérité définitivement évacuée, les hommes seront mûrs pour une transparence catastrophique : celle d'une absence totale de repères, de référents, de symboles. " : Hours, *op.cit.*, p. 166.

[139] Cf. P.-H. Imbert (*R.U.D.H.*), cité par M. Delmas-Marty, *Trois défis pour un droit mondial*, Paris, Seuil, 1998.

[140] D. Schnapper, *La démocratie providentielle*, Paris, Gallimard, nrf/essais, p. 24.

[141] Certaines ONG subventionnées par des États sont des acteurs idéologiques de la globalisation. Cf. Hours, *op.cit.*, p. 63 s.

[142] " Les entreprises contre la liberté d'un peuple sont un attentat contre tous les autres " : Abbé Grégoire, *Projet de Déclaration du droit des gens*, 1795.

Le problème du XXI^e siècle sera sans doute celui des limites et de la résistance aux deux idéologies de la non-limite depuis longtemps déjà en concurrence pour l'empire du monde.

> " Nous avons vu l'horreur qui s'est produite dans notre histoire chaque fois qu'un homme ou un groupe ont prétendu exprimer la totalité de la vérité, et que leur parole était identique à la vérité, ou que la vérité ne pouvait se situer *ailleurs* ni être *autre*. Ceci a légitimé toutes les dictatures, toutes les oppressions, tous les mensonges, tous les massacres. Une parole contre une parole, cela seul peut comme une boussole frémissant dans son habitacle pointer fragilement vers la vérité. "[143]

Ce combat déjà largement entamé, (" trop de transformations s'ébauchent qui ne possèdent pas encore leurs moyens d'expression ")[144] devrait aboutir à restaurer coûte que coûte les valeurs contre des sciences, des techniques et une économie de l'extrême dont les promoteurs recherchent toujours plus de performance pour la détention " du règne, de la puissance et de la gloire " :

> " le monde de la technique bourgeonne de multiples pôles qui tendent à détenir le monopole du maillage général. La totalité uniforme nourrit l'ambition du pouvoir unique. Chaque pôle espère devenir l'émetteur et le récepteur de la puissance générale. La technique est le stade suprême de l'impérialisme "[145].

Le marché en tant que jeu créateur de richesses n'est pas un ordre " spontané " qui résulterait de l'ajustement mutuel automatique de personnes agissant conformément à des règles de propriété (par accord mais aussi par infraction) au sein d'un schéma qui échapperait à leur compréhension (mythe de la main invisible). Il sert évidemment les intérêts des plus puissants. La vie positive commune requiert bien d'avantage que des règles économiques, le seul critère de compétitivité accentuant et justifiant le schéma du gagnant contre le perdant (jeu " d'échec "). Face à la globalisation de la rationalité économique néo-libérale il est urgent de proposer et de mettre en place une éthique globale pour subordonner les lois économiques à des objectifs humains et sociaux notamment en rétablissant le droit des Peuples premiers. Rien ne semble

[143] J. Ellul, *La parole humiliée*, Paris, Seuil, 1981, p. 47.
[144] J. Cocteau, cité par Sur, *loc. cit.*, *R.B.D.I*, 1997, p.7.
[145] P. Forget, G. Polycarpe, *L'homme machinal, Technique et progrès, Anatomie d'une trahison*, Syros alternatives, 1990, p. 130-131.

justifier aujourd'hui que des centaines de millions de personnes vivent encore dans des conditions indignes[146].

Cette lutte pour la liberté devrait également parvenir à juguler le réveil inquiétant et les résurgences récurrentes du vieil intégrisme théocentrique hégémonique islamique[147] : il est à nouveau sur le sentier de la guerre déclarée à " l'impie ", à savoir la globalité impériale technicienne rationaliste de consommation sa rivale[148] elle aussi de type religieux[149]. En état d'implosion avancé, elle n'est déjà plus vraiment sa compétitrice dans le monde musulman pour l'emprise sur les âmes (affrontement perdu pour l'Occident entre les deux variantes anciennes de " l'opium des peuples ")[150]. L'Islam politique pense désormais à portée de main la victoire pour la domination sur le monde jusqu'ici jamais remportée malgré de beaux succès dans le passé. Il fut toujours dans l'histoire, et ceci lui valut d'ailleurs ses phases de prospérité les plus éclatantes, le prédateur des empires déclinants (Perse, Romain africain, Byzantin, musulman arabe). Il faudra bien que d'une manière ou d'une autre cette autre pensée de l'hégémonie violente et inégalitaire intègre à son tour que

> " la compréhension moderne de soi est empreinte d'un universalisme fondé sur l'égalité, qui non seulement requiert qu'on se décentre de sa propre perspective, mais impose encore qu'on départicularise son propre regard afin de pouvoir le mettre en relation avec les perspectives d'interprétation adoptées par l'autre, considéré à égalité ".

De façon plus générale, les traditions religieuses locales (catholicisme, hindouisme, islamisme, orthodoxie, protestantisme...) ne pourront jouer un rôle important dans la " fondation du monde "[151] que si elles consentent à reconnaître préalablement et à des degrés divers le rôle souvent négatif et peu constructif joué par elles dans l'histoire. Elles doivent pour cela accepter d'élaborer de nouveaux discours à rebours des grandes histoires mythiques

---

[146] Cf. les travaux de J.-P. Dupuy et, notamment, *Le sacrifice et l'envie, Le libéralisme aux prises avec la justice sociale*, Paris, Calmann-Levy, 1996.

[147] Cf. F. Encel, *Géopolitique de l'apocalypse, La démocratie à l'épreuve de l'islamisme*, Flammarion, Essais, 2002, 203 p.

[148] Depuis l'Empire romain, les moyens employés pour empêcher les peuples de s'occuper de ce qui les regarde n'ont pas varié : *panem et circenses*. Ailleurs la politique étant incluse dans la " révélation ", c'est la religion elle-même qui obère toutes chances d'évolution politique et sociale.

[149] Le marché présente en effet les caractéristiques d'une divinité primitive brutale, indéchiffrable et magique. " Ses forces sont impersonnelles et les hommes bien souvent ne peuvent les comprendre. Le progrès dépend du fait qu'ils concèdent au marché une déférence indiscutée " : F. von Hayek, *The Sensory Order*, London, Routledge & Paul, 1952, p. 7.

[150] Jürgen Habermas, *Le Monde*, 3 mai 2003.

[151] Titre le l'ouvrage de J.-C. Guillebaud, *op. cit.*

fondatrices et autoriser l'expression et la reconnaissance de leurs victimes. Le temps presse et " tous les hommes désormais ont le même intérêt vital à la préservation de la paix. Dans un univers vraiment globalisé, le renoncement aux escalades violentes va forcément devenir, de façon toujours plus manifeste, la condition sine qua non de la survie "[152].

### BIBLIOGRAPHIE


- AJAVON (F.-X.), " Xénophon, philosophe politique, *gentleman-farmer* ", in *Res publica*, n° 30, Août 2002.
- ARIES (P.), " L'Europe face à la régression totalitaire ", in *L'Europe globalisée*, Paris, L'Harmattan, 2002.
- ARIES (P.), *Les fils de McDo, La Mc Donalisation du monde*, Paris, L'Harmattan, 1997.
- BARTSCH (S.), " Le système des minorités dans la Société des nations ", in Liebich et Reszler, *L'Europe centrale et ses minorités : vers une solution européenne ?*, Paris, PUF, 1993.
- BASTID (P.), *Cours de D.I.P, Licence*, Paris, Les cours du droit, 1963-1964.
- BAUD (Ph.), *L'émotion en politique, Problèmes d'analyse*, Paris, Presses de Sciences-Po, 1996.
- BESSIS (S.), *L'Occident et les autres : histoire d'une suprématie*, Paris, La Découverte, 2003.
- BENNASSAR (B.), JACQUART (J.), *Le XVI^e siècle*, Paris, Armand Colin, 1972.
- BOEV (I.), " Le droit des peuples à l'autodétermination en droit des minorités ", in *L'Europe en formation*, n°317, 2000.
- BOKATALA (I. O.), *L'ONU et la protection des minorités*, Bruxelles, Bruylant, 1992.
- BURDEAU (G.), " L'idée de nation ", in *Encyclopaedia universalis*, 1985, Paris, 1985, vol. 12.
- BURGER (J.), *Report from the Frontier, The State of the Word's Indigenous Peoples*, Londres, Zed Books and Cultural Survival Inc. Cambridge, MA, 1987.
- CASSIN (R.), " La Déclaration universelle et la mise en œuvre des droits de l'homme ", in *R.C.A.D.I*, t. 79, 1951.
- CHATEAU-DEGAT (R.), *La traite des noirs, de l'Afrique à l'Amérique*, Lafontaine, Martinique 1998.
- CHEMILLIER-GEANDREAU (M.), *Humanité et souverainetés, Essai sur la fonction du droit international*, Paris, La découverte, 1995.
- DECENCIERE-FERRANDIERE (A.), " Essai historique et critique sur l'occupation comme mode d'acquérir les territoires en droit international ", in *RDI*, 1937.
- DRAÏ (R.), *Lettre ouverte au cardinal Lustiger*, Alinéa, Aix-en Provence, 1989.
- DUPUY (J.-P.), *Le sacrifice et l'envie, Le libéralisme aux prises avec la justice sociale*, Paris, Calmann-Levy, 1996.
- DUPUY (P.-M.), " Humanité, communauté et efficacité du droit " in *Humanité et droit international, Mélanges R.-J. Dupuy*, Paris, Pédone, 1991. J.-C. Guillebaud, *La refondation du monde*, Paris, Seuil, 1999.
M. Delmas-Marty, *Trois défis pour un droit mondial*, Paris, Seuil, 1998.
- DUPUY (R.), *La politique du peuple, Racines, permanences et ambiguïtés du populisme*, Paris, Albin Michel, 2002.
- ELLUL (J.), *La parole humiliée*, Paris, Seuil, 1981.
- ELLUL (J.), *Le bluff technologique*, Paris, Hachette, 1988.


---

[152] Girard, *Celui par qui le scandale arrive, op. cit.*, p. 43.

- ENCEL (F.), *Géopolitique de l'apocalypse, La démocratie à l'épreuve de l'islamisme*, Flammarion, Essais, 2002.
- *Étude des droits des personnes appartenant aux minorités ethniques, religieuses et linguistiques*, Publication des N-U, n° 78. XIV. 1., New-York, 1979.
- FENET (A.), et *alii*, *Le droit des minorités : analyses et textes*, Bruxelles, Bruylant, 1995.
- FORGET (P.), POLYCARPE (G.), *L'homme machinal, Technique et progrès, Anatomie d'une trahison*, Syros alternatives, 1990.
- FRIEDMAN (S.), *Le problème des minorités ethniques et sa solution par l'autonomie et la personnification*, Thèse droit, Toulouse, 1927.
- FRITZ (J.-C.), " Le développement comme système de domination de la nature et des hommes ", in *L'humanité face à la mondialisation, Droit des Peuples et environnement*, L'Harmattan, 1997.
- GAUCHET (M.), *La démocratie contre elle-même*, Paris, Gallimard, 2003.
- GERFAULT (B.), *Espaces de vie et droit à la terre des peuples autochtones, Le cas de la communauté amérindienne Kali'na de Kourou-guyane française*, Mémoire de maîtrise, sous la dir. de V. Veschambre, Université d'Angers, octobre 2003.
- GIRARD (R.), *Je vois Satan tomber comme l'éclair*, Paris, Grasset, Paris, 1999.
- GIRARD (R.), *Celui par qui le scandale arrive*, Desclée de Brouwer, 2001.
- GROSSIN (W.), " Les minorités, une approche sociologique ", in *I.E.M.*, session 1989 : *Les minorités*.
- HAYEK (F. von), *The Sensory Order*, London, Routledge & Paul, 1952.
- HEERS (J.), *Les négriers en terre d'Islam*, Perrin, 2003.
- HOURS (B.), *L'idéologie humanitaire ou le spectacle de l'altérité perdue, Les ONG, acteurs de la globalisation*, Paris, L'Harmattan, 1998.
- HURAULT (J.), *Français et Indiens de Guyane, 1604-1972*, Guyane Presse-Diffusion. Cayenne. 1972.
- HUYGHE (F.-B.), *La langue de coton*, Paris, Robert Laffont, 1991.
- KECK (F.), " La mentalité primitive ", in *Le nouvel Observateur*, n° 51.
- KLEBES (H.), " Commentaire du projet de Protocole ", in *R.U.D.H*, 1993.
- LAÏDI (Z.), *Le temps mondial*, Paris, Complexe, 1997.
- LAPLANTE (L.), *L'utopie des droits individuels, L'ONU à la lumière de Seattle*, Ecososiété, Montréal. 2000.
- LARA (O. D.), *Les Caraïbes*, Paris, PUF, 1997
- LARA (O. D.), *De l'oubli à l'histoire, espace et identités caraïbes*, Paris, Maisonneuve et Larose, 1999.
- LATOUCHE (S.), " La pauvreté, mauvaise conscience des âmes sensibles et invention perverse des maîtres du monde, Sortir de l'économie ", in *Politis*, janvier 2003.
- LEVI-STRAUSS (C.), *Tristes tropiques*, Paris, Plon, 1955.
- LEVRAT (N.), " Solutions institutionnelles pour des sociétés plurielles ", in *Minorités et organisation de l'État*, ULB, 4e colloque international du centre international de la *common law* en Français (CICLEF), Bruylant, 1999.
- LILLE (F.), VERSCHAVE (F.-X.), *On peut changer le monde, À la recherché des biens publics mondiaux*, Paris, La Découverte, 2003.
- LUGAN (B.), *God bless Africa, Contre la mort programmée du continent noir*, Carnot, 2003.
- MASLIAH (M.), *Le patrimoine commun de l'humanité*, mémoire de DESS, sous la dir. de G. Fiévet, Faculté de droit de Douai, Université d'Artois, octobre 2003.
- MENCHU (R.), " Le Guatemala est raciste avec force et furie ", in *Le Figaro*, 8 et 9 septembre 2003.
- MERLE (M.), " Un système international sans territoire ? ", in *L'international sans territoire*, dir. B. Badie, M. C. Smouths, Paris, L'Harmattan, 1996.

- MEYER-BISCH (P.), " Les droits culturels : une catégorie sous-développée des droits de l'homme ", in *Cahiers du centre interdisciplinaire d'éthique et des droits de l'homme*, Université de Fribourg, décembre 1991.
- MICHEL (R.), " Nations souveraines ", in *Terre sauvage*, avril 2002.
- MORRIS (H. S.), " Minorities and Ethnic groups ", in *Encyclopaedia Britannica*, Macropaedia, vol. 15, 1979.
- NEEDHAM (J.), *La science chinoise et l'Occident*, Paris, Seuil, 1973.
- PETRE-GRENOUILLEAU (O.), *Les traites négrières*, La Documentation française, 2003.
- PETRE-GRENOUILLEAU (O.), " La traite oubliée des négriers musulmans ", in *L'Histoire* : " La vérité sur l'esclavage ", n° 280, octobre 2003.
- PIERRE-CAPS, " Le principe de l'autonomie personnelle et l'aménagement constitutionnel du pluralisme national : l'exemple hongrois ", in *R.D.P*, 1994.
- PIERRE-CAPS, " Peut-on parler actuellement d'un droit européen des minorités ? ", in *A.F.D.I*, Paris, 1994.
- POLANYI (K.), *La Grande Transformation* (1944), Paris, Gallimard, 1988.
- POUMAREDE (J.), " Approche historique du droit des minorités et des peuples autochtones ", in N. Rouland, dir., *Droit des minorités et des peuples autochtones*, Paris, PUF, 1996.
- " Les racines de la mondialisation, De Rome à New-York ", *L'histoire*, n° 270, novembre 2002.
- REMOND-GOUILLOUD (M.), " L'humanité se déployant dans la durée, projette la responsabilité en delà des bornes de la vie humaine ", in *Remarques sur une homonymie, Les hommes et l'environnement, Etudes en hommage à Alexandre Kiss*, Paris, Frison-Roche, 1998.
- RENAN (É.), *Qu'est-ce qu'une nation ?*, Paris, Presse Pocket, 1992.
- RICHARDOT (P.-H.), *Les grands empires. Histoire et géopolitique*, Ellipses, 2003.
- RIGAUX (F.), " Mission impossible : la définition de la minorité ", in *R.T.D.H*, n° 30, 1997.
- RIST (G.), *Le développement, Histoire d'une croyance occidentale*, Paris, Presses de la fondation des sciences politiques, 1996.
- RIST (G.), dir., *Les mots du pouvoir, Sens et non-sens de la rhétorique internationale, Nouveau cahier de l'I.U.E.D*, Paris, PUF, coll. Enjeux, 2002.
- RIST (G.), dir., *La culture otage du développement ?*, Paris, L'Harmattan, 1994.
- ROSENAU (J.), " Les processus de mondialisation : retombées significatives, échanges impalpables et symbolique subtile ", in *Études internationales*, XXIV, 3 septembre 1993.
- ROULAND (N.), " L'archipel des droits de l'homme ", in *L'actualité de la déclaration universelle des droits de l'homme*, Montréal, 1993.
- ROULAND (N.), *Anthropologie juridique*, Paris, PUF, Coll. Que sais-je ?, 1990.
- SIMARD (J.-J.), " La réduction des Amérindiens : entre l'envers du Blanc et l'avenir pour soi ", in J. Lafontant, *L'État et les Minorités*, Winnipeg, 1996.
- SUDRE (F.), *Droit international et européen des droits de l'homme*, Paris, P.U.F, 1989.
- TAGUIEFF (P.-A.), *L'effacement de l'avenir*, Galilée, 2000, p. 197.
- " Le temps des colonies ", *Les collections de l'histoire*, n° 11, 4/2001.
- THIERRY (H.), " Evolution du droit international ", in *R.C.A.D.I.*, 1990/III, vol. 222.
- THIERRY (H.), SUR (S.), COMBACAU (J.), VALLEE (C.), *Droit international public*, Paris, Montchrétien, 1986.
- VERHOEVEN (J.), " Les principales étapes de la protection des minorités ", in *R.T.D.H.*, n° 30 (sur la protection des minorités), Bruxelles, 1997.
- VINCENT (P.), " Les résultats de la 4e conférence ministérielle de l'O.M.C., Vers un cycle du développement ? ", in *R.B.D.I.*, 2003/1.
- WALLERSTEIN (I.), *Le capitalisme historique*, Paris, La Découverte, 1985.
- ZAOUAL (H.), " Le site et l'organisation en économie du développement ", in *Canadian Journal of Development Studies*, Université d'Ottawa. n° 2, vol. XXI, 2000.

# CHAPITRE 11.

# ÉTHIQUE ET URGENCE

Charles COUTEL

## INTRODUCTION

Deux citations vont accompagner notre analyse, l'une de Zaki Laïdi tirée de son ouvrage *La tyrannie de l'urgence* (1999) :

> " Ce sont ceux qui ont le plus à perdre de l'instauration d'une société de l'immédiateté qui vont nécessairement revendiquer la mise en place de dispositifs d'urgence destinés à colmater les brèches d'un avenir peu prometteur "[1].

L'autre citation est d'Alexis de Tocqueville qui est peut-être l'explication de la précédente :

> " L'instabilité de l'état social vient favoriser l'instabilité des désirs. Au milieu de ces fluctuations perpétuelles du sort, le présent grandit ; il cache l'avenir qui s'efface et les hommes ne veulent songer qu'au lendemain "[2].

Il y a, évidemment, de l'urgence dans le monde mais si l'on en croit Zaki Laïdi, une *idéologie de l'urgence* se met en place masquant les véritables causes des souffrances et des injustices subies par les hommes et par les peuples. Faisons du Petit Lapin blanc d'Alice au pays des merveilles de Lewis Caroll, l'incarnation de cette fausse urgence qui occulterait la vraie ; ce personnage est *toujours* pressé pour ne pas avoir à répondre aux questions qu'on lui pose : " je n'ai pas le temps, je dois vite le faire " se substituerait au " je dois " fondé sur la raison et la loi morale. On organise l'affolement pour ne

---

[1] Éditions Fides, Montréal, p. 34 ; du même auteur, lire l'article intitulé " L'urgence ou la dévalorisation culturelle de l'avenir ", in *Esprit*, n° 240, février 1998, p. 8-20. Pour toute cette problématique on se reportera au livre important de Pierre-André Taguieff, *L'effacement de l'avenir*, Paris, Galilée, 2000.

[2] *De la Démocratie en Amérique*, Paris, Garnier-Flammarion, vol. 2, II, chapitre 17, p. 128.

pas avoir à se justifier et l'on brouille les esprits dans une véritable panique programmée[3].

C'est pourquoi l'affolement devient une sorte d'art de vivre et de gouverner de certaines démocraties occidentales.

Ces remarques préliminaires justifient notre plan : après avoir rappelé les strates constitutives de l'idée d'urgence, je m'efforcerai, dans un deuxième temps, de décrire et d'analyser cette " tyrannie de l'urgence " que notre modernité démocratique, mondialisée et médiatique laisse s'instaurer. Nous tenterons de présenter une généalogie critique de cette manipulation.

Enfin, en un troisième et dernier temps, nous méditerons sur les conditions d'une ré-institution d'une " éthique dans l'urgence ".

Nous défendrons volontiers l'hypothèse suivante : un discours superficiel cherche à mettre en place une urgence artificielle pour masquer les effets catastrophiques et indécents de la mondialisation sur les individus, les nations et les institutions ; la mondialisation et l'unipolarisation inventent de fausses urgences pour imposer des solutions perverses qui ne feront qu'entretenir le processus d'urgence lui-même.

Au lieu d'être la voix des pauvres, l'urgence devient une arme des puissants. Peu à peu, le monde agité tel qu'il est passe pour un état permanent, du fait de " l'intention d'urgence ". Il n'est donc pas étonnant que l'intervention urgente diffère la mise en place des vraies solutions : on travaillera, on pensera, on dépensera toujours dans l'urgence. Paradoxalement, on sera toujours dans l'urgence.

Comme le souligne Zaki Laïdi :

> " L'urgence artificielle veille à entraver la mise en œuvre d'une action de long terme " (cf. *op. cit.*, p. 38).

## 1. LES STRATES CONSTITUTIVES DE L'IDEE D'URGENCE

Diverses strates organisent le champ sémantique et philosophique de l'idée d'urgence. La plus grande confusion règne dès que l'on mélange les sens et les champs opératoires de l'urgence. Il convient donc de les distinguer pour lever certains malentendus et manipulations, dont notre seconde partie rendra compte.

Dans notre monde complexe et aléatoire, le risque et l'imprévu structurent notre action et nos représentations – la vigilance et l'alerte sont au cœur de l'anthropologie de l'homme démocratique moderne, à l'heure de la

[3] On se reportera au récent texte de Paul Virilio, *Ville panique*, éditions Galilée, 2004.

mondialisation. Mais, dans toutes ses occurrences, l'urgence est définie comme *provisoire* : le propre de l'urgence est qu'elle doit cesser ; par exemple, un patient n'est pas censé demeurer dans un service d'urgence : il est dirigé vers un autre service de l'hôpital, dès que son diagnostic est fait.

En un premier sens *d'ordre médical*, on dira d'une urgence qu'elle ne peut attendre : souffrance, risque mortel, etc.

En un second sens, plus *juridique*, l'urgence est un " état de fait (...) susceptible, s'il n'est pas porté remède à bref délai d'entraîner un préjudice irréparable, sans cependant qu'il y ait nécessairement péril immédiat (dans ce cas, on parlera *d'extrême urgence*) ". En droit public l'urgence est

> " un ensemble de circonstances pressantes qui (...) valident des actes juridiques qui, en temps ordinaire, auraient été illégaux ". Il est nécessaire d'agir vite. L'*urgence* peut même devenir *célérité*, c'est-à-dire " urgence renforcée justifiant une promptitude particulière d'intervention (ex. : référé d'heure à heure) "[4].

L'urgence juridique accélère un développement procédural maîtrisé et conscient (qui doit et va cesser).

Dans ces deux premiers sens, l'urgence est une accélération d'un processus destiné à faire cesser un danger ou un risque de danger, mais dont la perspective est de cesser. L'urgence est ici *auto-limitative* et *contrôlée*. On parlera, ensuite, d'urgence dans un sens plus large mais aussi plus flou, devant la menace d'une crise économique ou encore climatique (ex. : il y a urgence à intervenir devant une marée noire ou un feu). On rejoint le sens médical.

Dans le champ socio-politique, la notion d'urgence devient cette fois nettement confuse et manipulable.

On déclarera qu'il y a " urgence " à ce que les forces de l'ordre interviennent lors de manifestations. Ce sens est confus car, par exemple, une dictature aura tendance à " décréter l'état d'urgence " à toute occasion, afin de faire taire toute liberté d'expression. On décrète l'urgence, au gré du tyran !

En un dernier sens, *éthique*, on dira qu'il y a par exemple, " urgence " à lutter contre l'injustice ou l'exploitation de l'homme par l'homme. Mais, dans ce cas, on fera comprendre que l'urgence est irréductible et on sera poussé à se dire : " je dois toujours avoir envie de refuser le monde injuste tel qu'il est au nom du monde tel qu'il devrait être ". Mais alors, *l'urgence éthique devient une tâche infinie.*

On voit donc que le rapport au temps varie selon les divers cas et conditionne l'urgence de l'urgence – le blessé qui saigne n'est pas une société injuste ou encore un incendie et pourtant on parlera d'*urgence* dans tous les cas.

---

[4] *Dictionnaire du vocabulaire juridique*, Gérard Cornu, dir, Paris, PUF, 1985, article " urgence ".

Nous pensons qu'aujourd'hui ces urgences se mélangent les unes les autres – la série télévisée " Urgences " médicalise l'approche de l'urgence en général, tandis que l'optimisme de certains médias dissimule les vrais risques et dangers dans le monde (la chaîne SKYNEWS aux USA) – le sens médical se décontextualise et cherche à s'imposer aux autres champs : il y a là une manipulation destinée à occulter l'enjeu éthique des actions humaines.

Comment hiérarchiser et classer ces sens du mot *urgence*, afin de repérer ce que pourrait être une véritable éthique dans l'urgence ?

Pour répondre, il convient d'analyser ce que Zaki Laïdi nomme la " tyrannie de l'urgence " : cette tyrannie vise à imposer le " désir d'urgence ", alors que, par définition, l'urgence doit s'auto-limiter ; l'urgence maîtrisée laisse la place à l'urgence permanente et à l'affolement planifié.

## 2. LA RHETORIQUE DE L'URGENCE

La conscience éthique comme représentation du devoir-être au sein de l'être et expérimentation de l'impératif catégorique (considérer l'autre homme comme fin et jamais comme moyen) est actuellement troublée par l'instauration d'une instrumentalisation et d'une pérennisation de l'urgence.

Divers auteurs peuvent être sollicités pour comprendre ce processus : Alexis de Tocqueville, Charles Péguy et Zaki Laïdi.

### 2.1. L'ANTHROPOLOGIE DEMOCRATIQUE SELON ALEXIS DE TOCQUEVILLE

Tocqueville nous éclaire sur le rapport nouveau que l'homme démocratique instaure avec le temps (cf. la citation liminaire) : le présent grandit, l'avenir s'efface, et l'on veut tout, tout de suite. L'avenir est réduit au lendemain et le rapport au passé s'amenuise.

La chaîne des générations se distend ; on ne connaît plus ses ancêtres ; on hésite à avoir des projets à long terme.

Tocqueville indique le cadre civilisationnel général où la rhétorique de l'urgence va prendre place : les temps démocratiques.

### 2.2. UNE REMARQUE DE CHARLES PEGUY

On doit à Péguy d'avoir eu l'intuition que l'homme moderne, pris dans l'accélération des inventions techniques et dans l' " idéologie du Progrès ", court le risque constant de ne plus sentir le lien entre les causes et les effets. Péguy nomme *méthode bourgeoise* le fait de croire que l'on porte remède aux maux en intervenant sur les effets et non sur les causes de ces maux. Ainsi, on donnera des surplus de lait en poudre aux affamés et aux malades de tel ou tel pays pauvre, mais on ne prévoira pas l'eau qui est nécessaire, et on ne souciera pas de la pureté de cette eau. On s'étonnera de l'épidémie de dysenterie qui suivra.

Péguy, en revanche, nomme *méthode révolutionnaire* le fait d'intervenir sur les causes et non sur les effets ; cette méthode est difficile car elle implique de " changer de vie ", c'est-à-dire de se mettre à la place des autres : sœur Emmanuelle au milieu des chiffonniers du Caire. Dans le premier cas on vivra dans une urgence instrumentalisée et entretenue (c'est l'ambiguïté de l' " ingérence humanitaire "), dans le second cas, on vivra dans une urgence vécue et soucieuse de rechercher les vraies causes des malheurs des hommes[5].

## 2.3. LA " TYRANNIE DE L'URGENCE " SELON ZAKI LAÏDI

Ce chercheur, auquel nos analyses doivent beaucoup, insiste sur la rhétorique qui accompagne cette manipulation idéologique et médiatique de l'urgence.

Il rapproche cette urgence artificielle des effets pervers de la mondialisation sur la destructuration des relations et des représentations du temps. Désormais, il est de plus en plus difficile de prendre du recul sur l'événement et donc sur le sens de cet événement. On réagit à l'émotif et non au rationnel. On organisera une demande factice pour imposer une solution prévue, même si pour cela, on recourt au mensonge : songeons à cet homme politique américain qui, à l'ONU, exhiba une fiole de (faux) produit toxique pour rendre " urgente " la guerre en Irak, " préventivement ". On dévalorise l'avenir en dramatisant la décision présente en prétendant qu'on n'a pas le choix, là où la conscience éthique réclamerait *délibération*, *décision*, *jugement*, *choix* et *action réfléchie* – la " rhétorique de l'urgence " inverse l'ordre et commence par l'action sans réflexion.

Zaki Laïdi précise : l'avenir est " instrumentalisé et non plus symbolisé " (cf. *op. cit.*, p. 25). Du côté du citoyen de base un nouveau slogan intervient : " ce qui m'intéresse c'est ce que je peux obtenir maintenant ! " – le temps procédurier et revendicatif remplace le temps procédural et légitime : au lieu d'être aidé, on accepte d'être traité en *assisté*. On exige même du présent ce que l'on attendait de l'avenir : tout, tout de suite ; la " tyrannie de l'urgence " institutionnalise le caprice et fait perdurer l'injustice.

L'accélération mondialiste des échanges financiers, la volonté de tirer le plus vite possible le maximum de profits, l'organisation médiatique des rumeurs

---

[5] Ce thème a été développé dans notre bref ouvrage *Pourquoi apprendre ?*, Nantes, Pleins Feux, 2001, p. 36-44.

par la diffusion précipitée d'informations, sont autant de facteurs qui entretiennent, de fait, ce processus d'urgence, pérennisé, pressenti par nos divers auteurs, là où l'on avait noté la nécessité d'une autolimitation de l'urgence. Zaki Laïdi constate et déplore la contradiction suivante :

> " Un sentiment collectif de vivre à la fois dans une société dont le rythme s'accélère mais où les institutions (...) apparaissent frappées d'une lenteur exaspérante " (cf. *op. cit.,* p. 35).

Le principe d'urgence remplace l'idée de projet à long terme. L'auteur poursuit :

> " L'urgence évince la perspective des représentations (...), elle veille à entraver la mise en œuvre d'une action de long terme " (cf. *op. cit.,* p. 38).

Les auteurs que nous venons de présenter éclairent le processus de rétrécissement du champ de conscience et du rapport à la durée qu'impose cette " tyrannie de l'urgence " : impérialisme du présent, impérialisme de l'urgence.

Dès lors, surgit une nouvelle question : est-il possible d'échapper à cette " tyrannie de l'urgence " et de réinstituer le devoir-être moral au cœur de cette anthropologie moderne, centrée sur le seul présent ?

Pour répondre à cette question, un ultime détour est nécessaire.

## 3. CONDITIONS THEORIQUES ET PRATIQUES D'UNE REINSTITUTION D'UNE ETHIQUE DE L'URGENCE

Après avoir distingué les divers sens du terme " urgence " et après avoir étudié les éléments composant cette " tyrannie de l'urgence ", il convient de méditer sur les conditions de possibilité d'une réinstitution de l'exigence éthique dans un monde où l'urgence s'entretient elle-même, pour ne pas se poser la question de sa finalité propre. L'urgence n'est plus capable de réfléchir sur elle-même.

Dès lors, comment resymboliser le rapport au passé et au futur, de sorte que le présent soit resitué et mis en perspective éthique ? Comment resituer l'urgence dans une perspective rationnelle qu'elle s'efforce de refouler ?

Prenons un exemple : la France a longtemps différé les mesures concernant le financement des régimes des retraites.

Elle l'a fait dans " l'urgence " et sans recul, dans la tension et la frustration – jamais ne fut posée la question, essentielle et à long terme, du fondement éthique et pas seulement économique et financier, du principe de la retraite par répartition (principe de solidarité entre les générations, juste répartition des efforts financiers, contribution du capital, etc.). On a vu les conséquences : colère et mécontentement[6].

Autre exemple : l'augmentation brusque et massive du prix du tabac fut décidée, là encore, dans l'urgence, avec une évidente absence de réflexion sur les conséquences à long terme : montée de la contrebande, vols dans les bureaux de tabac, fermeture de certains bureaux dans les zones frontalières, etc.

Trois auteurs peuvent nous aider à prévenir ces contradictions théoriques et pratiques : Paul Ricœur, Hans Jonas et Avishaï Margalit.

### 3.1. PAUL RICŒUR ET LES CONCEPTS D'UTOPIE ET D'IDEOLOGIE

Dans son ouvrage, *Du texte à l'action*, ce philosophe analyse les deux formes de l'imaginaire social : *l'idéologie* et *l'utopie*. On notera que la " tyrannie de l'urgence " est contemporaine de la prétendue " fin des utopies et des idéologies ". Pour sortir de la " tyrannie de l'urgence " qui évince le projet éthique de l'horizon de la modernité, il convient de redonner leur sens premier à l'*idéologie* (identification dans un monde et une société) et à l'*utopie* (création du possible en tant que tel).

L'idéologie resitue l'urgence dans la longue durée, tandis que l'utopie ouvre l'urgence présente dans la panoplie des possibles futurs et dans l'horizon d'une espérance à long terme.

Pour illustrer ce propos, je signalerai un court article du Consul belge à Istanbul où l'auteur demande à toutes les parties engagées dans le conflit du Proche-Orient de méditer sur leur commune référence à Abraham, figure spirituelle des trois monothéismes. Méditer ensemble sur Abraham devient *l'urgence véritable* (éthique voire spirituelle) en lieu et place des fausses urgences (stratégiques voire politiques).

Abraham, figure heuristique de l'avenir et de l'espérance ? L'urgence est redéfinie comme tâche éthique, afin d'élargir *l'identité narrative* des protagonistes du conflit[7].

Ainsi l' " aide humanitaire " apportée en urgence devrait associer les populations et respecter les coutumes et traditions : les deux formes de l'imaginaire social selon Paul Ricœur contribuent donc au travail de resymbolisation de la temporalité, luttant ainsi contre la " tyrannie de l'urgence ".

---

[6] Sur ce dossier important cf. Nicolas Baverez, *La France qui tombe*, Paris, Perrin, 2003, *passim*.

[7] Chez P. Ricœur, *l'identité narrative* est l'ensemble des récits qui nous constituent. Juifs, Musulmans, Chrétiens ont des récits en commun : Abraham en est un centre.

### 3.2. HANS JONAS ET L'HEURISTIQUE DE LA PEUR

Les notions *d'heuristique de la peur* et, en général, *d'éthique du futur* chez Hans Jonas peuvent être, à leur tour, sollicitées. Ce philosophe allemand nous avertit que le monde complexe qui est le nôtre peut produire de l'irréparable et de l'irréversible et qu'il nous est possible de réagir en amont (et non en aval). C'est en écoutant les avertissements de ce philosophe que l'on aurait pu éviter l'accident de Tchernobyl et le sacrifice (dans l'urgence-panique) des premiers pompiers intervenant sur le site. Pourquoi n'avait-on pas créé une instance de surveillance technique, juridique, voire éthique, sur le plan international.

L'*heuristique de la peur* consiste à prévoir le pire pour qu'il n'arrive pas. Toute aide humanitaire d'urgence devrait s'accompagner d'une réflexion éthique et stratégique sur l'impact à *long terme* de cette aide auprès des populations concernées. Ainsi on regroupe, dans l'urgence, des populations réfugiées sans se rendre compte qu'on pourrait ainsi " faciliter " le travail des bourreaux et factions rivales et violentes.

### 3.3. AVISHAÏ MARGALIT ET L'IDEE DE SOCIETE DECENTE

On doit au chercheur israélien Avishaï Margalit, dans son ouvrage, *La Société décente* (trad. 1999, chez Climats) d'avoir indiqué les conditions juridiques et éthiques grâce auxquelles nous pourrions sortir de la " tyrannie de l'urgence ".

L'auteur nomme *société décente*, une société qui n'humilie aucun citoyen, à travers les institutions, notamment. La décence est un effort pour préserver l'estime de soi en chacun, en évitant l'humiliation. Pour cela, on sera attentif à la production des discriminations directes mais aussi indirectes. Nous avons vu que la " tyrannie de l'urgence ", en justifiant une stratégie artificielle voulue par les puissants, produisait des effets indirects d'exclusion ou de violence. Il est possible d'en prévenir l'émergence par cette vigilance éthique qui mettrait le concept de décence au centre – le conflit irakien confirme que toute intervention politico-militaire opérée dans l'urgence produit indirectement de la violence. Comble de l'indécence : on protège le Ministère du Pétrole mais on laisse le Musée de Bagdad sans surveillance aucune.

Avishaï Margalit en appelle donc à la non production de situations humiliantes, où les citoyens sont amenés à ne pas avoir honte d'être eux-mêmes et à ne pas être dépossédés de leurs droits individuels.

L'idée de société décente nous semble le cadre juridico-éthique où une resymbolisation des liens entre le passé, le présent, et le futur redevient possible, comme Paul Ricœur le suggérait aussi – les individus s'y sentent respectés dans leurs valeurs et leur estime de soi. Ils ne subissent plus les effets pervers de l'urgence décidée de l'extérieur – la solidarité à long terme (une véritable coopération internationale) remplace l'aide humanitaire et médiatique prise dans l'urgence ; la décence appliquée aux situations concrètes et aux problèmes réels, remplace la rhétorique de l'urgence.

### CONCLUSIONS

Les trois derniers auteurs cités, Ricœur, Jonas, Margalit se font les échos des analyses de Tocqueville, Péguy et Laïdi : ils nous indiquent des tâches à la fois théoriques et pratiques et proposent des outils conceptuels rendant possible une réinstitution juridico-éthique. Par eux, il devient possible de sortir de l'actuelle " tyrannie de l'urgence ", par laquelle la mondialisation se masque ses propres effets pervers à long terme.

Ces auteurs nous aident à complexifier notre relation au temps et à l'avenir : le présent est mieux resitué dans la continuité ; on intègre le passé dans le présent (l'idéologie chez Ricœur), mais aussi dans l'avenir (l'utopie chez Ricœur et l'heuristique de la peur chez Jonas).

Nous pouvons donc désormais sortir du paradoxe initial énoncé par Zaki Laïdi : ceux qui bénéficient, par le court terme, d'une aide d'urgence, doivent aussi avoir les moyens de ne pas devenir des sujets et des citoyens passifs et assistés. Pour cela, la vigilance éthique (la décence) doit prévaloir pour que le devoir-être critique questionne sans cesse la " tyrannie de l'urgence ", par laquelle les riches et les puissants acceptent le monde tel qu'il va avec l'accord extorqué des pauvres et des laissés-pour-compte.

### BIBLIOGRAPHIE

- BAVEREZ (N.), *La France qui tombe*, Paris, Perrin, 2003.
- CORNU (G.), dir., *Dictionnaire du vocabulaire juridique*, Paris, PUF, 1985.
- COUTEL (G.), *Pourquoi apprendre ?*, Nantes, Pleins Feux, 2001.
- LAÏDI (Z.), *La tyrannie de l'urgence*, Éditions Fides, Montréal, 1999.
- LAÏDI (Z.), " L'urgence ou la dévalorisation culturelle de l'avenir ", in *Esprit*, n° 240, février 1998.
- MARGALIT (A.), *La Société décente*, trad., Climats, 1999.
- TAGUIEFF (P.-A.), *L'effacement de l'avenir*, Paris, Galilée, 2000.
- TOCQUEVILLE (A. de), *De la Démocratie en Amérique*, Paris, Garnier-Flammarion, 2 vol.
- VIRILIO (P.), *Ville panique*, éditions Galilée, 2004.

# SOUS-PARTIE II.

# DES URGENCES DANS LES RELATIONS INTERNATIONALES

# CHAPITRE 12.

# SITUATIONS D'URGENCE ET MÉDECINE HUMANITAIRE DANS LES PAYS D'AFRIQUE CENTRALE : UNE RELATION AMBIGUË

Maurice ENGUÉLÉGUÉLÉ

## INTRODUCTION

L'action médicale en situation d'urgence ou médecine humanitaire a pour vocation de soigner et secourir les blessés et populations les plus vulnérables dans les contextes de crise et d'exclusion[1]. Cette obligation – qui au titre du droit international humanitaire est consacrée par les Conventions de Genève de 1949 (à leurs articles 3 communs portant sur la protection des victimes de guerre), les protocoles additionnels de 1977 (article 75 alinéa 2 du premier et article 44 du second) ainsi que les résolutions de l'Assemblée Générale de l'ONU n° 43/131 et 45/100 des 8 décembre 1988 et 29 janvier 1991 relatives à l'assistance humanitaire aux victimes de catastrophes naturelles et situations d'urgence du même ordre – prolonge le droit fondamental à la santé, reconnu par de nombreux instruments internationaux.

La Déclaration universelle des droits de l'homme dispose, au § 1 de son article 25 que " toute personne a droit à un niveau de vie suffisant pour assurer sa santé, son bien-être et ceux de sa famille, notamment pour l'alimentation, l'habillement, le logement, les soins médicaux ainsi que pour les services sociaux nécessaires ". Conformément au § 1 de l'article 12 du Pacte international relatif aux droits économiques, sociaux et culturels (PIDESC), les États parties reconnaissent " le droit qu'a toute personne de jouir du meilleur état de santé physique et mentale qu'elle soit capable d'atteindre " et le § 2 de l'article 12 contient une énumération, à titre d'illustration, d'un certain nombre de " mesures que les États parties... prendront en vue d'assurer le plein exercice de ce droit ". En outre, le droit à la santé est consacré, notamment, au § e) iv) de l'article 5 de la Convention internationale sur l'élimination de toutes les formes

[1] Cf. sur ce point, notamment, J. Pictet, *Développements et principes du droit international humanitaire*, Genève, Institut Henry Dunant, 1983, p. 12 ; J.-C. Rufin, *Le piège, Quand l'aide humanitaire remplace la guerre*, Paris, Lattès, 1986, p. 32 ; R. Brauman, *L'action humanitaire*, Paris, Flammarion, 1995, p. 5.

de discrimination raciale de 1965, au § 1 f) de l'article 11 et à l'article 12 de la Convention sur l'élimination de toutes les formes de discrimination à l'égard des femmes de 1979 et à l'article 24 de la Convention relative aux droits de l'enfant de 1989. Enfin, sans prétendre à l'exhaustivité, le droit à la santé est reconnu dans la Déclaration et le Programme d'Action issus de la Conférence Internationale sur les Droits de l'Homme tenue à Vienne en 1993[2]. Plus encore, afin de clarifier les termes de l'article 12 du PIDESC, son Comité d'experts indépendants (le Comité Économique et Social) a adopté en 2000 une Observation générale portant sur le contenu normatif du droit à la santé et la confirmation du rôle central de l'État dans la mise en œuvre de ce droit dont l'un des aspects essentiels en est l'émergence d'une définition élargie qui intègre certaines considérations à caractère social tels la violence et les conflits armés[3]. Ce faisant, le Comité du PIDESC a posé la nécessité d'appréhender le droit de chaque personne à la santé de manière contextuelle et situationnelle, et confirme sa prise en compte dans les situations d'urgence.

Plusieurs instruments régionaux relatifs aux droits de l'homme reconnaissent également le droit à la santé, notamment la Charte Sociale Européenne de 1961 – telle que révisée (art. 11) – la Charte Africaine des Droits de l'Homme et des Peuples de 1981 (art. 16) et le Protocole additionnel à la Convention Américaine relative aux Droits de l'Homme traitant des droits économiques, sociaux et culturels de 1988 (art. 10).

Le champ couvert par la médecine humanitaire ne se restreint toutefois pas aux soins de santé mais s'étend aux facteurs fondamentaux qui déterminent celle-ci tels que l'alimentation et la nutrition, le logement, l'accès à l'eau salubre et potable et à un système adéquat d'assainissement, des conditions de travail sûres et hygiéniques et un environnement sain. “ L'importance ” et “ l'intrication ” de ces aspects, soulignées notamment par le Professeur R. J. Dupuy et par A. R. Chapman[4], exigent l'adoption d'une des problématiques spécifiques qu'elle implique comme angle d'attaque de l'analyse de la médecine humanitaire. Dans cette perspective, on s'attachera ici à réfléchir à l'action transnationale de lutte contre la faim en situation d'urgence menée par

---

[2] *Déclaration de Vienne sur les droits de l'Homme*, Doc. Off. NU A/Conf 157/23, 1993, § 11 et 25.

[3] Comité d'Experts du PIDESC, “ Le droit au meilleur état de santé susceptible d'être atteint ”, in *Observation générale*, n° 14, Doc. NU E/C.12/2000/4, § 10. Disponible en ligne sur le site www.unhcr.ch.

[4] R.-J. Dupuy, “ Le droit d'ingérence humanitaire ”, *Conférence à la Faculté de droit de Rouen*, mars 1992 ; A. R. Chapman, “ Conceptualizing the Right to Health : A Violation Approach ”, in *Tenn. L. Review,* n° 65/1998, p. 389-390 ; dans le même sens, S. Brunel, “ ONG et mondialisation ”, in Y. Leonard, dir., *Cahiers Français,* n° 305, 2001.

différentes “ organisations non gouvernementales internationales ”[5] (Action Contre la Faim, Médecins Sans Frontière, Médecins Du Monde, Secours Catholique, GOAL, OXFAM, ARC, FH, etc.) dans les pays d'Afrique Centrale (Angola, Burundi, Cameroun, Centrafrique, Congo-Brazzaville, Tchad, Rwanda, République Démocratique du Congo, etc.) dont près de 75 % de la population globale se trouvent affectée par la malnutrition – en tant que déséquilibre quantitatif et qualitatif de la ration alimentaire[6] – en raison notamment des crises politiques et/ou environnementales que tous connaissent[7]. Non pas tant que les travaux sur cette question manquent[8], mais parce qu'ils l'abordent soit dans une perspective normativiste – et se déclinent alors généralement sur le mode de la célébration ou sur celui de la déploration – soit en omettant l'analyse réelle (et non pas la description) des obstacles, contraintes mais aussi ressources de son déploiement.

L'objectif de ces lignes est de revenir sur ces biais, en envisageant l'action transnationale de lutte contre la faim en situation d'urgence menée par ces différentes ONGI dans les pays d'Afrique Centrale dans une perspective interactionniste[9]. De fait, sans évidemment que des raisons et circonstances objectives sur ce terrain ainsi que leurs motivations militantes et l'altruisme de leurs membres soient forcément absents, on risque, en les posant au principe de leurs interventions d'abord de rater d'autres logiques qui y président et redoubler ainsi un discours de légitimation déjà omniprésent relatif à ces “ acteurs associatifs globaux ”[10], ensuite d'ignorer qu'elles interagissent dans ce processus avec une pluralité d'autres acteurs (souvent infra-étatiques) animés par des rationalités spécifiques qui concurrencent les leurs et infléchissent leur action. Ainsi, après avoir présenté les obstacles au déploiement de cette action transnationale de lutte contre la faim dans les pays d'Afrique Centrale (1), on se

---

[5] On adoptera ici, pour les définir, la perspective de J. Laroche, *Politique internationale*, Paris, LGDJ, 2000, p. 134-135 qui reprend les critères de l'Union des Associations Internationales, c'est-à-dire, des “ association(s) composée(s) de représentants appartenant à plusieurs pays et qui (sont) internationale(s) par (leurs) fonctions, la composition de (leur) direction et les sources de (leur) financement (...) (et n'ont) pas de but lucratif et bénéficie(nt) d'un statut consultatif auprès d'une organisation intergouvernementale ”.

[6] Pour une définition exhaustive de la “ malnutrition ”, cf. notamment, S. Brunel, *La faim dans le monde, Comprendre pour agir*, Paris, PUF, 1999, p 19 s.

[7] Sur ce chiffre cf. notamment, S. Brunel, dir., *Géopolitique de la faim, Rapport annuel ACF*, Paris, PUF, 3e éd., 2000.

[8] Pour une synthèse récente, cf. notamment le dossier spécial intitulé “ L'espace humanitaire en Afrique Centrale ” d'*Enjeux, Bulletin d'Analyses Géopolitiques pour l'Afrique Centrale*, n° 8, juillet-septembre 2001.

[9] Sur cette perspective, cf. notamment, E. Goffman, *Strategic Interaction*, Oxford, Basic Blackwell, 1970.

[10] J. Boll, G. M. Thomas, “ World Culture in the World Policy : A Century of International Non-Governmental Organization ”, in *American Sociological Review*, n° 62, 1997, p. 171-190.

posera la question de l'efficacité de quelques uns des dispositifs mis en place pour tenter de les contourner (2).

# 1. LES OBSTACLES AU DÉVELOPPEMENT

Deux grandes catégories d'obstacles pèsent sur l'action déployée par les ONGI dans les pays d'Afrique Centrale en matière de lutte contre la faim.

## 1.1. LES OBSTACLES TENANT AU CONTEXTE D'INTERVENTION[11]

### 1.1.1. Le polymorphisme de la " famine " dans les pays d'Afrique Centrale

Le premier des obstacles contextuels au déploiement de l'action des ONGI tient dans le polymorphisme de la " famine " qui, dans les pays étudiés, renvoie à plusieurs figures de référence. Cette dernière y relève en effet de trois catégories idéales typiques au moins, avec une prépondérance affirmée pour la dernière[12].

D'une part, les famines niées, destinées à asservir ou éliminer des populations considérées comme ennemies ou encore gênantes soit parce que leur maintien entrave le développement de projets économiques (sud du Tchad et extrême nord du Cameroun - région de Doba) soit parce qu'elles appartiennent à des peuples jugés indésirable par leur appartenance ethnique (pygmées de l'Est de la RDC) ou leurs idées politiques (Burundi, Rwanda, Est de la RDC). Les pouvoirs publics, les armées ou/et les groupes belligérants utilisent ici la tactique ancienne du siège – empêchant toute nourriture de pénétrer dans la ville ou la zone concernée – ou celle de la terre brûlée – rendue célèbre par Attila et qui consistait à détruire toutes les réserves alimentaires voire à brûler les récoltes sur pied pour obliger les populations à se soumettre – pour parvenir à exercer un contrôle absolu sur un territoire ou une région. Bien que l'information circule très vite et que les secours puissent être rapidement envoyés à ceux qui souffrent de la faim, et en dépit du fait que les populations concernées aient les moyens et alertent la communauté internationale du fait qu'elles sont victimes de discriminations délibérées et rencontrent des problèmes alimentaires, les gouvernements et les groupes rebelles opérant dans les régions concernées n'alertent pas immédiatement les secours internationaux ; ils empêchent même ces derniers de parvenir jusqu'aux affamés en prétendant

[11] Au sens de G. Goertz, *Contexts of International Politics*, Cambridge University Press, 1994, p. 8.
[12] Sur ces catégories, cf. notamment Brunel, *La faim dans le monde*, p. 99-115.

que la situation n'est pas aussi grave que les systèmes d'alerte le prétendent : la faim reste ici une " arme politique totale "[13].

D'autre part, les famines créées, dont le but est de susciter la compassion, déclencher et capter la rente constituée par l'aide internationale et la médiatisation de la situation en affamant délibérément des populations que rien n'aurait dû, sans cette intervention volontaire, faire basculer dans la faim et la malnutrition (Est de la RDC, région du Pool au Congo-Brazzaville, région de Bunjei au sud de Huambo qui était l'ancien fief de l'UNITA de feu Jonas Sawimbi). Ces famines diffèrent des précédentes par le fait que ce ne sont plus les tribus ou ethnies considérées comme ennemies ou les populations " gênantes " qui sont affamées, mais les populations des zones sous contrôle des mouvements en guerre. Le but de ces famines n'est pas de provoquer leur disparition, mais d'obtenir de l'argent (en contrepartie des recrutements de personnel local imposés, du paiement de *protections*, de la location de logements, etc.), de la nourriture, de l'essence, des camions... pour poursuivre la guerre avec des moyens accrus : les organisations humanitaires sont devenues malgré elles, par les moyens techniques et financiers qu'elles apportent, par les choix géographiques qu'elles font, un acteur économique et géopolitique de ces conflits ; leurs actions ne sont jamais sans impact. Un autre objectif des famines créées est aussi pour les groupes belligérants, en suscitant l'arrivée de journalistes du monde entier et en devenant des interlocuteurs des ONGI et agences d'aide internationale – considérées comme des émissaires officieux des pays dont elles sont originaires – qui tentent de secourir les victimes, d'acquérir une visibilité internationale préalable à la reconnaissance politique.

Enfin les famines exposées, qui tirent profit de conditions défavorables (troubles civils, conflits armés, crise environnementale, etc.) pour mettre en avant les difficultés d'une population afin d'obtenir une aide gonflée par la surévaluation du nombre de victimes de la malnutrition (Angola, République Centrafricaine, Nord-Ouest et Est de la RDC). L'aide publique au développement, en diminution constante depuis le début des années 90[14], et les programmes d'appui aux gouvernements considérés comme légitimes ou de sortie de crise des institutions financières multilatérales[15] prennent de plus en plus la forme d'une aide humanitaire d'urgence destinée au traitement immédiat des drames alimentaires. Depuis le début de la décennie 90, les ONGI reçoivent

---

[13] P. Le Roy, *La faim dans le monde*, Marabout, 1994, p. 25.

[14] Sur cette tendance, voir entre autres, J. J. Gabas, " De l'aide à l'investissement... au soutien financier ", in *Rapport sur l'aide publique au développement dans les pays membres du CILSS de 1975 à 1987*, Paris, OCDE/Club du Sahel, 1990 ; R. Banegas, P. Quantin, " Orientations et limites de l'aide française au développement démocratique : Bénin, Congo et République Centrafricaine ", in *Revue Canadienne d'Etudes de Développement*, 1997, p. 113-134.

[15] Cf. notamment, *World Development Report*, World Bank, Oxford, Oxford University Press for the World Bank, 1997.

des financements publics relativement importants de la part d'États donateurs ou d'institutions internationales, ce qui pose d'ailleurs la question de leur indépendance et du libre choix de leurs zones d'intervention sur laquelle on reviendra. Cette aide distribuée par les ONGI, mais aussi par le biais de grandes agences d'aide intergouvernementales, est ainsi devenue pour les pouvoirs publics locaux un moyen commode de calmer leurs opinions publiques indignées par le spectacle des famines ou fortement critiques – dans des contextes de relative libéralisation de la parole politique – par rapport à leur inefficacité face à l'extrême précarité alimentaire subie par des populations sinistrées. La liberté d'intervention de ces ONGI dans les pays d'Afrique Centrale est ainsi rognée par ces autorités qui veulent tous contrôler leur action.

Confrontées à cette difficulté, les ONGI ont fait le choix d'intervenir dans les pays d'Afrique Centrale surtout dans les situations de rupture absolue de nourriture, ou de carences totales de nutriment, pour des populations entières menacées à brève échéance par la mort en l'absence de toute aide. Ce faisant, elles se trouvent exposées à la nécessité de prendre en charge parallèlement, en plus des victimes de crises, les populations vulnérables de ces États qui, bien que victimes d'une pauvreté accrue depuis le début de la décennie 90[16], ne relèvent pas en principe de leur champ de compétence mais avant tout de la responsabilité de leurs gouvernements voire de la communauté internationale.

### 1.1.2. Les ambiguïtés de la notion " d'urgence "

La notion " d'urgence " suppose pour les pouvoirs publics locaux une incapacité complète ou relative à venir à bout ponctuellement d'une situation et, pour les ONGI mobilisées, le fait d'agir dans des situations extrêmes et ponctuelles[17]. Cette incapacité limitée dans le temps doublée d'une action " urgentielle " contextuellement située est un corollaire de " l'urgence ". Or, les conditions de malnutrition d'une large partie des pays d'Afrique Centrale sont telles qu'on n'est pas loin d'admettre qu'à des contextes de crise et un environnement défavorable s'ajoute une incapacité étatique chronique pour mettre en place une politique alimentaire réaliste, efficace et accessible. L'Afrique Centrale semble de fait être sur le continent l'un des espaces de

---

[16] R. Bachand, L. Lamarche, *Le droit à la santé et la lutte contre la pauvreté en Afrique, Rapport du CEDIM et du GRIC*, Université du Québec à Montréal, 2002, 18 p. ; " *Combattre la pauvreté* ", *Rapport sur le développement dans le monde, 2000/2001*, Banque Mondiale, Washington DC, 2000 ; R. Halvorson-Quevedo, H. Schneider, éd., *Combattre la pauvreté dans le monde : stratégies et études de cas*, Paris, OCDE, Comité d'Aide au Développement, 2000, p. 17 s.

[17] Sur ce point cf., notamment, l'importante bibliographie proposée par J. Simeant, P. Dauvin, *Le travail humanitaire. Les acteurs des ONG, du siège au terrain*, Presses de Science Po, 2002, p. 413 s. ; B. Hours, " L'urgence comme politique ", in *Politique Africaine*, n° 28, 1987, p. 92.

déploiement les plus importants de l'action transnationale contre la faim. Plus de la moitié des programmes des ONGI en Afrique concernent cette sous-région[18]. Mieux, elles sont souvent depuis plus d'une décennie, installées à demeure dans certains pays (Angola, Burundi, République Centrafricaine, RDC, etc.) dans lesquels elles sont peu à peu devenues des acteurs économiques parmi d'autres. L'action humanitaire d'urgence contre la faim, conçue pour intervenir ponctuellement dans le cadre de crises graves mais sporadiques, est ainsi devenue un partenaire durable du développement[19] et de la gestion des situations d'urgence permanentes dans certains pays. Des populations entières en dépendent, dans les camps de déplacés et de réfugiés bien sûr qui de création artificielle deviennent souvent de véritables villages, mais aussi dans les villes des pays en guerre ou connaissant des foyers de tension, qu'encerclent souvent des zones d'insécurité tenues par la rébellion.

Cet état de fait conduit à se poser la question de la finalité même de l'action transnationale de lutte contre la faim dans ces États : vise-t-elle au rétablissement d'une situation alimentaire " normale " – pour autant que la normalité puisse ici être appréciée par référence au contexte prévalant antérieurement au déclenchement des crises, ou alors s'inscrit-t-elle dans des perspectives plus incertaines et moins avouables parce qu'au service d'intérêts pluriels des ONGI elles-mêmes confrontées à une nécessité de visibilité et de survie, de leurs personnels pour lesquels l'humanitaire semble constituer une nouvelle structure d'offre militante permettant de participer autrement en faisant le lien entre des éléments qui en son absence resteraient disparates[20], des pouvoirs publics locaux pour lesquels elle est une prothèse tombée du ciel dont il faut à tout prix maintenir la permanence pour masquer leurs carences et insuffisances, ou encore des groupes belligérants qui multiplient les pièges à aides en concentrant les populations dans des zones stratégiques pour eux – situées à proximité des fronts armés – pour surévaluer le nombre de personnes exposées à la famine et pour détourner l'aide reçue au profit des soldats et aux dépens des civils[21] ? Le tollé général provoqué au sein de ces ONGI par la

[18] Brunel, *La faim dans le monde, op. cit.*, p. 3 s.

[19] Dimension qui peut du reste être revendiquée par certains de ces acteurs, cf. notamment les Comités de développement étudiés par A. Collovald, M. H. Lechien, S. Rozier, L. Willemez, *L'humanitaire ou le management des dévouements*, Presses Universitaires de Rennes, 2002.

[20] On rejoint ainsi une problématique ouverte par P. Perrineau, *L'engagement politique. Déclin ou mutation ?*, PFNSP, 1994, p. 16 et 19 (intr.) ; cf. pour son application initiale, notamment, J. Simeant, " Entrer, rester en humanitaire : des fondateurs de MSF aux membres actuels des ONG médicales françaises ", in *RFSP*, vol. 51, n° 1/2, 2001, p. 47-72 ; aussi, P. H. Jost, F. Perrot, *Le guide des actions humanitaires 1995*, Paris, Presses de la Cité, en particulier la préface de B. Kouchner qui considère l'humanitaire comme " la politique de demain " (p. 1).

[21] Cf. B. Hours, " Les ONG, mercenaires du village planétaire ou gardiennes des ghettos ? ", in *L'Homme et la société*, n° 105-106, 1992, p. 36-50.

proposition formulée en 1998 par le Bureau de Coordination des Affaires Humanitaires des Nations Unies, consistant à définir des " urgences vitales " qui justifieraient leurs interventions et à fixer un terme à ces dernières[22], accentue encore le malaise face à cette interrogation qui illustre parfaitement les " effets pervers "[23] d'un humanisme basé sur le respect des principes moraux d'altruisme et de solidarité.

Le malaise n'est pas plus résolu quand on envisage les travaux qui, partant de l'idée que ces ONGI sont aussi des lieux de sociabilité ainsi que des vecteurs de transformation des valeurs et pratiques – et donc des acteurs du développement d'une société civile transnationale[24], d'un " espace public transnational "[25], de diffusion d'une culture mondiale, considèrent la permanence de leurs interventions comme assez positive puisqu'elle favoriserait la diffusion de valeurs telles que le respect des droits fondamentaux, l'universalisme, le volontarisme, la citoyenneté mondiale[26]. On peut en effet leur opposer leur généralité et le fait qu'ils s'éloignent de la problématique de départ de l'action transnationale d'urgence contre la faim[27].

### 1.2. LES OBSTACLES TENANT A LA NATURE DES ONGI

Parallèlement à cette première série d'obstacles, les ONGI sont confrontées, dans leur action de lutte contre la faim dans les pays d'Afrique Centrale, à une autre qui tient à leur nature et prend sens dans la pluralité des logiques qui orientent cette dernière ainsi que dans l'instrumentation croissante dont elle est l'objet.

#### 1.2.1. La pluralité des logiques à l'œuvre derrière l'action transnationale contre la faim

À rebours de la vision simplificatrice qui met en avant uniquement leur motivation militante, plusieurs logiques sont à l'œuvre derrière l'action des ONGI en matière de lutte contre la faim dans les pays d'Afrique Centrale – mais

---

[22] " Popositions relatives à l'aide à l'élaboration des politiques humanitaires ", Doc. NU/BCAH/12/1998/9, § 15.

[23] Sur cette notion qui renvoie aux effets imprévus ou opposés à ceux attendus ou souhaités, cf. J. Chevallier, *Science administrative*, Paris, PUF, Thémis, p. 522 s.

[24] Pour un regard critique de cette notion, cf. notamment le dossier de *Critique Internationale*, dir. B. Pouligny, 2001.

[25] P. de Senarclens, *L'humanitaire en catastrophe*, Paris, Presses de Sciences Po., 1999, p. 43.

[26] Boll, Thomas, *op. cit.*, p. 171-190.

[27] Pour d'autres critiques de cette analyse, cf. " Les ONG : instruments du projet néo-libéral ou bases solidaires des alternatives populaires ", in *Alternatives Sud*, n° 4(4), 1997, p. 5-34.

sur d'autres terrains également – dont l'impact sur cette dernière est non négligeable.

C'est d'abord la logique d'internationalisation, qu'on peut penser comme un processus non linéaire et pas forcément voulu par tous leurs membres consistant à faire passer leurs possibilités d'action à un niveau supérieur. Dans ce processus assez peu éloigné de la loi du monopole évoquée par N. Elias[28], ces ONGI en concurrence (sur un certain nombre de conceptions et sur les ressources nécessaires à leur mise en œuvre) tentent de passer à un niveau supérieur de concentration et d'accumulation de moyens. Par bien des aspects en effet, les modalités d'action, à défaut des buts de ces organisations, présentent des similarités avec la logique de développement de certaines firmes transnationales : conservation et accroissement des parts de marchés (ici collecte des fonds dans un contexte de raréfaction des ressources chez les donateurs traditionnels), affirmation d'une marque au niveau mondial, internationalisation du personnel, déterritorialisation, recherche d'une « masse critique »[29]. Au fur et à mesure que l'échelle de jeu s'étend, le nombre d'entités capables de jouer à grande échelle diminue. Ce processus initié par certaines ONGI (ACF, MSF, MDM, OXFAM, etc.) résonne sur toutes[30] dans la mesure où il transforme les termes de la compétition en changeant la taille et la capacité d'action dont peuvent se prévaloir quelques unes et, ce faisant, les standards au travers desquelles elles pourront légitimement être jugées (par la presse, les bailleurs de fonds publics et privés, ou les multiples instances d'évaluation de l'action humanitaire : cabinets d'audits, instances de coordination humanitaire ou plates-formes communes). L'option privilégiée pour le « micro » (refus du salariat, faible nombre de missions, etc.) prônée au début des années 80 par Bernard Kouchner et les fondateurs de MDM n'est tenable qu'en tant qu'elle permet de se démarquer de façon valorisante de MSF ou ACF ; elle est plus problématique si elle équivaut à disparaître de la scène publique.

---

[28] Cf. N. Elias, *La dynamique de l'Occident*, Agora, 1975, p. 25 s.

[29] P. H. Ryfman, « Carences et succès du processus d'internationalisation des ONG Françaises », in *Revue des Questions Humanitaires*, 2001, p. 36.

[30] Comme le souligne G. Devin, « L'approche de Norbert Elias exclut d'apporter trop d'importance aux objectifs officiellement poursuivis par les acteurs en situation d'interdépendance. Il n'y aurait pas d'un côté les *bons* réseaux militants pour les droits de l'homme ou toute autre forme de *solidarité internationale*, et de l'autre les *mauvais* réseaux jouant sur les disparités économiques ou fiscales entre les États et tournés vers la recherche du profit le plus élevé (...) l'opposition (...) méconnaît le caractère largement non contrôlé des processus qui resserrent les *mailles du filet* (...). Lorsque certaines entreprises s'engagent sur la voie de la multinationalisation, elles réagissent à des impératifs déterminés (meilleure rentabilité de la firme, conservation et accroissement des parts de marché, exploitation d'un avantage spécifique, etc.) sans pouvoir anticiper avec précision la chaîne d'interdépendances que l'agrégation de leurs initiatives va provoquer » : « Norbert Elias et l'analyse des relations internationales », in *RFSP*, n° 45(2), 1995, p. 311.

L'internationalisation entraînera par là-même une injonction à la production de preuves de professionnalisme favorisant le modèle de l'agence humanitaire internationale non gouvernementale capable d'agir à grande échelle, familière des terrains de crise les plus difficiles. Intervenir dans les pays d'Afrique Centrale, dont la volatilité de la situation est avérée[31], correspond dès lors pour ces ONGI à la quête de ressources variées. Cette quête des ressources s'effectue autour de quatre axes principaux : la collecte de fonds privés, la collecte de fonds publics et le recrutement de volontaires et salariés qualifiés, la technologisation accrue des moyens d'action ; autant d'éléments qui permettent d'afficher un statut " global ". Il reste qu'aussi bien la recherche de ressources à l'échelle internationale que le souci d'apparaître comme des acteurs mondiaux seront modulés de façon assez différente par ces ONGI. Chacune sera fidèle à son style : MSF dans un mélange de libéralisme, de rigueur gestionnaire et d'affichage vertueux de la collecte de fonds privés ; MDM dans un appel à l'éclosion de la société civile et dans une sensibilité plus axée vers les pays du Sud, mais aussi dans un recours un peu plus important aux fonds publics... Ce style n'a rien de " culturel " : ces associations sont des " groupes d'intérêt "[32], qui en tant que tels sont structurés par les liens qu'ils entretiennent à l'égard des pouvoirs publics, nationaux ou intergouvernementaux, et par les formes d'aide privilégiées par ces derniers.

La seconde logique est, ensuite, celle corrélative de la visibilisation. L'internationalisation de ces ONGI concourt à la revendication et l'affirmation d'une existence et d'un titre à parler au niveau mondial en matière de lutte contre la faim, qui procède d'un double mécanisme de départicularisation et de reparticularisation.

À première vue, leurs représentants les revendiquent comme d'autant plus globales qu'elles sont internationalisées : ce ne sont plus seulement des valeurs ou la nature des programmes de lutte contre la malnutrition mise en œuvre, mais aussi l'extension de l'association, le budget, le nombre de missions ou de volontaires affichés, toutes entités confondues, qui vont être revendiqués par ces organisations et posés comme gages de leur sérieux. Les cartes du monde présentées par ces ONGI à leurs publics donateurs doivent à ce titre couvrir l'ensemble de la planète. Le terme utilisé pour qualifier les différentes sections assurant cette couverture planétaire est celui de " mouvement ", qui traduit avec peu de précision la coexistence d'organisations qui dans les cas extrêmes ne partagent que le même nom (ACF France et ACF États-Unis par

[31] Cf. notamment, J. M. Balencie, A. de la Grange, dir., *Mondes rebelles. Guerrillas, milices, groupes terroristes,* Editions Michalon, 2001, p. 751-928.
[32] M. Offerle, *Sociologie des groupes d'intérêt*, Paris, Montchrestien, coll. Clefs, 2e éd.

exemple[33]). Ainsi, au travers d'un lien parfois très souple entre des entités de différentes nationalités, il est possible à chaque membre de se prévaloir de la force de l'ensemble. C'est cette visibilité internationale qui permet aux ONGI de gagner un titre à parler de premier rang dans des espaces légitimes de lutte contre la malnutrition au plan international, de peser sur les choix stratégiques des agences onusiennes ou de l'Union européenne en la matière.

Tout concourt ce faisant, de prime abord, à départiculariser ces associations par rapport aux appartenances nationales de leurs fondateurs et à favoriser ce qui serait une identité revendiquée comme mondiale : uniformisation des modes opératoires, caractéristiques notamment des " kits " MSF, uniformité du sigle et du slogan à l'échelle mondiale, valeurs elles-mêmes présentées comme communes aux composantes du mouvement (MSF, ACF et MDM sont ainsi dotées d'une charte à laquelle adhèrent l'ensemble des sections), usage de la langue anglaise présentée comme langue de travail, image simple de la référence à la médecine, internationalisation du recrutement des volontaires, capacité à intervenir dans le monde entier, circulation d'expatriés entre les sections...

Il reste pourtant qu'il importe de relativiser cette question de l'internationalisation comme " uniformisation " renvoyant à des logiques économiques. D'une part en effet, l'idée d'une efficacité accrue obtenue par l'internationalisation doit être nuancée. C'est en effet un lieu commun que de plaquer le vocabulaire économique sur le développement de ces organisations à l'international, et d'évoquer la recherche d'une " masse critique " ou " d'économies d'échelle ". Ces dernières ne sont effectivement pas absentes, ne serait-ce que du fait de certains savoir-faire stabilisés et testés, ensuite transmis aux autres entités du mouvement. Parfois décrites comme " organisées comme des entreprises en réseau "[34], ces ONGI peuvent effectivement effectuer de nombreux transferts entre leurs entités, qu'il s'agisse de transferts de programmes (tel programme d'une section sera présenté dans les brochures de toutes les entités collectant des fonds) ou évidemment de transferts de fonds en

[33] Qui se sont affrontées violemment sur l'accès aux fonds OFDA et sur l'obtention de missions considérées comme " rentables " en 2002. Les missions peuvent être plus ou moins rentables en fonction d'une part des frais administratifs que le bailleur de fonds publics tolèrera, de l'importance du budget global qu'ils affectent à une mission (et qui peut permettre de renouveler du matériel, etc.) ou enfin de la visibilité médiatique d'une crise et ce faisant des fonds privés qu'elle permet de mobiliser.

[34] G. Stangherlin, " Les ONG de coopération au développement en Belgique. Origine, cadre juridique, cofinancement et enjeux ", in *Courrier hebdomadaire du CRISP*, 1714-1715, 2001, p. 135.

cas de difficultés temporaires d'un membre du réseau[35]. Il demeure cependant que les tentatives les plus abouties de coordination technique visant à des économies d'échelle entre les sections opérationnelles ont échoué. Sans doute, des travaux techniques, des stages de formation sont mutualisés entre sections. Mais toute coordination lourde a jusqu'à présent avorté. On en veut pour preuve l'échec de la mise en place de " *l'Emergency Team* " (ET) de MSF, qui visait à une meilleure coordination internationale pour les interventions d'urgence, ou les problèmes récurrents de coordination logistique quand des expatriés de la section française de MSF sur le terrain se refusent à solliciter le soutien logistique de MSF Hollande (comme cela leur est pourtant demandé par le siège).

D'autre part, une autre limite à l'uniformisation est celle qui procède des logiques économiques d'expansion des associations. C'est évidemment le cas pour les dons privés. Un donateur français sera d'autant plus porté à s'identifier à un programme mis en œuvre par MSF Belgique que ce dernier lui sera présenté non seulement en gommant les particularités belges de ce dernier, mais en revanche en " refrancisant " le programme : que ce soit au travers de l'envoi d'un volontaire français sur cette mission en particulier ou en indiquant les noms de tous les volontaires français expatriés avec MSF Belgique. De même, les *boards* des structures associatives chargées de collecter des fonds compteront une majorité de personnalités reconnues dans le pays de collecte, quand bien même les salariés de la structure pourront être en plus grand nombre de nationalité différente.

Ces différents éléments confirment à quel point les logiques traversant l'action transnationale contre la faim dans les pays d'Afrique Centrale – comme ailleurs – procèdent d'un phénomène qui est autant celui de la transformation des terrains de chasse économiques de ces ONGI, que d'un double phénomène d'uniformisation mais également de fragmentation et de particularisation. Elles permettent de nuancer l'hypothèse d'un processus uniforme et sans heurts qui s'imposerait mécaniquement du fait de l'urgence ambiante sur les terrains d'intervention et du devoir de secours pesant sur ces acteurs.

### 1.2.2. L'instrumentation croissante de l'action transnationale de lutte contre la faim

L'action humanitaire contre la faim dans les pays d'Afrique Centrale est sujette à une instrumentation croissante, tenant aux différents intérêts qu'elle véhicule ou qu'elle suscite ; intérêts qui concernent tant les mouvements

[35] Cf. I. Smillie, " The Rise of the Transnational Agency ", in D. Sogge, K. Biekart, J. Saxby, éd., *Compassion and Calculation. The Business of Private Foreign Aid*, London & Chicago, Pluto Press & Transnational Institute, 1996, p. 100-101.

rebelles, les pays d'opération et les donateurs institutionnels que les ONGI impliquées.

Ainsi par exemple, pour les groupes rebelles, cette action présente un caractère stratégique pour des raisons économiques, géopolitiques et techniques. Agissant en effet désormais au cœur des zones de conflit, alors qu'elles se situaient essentiellement à leur marge au temps de la guerre froide[36], ce qui leur interdisait de nombreux terrains d'intervention potentiels, les ONGI impliquées sont devenues malgré elles, par les moyens techniques et financiers ainsi que par les choix géographiques qu'elles font, des acteurs économiques et géopolitiques de ces crises : leur action n'est jamais sans impact. En plus de sa portée pratique, à travers les apports nutritionnels à des populations sinistrées et les ressources matérielles qui l'accompagnent (soins d'urgence contre les pandémies, argent, etc.), l'aide alimentaire d'urgence en a une autre plus symbolique : par sa médiatisation, nécessaire dans la perspective des logiques d'internationalisation et de visibilisation des ONGI impliquées, elle permet de faire parler des " causes "[37] – celles mobilisant les groupes rebelles – qui autrement n'auraient que peu ou pas du tout accédé à la notoriété internationale. Comme l'admet avec cynisme le responsable d'un groupe rebelle au Nord-Est de la RDC, " les ONG de lutte contre la faim sont indispensables à la diffusion de notre message au reste du monde "[38].

Cette instrumentation ne se limite toutefois pas aux moments de " saillance "[39] des crises. Les distributions d'aide sont également d'une importance stratégique pour les mouvements armés dans les périodes de sortie de ces dernières. Les différentes factions de combattants en passe de se muer en partis politiques manipulent l'importance de la population retenue sur leurs zones respectives de contrôle afin de recevoir un volume accru d'aide alimentaire, destinée à être captée. Les stocks ainsi constitués au détriment de l'aide internationale sont de véritables trésors de guerre qui, après le prélèvement " normal "[40] destiné à nourrir les combattants et leurs familles, sont distribués aux populations sinistrées avec des calculs électoralistes ou vendus sur des marchés parallèles qui se transnationalisent pour certains (Nord-Est de la RDC et Sud de la République Centrafricaine, Est de la RDC et Rwanda, Sud-Est du Tchad et Nord Cameroun).

---

[36] L'exception notable en étant cependant le Biafra, cf. sur ce point A. Destexhe, *L'humanitaire impossible ou deux siècles d'ambiguïtés*, Paris, A. Colin, 1993, p. 59-69.

[37] Sur ce concept cf., notamment, A. Collovald, B. Gaïti, " Des causes qui parlent... ", in *Politix*, n° 16, 1991, p. 7-22.

[38] J. P. Bemba, responsable du MLC, interview à *Jeune Afrique l'Intelligent*, 10-17 décembre 2002, p. 14.

[39] M. Dobry, *Sociologie des crises politiques*, PFNSP, 1992 (1e éd., 1986), p. 199 s.

[40] Bemba, *loc. cit.*, p. 14.

De même, pour les pouvoirs publics des pays d'Afrique Centrale l'aide alimentaire d'urgence présente un intérêt décisif. L'arrivée massive sur les territoires sous leur contrôle des ONGI qu'elle mobilise représente un apport net en devises étrangères, en moyens matériels (4x4 rutilants, constructions de centres de regroupement permettant un contrôle des populations, infrastructures médicales, etc.), en personnel médical qualifié, en emplois potentiels, etc. ; d'autant plus important qu'ils sont confrontés à une crise économique endémique – y compris, paradoxalement, quand le pays dispose de richesses naturelles considérables (Angola, Centrafrique, RDC, etc.)[41] – et à la pression des conditionnalités des bailleurs de fonds internationaux[42]. L'aide alimentaire d'urgence est ici, très clairement, une ressource politique rare qu'il convient de conserver ou à laquelle il est impératif d'accéder. Dans le même ordre d'idées, comme les mouvements qui leurs sont opposés, ces gouvernements se servent de l'afflux des populations réfugiées ou déplacées dans les villes et villages sous leur contrôle pour obtenir une assistance aux montants largement surestimés par rapport au nombre réel de personnes présentes. Les ONGI qui misent beaucoup sur les systèmes d'alerte précoce (SAP) – mécanismes de prévention des crises basés sur des distributions anticipées de nourriture dans les zones à risque, en cas de détérioration de la situation alimentaire, avec des baisses de prix destinées à empêcher des crises nutritionnelles au sein des groupes vulnérables – pour contenir cette stratégie de prédation se heurtent au fait que les réserves de ces SAP sont régulièrement vides : les stocks de nourriture ont souvent été distribués aux populations par les candidats officiels du régime lors de précédentes élections ou dans la perspective de celles à venir ou encore volés pour être revendus et n'ont que rarement été reconstitués (Congo-Brazzaville, Tchad, Nord Cameroun, etc.).

Enfin, l'action humanitaire contre la faim dans les pays d'Afrique Centrale est sujette à instrumentalisation de la part de donateurs institutionnels dont on a vu que l'importance tendait à s'accroître depuis le début des années 90. Plus encore que la récupération classique, qui voit cette dernière se transformer en substitut commode de la diplomatie traditionnelle de certains pays donateurs ou qui réduit les ONGI mobilisées en sous-traitants de la puissance publique pour des motifs qui n'ont rien à voir avec l'action humanitaire comme le positionnement sur un marché à terme commercialement porteur (dons de stocks alimentaires contenant des organismes génétiquement modifiés – refusés par certaines autorités locales quand ils sont proposés par des

---

[41] Cf., dans le cas de l'Angola, notamment, C. Yerim Seck, " Angola, Péril en la demeure ", in *Jeune Afrique l'Intelligent*, 21 janvier 2003.

[42] Cf. sur ce point, notamment, P. Quantin, I. Biagiotti, " Les bailleurs de fond, la conditionnalité et la promotion de la gouvernance en Afrique ", in G. Winter, *Inégalités et politiques publiques en Afrique*, Paris, Karthala-IRD, 2001, p. 325-346.

organismes intergouvernementaux tels le Programme Alimentaire Mondial (PAM) et la FAO (Organisation des Nations Unies pour l'Alimentation et l'Agriculture)[43] – permettant de favoriser la pénétration dans ces pays des grandes industries agrochimiques occidentales[44], kits nutritionnels expérimentaux produits par les multinationales pharmaceutiques et très largement distribués dans une logique de " marquage des esprits " des populations bénéficiaires[45], etc.), c'est la propension – bien plus que la tendance – à envoyer les ONGI dans des terrains troublés pour " tâter le terrain ", en " avant-poste ", avant de se substituer à elles à travers la création d'ONG *ad hoc* (souvent moins regardantes sur les causes des famines comme dans le Nord-Est tchadien et l'extrême Nord-Est camerounais) qui doit être soulignée. La décennie 90 est ainsi par exemple celle de la création de l'Office Humanitaire de la Commission Européenne (ECHO), fondé en 1992 avec la volonté d'assurer la responsabilité des activités humanitaires d'urgence – notamment dans le domaine de la lutte contre la faim – de l'Union européenne[46]. Cette période est aussi celle pendant laquelle le FMI et la Banque Mondiale vont valoriser de façon croissante les ONG locales créées *ex nihilo* dans l'attribution de moyens concourant à l'aide alimentaire d'urgence. Cette période correspond par conséquent à un risque de réduction des financements publics pour les ONGI, à laquelle elles réagissent de manière agressive aux plans des stratégies d'internationalisation et de visibilisation et qui provoquent des dysfonctionnements du type de ceux observés au Rwanda en 1994[47].

[43] Les autorités camerounaises, centrafricaines et tchadiennes ont à ce titre défrayé la chronique après celles de la Zambie en décembre 2002 ; cf. E. Colette, " Entre urgence et méfiance ", in *Jeune Afrique l'Intelligent*, 11 février 2003.

[44] Cf. G. Dupuy, " OGM, famine, Les grandes manœuvres américaines ", in *L'express*, 12 décembre 2002, p. 138-139 ; A. Fouige, " OPA américaine sur le vivant ", in *Jeune Afrique l'Intelligent*, 11 février 2003.

[45] C. Marot, spécialiste de l'aide alimentaire d'urgence, note à ce titre que " l'Afrique pourrait devenir un vaste champ d'expérimentation " : citée par Dupuy, *loc. cit.*, p. 139.

[46] Union européenne dont la visibilisation de l'action internationale dans le nouveau jeu international reste, pour l'instant, l'humanitaire avant tout.

[47] Cf. sur ce point, notamment, B. Pouligny, " Carences et succès du processus d'internationalisation des ONG françaises ", in *Critique Internationale*, n° 13, 2001, p. 163-176.

## 2. DES DISPOSITIFS DE CONTOURNEMENT D'UNE EFFICACITÉ INCERTAINE

Le tableau ainsi brossé ne doit pas conduire à désespérer définitivement de l'action transnationale de la lutte contre la faim dans les pays d'Afrique Centrale. Au contraire, différents dispositifs – à l'efficacité certes variable – sont mis en place pour tenter de contourner les obstacles présentés. Les premiers relèvent de la rationalisation de l'action transnationale contre la faim, et les seconds de l'adoption d'une éthique de responsabilité par les ONGI mobilisées.

### 2.1. LA RATIONALISATION DE L'ACTION TRANSNATIONALE CONTRE LA FAIM

La démultiplication des acteurs qu'elle mobilise et de leurs niveaux d'intervention exige une rationalisation accrue de l'action transnationale contre la faim dans les pays d'Afrique Centrale. Cette dernière passe par deux dispositifs au moins.

#### 2.1.1. La définition de « périmètres de responsabilité »

La rationalisation suppose tout d'abord une mise en cohérence des actions menées sur une même région, un même territoire ou une population dont la situation alimentaire d'ensemble est catastrophique dans les pays d'opération. Cette dernière procède notamment de la définition de « périmètres de responsabilité »[48] spécifiant, à partir d'un examen des avantages comparatifs de leurs interventions respectives et sur des groupes de populations particuliers (réfugiés, déplacés, exclus, etc.), les zones de compétences qui relèvent de la responsabilité des ONGI, des agences d'aide intergouvernementales, de la coopération bilatérale, mais aussi des pouvoirs publics des pays d'Afrique Centrale. Bien que les ONGI se refusent à se comparer avec ces autres acteurs sur le strict plan du rapport coût/efficacité de l'intervention d'urgence contre la faim – car ce serait selon leurs porte-parole[49] oublier que leur spécificité première est d'incarner une forme moderne de l'humanisme, le respect des principes moraux d'altruisme et de solidarité – elles se trouvent contraintes de s'inscrire dans ce dispositif sous peine d'aggraver encore le sort des victimes en participant à une action dénuée de discernement voire désordonnée.

La définition de « périmètres de responsabilité » s'accompagne par ailleurs de la mise au point de différentes techniques d'aide par les ONGI qui

[48] S. Brunel, « Les organisations humanitaires entre morale, rationalité et responsabilité : l'exemple d'Action contre la Faim », in *Enjeux, Bulletin d'analyses géopolitiques pour l'Afrique Centrale*, n° 8, juillet-septembre 2001.
[49] Cf., notamment, Brauman, *op. cit.*, p. 28.

visent à la compléter : l'évaluation précise et le ciblage du nombre de bénéficiaires (*screening*) ; des distributions fréquentes et régulières de nourriture dans des lieux sécurisés pour éviter les pillages ; le choix d'aliments à haut pouvoir nutritionnel spécifiquement élaborés, incorporant des céréales et produits locaux ou à traçabilité aisée, de préférence aux céréales importées ; le contrôle après distribution pour vérifier la bonne destination de l'aide aux bénéficiaires et un réajustement éventuel des distributions suivantes ; la sécurisation des réserves SAP.

Ce premier dispositif de rationalisation de l'action transnationale contre la faim ne constitue cependant pas une recette toute prête, facile à appliquer dans n'importe quel pays d'Afrique Centrale et quel que soit le contexte qui le caractérise comme le confirment les difficultés éprouvées par ces ONGI à les mettre en œuvre en RDC au moment de l'offensive menée par l'AFDL, soutenue par le Rwanda et l'Ouganda, contre le pouvoir de Mobutu, ou encore plus récemment en République Centrafricaine. Son effectivité est toujours précaire et dépendante des changements de rapports de force sur le terrain, de l'apparition de nouveaux mouvements armés remettant en question les engagements négociés, mais aussi de l'existence d'une réelle volonté de coordonner leur action chez ces acteurs. De plus, la définition de “ périmètres de responsabilité ” présente un inconvénient majeur : celui d'être interprété comme une prise de position par les ONGI dans les situations d'urgence – en faveur des pouvoirs publics avec lesquels elles les négocient, ou comme un élément concourant à la légitimation des groupes rebelles dont elles restent dépendantes en matière d'accès aux victimes, de protection du personnel humanitaire et des installations, de sécurité et de libre passage des convois dans les zones sous leur contrôle[50].

### 2.1.2. La coordination opérationnelle de l'action transnationale contre la faim

Bien qu'elle soit revendiquée par tous les acteurs qu'elle mobilise, il serait naïf de croire que la coordination de l'action transnationale contre la faim dans les pays d'Afrique Centrale se passe sans heurts parce qu'elle déterminerait son efficacité et serait économiquement nécessaire. La question de la coordination constitue même dans les ONGI et au sein des agences d'aide intergouvernementales un des enjeux centraux des débats. Comprendre le caractère conflictuel de cette question suppose donc de revenir sur la formation sociale singulière que constitue un réseau international d'ONG du même statut et d'agences intergouvernementales, la définition de leur identité et le choix

---

[50] Cf., sur ces points, A. Robert, “ Humanitarian Action in War ”, in *Adelphi Paper*, n° 305, décembre 1996, Londres, International Institute for Strategic Studies/Oxford University Press.

d'une forme plus ou moins centralisée de leur action. Cela explique les logiques hétérogènes de coordination qui se déploient au sein et entre ces formations, et qui vont des liens interpersonnels établis sur le terrain à des modes de régulations souples.

Ainsi par exemple, les entités appartenant à des mouvements communs ont mis en place des structures de concertation – financées de façon collective à partir d'une clef de répartition qui prend en compte les ressources des organisations membres – et adopté des cadres d'action opérationnelle qu'elles s'efforcent de respecter sur le terrain. C'est le cas pour les ONGI labellisées MSF qui, en 1991, ont créé MSF International dont la principale instance est un conseil international regroupant depuis 1997 les présidents de chaque section nationale. Son rôle est présenté comme consistant à assurer le respect de la Charte à laquelle adhèrent l'ensemble des sections et la coordination des opérations de terrain. C'est également le cas de MDM International, qui s'est aussi doté d'un Règlement intérieur et dont le secrétariat international organise le conseil d'administration international ainsi que le conseil exécutif international au moins deux fois par an et fédère les délégations opérationnelles. Dans le même registre, ACF – qui s'est aussi dotée d'une Charte – dispose d'un conseil des présidents de sections compétent notamment en matière de coordination opérationnelle. De même, ces entités s'efforcent de développer le principe de missions exploratoires internationales coordonnées afin d'avoir une évaluation commune de la situation sur laquelle elles vont intervenir par des programmes spécifiques.

La coordination procède par ailleurs de la mise en place d'organes « interorganisations »[51]. Ainsi par exemple, face à l'aggravation et à la multiplication de crises humanitaires – en particulier dans la période post-bipolaire – et de catastrophes environnementales, la nécessité de coordonner l'assistance à apporter aux victimes est devenue en elle-même une urgence pour l'Assemblée Générale des Nations Unies. Par les résolutions 46/182 du 19 décembre 1991, 47/168 du 22 décembre 1992, 48/57 du 14 décembre 1993 et 49/139 du 20 décembre 1994, cet organe a entrepris une construction institutionnelle et normative censée permettre d'atteindre cet objectif. Un Département des Affaires Humanitaires (DAH) a été créé en 1992 au sein du secrétariat général de l'ONU ; il a été rebaptisé Bureau de la Coordination des Affaires Humanitaires (BCAH) en janvier 1998. Son mandat est d'assurer la coordination lorsque les crises humanitaires dépassent les moyens et la mission de tout organisme agissant seul à travers trois actions essentielles : la coordination de l'assistance, l'aide à l'élaboration des politiques humanitaires et

[51] Cf., sur ce concept, C. Jönsson, « Organisation et coopération internationales : l'approche interorganisations », in *RISS*, n° 138, 1993, p. 539 s.

le plaidoyer pour les causes humanitaires. Le BCAH conseille aussi le secrétaire général de l'ONU sur les affaires humanitaires et promeut le dialogue entre les ONGI humanitaires, les agences d'aide intergouvernementales et les autres organes des Nations Unies ayant un lien avec les affaires humanitaires (Conseil de Sécurité, Assemblée Générale, etc.). Le chef du BCAH, qui a rang de secrétaire général adjoint de l'ONU, s'assure que des mécanismes adéquats de coordination sont effectifs sur les terrains de crise et que le personnel déployé a des compétences et qualités nécessaires à la réussite des missions prescrites. Enfin, le BCAH assure la présidence du Comité Permanent Interorganisation (CPI) qui est l'instance de concertation la plus large sur les problèmes humanitaires : il est en effet constitué des principales organisations internationales (HCR, PAM, UNICEF, PNUD, FAO, OMS, Haut Commissariat aux Droits de l'Homme, OIM, CICR, FISCR, etc.) et des consortiums d'ONGI (InterAction, Conseil International des Agences Bénévoles, Comité Directeur pour l'Intervention Humanitaire, etc.). La concertation menée au sein du CPI vise à parvenir à l'élaboration d'une analyse commune des situations de crise afin que les acteurs puissent décider de dispositifs d'intervention opérationnellement coordonnés.

Il reste cependant que cette création empirique de mécanismes de régulation inter-mouvements et de structures interorganisations ne dit rien du poids qui leur est effectivement donné, ni des usages qui en sont faits. Les sections membres de MSF ont ainsi investi de manière minimale au sein de MSF International, de peur de se voir déposséder par cette dernière de leur autonomie et qui pourrait paralyser toute prise de décision en cherchant le consensus. De même, plusieurs représentants et personnels d'ONGI expriment des réserves extrêmes vis-à-vis du BCAH dont ils assimilent l'action de coordination au pire à une tentative de reprise en main – et donc d'instrumentation – par les États, au mieux à un centralisme hors de propos dans l'action d'urgence humanitaire qui s'inscrit dans le registre des valeurs du “ libre choix ”, du “ contrat ” et du “ partenariat ”[52]. La coordination recherchée et revendiquée par tous est donc en réalité très fragile.

## 2.2. L'ADOPTION D'UNE ETHIQUE DE RESPONSABILITE

Face aux défis auxquels elles sont confrontées, les ONGI mobilisées par la lutte contre la faim dans les pays d'Afrique Centrale s'efforcent d'adopter une éthique de responsabilité mettant au centre de leurs interventions les victimes des crises et conciliant préoccupations morales (assistance alimentaire ou

[52] Cf. H. Fabig, R. Boele, “ The Changing nature of NGO Activity in a Globalising World, Pushing the Corporate responsability Agenda ”, in *IDS-Bulletin*, Institute of Development Studies, 30(3), p. 58-67.

médicale, reconnaissance de l'aspiration au respect des droits fondamentaux et de la dignité humaine) et considérations instrumentales (démarche de dénonciation des violations flagrantes et du sort des victimes, rationalisation de l'utilisation des moyens). Deux modes d'action sont à ce titre privilégiés.

### 2.2.1. L'*advocacy*

C'est d'abord l'*advocacy* qui peut être traduit comme un témoignage engagé ou une prise de parole au sujet d'une cause, participant d'une stratégie de pressions morales sur les responsables politiques susceptibles d'avoir une influence sur l'évolution de la situation afin de les amener à agir par les moyens de la diplomatie traditionnelle (suspensions de l'aide ou des relations commerciales, imposition de la conditionnalité à leur octroi, etc.) pour faire cesser les violences exercées contre les populations civiles ou à autoriser l'accès aux victimes. Dans ses formes les plus radicales, l'*advocacy* procède par interpellation de l'opinion publique internationale, la prenant à témoin pour inciter les pouvoirs publics à réagir (campagne de presse vigoureuse, lancement de pétitions, manifestations de rue, etc.).

Il est cependant clair que cette prise de parole par une ONGI sera plus ou moins marquée par ses propres conceptions nationales[53], organisationnelles ou relatives aux modes d'analyse des crises concernées ainsi qu'aux formes légitimes et prioritaires de l'aide qu'elles nécessitent selon elle. C'est aussi aux prises de parole publiques d'une section que ses partenaires seront souvent en situation de réagir : si les ressorts de l'*advocacy* sont fréquemment liés à des débats ou à des logiques internes propres à chaque ONGI (ainsi une prise de parole dénonçant un régime politique est souvent liée au fait que la section qu'elle représente décide de se retirer d'un pays), elles sont susceptibles d'affecter toutes les autres. C'est évidemment le cas quand une ONGI se retire d'une zone alors que d'autres y restent et peuvent voir la sécurité de leurs personnels ou la relative liberté d'action dont elles bénéficient compromis par les déclarations de celle qui fait défection (on pense particulièrement au retrait de MSF France des camps de réfugiés rwandais du Kivu alors que les autres sections restaient dans la région – en particulier MSF Hollande qui fut très critique à l'égard du témoignage de MSF France sur la situation) ; question d'autant plus délicate depuis la tombée en désuétude, exploitée par les Français,

[53] C'est ici l'occasion de rappeler qu'en l'absence de statut international les concernant, chaque ONGI est d'abord une association de droit national même si leur appartenance à des réseaux transnationaux essaie de gommer cette dimension. ; cf. sur ce point, notamment, A. de Raulin, *Les ONG dans la société internationale*, Éditions ESTER, 1997, p. 13 s.

du " veto sécurité "[54] qui permettait à une section de s'opposer à la publication d'un rapport pour éviter la mise en danger par une dénonciation publique d'autres équipes sur le terrain.

Par ailleurs, ces prises de position sont réappropriées dans la mémoire des volontaires comme autant de marqueurs de ce qui distingue les ONGI les unes des autres. Ces oppositions se consolident peu à peu et deviennent des schèmes à travers lesquels elles se perçoivent les unes les autres : ONGI françaises perçues comme contestataires et bruyantes, promptes à témoigner et dénoncer les situations, attachées au témoignage et à l'urgence mais considérées par les autres comme cherchant trop systématiquement à se distinguer par leurs positions et une médiatisation à outrance ; ONGI hollandaises " trop propres ", " formalistes " et dans les projets desquelles on ne trouve pas " la logique du mouvement auquel elles appartiennent " mais des standards excessivement " santé publique " et " développement ", plus proches de surcroît d'une " logique droits de l'homme " de type anglo-saxon que d'une véritable articulation entre secours d'urgence et prise de parole ; ONGI belges " très formalistes ", plus attachées à rester sur le terrain pour mener les programmes dans le silence et négocier avec les autorités locales ou responsables de groupes rebelles pour améliorer la situation des populations dont elles ont la charge, mais auxquelles il est reproché d'agir comme " des agences prestataires de service de l'Union européenne ". Les oppositions centrales sur la question du témoignage traduites par ces stéréotypes doivent être ramenées non seulement à la forme de concurrence symbolique qui pousse ces ONGI à se distinguer, mais aussi à la question des financements. L'internationalisation dans laquelle toutes s'inscrivent met en effet en lumière leur dépendance différentielle à l'égard des financements publics, et le fait que certaines sections sont plus perméables que d'autres aux pressions des bailleurs de fonds institutionnels : ce n'est pas un hasard si les sections belges de MDM et MSF sont plus sensibles à l'influence de la Commission européenne que les sections françaises qui, fondées antérieurement, disposent d'un fichier de donateurs beaucoup plus substantiel et ce faisant des moyens de leur indépendance et prises de positions plus radicales à l'égard des grands bailleurs de fonds – c'est-à-dire des États ou de l'Europe.

Plus encore, certaines prises de position d'ONGI sont le produit de la situation d'interaction avec les autres dans laquelle toutes se trouvent. L'internationalisation, parce qu'elle constitue peu à peu un espace élargi de définition de chacune, les rend très sensibles aux transformations des positions qu'induit leur recours différencié aux fonds publics et privés. Parce que les positions de MSF Belgique sur la crise nutritionnelle en RDC sont notamment

---

[54] P. Dauvin, " Les logiques de production du rapport de MSF sur le Kosovo ", communication au colloque *ONG et action humanitaire : entre militantisme transnational et action publique*, La Rochelle, 12-13 avril 2001, p. 4.

liées à son recours aux fonds publics, cette association va engager une autre définition de cette situation que celle de MSF France. Cela permet de comprendre qu'au-delà de la " défense du témoignage " qui serait la caractéristique substantielle des Français, c'est aussi la capacité de cette section historiquement légitime à conserver un rôle dominant dans la définition de la situation qui est en jeu.

Enfin, il ne faut pas se leurrer : les pressions associées à l'*advocacy* ne peuvent réussir à renforcer la protection des populations victimes que s'il y a consensus des donateurs institutionnels sur l'opportunité à agir et intérêt, bien compris, des États-cibles contraints à se soumettre à la conditionnalité de l'aide qui leur conférera un brevet de respectabilité internationale et des moyens matériels significatifs. L'aide internationale contre la faim qui prend en charge des pans entiers de l'économie et de la société de l'État mis sous pression peut, par effet pervers, permettre à celui-ci de se consacrer à autre chose : la guerre, la victoire aux élections ou l'enrichissement personnel des dirigeants. Une telle action de mise en accusation publique d'un régime ou d'un mouvement armé doit donc être manipulées avec prudence, car elle risque de radicaliser encore ceux qui sont à l'origine des souffrances de la population.

### 2.2.2. L'examen approfondi des besoins réels et des mécanismes de sécurité humanitaire

À travers ce second mode d'action que s'efforcent de privilégier les ONGI mobilisées par l'action transnationale contre la faim dans les pays d'Afrique Centrale, il s'agit pour elles de se livrer à un examen approfondi – ou évaluation *ex ante* – des besoins réels et des mécanismes de sécurité alimentaire existant dans une région avant toute intervention. Deux éléments au moins justifient cette démarche. D'une part, si elle n'est pas effectuée, ces ONGI courent le risque de ne pas réévaluer à la baisse les besoins réels et donc de saturer un marché en ruinant les perspectives de reprise de la production locale, voire de sortie de la situation d'urgence, mais également de mal contrôler l'impact réel de leurs interventions d'urgence et leurs bénéficiaires réels, donc de donner des moyens accrus à ceux qui sont à l'origine des crises. D'autre part, le constat unanime fait par leurs volontaires que si les donateurs approuvent leur action parce que le pourcentage de fonds employés sur le terrain est aussi élevé qu'ils le souhaitent, la réalité des faits est moins réjouissante : le terrain en l'espèce n'est pas celui des victimes, mais celui des bourreaux.

ACF France semble sur ce point avoir une avance sur les autres ONGI. Son rapport 2000 souligne en effet que

" proclamer fièrement dans ses mailings et dans ses rapports d'activité que l'on a distribué 2 millions de tonnes de nourriture ne veut rien dire : l'action humanitaire ne se résume ni à des chiffres, ni à des normes. Amener l'aide, dépenser de l'argent dans un pays où l'humanitaire est l'objet de toutes les tentatives de manipulation ne sont pas forcément des garanties d'une action efficace. Loin de là. Nous nous élevons notamment contre ce que nous avons appelé (...) le mythe du camion salvateur, ce degré zéro de l'humanitaire qui consiste à acheminer n'importe quoi, n'importe où, pour le distribuer n'importe comment, à n'importe qui. Cette méthode d'assistance désastreuse est le meilleur moyen de conforter le rapport de force en présence au profit de ceux qui détiennent déjà le pouvoir et sont à l'origine des agressions subies par les victimes. Or les victimes sont toujours des personnes en situation de vulnérabilité particulière, en raison de leur statut de minorité (politique, ethnique, sociale, économique, religieuse, raciale, sexuelle, etc.) (...) "[55].

Ce passage se termine en soulignant la nécessité d'une appréciation minutieuse des besoins et ressources disponibles en termes de mécanismes de sécurité humanitaire sur le terrain préalablement à toute intervention[56].

On doit cependant constater que, y compris pour ACF France, les mises à l'épreuve ne correspondent pas nécessairement aux discours proclamés en la matière. Les donateurs restent attachés aux chiffres globaux de l'aide distribuée, et n'accordent qu'une importance distraite aux conditions de sa distribution ainsi qu'à ses conséquences sur les marchés locaux voire sur les crises ; le " mythe du camion salvateur " continue de faire des ravages à chaque intervention médiatisée (en Angola, Congo-Brazzaville, République Centrafricaine, RDC, Tchad, etc.) parce que porter et distribuer directement sur place l'aide alimentaire, sans intermédiaires et sans déperdition – de surcroît devant les caméras qui témoignent de la reconnaissance des bénéficiaires, semble toujours le meilleur moyen de faire de l'humanitaire pour le grand public ; parce que l'évaluation *ex ante* est toujours tributaire des stratégies d'ancrage ou de positionnement de chaque ONGI sur un marché humanitaire de plus en plus concurrentiel. Les dommages collatéraux d'une aide alimentaire inappropriée restent donc considérables ; parce que l'action opérationnelle ne s'attaque pas aux causes des souffrances des victimes et crée des urgences chroniques démotivant les volontaires plus que les donateurs – elle peut même, quand elle est mal préparée, paradoxalement pousser les victimes à s'attaquer à ceux qui les aident, en les rendant responsables de l'attentisme de leurs pays d'origine ou d'une communauté internationale complaisante avec certains bourreaux comme lors du génocide au Rwanda ou en RDC.

---

[55] Brunel, *Géopolitique de la faim*, *op. cit.*, p. 40-41.
[56] *Ibid.*, p. 41.

Entre humanisme et technicisation à outrance couplée à une professionnalisation accrue, le chemin des ONGI en matière d'action humanitaire contre la faim en Afrique Centrale comme ailleurs est d'autant plus mal aisé que celles-ci agissent selon un mandat de secours auto-proclamé et auto-décerné ; sans légitimation populaire comme les pouvoirs politiques des démocraties censées incarner la volonté générale. La confiance que leur témoignent leurs donateurs et tous ceux qui les soutiennent est pourtant là pour les conforter dans leur action, avec la conviction – hélas erronée – que, désintéressées, censées n'être pas soumises à l'influence des lobbies ou au risque de sanctions électorales, elles seules peuvent aujourd'hui se vouer entièrement à la défense de principes moraux, elles seules existent pour s'opposer à la loi du marché ou à celle du plus fort, dans un seul but de faire entendre la voix des victimes, défendre leur droit à la santé, à la sécurité, à la reconnaissance.

## BIBLIOGRAPHIE


- BACHAND (R.), LAMARCHE (L), *Le droit à la santé et la lutte contre la pauvreté en Afrique, Rapport du CEDIM et du GRIC*, Université du Québec à Montréal, 2002.
- BALENCIE (J. M.), A. de la Grange, dir., *Mondes rebelles. Guerrillas, milices, groupes terroristes*, Editions Michalon, 2001.
- BANEGAS (R.), QUANTIN (P.), " Orientations et limites de l'aide française au développement démocratique : Bénin, Congo et République Centrafricaine ", in *Revue Canadienne d'Etudes de Développement*, 1997.
- BEMBA (J. P.), interview à *Jeune Afrique l'Intelligent*, 10-17 décembre 2002.
- BOLL (J.), THOMAS (G. M.), " World Culture in the World Policy : A Century of International Non-Governmental Organization ", in *American Sociological Review*, n° 62, 1997.
- BRAUMAN (R.), *L'action humanitaire*, Paris, Flammarion, 1995.
- BRUNEL (S.), *La faim dans le monde, Comprendre pour agir*, Paris, PUF, 1999.
- BRUNEL (S.), dir., *Géopolitique de la faim, Rapport annuel ACF*, Paris, PUF, 3e éd., 2000.
- BRUNEL (S.), " ONG et mondialisation ", in Y. Leonard, dir., *Cahiers Français*, n° 305, 2001.
- BRUNEL (S.), " Les organisations humanitaires entre morale, rationalité et responsabilité : l'exemple d'Action contre la Faim ", in *Enjeux, Bulletin d'analyses géopolitiques pour l'Afrique Centrale*, n° 8, juillet-septembre 2001.
- CHAPMAN (A. R.), " Conceptualizing the Right to Health : A Violation Approach ", in *Tenn. L. Review*, n° 65/1998.
- CHEVALLIER (J.), *Science administrative*, Paris, PUF, Thémis.
- COLETTE (E.), " Entre urgence et méfiance ", in *Jeune Afrique l'Intelligent*, 11 février 2003.
- COLLOVALD (A.), GAÏTI (B.), " Des causes qui parlent... ", in *Politix*, n° 16, 1991.
- COLLOVALD (A.), LECHIEN (M. H.), ROZIER (S.), WILLEMEZ (L.), *L'humanitaire ou le management des dévouements*, Presses Universitaires de Rennes, 2002.
- *Critique Internationale*, dir. B. Pouligny, 2001.
- DAUVIN (P.), " Les logiques de production du rapport de MSF sur le Kosovo ", communication au colloque *ONG et action humanitaire : entre militantisme transnational et action publique*, La Rochelle, 12-13 avril 2001.
- DESTEXHE (A.), *L'humanitaire impossible ou deux siècles d'ambiguïtés*, Paris, A. Colin, 1993.
- DEVIN (G.), " Norbert Elias et l'analyse des relations internationales ", in *RFSP*, n° 45(2), 1995.

- DOBRY (M.), *Sociologie des crises politiques*, PFNSP, 1992 (1e éd., 1986).
- DUPUY (G.), " OGM, famine, Les grandes manœuvres américaines ", in *L'express*, 12 décembre 2002.
- ELIAS (N.), *La dynamique de l'Occident*, Agora, 1975.
- " L'espace humanitaire en Afrique Centrale ", in *Enjeux, Bulletin d'Analyses Géopolitiques pour l'Afrique Centrale*, n° 8, juillet-septembre 2001.
- FABIG (H.), BOELE (R.), " The Changing nature of NGO Activity in a Globalising World, Pushing the Corporate responsability Agenda ", in *IDS-Bulletin*, Institute of Developement Studies.
- FOUIGE (A.), " OPA américaine sur le vivant ", in *Jeune Afrique l'Intelligent*, 11 février 2003.
- GABAS (J. J.), " De l'aide à l'investissement... au soutien financier ", in *Rapport sur l'aide publique au développement dans les pays membres du CILSS de 1975 à 1987*, Paris, OCDE/Club du Sahel, 1990.
- GOERTZ (G.), *Contexts of International Politics*, Cambridge University Press, 1994.
- GOFFMAN (E.), *Strategic Interaction*, Oxford, Basic Blackwell, 1970.
- HALVORSON-QUEVEDO (R.), SCHNEIDER (H.), éd., *Combattre la pauvreté dans le monde : stratégies et études de cas*, Paris, OCDE, Comité d'Aide au Développement, 2000.
- HOURS (B.), " L'urgence comme politique ", in *Politique Africaine*, n° 28, 1987.
- HOURS (B.), " Les ONG, mercenaires du village planétaire ou gardiennes des ghettos ? ", in *L'Homme et la société*, n° 105-106, 1992.
- JÖNSSON (C.), " Organisation et coopération internationales : l'approche interorganisations ", in *RISS*, n° 138, 1993.
- JOST (P. H.), PERROT (F.), *Le guide des actions humanitaires 1995*, Paris, Presses de la Cité.
- LAROCHE (J.), *Politique internationale*, Paris, LGDJ, 2000.
- LE ROY (P.), *La faim dans le monde*, Marabout, 1994.
- OFFERLE (M.), *Sociologie des groupes d'intérêt*, Paris, Montchrestien, coll. Clefs, 2e éd.
- " Les ONG : instruments du projet néo-libéral ou bases solidaires des alternatives populaires ", in *Alternatives Sud*, n° 4(4), 1997.
- PERRINEAU (P.), *L'engagement politique, Déclin ou mutation ?*, Paris, PFNSP, 1994.
- PICTET (J.), *Développements et principes du droit international humanitaire*, Genève, Institut Henry Dunant, 1983.
- POULIGNY (B.), " Carences et succès du processus d'internationalisation des ONG françaises ", in *Critique Internationale*, n° 13, 2001.
- QUANTIN (P.), BIAGIOTTI (I.), " Les bailleurs de fond, la conditionnalité et la promotion de la gouvernance en Afrique ", in G. Winter, *Inégalités et politiques publiques en Afrique*, Paris, Karthala-IRD, 2001.
- RAULIN (A. de), *Les ONG dans la société internationale*, Éditions ESTER, 1997.
- ROBERT (A.), " Humanitarian Action in War ", in *Adelphi Paper*, n° 305, décembre 1996, Londres, International Institute for Strategic Studies/Oxford University Press.
- RUFIN (J.-C.), *Le piège, Quand l'aide humanitaire remplace la guerre*, Paris, Lattès, 1986.
- RYFMAN (P. H.), " Carences et succès du processus d'internationalisation des ONG Françaises ", in *Revue des Questions Humanitaires*, 2001.
- SENARCLENS (P. de), *L'humanitaire en catastrophe*, Paris, Presses de Sciences Po., 1999.
- SIMEANT (J.), " Entrer, rester en humanitaire : des fondateurs de MSF aux membres actuels des ONG médicales françaises ", in *RFSP*, vol. 51, n° 1/2, 2001.
- SIMEANT (J.), DAUVIN (P.), *Le travail humanitaire. Les acteurs des ONG, du siège au terrain*, Presses de Science Po, 2002.
- SMILLIE (I.), " The Rise of the Transnational Agency ", in D. Sogge, K. Biekart, J. Saxby, éd., *Compassion and Calculation. The Business of Private Foreign Aid*, London & Chicago, Pluto Press & Transnational Institute, 1996.

- STANGHERLIN (G.), " Les ONG de coopération au développement en Belgique. Origine, cadre juridique, cofinancement et enjeux ", in *Courrier hebdomadaire du CRISP*, 1714-1715, 2001.
- WORLD BANK, *World Development Report*, Oxford, Oxford University Press for the World Bank, 1997.
- YERIM SECK (C.), " Angola, Péril en la demeure ", in *Jeune Afrique l'Intelligent*, 21 janvier 2003.

# CHAPITRE 13.

# LA QUESTION DES RÉFUGIÉS ET DE L'URGENCE HUMANITAIRE DANS LA CRISE DES GRANDS LACS

Victor NGOUILOU-MPEMBA
YA MOUSSOUNGOU

## INTRODUCTION

La question des réfugiés dans la crise des Grands Lacs est tributaire des guerres multiformes qui s'y déroulent. La principale cause des flux de réfugiés dans le monde sont les conflits armés. C'est souvent dans ce milieu des hostilités que les organisations humanitaires et le HCR sont appelés à opérer. Aujourd'hui l'action humanitaire, fait appel à un grand nombre d'intervenants, agences des Nations Unies, ONG locales et internationales, forces militaires, organisations religieuses, entrepreneurs privés tous différents par leurs ressources, par leur mission, leur philosophie, leurs moyens d'action. Elle est devenue de plus en plus coûteuse et complexe[1]. Ce constat a été bien établi dans la sous-région des Grands Lacs. La sous-région des Grands Lacs est un scandale politique par la production de la mort de masse dont elle est créditée. Des images d'Épinal fleurissent sur l'Afrique Centrale ; tandis que l'immensité de ses richesses du sol et du sous-sol qualifiées de scandale géologique font heurs et malheurs de ses populations. Un *El-dorado* très tôt inscrit dans la logique prédatrice et exterminatrice des puissances étrangères qui s'appuient sur les agents intérieurs. L'Afrique centrale, c'est le lieu des " holocaustes oubliés " pour reprendre la formule d'Adam Hochschild. Dans cette arène où se joue le destin de plusieurs millions d'individus, la RDC est au centre de cette crise des Grands Lacs dont l'épicentre se trouve dans la crise rwando-burundaise.

> " Aujourd'hui encore, la guerre de rapine à laquelle se livrent les différents acteurs politiques nationaux aidés de leurs alliés de tous bords, au

[1] Cf. *Réfugiés dans le monde : cinquante ans d'action humanitaire*, HCR, Genève, 2000, chap. 11.

mépris des règles internationales en matière des droits de l'homme, montre la place stratégique du Congo-Kinshasa sur l'échiquier africain et international "[2].

Quant à l'efficacité de l'urgence humanitaire, c'est une préoccupation assez récente qui a retenu l'attention d'un grand nombre d'acteurs après la catastrophe somalienne (1992) et surtout rwandaise de 1994. En effet, l'efficacité des interventions humanitaires était essentiellement question de logistique et d'administration et se mesurait " en fonction de la quantité des vivres distribués, du nombre des bénéficiaires rejoints et des sommes dépensées lors de l'intervention "[3]. Actuellement les défis auxquels doivent faire face les intervenants humanitaires sont à la fois techniques et politiques, d'où leur complexité.

Nous allons tenter de scruter de l'intérieur la réalité socio-politique de la sous-région des Grands Lacs à l'origine de cette page mouvementée de son histoire.

Il est indéniable que les Grands Lacs constituent un espace de réflexion et d'analyse intéressant dans la perspective d'une compréhension des problèmes des réfugiés et de l'urgence humanitaire. L'aire géographique qui abrite les réfugiés de la crise des Grands Lacs s'étend aux neufs pays frontaliers de la RDC qui sont l'Angola, le Burundi, le Congo, l'Ouganda, la République Centrafricaine, le Rwanda, le Soudan, la Tanzanie et la Zambie. A cet égard, on a observé, des flux réciproques de réfugiés, de grande envergure, avec certains de ces pays. C'est le cas du Congo, de l'Angola, de la RCA, de l'Ouganda, du Soudan, et dans une moindre mesure du Rwanda et du Burundi.

La question des réfugiés dans les Grands Lacs est celle de la nécessité d'une action d'urgence thérapeutique. En effet l'urgence humanitaire ne peut pas constituer, à elle seule, une politique de sécurité durable pour les populations concernées. Il y a forcément d'autres registres à l'intérieur de l'action humanitaire ou à l'extérieur, d'ordre historique ou généalogique qu'il convient d'interroger, de repérer avant de tirer quelques leçons de la situation d'urgence impliquant les réfugiés dans la sous-région. C'est l'objectif qu'aimerait atteindre cette étude, à travers l'examen de l'impact du politique sur le phénomène des réfugiés et du droit international d'une part et de la conséquence de la tension entre ces deux champs sur les réfugiés d'autre part. Ces deux champs ne constituant plus que des références défigurées et par l'impéritie des acteurs politiques et par l'hypocrisie de la communauté

---

[2] " Les Congos dans la Tourmente ", in *Rupture-Solidarité*, n° 2, Nouvelle série, Karthala, 2000, p. 6.

[3] HCR/InterWorks,Brazzaville, 9-13 septembre 2002, *Formation à la gestion des situations d'urgence*, p. 15.

internationale, ayant conduit à la dérive politique et à la dégradation du droit international.

## 1. DE LA DERIVE POLITIQUE ET DES FLUX DES REFUGIES DANS LES GRANDS LACS

L'observation du milieu politique dans la sous-région des Grands Lacs montre que ce n'est pas l'ordre constitutionnel qui détermine le pouvoir mais plutôt le contexte dans lequel ce pouvoir est exercé. Ce contexte est caractérisé par : la domination enrobée dans un environnement sécuritaire et militariste à la sud-américaine, exercée par une classe politique mafieuse ; et par une violation des droits de l'homme[4].

### 1.1. DE LA DERIVE POLITIQUE

Le phénomène des réfugiés dans un pays est concomitant au manque de bonne politique dans ce pays a indiqué le Haut Commissaire Ruud Lubbers au cours d'une conférence de presse tenue à Brazzaville le 26 février 2002. Le Rwanda comme le Burundi sont des sociétés où le binôme Tutsi/Hutu a été érigé en paradigme déterminant les relations politiques et partant toutes les relations sociales. Le Rwanda et le Burundi constituent un mode de domination exercée par une minorité sociologique tutsi sur la majorité sociologique hutu, comme l'indique Mwayila Tshiyembe[5]. D'où cette ligne de fracture qui a permis au pouvoir colonial d'asseoir son hégémonie et aux prédateurs domestiques d'aujourd'hui de maintenir le schéma. L'occupation des ministères, administrations territoriales, sociétés para-étatiques, se présente, au Burundi, de la manière suivante :

- en termes ethniques : 11 % de Hutus contre 89 % de Tutsis ;

- en termes politiques : 7 % FRODEBU et Alliés contre 93 % UPRONA et Alliés.

Les pays de la sous-région ont beaucoup de points communs :

- une crise de légitimité affecte les régimes qui président à leur destin (dictatures de fait ou de droit) ;

[4] En ce sens voir Filip Reyntjens, *La guerre des Grands Lacs,* Paris, L'Harmattan, 1999, p. 25.
[5] Mwayila Tshiyembe, " La crise des Grands Lacs et la paix durable en République Démocratique du Congo et au Congo Brazzaville ", in *Rupture-Solidarité,* n° 2, 2000, p. 10.

- une absence de prise de pouvoir par les moyens démocratiques (ces pays sont gouvernés pour la plupart par des anciens chefs rebelles dont les régimes de certains se sont octroyés le label démocratique par des élections maîtrisées, comme si les élections font la démocratie) ;

- une présence de guérilleros ou des milices victorieuses et hors-la-loi ;

- une rébellion armée contre ces régimes agissant à l'intérieur ou à l'extérieur des frontières nationales ;

- un refus de dialogue politique ou instauration d'un dialogue biaisé par le groupe qui détient le pouvoir ; d'où une politique de réconciliation difficile à mettre en œuvre en Angola, au Rwanda, au Burundi, en RDC, au Congo voire en RCA ;

- une société civile effritée, des partis politiques suspendus en droit ou en fait et dans certains de ces pays, un " crédit omerta " international, sur leurs violations massives des droits de l'homme, un " négationnisme " par le silence ou l'indifférence volontaire. F. Reyntjens écrit que le pouvoir de Kigali bénéficie du crédit génocide. Il va s'en dire que ce sont les populations civiles qui font les frais de la violence des rebelles et des opérations militaires ou de police. C'est le cas au Burundi (5 septembre 2002), au Rwanda, au Congo dans le la région du Pool depuis décembre 1998, en RDC dans les zones sous contrôle de la rébellion (dans le Kivu et dans la province du Haut-Congo). Presque partout c'est la menace militaire et/contre l'intransigeance du pouvoir politique qui constituent la forme de gouvernement. C'est un truisme de relever ici la corruption, l'affairisme, l'économie de guerre[6] le trafic d'influence ou le népotisme. Tous sont caractérisés par une crise des systèmes politiques et des structures étatiques indique Gauthier de Villers[7].

Le contexte politique de ces pays est généralement décrit comme celui de la domination d'un clan sur d'autres, d'un parti sur d'autres, d'un groupe ethnique sur d'autres et d'un environnement sécuritaire que ce groupe qui détient le pouvoir développe avec tout son cortège de maux (exclusion, tracasseries, menaces, persécutions, kleptomanie, violation des droits de l'homme, etc.) qui l'accompagnent. Aucun État impliqué directement ou non

---

[6] Selon Filip Reyntjens, nombre d'officiers ougandais et rwandais sont impliqués dans des activités extractives et commerciales qui ne seraient pas possibles dans un environnement stable ; le Rwanda exporte du diamant bien qu'il n'en produise pas un seul carat (*op. cit.*, p. 236).

[7] Gauthier de Villers, " Les crise chroniques et leurs causes : cas du Zaïre ", in *Conflits en Afrique, Analyse des crises et pistes pour une prévention*, GRIP, éd. Complexe, 1997, p. 212.

dans la crise des Grands Lacs n'échappe à cette autopsie comme le souligne Filip Reyntjens[8].

La ressemblance des modes de gestion des régimes des pays des Grands Lacs à l'origine des réfugiés est frappante. Ces modes de gestion sont le plus souvent fondées sur le syndrome sécuritaire, l'arbitraire et l'impunité. On note ainsi, entre les régimes successifs, une continuité dans la nature du pouvoir et dans celle de l'État dont la gouvernance est sujette à caution.

La bonne gouvernance est un thème que les gouvernements des pays de la sous-région évoquent tant en politique intérieure que dans leurs négociations avec les institutions de Bretton Woods mais dont la conversion en *out put* se fait toujours prier. Certains gouvernements se sont même irrités des observations, voire des suggestions faites par les églises sur ce sujet (*Déclaration des évêques du Congo sur la gestion des ressources pétrolières du 7 juin 2002*). Il s'ensuit que tous les fondamentaux de l'État de droit deviennent étrangers à la conception du pouvoir des régimes de ces États qui proclament l'intention d'instaurer et l'État de droit et la bonne gouvernance. Ni État de droit ni règne du droit ni bonne gouvernance, pourtant aspirations profondes des populations et nécessités fondamentales des États, ne sont assurés. Or il est établi que l'idéologie de l'État de droit est étroitement liée à celle des droits de l'homme. " Il y a une connexion entre les deux, les deux progressent ensemble, par renforcement réciproque "[9].

Les constitutions de ces pays sont des fortifications du pouvoir personnel souvent à l'origine de la dérive sécuritaire observée dans ces mêmes pays.

La question des réfugiés dans les Grands Lacs a développé une stratégie sécuritaire entre les armées protectrices et les protectorats au profit des pays agresseurs.

La revendication de la sécurisation des frontières par l'Angola, indique Olivier Vallée, pourrait être la source d'une dérive au Congo[10]. Au-delà de la sécurité des frontières, c'est la sécurité politique qui est en jeu, sécurité pour le pillage des richesses et par ricochet celui des populations qui a manifestement contribué à leur appauvrissement tendanciel.

Or la première dérive qui crée l'insécurité est la conception de la démocratie comme étant simplement la loi du plus grand nombre : un homme, une voix.

---

[8] Cf. également les références qu'il indique pour le FPR/APR (p. 26-29 et 30-31).

[9] Tran Van Minh, " Réflexions sur l'État de droit dans le tiers monde ", in *Mélanges P.-F. Gonidec*, p. 282.

[10] Olivier Vallée, " Congo-Brazzaville, Angola : Camarades et Amigos ", in *Rupture-Solidarité*, n° 2, 2000, p. 179.

Cette démocratie ne se réfère qu'à la majorité sociologique et non juridique, c'est-à-dire à la majorité quantitative et non qualitative. Dans ces conditions la démocratie reste conflictuelle en tant que les usages du leadership politique des uns et des autres font que les minoritaires combattent par tous les moyens les démocraties ; tandis que les majoritaires combattent la confiscation de la démocratie ou la domination. En fait les uns redoutent la domination des autres et vice versa. Au total on assiste au déclin du politique au profit du militaire par le biais d'une militarisation du paysage politique. Il faut souligner que le jeu d'influence des puissances occidentales dans la sous-région attise les conflits. Par exemple la France sauve avant sa chute et par deux fois le régime de Juvénal Habyarimana (Hutu du nord) contre les tentatives de renversement menées par le FPR depuis l'Ouganda ; une première fois entre octobre et mars 1991 (intervention militaire franco-zaïroise), et une seconde fois en février 1992. En 1997 la France, par ELF et la République d'Angola interposées, remet en selle le général Denis Sassou Nguesso au Congo. Les félicitations / remerciements de Jacques Chirac à son homologue Dos Santos, lors de son voyage à Luanda en 1998, en disent long à ce sujet. Dans le premier cas, la France accuse la Grande Bretagne et les USA d'être derrière l'Ouganda pour envahir le Rwanda. La suite on la connaît, génocide d'avril 1994, prise de pouvoir par le FPR en juillet 1994 et flux de réfugiés. Cette date est très symbolique pour les réfugiés rwandais, parce qu'elle traduit un chassé-croisé entre le retour des réfugiés tutsis exilés en 1959 et en 1962 et le départ cette fois des réfugiés hutus pour un voyage sans retour pour nombreux d'entre eux.

Il faut ajouter à cela la spécificité des migrations dans cette région avec les enjeux socio-politiques et les conséquences qu'elles induisent. Selon Kabamba Assan dans un rapport de consultation, ces migrations impliquent entre autres : une forte fécondité qui entraîne une forte croissance démographique ; une occupation extensive du territoire attribué ; une constitution de ghettos ; un enrichissement illicite, avec la complicité des responsables politiques auxquels ils sont associés ; une infiltration dans la sphère politique par le noyautage des autorités et la création des lobbies ; le bradage de la nationalité et les stratégies d'insertion[11]. Il semble que ce constat repose sur l'observation des migrations des Banyarwanda et/ou des Banyamulenge dans le Kivu et qui seraient un des éléments de la crise de la République Démocratique du Congo. Un autre fait à ne pas négliger dans la problématique de la crise des Grands Lacs est le mercenariat ou l'instrumentalisation des migrants ou des réfugiés par les pays d'accueil dans les stratégies de retour conquérant au pouvoir ou simplement de conquête de

[11] Kabamba Assan, *La situation des réfugiés rwandais dans les pays des grands lacs,* PAC, Rapport de consultation, 1991, cité par Lututala Mumpasi.

pouvoir des protagonistes politiques des pays d'accueil. On est ainsi en présence des conflits de pouvoir qui enferment les populations dans un cercle vicieux de la violence.

### 1.2. LES FLUX DES REFUGIES

Les causes de la fuite vers le pays de refuge sont plus ou moins connues. Les persécutions, la rupture de l'ordre et de la légalité, les violences ethniques, la guerre civile et les violations généralisées des droits de l'homme comptent parmi les raisons qui poussent les groupes d'individus à quitter leur pays pour devenir des réfugiés[12]. Mais quitter son pays pour aller chercher la sécurité dans un autre pays n'est pas chose aisée. Ce parcours n'est pas sans danger. C'est ainsi que pendant la fuite, des menaces directes pour leur vie et leur sécurité guettent les réfugiés. On sait désormais combien les réfugiés rwandais-hutus ont été victimes de la guerre de rébellion dans le Kivu, les parties en guerre attaquant sans discrimination les combattants et les civils et qui plus est, attaquant les camps des réfugiés, évidemment en violation flagrante du droit humanitaire international. Plusieurs facteurs combinés : la distance à parcourir, la nature du terrain, la quantité des provisions, l'état physique peuvent constituer une sérieuse menace pour les personnes en fuite.

Lors de leur admission dans un pays d'accueil, d'autres risques menacent les fuyards tels que les comportements abusifs, les violences sexuelles à l'endroit des femmes et des jeunes filles particulièrement[13], les extorsions émanant des bandits armés ou des agents publics gardes-frontières, militaires indisciplinés pudiquement appelés éléments incontrôlés. Tous ces problèmes impliquent une protection en situation d'urgence. Il convient de noter que les réfugiés de la sous- région n'ont pas beaucoup connu de problèmes de refoulement aux frontières des États d'accueil. L'obligation de ne pas refouler a, d'une manière générale, été respectée par les États de la sous-région. Il est de

[12] Le réfugié aux termes de la Convention de Genève du 28 juillet 1951 et de son Protocole additionnel de New York de 1967 et de la Convention de l'OUA de 1969, est une personne qui se trouve hors de son pays d'origine et qui craint avec raison d'être persécutée du fait de sa race, de sa religion, de sa nationalité, de son appartenance à un certain groupe social ou de ses opinions politiques ; ou du fait d'une agression extérieure, d'une occupation extérieure, d'une domination étrangère ou d'événements troublant gravement l'ordre public dans une partie ou dans la totalité de son pays d'origine, ou du pays dont elle a la nationalité, et qui ne peut ou ne veut se réclamer de la protection de ce pays, ou ne veut y retourner par crainte d'être persécutée.

[13] Cf. les documents du HCR : *Principes directeurs sur la persécution sexo-spécifique* (HCR/GIP/02/01, mai 2002) ; *Lignes directrices sur la protection des femmes réfugiées* (Genève, 1991) ; *Violence sexuelle à l'encontre des femmes réfugiées : Principes directeurs concernant la prévention et l'intervention* (Genève, 1995, en cours de révision) ; *Les enfants réfugiés : Principes directeurs concernant la protection et l'assistance* (Genève, 1994).

principe que fournir un refuge a des personnes fuyant des dangers est un acte pacifique et humanitaire, qui ne doit être considéré inamical par aucun autre État (Conventions de Genève et de l'OUA, conclusions du Comité Exécutif du HCR).

Une fois installés dans le pays d'accueil, les réfugiés peuvent être affectés dans leur sécurité et leur bien-être. C'est ainsi que les réfugiés rwandais et burundais hutus ont été victimes des attaques transfrontalières lancées par les armées rwandaise et burundaise. Pour ce faire, une des mesures d'urgence à prendre est le relogement des réfugiés à une distance " sûre " de la zone frontalière.

Les situations d'urgence relatives aux réfugiés sont en définitive résolues par le rapatriement volontaire des réfugiés vers leur pays d'origine. Ceci est possible une fois le risque-persécution éliminé ou suffisamment atténué et la capacité de réinsertion renforcée. Sans ce renforcement de capacité de survie, la situation d'urgence n'est pas suffisamment résolue. Par exemple la reconstruction politique du Burundi en cours est à notre avis un signe encourageant de mesure d'urgence thérapeutique.

Les multiples facettes des situations d'urgence posent en grande partie des problèmes de protection comme le montre l'évocation que nous venons d'en faire. Mais ce n'est pas tout. L'urgence humanitaire, c'est aussi la reconstruction, notion fourre-tout sans doute, mais qui s'impose dans le contexte des pays des Grands Lacs. C'est ici que cette notion demande à être élargie comme le suggère également Olivier Vallée[14]. Limiter la reconstruction " à la réhabilitation du bâti, à une reconstruction patrimoniale, à une dimension économique fondée seulement sur l'investissement en infrastructures, bien qu'elles soient des priorités ", ne peut résorber de manière durable la question des réfugiés et ses conséquences. La reconstruction devrait s'étendre aussi à la réhabilitation des droits civils et politiques, à la nécessité d'un cadre institutionnel légitime comme espace public. Fonder une nouvelle cohabitation des personnes et des groupes divisés par le conflit, telle est semble-t-il une autre voie de la reconstruction dans les pays en période post-conflit. Le processus de reconstruction ne peut donc s'affranchir des " territoires réels et des communautés imaginaires dans lesquels se forme le sentiment d'appartenance à l'État ". C'est valable, une fois encore pour toute la sous-région. Le tout est un problème d'objectifs. La reconstruction selon Rudy Doom, signifie mener une politique active pour passer d'une phase négative - disparition de la violence - à une situation positive – la paix durable[15]. L'axe de la reconstruction va de la

[14] Olivier Vallée, " Economie politique de la reconstruction. Leçons de Bosnie et de Palestine pour le Congo ", in *Rupture-Solidarité*, n° 1, Karthala, 1999, p. 210.

[15] Rudy Doom, " Vers la *normalité* : Analyse du concept et de moyens d'action ", in *Conflits en Afrique*, *op. cit.*, p. 248.

réconciliation à la reconstruction économique en passant par celle des pouvoirs publics (renforcement de l'autorité, protection des droits de l'homme, démocratisation, multipartisme...).

Voilà pourquoi l'autre urgence non moins importante est le développement de la démocratie. Cette mesure s'est concrétisée en Bosnie par une aide à la réalisation des élections transparentes. Les pays de la sous-région des Grands Lacs, en situation conflictuelle ou post-conflit, en ont plus que tout autre besoin comme en témoigne la RDC qui se débat dans l'aboutissement d'un dialogue inter-congolais que l'on veut maintenant global et inclusif, depuis les accords de Lusaka de 1999, en passant par le Protocole de *Sun city* d'avril 2002. L'échec de la reconstruction du point de vue politique et économique se conjuguent pour laminer peu à peu l'aide humanitaire et ses objectifs, indique Olivier Vallée. En somme, les programmes d'urgence (cf. Alain Gresh, *Monde diplomatique,* 1998) ne devraient pas s'arrêter aux drames humains (conséquences), mais s'étendre aux violations caractérisées du droit international humanitaire (causes).

## 2. LA DEGRADATION DU DROIT INTERNATIONAL ET L'AGGRAVATION DE LA SITUATION DES REFUGIES DANS LES GRANDS LACS

Le droit d'intervention militaire utilisé par le Burundi, le Rwanda et l'Ouganda, l'Angola et le Zimbabwe[16] a créé une situation de protectorat de fait, par ces États interposés ou non, avec un impact considérable sur le problème des réfugiés.

### 2.1. L'INTERVENTION MILITAIRE

L'ONU n'a reconnu l'agression du Congo-Zaïre que bien plus tard dans la résolution 1304 du Conseil de Sécurité du 16 juin 2000, mais ne s'est jamais prononcée contre l'agression angolaise au Congo-Brazzaville depuis octobre 1997. Ces agressions sont créatrices de protectorats de fait. RDC, zone rebelle : Ouganda, Rwanda et Burundi ; zone gouvernementale : Zimbabwe, Angola et Namibie. Congo-Brazzaville, zone sud, Angola, bien que la nouvelle donne soit à l'amorce du retrait des troupes étrangères stationnées en RDC, à la suite des accords de Pretoria du 30 juillet 2002 (Rwanda et RDC) et de Luanda du 15 août 2002 (Uganda et RDC). Il est clair que dans ces deux illustrations, le droit

[16] Cf. Ngouilou-Mpemba, " Les réfugiés de guerre au Congo-Brazzaville: problèmes juridiques et sécuritaires ", *Séminaire de Kinshasa/Unikin,* septembre 2001, à paraître.

international est mis à mal. Par exemple en ses articles 2 et 4 de sa Charte, l'ONU interdit le recours à la menace ou à l'emploi de la force contre l'indépendance politique des États. L'intervention est toute action impérative d'un État qui cherche à imposer ses vues à un autre État dans les affaires relevant de la compétence de ce dernier, par la pression, l'usage de la force ou la menace : Res. 2131 (XX) du 21 déc. 1965 et 2625 (XXV) du 24 octobre 1970. Ce qui caractérise donc l'intervention, c'est la coercition, élément de nature à changer la situation d'un État, voire son statut ; situation de protectorat de fait déjà évoquée dans le cas d'espèce.

C'est à juste titre que Tshiyembe écrit que " le protectorat qui en résulte aussi bien à Kinshasa qu'à Brazzaville est fondé uniquement sur la force des armes et le jeu des puissances protectrices "[17]. Il est fondamental de noter que le droit de poursuite exercé par l'Angola d'une part, le Rwanda et l'Ouganda d'autre part, constitue une violation flagrante du droit international et du droit des réfugiés. La traque des réfugiés hutus sur le territoire de la RDC par l'AFDL et ses alliés n'est ni plus ni moins qu'un autre " holocauste oublié ". La communauté internationale n'a pas promptement réagi contre cela. Il n'en pouvait être autrement, car il n'est pas aisé de défendre des génocidaires. C'est un truisme de relever que le génocide sert de cordon sanitaire au pouvoir militaire de Kigali pour justifier sa politique sécuritaire aux frontières avec la RDC au point d'entraver les secours humanitaires.

Il ne s'agit nullement d'une révélation car la série des crimes contre l'humanité et des violations massive des droits de l'homme dans cette sous-région est toujours retracée par diverses sources médiatiques, humanitaires, diplomatiques, les ONG et les chercheurs (cf. AFP, octobre 1996).

La décriminisation des massacres est un facteur de dégradation du droit international. La dégradation c'est aussi tous les blocages à la manifestation de la vérité dans les violations des droits de l'homme et du droit international humanitaire. Que des faits avérés puissent donner lieu à des controverses, des tergiversations ou des manipulations dans leur qualification juridique, cela montre bien les limites, la faiblesse du droit international[18]. Il est à craindre que la question des responsabilités politiques et militaires des violations des droits de l'homme dans différents massacres perpétrés durant cette crise dans la sous-région ne soit à jamais occultée[19]. Un autre signal fort de la dégradation du droit

---

[17] Mwayila, *loc. cit.*, p. 16.

[18] Des rapports comme celui de la Mission Garreton sur *les violations du droit international humanitaire*, ONU doc. A/51/942, 2 juillet 1997, p. 23 ; et celui de l'équipe d'enquête du Secrétaire Général de l'ONU sur *les violations des droits de l'homme et le droit international humanitaire en RDC*, mai 1998, SG/1998/581, § 90-98.

[19] Cf. aussi les rapports du GRIP, *La guerre du Congo Kinshasa, Analyse d'un conflit et transfert d'armes vers l'Afrique centrale*, par Georges Berghezan et Félix Nkundabagenzi, 9/2.

international dans les Grands Lacs est le problème de la nationalité en RDC, plus précisément celle des Banyamulenge signalé plus haut.

L'intervention des voisins au Zaïre contient naturellement les ingrédients d'une dégradation du droit international. Ne les placent-ils pas en marge de la légalité internationale et des mécanismes de prévention des conflits adoptés par l'ONU et par l'OUA ? L'intangibilité des frontières, l'intégrité territoriale et la souveraineté étatique voilà un autre principe de droit international battu en brèche dans la crise des Grands Lacs ; Kigali, selon Filip Reyntjens, ne se cache pas pour dire que ce principe n'est plus sacro-saint.

La solidarité internationale implique aussi l'urgence du partage du fardeau ou de la charge des réfugiés. Certains auteurs estiment que le recul des normes de protection constaté dans de nombreux pays a un rapport direct avec cette absence de solidarité internationale à l'égard des pays qui ploient sous la charge des réfugiés[20].

## 2.2. LE DROIT D'INGERENCE ET L'URGENCE HUMANITAIRE

Les réfugiés se trouvent en situation d'urgence quand leur état ou leur condition nécessite d'être prise en charge pour la sauvegarde de leur vie et de leur bien-être. Dès lors, " Toute situation impliquant des réfugiés est une situation d'urgence si la vie ou le bien-être de ces réfugiés sont menacés, à moins qu'une action immédiate et appropriée ne soit entreprise, et si cette situation demande une réponse extraordinaire et des mesures exceptionnelles ". Si l'on retient cette proposition comme définition de la situation d'urgence, on constate que celle-ci requiert la réunion de deux éléments :

- il faut qu'elle constitue une menace pour la vie et le bien-être des réfugiés ;
- il faut qu'elle nécessite une réponse extraordinaire et de mesures exceptionnelles appropriées.

Mais comment reconnaître une situation d'urgence impliquant des réfugiés ? Les situations d'urgence concernant les réfugiés sont multiformes. Pour les repérer, on recourt souvent aux photographies et aux reportages que diffusent les médias internationaux sur les déplacements massifs des populations, sur les violences tribales ou ethniques forçant des personnes à fuir leur lieu de résidence habituelle ou leur pays d'origine, sur l'épuration ethnique, sur les *boat people*, sur le surpeuplement des camps ou sites anciens que de nouveaux afflux transforment en centre d'épidémie et de violence. Il faut

---

[20] Jack Mangala Munuma, " Le partage de la charge des réfugiés. Quand l'urgence s'impose ", in *Revue du droit des étrangers*, n° 113, janv.-fév.-mars 2001, p. 183.

indiquer que les situations d'urgence présentent toutes des caractéristiques communes, à savoir : des objectifs confus, des besoins illimités, des ressources limitées, des besoins en sécurité et en sûreté, des contraintes politiques handicapant une action efficace, des communications médiocres, du manque d'appui, des procédures administratives lourdes, des barrières administratives et autres délais bureaucratiques, des retards dans la prise des décisions, etc. Ces caractéristiques sont de l'avis des experts du HCR, frustrantes et difficiles, car elles ne constituent pas des signes clairs de l'existence d'une situation d'urgence. Voilà pourquoi certains indicateurs ont été reconnus comme signalant le besoin d'une " réponse extraordinaire et de mesures exceptionnelles ". Ils sont parfois appelés indicateurs de situations d'urgence. À titre d'exemple on peut mentionner les indicateurs suivants :

| | |
|---|---|
| Décès | > 2 pour 10 000 par jour |
| État nutritionnel | < 70 % poids / hauteur<br>ou < 12 cm tour du biceps |
| Rations alimentaires | < 1900 kcal. / pers. / jour |
| Surface du Site | < 30 $m^2$ par personne |
| Abri sous toit | < 3,5 $m^2$ par personne |
| Eau (quantité) | < 10 litres / personne / jour |
| Eau (qualité) | > 25 % personnes avec diarrhées |

Source : HCR, *Programme de Formation à la Gestion de Situations d'urgence*, Brazzaville, Congo, 11-15 décembre 2000, p. 3.

### 2.2.1. Commentaire

Le taux de mortalité constitue un des principaux indicateurs de cette liste qui n'est nullement exhaustive. La liste plus complète des indicateurs de situations d'urgence figure dans le même document sous la rubrique " Outils et Ressources " sur 12 pages.

Quelques temps après le génocide rwandais, le Haut Commissaire aux réfugiés avait ordonné des mesures d'urgence à appliquer dans les camps ; malheureusement ces mesures n'avaient pas été soutenues par le Conseil de Sécurité. Il s'agissait de :

1. désarmer totalement les ex-troupes des FAR ;
2. isoler et neutraliser les dirigeants civils ;
3. créer un mécanisme permettant de s'occuper des criminels :
4. faire respecter la loi et l'ordre public dans les camps à l'aide d'une force de police.

L'urgence humanitaire dans les Grands Lacs implique une réelle cohérence au niveau des stratégies politiques. Il est patent que l'urgence humanitaire est victime de l'instabilité militaire dans la région. Un administrateur du HCR sur le terrain à Goma a écrit à cet effet : " Ni notre mandat, ni les moyens mis à notre disposition ne sont à la hauteur de cette crise régionale ". Dans ce contexte d'instabilité militaire, assurer la protection des réfugiés devient un pari pour le HCR et les organismes humanitaires. On a encore en mémoire le massacre des Hutus déplacés du camp de Kibeho, pourtant zone de protection humanitaire autorisée par le Conseil de Sécurité. Il est indéniable que les indécisions au sein du Conseil de Sécurité ont empêché une prise en compte de la situation d'urgence des réfugiés dans les Grands Lacs et notamment dans le Kivu. On dut se rabattre, pour la sécurité des camps, à un contingent zaïrois recruté en 1995 et encadré par des conseillers internationaux venant des Pays-Bas et de plusieurs pays ouest-africains.

Le risque-réfugié était si manifeste que le Haut Commissaire Sadako Ogata écrivit au Premier Ministre zaïrois Kengo Wa Dondo en ces termes :

> " Permettez-moi de renouveler ma demande pour terminer avec l'impunité dans les camps. Les différentes mesures décidées par votre gouvernement doivent être mises en œuvre afin que la loi et l'ordre public zaïrois soient respectés. Cela va s'en dire avec l'entière collaboration du HCR et du contingent zaïrois pour la sécurité dans les camps "[21].

Ce risque-réfugié est lui-même adossé sur le risque - persécution chez des réfugiés en situation d'urgence. C'est le cas lors de la campagne militaire de l'AFDL et de ses alliés qui a failli ternir l'image de l'humanitaire.

### 2.2.2. L'écueil du droit d'ingérence

Le respect des droits de l'homme dans les situations impliquant les réfugiés est un principe de droit international qui ne va pas à l'encontre du principe selon lequel " il existe un ensemble de matières qui ne peuvent être exclusivement réglées que par les voies de la souveraineté interne d'un État ", mais plutôt qui en sort. Il y a absolument un rapport logique entre les droits de l'homme et la protection des réfugiés. Le respect universel des droits de l'homme est conçu comme un devoir des États membres de l'ONU. Et l'évolution du droit international a atteint le point où " il y a création d'obligations juridiques nouvelles pour les États en matière de droits de l'homme et les violations de ces droits par l'État sortent du domaine réservé,

[21] *Les réfugiés dans le monde, op. cit.*, p. 255 ; sur le risque-réfugiés dans la sous-région, cf. Ngouilou-Mpemba, *loc. cit.*

donc de l'article 2 § 7 ; la non-ingérence étant l'envers du domaine réservé[22]. Il reste qu'il ne s'agit là que " d'ingérence immatérielle ne comportant aucune pénétration physique sur le territoire de l'État "[23]. Dans la crise des Grands Lacs, c'est à la fois de l'ingérence immatérielle et matérielle qu'il s'agit. Mais c'est ce second aspect qui caractérise la primauté du sauvetage des victimes sur la sauvegarde de la souveraineté dans les situations d'urgence humanitaire d'une manière générale. Le " sans-frontièrisme " des ONG, indique Mario Bettati, a ébranlé le droit international humanitaire classique au point de conduire sous la diplomatie française, l'Assemblée générale des Nations Unies à adopter la résolution 43/31 du 08 décembre 1988 qui pose des principes d'ingérence humanitaire en situation d'urgence : " l'urgence impose le libre accès aux victimes, notamment pour les ONG humanitaires internationales ". Elle nécessite un espace humanitaire[24]. Il est intéressant de noter que l'ONU a implicitement admis la licéité de l'intervention en matière des droits de l'homme dans le cas du Kosovo et du Timor oriental. S'agit-il là d'un précédent significatif ou d'une situation purement conjoncturelle traduisant cette politique de deux poids deux mesures qui discrédite, aux yeux de certains, l'Organisation mondiale. Les difficultés à mettre en œuvre l'urgence humanitaire dans les Grands Lacs, dans le contexte de guerre qui est celui de 1996, ont conforté l'argument selon lequel l'aide humanitaire, en l'absence de toute action politique, peut prolonger voire amplifier un conflit armé. Le HCR, par son Haut Commissaire a pu relever cette incohérence en ces termes :

> " Le rapport entre les problèmes de réfugiés, la paix et la sécurité n'est peut-être nulle part plus clair que dans la région des Grands Lacs en Afrique. Mon organisation ne s'est probablement jamais trouvée, dans le cadre de sa mission humanitaire, dans un tel imbroglio fatal d'intérêts politiques et sécuritaires. Alors que notre assistance humanitaire et notre protection s'adressent à une majorité innocente et silencieuse de réfugiés désespérés et dépourvus de tout, elles servent aussi des militants qui ont intérêt à maintenir le *statu quo*. Cela ne peut pas continuer comme ça " (*Les réfugiés dans le monde, op. cit.*, p. 262).

---

[22] Jacques Huntzinger, " Non-ingérence et droit des gens ", in *De la dégradation du droit des gens dans le monde contemporain*, Jean-Paul Charnay, dir., Paris, Anthropos, 1981, p. 88 ; Cour internationale de justice, *Recueil des arrêts*, 1970, p. 32.

[23] Cf. Mario Bettati, " Théorie et réalité du droit d'ingérence humanitaire ", in *Géopolitique*, n° 68-2000, p. 20.

[24] L'espace humanitaire selon Dobbie, (cité par Christopher Stokes, p.125 : cf. n. 31), est un espace protégé dans lequel des organisations humanitaires impartiales peuvent opérer d'une manière neutre et indépendante et dans lequel les populations locales peuvent circuler librement.

Cela dit, le problème des réfugiés dans les Grands Lacs constitue un miroir d'observation pour les situations d'urgence.

Le droit d'ingérence ne doit pas être considéré comme un droit à l'ingérence imputé aux organisations financières internationales à travers leur politique d'ajustement structurel ou singulièrement à travers " le régime de l'aide " qu'elles mettent en place.

## 2.3. CAMPAGNE MILITAIRE CONTRE CAMPAGNE HUMANITAIRE

La campagne militaire menée par l'AFDL et ses alliés Rwando-Burundo-Ugandais au Zaïre, en vue de déposer le Président Mobutu, visait par la même occasion les réfugiés hutus, considérés comme objectif militaire à part entière, comme objectif collatéral. Ces mêmes réfugiés dispersés des camps, étaient recherchés par les organisations humanitaires, en vue de les protéger. Pour la petite histoire, il sied d'indiquer que le nombre de réfugiés manquant au dernier comptage au cours de cette stratégie est demeuré une pomme de discorde entre le HCR, les agences humanitaires et les ONG humanitaires d'une part, et Kigali et certains gouvernements occidentaux d'autre part. La bataille des chiffres relatifs aux réfugiés devint alors un sujet débattu au niveau international (cf. *Le Monde*, 23 novembre 1996). C'est dans ce contexte qu'une force multinationale fut approuvée par le Conseil de Sécurité Res. 1080. Cette force ne sera pas acceptée par l'AFDL. Les événements de Kisangani, en 1997, sont une triste illustration des relations entre la guerre et les opérations de recherche et de secours entamées par les organisations humanitaires. Environ 80.000 réfugiés découverts par le HCR seront pris dans les difficultés de mise en action de l'opération de leur transfert. Leur camp sera attaqué par les rebelles de l'AFDL et ses alliés. Les organisations non gouvernementales et les associations de défense des droits de l'homme conscientes du sort des réfugiés, hésitent entre la dénonciation et le silence, de crainte de se voir empêcher de poursuivre leurs opérations de secours dont les réfugiés ont tant besoin. Ce rappel permet de dire que la localisation des réfugiés dispersés dans l'Est du Congo-Zaïre est une situation d'urgence. C'est ainsi que le rapatriement forcé des Rwandais du Kivu en 1996 est perçu comme une mesure d'urgence.

À vrai dire, le rapatriement est plutôt une solution durable de la plupart des situations d'urgence impliquant les réfugiés, solution qui tient compte de l'élimination ou de l'atténuation du danger qui les avait fait fuir, le risque-persécution.

De même l'urgence humanitaire se heurte à un autre écueil, celui du statut international du droit d'ingérence. Comment protéger l'accès humanitaire auprès des réfugiés ? Comment susciter l'appui de la communauté internationale par rapport à son inertie quant à l'envoi d'une force multinationale et quant au mandat de celle-ci. Tel est le questionnement de l'action humanitaire d'urgence dans les Grands Lacs. Les problèmes que suscite un tel questionnement se sont posés avec acuité dans la crise des Grands Lacs et notamment à propos des réfugiés rwandais dans l'Est du Congo-Zaïre. On peut se référer au rapatriement sur fond de polémique desdits réfugiés en 1996. Ce qui est contraire aux droits de l'homme, ce sont les transferts forcés tels que ceux des dix Rwandais hutus opérés courant octobre novembre 2002 depuis Kinshasa au mépris des principes de la protection internationale des réfugiés, et pour lesquels la RDC, l'Afrique du Sud et la MONUC se sont rejetées la responsabilité.

## 3. LEÇONS DE LA SITUATION D'URGENCE RELATIVE AUX REFUGIES DANS LES GRANDS LACS

Si on ne peut établir un bilan complet des réfugiés dans la sous-région[25], peut être pourrait-on tirer quelques leçons de cette situation d'urgence. Les défis que la situation des réfugiés dans les Grands Lacs demandent à relever sont multiples et multiformes.

### 3.1. MULTIPLICITE DES BESOINS, INADEQUATION DES REPONSES

Il y a par exemple le problème de la gestion durable de l'environnement dans les zones affectées par la présence des réfugiés. Concilier le bien-être des réfugiés et l'attitude bienveillante des populations et gouvernements hôtes est naturellement un grand défi pour les agences humanitaires. Dès lors, les institutions qui travaillent avec les réfugiés doivent instaurer des stratégies de protection de l'environnement local et des ressources naturelles. Le HCR et ses partenaires s'y emploient en prenant conscience de la nécessité d'adopter une politique de précaution afin de minorer au maximum le risque-pollution qui en se conjuguant avec le risque-réfugié, menacerait la sécurité. Il pèse donc sur les institutions d'aide aux réfugiés et de secours humanitaire le devoir d'intégrer, autant que faire se peut, des pratiques de gestion rationnelle de l'environnement dans chaque phase des opérations menées en faveur des réfugiés ; et pour cause, il n'est pas facile d'assurer une viabilité écologique dans les zones occupées par les réfugiés. À la périphérie de Brazzaville par exemple, les réfugiés rwandais

---

[25] Au 1er janvier 2002, le HCR a dénombré une population réfugiée dans la région des Grands Lacs ainsi répartie : 668 082 pour la République Unie de Tanzanie, 362 012 pour la Rép. Dém. du Congo, 110 724 pour la République du Congo, 34 267 pour le Rwanda, 27 896 pour le Burundi, 12 250 pour l'Angola et 281 766 pour la Zambie (Statistiques données dans la *Formation à la Gestion des Situations d'urgence*, Brazzaville, 2002).

hutus installés au camp de Kintele ont littéralement avalé la forêt environnante d'eucalyptus, attestant ainsi combien l'ampleur et la soudaineté des flux de réfugiés peuvent transformer rapidement une relative abondance de ressources naturelles en une pénurie aiguë (cf. *Opérations d'aide aux réfugiés et gestion de l'environnement : quelques leçons apprises*, HCR, Genève, 1998). Notons, à ce sujet, que le bois de feu reste la forme d'énergie domestique la plus communément utilisée tant par les réfugiés que par de nombreux ménages à travers le monde. Il en résulte que des mesures d'urgence susceptibles de protéger l'environnement peuvent être engagées sans délai. Des plans d'action d'urgence pour l'environnement doivent être élaborés dès que possible.

Outre les questions écologiques fondamentales, il y a celles liées à la logistique telles que : les frais d'urgences élevés, le manque d'équipement adéquat pour faciliter le travail de terrain, les critères de réponse, la multiplicité des sources de la demande de réponse à la crise, sans oublier l'action *ad hoc* qui consiste à monter des appels consolidés (CAP) pour l'assistance humanitaire, à prendre contact avec les donateurs, à établir un *Rapid Action Fund* pour financer des interventions d'urgence à but de démonstration après la phase d'évaluation des besoins. Il est donc nécessaire de choisir une stratégie efficace de mobilisation des ressources et des plaidoyers.

Si l'on prend le cas du Burundi, du Rwanda, de l'Ouganda, de la RDC et la République du Congo, on observe que la démilitarisation des camps, la réinsertion des enfants-soldats, la vulnérabilité des réfugiés (VIH/SIDA, femmes, vieilles personnes malades, enfants handicapés, minorités, chômeurs...) sont d'autres défis à relever dans les situations d'urgence qui les concernent chacun.

Les groupes vulnérables sont définis comme les groupes qui sont menacés d'exclusion sociale. Leur vulnérabilité peut être antérieure à la crise ou subséquente.

La réinsertion socio-économique des groupes vulnérables dans le contexte de crise des Grands Lacs est une gageure en raison de l'état désintégré des sociétés concernées, du marasme économique général qui y sévit. La nature et la caractéristique de la crise des Grands Lacs - conflits armés, catastrophes naturelles (Nyragongo), transitions politiques et sociales difficiles, crises économiques et financières - hypothèquent la réintégration socio-économique des groupes vulnérables. La courbe de vulnérabilité est en perpétuelle ascension. Le CAP 2000 pour la RDC retrace cette évolution par catégorie de population affectée.

| Catégorie de population | Nombre Nov. 1999 | Nombre Nov. 2000 | Différence affectée |
|---|---|---|---|
| Personnes déplacées | 830 000 | 1 800 000 | 970 000 |
| Réfugiés RDC dans les pays tiers | 190 000 | 310 000 | 120 000 |
| Réfugiés RDC | 270 000 | 327 000 | 57 000 |
| Enfants en circonstances particulièrement difficiles | 30 000 | 50 000 | 20 000 |
| **Total** | **1 320 000** | **2 487 000** | **1 167 000** |

Source : *CAP for the Democratic Republic of the Congo*, Janvier-décembre 2001, UN, novembre 2000.

L'environnement post-conflit, selon le rapport final du BIT, est caractérisé par une émergence de nouveaux groupes vulnérables, la détérioration des condition de travail, l'instabilité macro-économique, la prédominance de l'auto-emploi et d'un secteur informel précaire[26]. La réinsertion des ex-miliciens au Congo-Brazzaville était une expérience qui, si elle avait été conduite jusqu'au bout aurait peut- être éviter le regain de tension qui ensanglante encore la région du Pool depuis les incidents de Kinsoundi du 9 avril 2002 dans Brazzaville sud.

Il y a lieu d'indiquer que la réaction internationale aux besoins d'urgence humanitaire en RDC n'a jamais été à la hauteur des attentes des populations vulnérables. La réponse internationale au CAP (*Consolidated Appeals Process*) pour la RDC et pour les Grands Lacs en général a été moins généreuse et fort inadaptée. Cela a accru le ressentiment parmi les populations locales. Beaucoup se sont senties trahies par l'indifférence de la communauté internationale à leurs doléances, à leurs souffrances, alors qu'elles sont autant en danger, en péril que les Kosovars ou les Bosniaques ou les ressortissants du Timor oriental. Par exemple le CAP pour la RDC, période juillet-décembre 1999, indique une sévère sous-dotation ayant diminué la couverture et la qualité de l'assistance fournie aux populations et victimes de guerre. Le Congo voisin n'a guère eu plus de chance au regard de son CAP pour la même période. On le voit, l'effort d'urgence ou de reconstruction ne mobilise ni en promesses, ni en réalisations, ses différents partenaires. Le bilan de l'urgence humanitaire est pour le moins catastrophique. Son financement est à 95 % assuré par des

[26] BIT / IFP / CRISIS, *Programme focal sur la réponse aux crises et la reconstruction, Atelier sous-régional de renforcement des capacités en matière de réponse aux crises et la reconstruction*, Kribi/Cameroun, 23-26 avril 2001.

contributions internationales volontaires aujourd'hui en baisse tendancielle. On peut noter l'immense écart qui existe à ce sujet entre les aides destinées aux réfugiés des Balkans et ceux d'Afrique. De même la rhétorique de l'urgence devrait s'intéresser également aux facteurs déterminants dans la survenance des situations d'urgence en tant qu'elles trouvent leur source dans une déplorable performance des droits de l'homme, qui dénote pour les gouvernements, le refus ou l'incapacité de prendre soin correctement de leur propres citoyens. L'aide matérielle est bonne, mais les normes en matière des droits de l'homme aident également à définir les conditions de retour dans la sécurité, la dignité des réfugiés et des personnes déplacées dans leur pays ou lieu d'origine.

### 3.2. VISIBILITE ET REACTION D'URGENCE

Les situations d'urgence impliquant les réfugiés de divers conflits présentent beaucoup de similitudes tant au niveau des différentes phases des dispositifs d'intervention d'urgence, c'est-à-dire du " *continuum* d'une situation d'urgence " (alerte précoce, planification des dispositifs d'intervention, planification des opérations, mise en œuvre, solutions durables) qu' à celui de l'insécurité et des violences cruelles qui l'accompagnent et qui justifient les difficultés d'intervention humanitaire. Ainsi le rapprochement avec la crise des pays de la rivière Mano (Sierra Leone, Libéria, Guinée) montre que l'origine politique et idéologique des conflits est éclipsée par les problèmes identitaires et surtout lucratifs (exploitation des ressources naturelles ou économie de la guerre) avec les complicités internationales avouées ou inavouées comme dans les Grands Lacs[27]. On ne peut vraiment pas établir une dichotomie entre les deux situations. En général, les principes de protection des réfugiés en situation d'urgence sont partout les mêmes. Mais leur mise en pratique étant souvent difficile, il arrive que le traitement de ses situations puisse varier d'un conflit à un autre, d'une époque à une autre. Il est vrai qu'il y a beaucoup de similarité physique entre les situations des réfugiés à travers le monde, mais l'action humanitaire les concernant n'est toujours pas identique.

Autant les déplacements à grande échelle des réfugiés rwandais et ses désastres se sont affichés en temps réel sur les médias, autant certaines urgences et d'autres déplacements de personnes résultant de la crise des Grands Lacs ont fait l'objet d'un traitement sélectif, si ce n'est d'un silence tout court (Congo, Angola, etc.). Or les médias sont devenus un partenaire, un élément essentiel de l'action humanitaire. Il suffit de se référer aux situations humanitaires des

---

[27] Par exemple, les prises de position américaines favorables aux visées hégémoniques du Rwanda. Filip Reyntjens rapporte une déclaration d'Herman Cohen qui en dit long : " Le Rwanda dit que le Kivu doit être entre des mains amies et les seules mains amies sont tutsies " (*op. cit.*, p. 175-176).

Balkans pour s'en convaincre. Leur engagement ou leur indifférence à l'égard d'une situation d'urgence sont déterminants pour la réaction d'urgence.

La crise de la sous-région des Grands Lacs a déraciné plus de 4,5 millions de personnes déplacées internes en 1999, un chiffre bien au-dessus de ceux d'autres zones de conflits telles que la Fédération de Russie ou d'Asie, de loin plus peuplées, et où l'on dénombre quelque 5 millions de déplacés internes pour la même année (Afghanistan, Azerbaïdjan, Indonésie, Iraq, Myanmar, Sri Lanka). Et pourtant, on a assisté dans les Grands Lacs à un silence et à une passivité, à des tergiversations de la Communauté internationale, cautionnant la poursuite des hostilités et des exactions dont les populations civiles sont les principales victimes comme l'indique Pascal Lefort[28]. Mais y avait-t-il urgence ou non dans le cas des réfugiés des Grands Lacs ? À la lumière de la définition de la situation d'urgence il n'y a point d'ambiguïté a ce sujet ; alors, voici une situation d'urgence assez particulière bien diagnostiquée, mais devant laquelle on a fait la fine bouche. Le 29 octobre 1996, la Commissaire européenne aux affaires humanitaires Emma Bonino accuse la communauté internationale d'inaction face à une situation qu'elle décrit comme explosive (F. Reyntjens, p.90). " Si le Conseil de Sécurité ne bouge pas maintenant, je me pose bien la question quand il bougera " se demande la Commissaire européenne. Des voies comme celles de Messieurs Mandela et Bernard Kouchner s'étaient comme d'habitude faites entendre (*Le Monde*, 5 nov. 1996). Les résolutions 1078 de novembre 1996 et 1080 du Conseil de Sécurité témoignent de cette impuissance de la communauté internationale à réagir d'urgence à la situation des réfugiés et déplacés de la sous-région des Grands Lacs sans le feu vert de certaines puissances protectrices.

On se souvient en revanche des 950 000 tonnes de matériel d'urgence livrés à Sarajevo entre 1992 et 1995, par air et par route, à travers tout le pays et en pleine guerre bien qu'il faille tenir compte de la complexité de chaque terrain. Cette aide a bénéficié à 2,7 millions de personnes.

De même la création d'un " sanctuaire " pour les Kurdes au nord de l'Iraq qui aura l'appui de la Communauté internationale et le mérite de soulager rapidement les Kurdes iraqiens marque une différence de traitement dans les secours humanitaires. C'est à cette occasion d'ailleurs qu'est né le Bureau pour la Coordination des Affaires Humanitaires (OCHA), originairement Département des Affaires Humanitaires (DHA), Résolution 46/182 du 19 décembre1991/AG. L'OTAN dans la crise kosovar s'est inspirée de la solution appliquée aux Kurdes de l'Iraq. Ce qui particularise les opérations de secours

[28] Pascal Lefort, " Congo-Brazzaville : La population civile otage des milices ", in *Géopolitique de la faim*, Paris, PUF, 1999, p. 32.

humanitaires au Kosovo, c'est qu'elles revêtent un caractère politisé notamment avec la double intervention de l'OTAN, aussi bien militaire qu'humanitaire, qualifiée par Carole Dubrulle " d'intervention armée à but humanitaire "[29]. Les réfugiés des Grands Lacs dans l'ensemble n'ont pas bénéficié de la part de la Communauté internationale d'un pareil soutien. La spécificité de la crise des Grands Lacs est d'être une crise politique à lecture ethnique comme celle du Kosovo, mais qui n'a pas reçu de réponse humanitaire appropriée. Au-delà de ce traitement misérable, il faut retenir qu'en temps de guerre l'action humanitaire est forcément limitée, elle est en proie à des difficultés qui entravent son déploiement souhaité. Elle peut être finalement manipulée par les belligérants comme elle peut alimenter les économies de guerre. L'impuissance du HCR et de ses partenaires humanitaires, contraints d'affronter des problèmes politiques, suggère de réévaluer l'urgence humanitaire en l'étendant au développement humain des populations en situation post-conflit et si besoin est, être coordonnée avec un usage de la force comme au Kosovo ou en Bosnie s'il s'agit " d'arrêter un programme planifié et systématique d'élimination et d'expulsion des civils " (Kofi Annan, rapport de l'ONU sur Sebrenicia §502). Comme le souligne Jean-François Vidal, " les crises humanitaires n'existent pas ! Il n'y a que des crises politiques qui ont des conséquences humanitaires "[30]. Le HCR et les organisations humanitaires évoluent souvent dans un contexte violent et politisé qui pose des problèmes d'accès aux populations se trouvant dans le besoin. L'absence d'accès aux zones de conflits est un problème préoccupant de l'action humanitaire. Par exemple au Congo-Brazzaville, les déplacés de la région du Pool, pris en sandwich entre les milices gouvernementales et les milices des rebelles, ont été privés de toute assistance humanitaire entre décembre1998 et juin 1999, victimes dès lors d'un complot visant à les faire périr de faim et de maladie. Or les mesures destinées à venir en aide à ces personnes ressemblent pratiquement à celles que l'on destine aux réfugiés[31]. En effet, pour des raisons de sécurité, les organisations humanitaires internationales furent interdites d'intervenir à l'intérieur de la région du Pool. Pour des raisons du même ordre, l'accès aux zones de conflit dans la guerre du Kivu a été impossible. D'ailleurs l'ensemble du personnel international humanitaire et des agences de l'ONU avait été évacué, pour ne revenir timidement qu'en mars 1999.

Sur le plan nutritionnel, l'enquête lancée par Action contre la Faim à Lubumbashi indique 34,6 % de malnutrition chronique et 2,8 % de malnutrition aiguë chez les enfants de moins de cinq ans. À la frontière angolaise du Katanga

---

[29] Carole Dubrulle, " Humanitaire et justice pénale internationale : vers l'abandon de la neutralité et de l'impartialité ", in *ibid.*, p. 280.

[30] Jean-François Vidal, " Éviter une lecture ethnique ", in *ibid.*, p. 45.

[31] Voir *Manuel des situations d'urgence*, HCR-Genève, 2001, 2e éd., p. 23.

(RDC), 40 000 réfugiés angolais environ s'étaient retrouvés dans un état nutritionnel déplorable en 1999 (25 % de malnutrition aiguë globale dont 12,8 % sévère). Même chose pour le Burundi et le Rwanda. En Ouganda près de 100 000 personnes déplacées à Budibugyo sur la frontière congolaise sont bénéficiaires du programme nutritionnel d'Action Contre la Faim. V. Thorin relève bien cette disparité en matière d'assistance entre réfugiés dans l'espace. Si le HCR a dépensé 1,23 dollars par personne et par jour dans les camps de réfugiés au Kosovo, le réfugié africain n'a reçu, dans le même temps, que 11cents (Cf. Jeune Afrique n° 2005, 15-21 juin 1999, p.51-52). Du point de vue de la logistique, l'aide humanitaire dans le contexte de la crise des Grands Lacs s'est avérée difficile à mettre en œuvre ; la RDC ayant exigé qu'elle ne passe point par les pays impliqués dans le conflits d'agression (Burundi, Rwanda, Ouganda). Cette exigence allant à l'encontre de la rapidité et de l'efficacité de l'intervention n'a pas été satisfaite par les Nations Unies. En revanche, les Nations Unies ont conditionné leur retour, leur réinstallation et les secours humanitaires à la signature par les autorités rebelles et gouvernementales d'un document énonçant des principes à respecter, adaptés à la situation. Mais ne s'agit-il pas là d'une dégradation du droit international humanitaire s'interroge à juste titre Jean-François Vidal ? " Au-delà de la militarisation croissante du vocabulaire humanitaire ("*Rules of Engagement*" en RDC ou "*Strategic framework*" en Afghanistan et ailleurs), il se dessine une redéfinition du droit international humanitaire (Conventions et Protocoles de Genève, Conventions des réfugiés, Convention sur le Génocide, la Torture, etc.). Redéfinir et négocier , pour chaque conflit, des principes qui existent déjà et qui sont inscrits dans le droit ne fait-il pas courir un risque de réécriture *ad hoc* de ce *corpus* juridique, se demande-t-il ? Il convient de reconnaître qu'il y a un mouvement qui se dessine en droit international humanitaire dont on ignore encore s'il jouera en faveur du droit des victimes à être secourues et protégées et de l'action humanitaire ou en leur défaveur. L'intervention humanitaire soulagerait les populations prises en otage si, au sein du Conseil de Sécurité s'était manifestée une réaction intégrée c'est-à-dire une réaction conjuguant une intégration active des efforts civils et militaires, dans l'optique du rapport de la défense britannique qui considère qu'il est important de renforcer la communauté internationale lors des opérations humanitaires et de maintien de la paix en coordonnant les opérations militaires, humanitaires et politiques (point 53), au-delà des incohérences dont une telle combinaison peut être porteuse[32].

Il est intéressant de relever que les questions d'urgence exercent, progressivement, une influence sur la vie des institutions régionales africaines.

---

[32] Christopher Stokes, " De la logistique au leadership : l'intervention militaire dans l'espace humanitaire ", in *Militaires-Humanitaires : À chacun son rôle*, GRIP, éd. Complexe, 2002.

C'est ainsi que lors de la réunion des représentants permanents auprès de l'OUA et des experts sur l'Union Africaine tenue à Addis-Abeba du 14 au 21 février 2002, cette question a été inscrite à l'ordre du jour. En effet, l'article 13 du projet de règlement intérieur de l'Union, adopté le 21 février 2002, prévoit la tenue des sessions d'urgence dans des circonstances exceptionnelles telles que les catastrophes naturelles. Bien que les avis aient été partagés à ce sujet, les uns préférant insérer l'urgence dans les sessions extraordinaires, les autres arguant d'une session d'urgence autonome, on observe une évolution des mœurs en prenant conscience des situations d'urgence (catastrophes et humanitaires) dans la future Union Africaine. Il s'agit là d'une innovation car dorénavant l'organisation peut se pencher sur ces questions, soit en session extraordinaire soit en session d'urgence si celle-ci est entérinée par la Conférence de l'Union.

## CONCLUSION

Malgré l'existence d'informations de première alerte ou alerte précoce, étape importante dans la formation d'une capacité de gestion des situations d'urgence en matière de réfugiés, le HCR et ses partenaires n'ont pas souvent été en mesure d'agir en fonction d'elles. Les organisations humanitaires se sont trouvées malgré elles à la croisée d'un théâtre de cruauté inimaginable qu'elles ont été, à leur corps défendant, obligées de négocier avec des réfugiés armés pour protéger, autant que faire se peut, les populations civiles, ou accomplir tout bonnement leur mission. Le HCR en particulier a été fustigé et accusé d'avoir nourri des génocidaires. La question des réfugiés dans la sous-région des Grands Lacs devient un des éléments d'une coopération difficile entre les différents protagonistes. L'idée de la tenue d'une conférence internationale sur les Grands Lacs proposée par la France, si elle aboutissait, ne devrait pas faire des Grands lacs un Yalta ou un Berlin post-colonial. Des projets de société incompatibles avec l'histoire, la culture et la nature plurinationale des sociétés concernées peuvent aggraver les problèmes, plutôt que de les résoudre (*Monde diplomatique*, janvier 1999). Il convient de rechercher des initiatives certainement combinées qui pourraient constituer des réponses à des situations d'urgence et qui seraient susceptibles de conduire à une recomposition sociale et politique autres que celles auxquelles on est habitué. La crise des Grands Lacs est une crise structurelle et globale qui affecte tous les pans des sociétés qui composent cet ensemble. Il est vrai que pour des raisons stratégiques la Communauté internationale se refuse de se prononcer sur la reconstruction sociale et politique qu'elle se devait de soutenir ; de même sur la manière de la conduire et selon quel modèle, pour éviter qu'elle ne soit entachée de risque d'arbitraire. Comme l'écrit Gauthier de Villers, les situations d'urgence sont des situations durables affectant des catégories sociales larges et diversifiées, provoquées par une crise de type structurel plutôt que par une cause particulière[33]. Tenant compte de ce point de vue, le propos de Duffield selon lequel l'intervention d'urgence pose le problème de la manière d'intervenir sur les facteurs qui provoquent et entretiennent une crise globale à caractère systémique s'applique à la situation des Grands Lacs (M. Duffield, *Complex emergencies and the crisis of developmentalism*, cité par G. de Villers, *op. cit.*, p.229). En définitive l'urgence est une question de réponse. La réponse qui peut être apportée à une situation d'urgence touchant aux réfugiés doit viser la paix et le bien-être des bénéficiaires, donc être à long terme multidirectionnelle.

Les récentes évolutions de la situation politico-militaire entre la RDC et ses agresseurs augurent une lueur d'espoir pour des millions de populations. Il faut croire que les appels pressants des belligérants à la Communauté internationale seront entendus pour permettre l'exécution des engagements pris par les différents signataires d'accords de règlement de la crise des Grands Lacs.

L'aide d'urgence de la communauté internationale ne doit plus se focaliser sur la quantité mais plutôt combiner quantité et qualité, c'est-à-dire non seulement être performante, mais aussi adéquate. Cela signifie qu'elle devra accompagner le règlement global des conflits, sources des flux de réfugiés, dès lors qu'elle vise à sauver des vies humaines. Toute situation de réfugiés n'est pas *ipso facto* une situation d'urgence, mais avec plus de 50 millions de personnes dans le monde considérées en danger d'être persécutées pour des raisons politiques, leur situation se transforme rapidement en situation d'urgence.

## BIBLIOGRAPHIE


- ASSAN (K.), *La situation des réfugiés rwandais dans les pays des grands lacs,* PAC, Rapport de consultation, 1991.
- BETTATI (M.), " Théorie et réalité du droit d'ingérence humanitaire ", in *Géopolitique*, n° 68-2000.
- BIT / IFP / CRISIS, *Programme focal sur la réponse aux crises et la reconstruction, Atelier sous-régional de renforcement des capacités en matière de réponse aux crises et la reconstruction*, Kribi/Cameroun, 23-26 avril 2001.
- HCR, *Réfugiés dans le monde : cinquante ans d'action humanitaire*, Genève, 2000.
- HCR, *Principes directeurs sur la persécution sexo-spécifique,* HCR/GIP/02/01, mai 2002.
- HCR, *Lignes directrices sur la protection des femmes réfugiées*, Genève, 1991.
- HCR, *Violence sexuelle à l'encontre des femmes réfugiées : Principes directeurs concernant la prévention et* - HCR, *l'intervention,* Genève, 1995, en cours de révision.


[33] Gauthier de Villers, *loc. cit.*, p. 229.

- HCR, *Les enfants réfugiés : Principes directeurs concernant la protection et l'assistance*, Genève, 1994.
- HCR, *Manuel des situations d'urgence*, Genève, 2e éd., 2001.
- HUNTZINGER (J.), " Non-ingérence et droit des gens ", in *De la dégradation du droit des gens dans le monde contemporain*, Jean-Paul Charnay, dir., Paris, Anthropos, 1981.
- LEFORT (P.), " Congo-Brazzaville : La population civile otage des milices ", in *Géopolitique de la faim*, Paris, PUF, 1999.
- MANGALA MUNUMA (J.), " Le partage de la charge des réfugiés. Quand l'urgence s'impose ", in *Revue du droit des étrangers*, n° 113, janv.-fév.-mars 2001.
- REYNTJENS (F.), *La guerre des Grands Lacs*, Paris, L'Harmattan, 1999.
- *Rupture-Solidarité*, n° 2, Nouvelle série, Karthala, 2000.
- STOKES (CH.), " De la logistique au leadership : l'intervention militaire dans l'espace humanitaire ", in *Militaires-Humanitaires : A chacun son rôle*, GRIP, éd. Complexe, 2002.
- TSHIYEMBE (M.), " La crise des Grands Lacs et la paix durable en République Démocratique du Congo et au Congo Brazzaville ", in *Rupture-Solidarité*, n° 2, 2000.
- VALLEE (O.), " Economie politique de la reconstruction. Leçons de Bosnie et de Palestine pour le Congo ", in *Rupture-Solidarité*, n° 1, Karthala, 1999.
- VALLEE (O.), " Congo-Brazzaville, Angola : Camarades et Amigos ", in *Rupture-Solidarité*, n° 2, 2000.
- VILLERS (G. de), " Les crise chroniques et leurs causes : cas du Zaïre ", in *Conflits en Afrique, Analyse des crises et pistes pour une prévention*, GRIP, éd. Complexe, 1997.

# CHAPITRE 14.

# URGENCE ET DROITS FONDAMENTAUX AU LIBAN

Georges SAAD

## INTRODUCTION

Dans ce qui suit un petit voyage rapide, juridique, au pays du cèdre, guidé par la lampe des droits fondamentaux et dans une approche juridique francophone. Les stations visitées sont diverses : le travail, la laïcité, le rôle du juge libanais, l'impact du juge français et certains points concernant les libertés publiques et les droits individuels. De plus en plus le droit ne se contente plus de décrire mais de remédier " d'urgence " à certaines situations.

## 1. LE DROIT DU TRAVAIL

On sait que depuis le début de la guerre fratricide qui a ravagé le Liban (1975), ce pays n'est plus la Suisse du Proche-Orient. Un taux de chômage qui atteint 40 pour cent. Le Liban se vante d'avoir été l'un des initiateurs de la Déclaration universelle des droits de l'homme. Il a aussi ratifié les deux pactes internationaux : celui relatif aux droits civils et politiques, et celui relatif aux droits économiques, sociaux et culturels.

Le code du travail libanais a besoin depuis longtemps d'être amendé. Depuis la célèbre loi du travail (le code du travail libanais) du 23 septembre 1946, toujours en vigueur, l'article 7 éloigne expressément certaines catégories de travailleurs du bénéfice des dispositions du nouveau code, tels les domestiques travaillant dans les domiciles des particuliers, ainsi que les salariés temporaires et journaliers auxquels ne s'applique pas le statut des fonctionnaires et qui travaillent dans les services gouvernementaux et municipaux. Ces catégories de travailleurs attendent toujours la réalisation de la promesse émise dans ce code du travail : leur élaborer un statut spécial. Cette situation est bien évidemment l'occasion d'une forte exploitation. Et quand bien même des dispositions existent, elles sont loin d'être respectées : presque la moitié des employeurs au Liban ne déclare pas leurs salariés, malgré l'article 9 du code du travail qui stipule que " toute personne physique ou morale qui emploie un nombre quelconque de salariés doit en faire la déclaration au service des Affaires Sociales... ".

Ainsi ces travailleurs ne sont pas affiliés à la sécurité sociale et sont privés de toute allocation. Au ministère du travail l'on évoque le manque du nombre d'inspecteurs ! On comprend la suite : une fois licenciés, même abusivement, ces travailleurs ne disposant pas d'un contrat de travail, partiront sans indemnité de fin de service.

Sur le plan juridique il est étonnant de constater que le code du travail libanais ne contient pas une définition du contrat de travail. Le juge prud'homal empruntera cette définition à l'article 624 du code des contrats et des obligations libanais (code civil).

### 1.1. DES PROPOSITIONS D'AMENDEMENT

Les propositions d'amendement ne manquent pas. Non seulement de la part d'éminents juristes, des syndicats, mais aussi de la part du ministère du travail lui-même, conscient de la nécessité d'un changement radical des dispositions relatives au travail. L'ordre juridique libanais adopte le principe du consensualisme juridique et donc n'impose pas des formes solennelles particulières en matière de contrats. Un contrat de travail peut ainsi être écrit ou verbal. Il vaudrait mieux que le nouvel amendement impose l'écrit. D'autant que les contrats à durée déterminée ne sont pas soumis aux règles relatives au préavis et au licenciement. L'employeur peut s'appuyer sur cette notion pour licencier sans risque, étant donné qu'il est très difficile de prouver l'existence d'un contrat à durée indéterminée.

Cela nous amène, au regard des droits fondamentaux de l'homme, à poser une question plus générale, plus politique : peut-on dans les pays en voie de développement appliquer le principe du consensualisme juridique ? Ici est posé, dans toute son ampleur, le problème de la réception du droit continental (français en particulier) dans des sociétés n'ayant pas le même contexte, les mêmes expériences... Dans des sociétés où il est habituel de donner un coup de main au voisin, le salarié peut difficilement prouver qu'il s'agissait bien d'un contrat de travail et le juge peine à le croire. Ainsi le principe " français " du consensualisme est bien reçu mais mal appliqué, de même que beaucoup de notions juridiques[1].

---

[1] Cf. notre étude " La réception des droits de l'homme en droit administratif libanais ", in *Revue Awraq jamyya*, éd. Ligue des professeurs de l'université libanaise, n° 22, 2001, p. 91.

### 1.2. LE LICENCIEMENT

En matière de licenciement, le droit et le social s'entremêlent inextricablement. Le texte de l'article 50 sur le licenciement est déjà timide[2]: "...l'indemnité fixée par jugement ne sera pas inférieure au montant du salaire de deux mois ni supérieure au montant du salaire de douze mois.. ". La situation est d'autant plus difficile que les allocations de chômage n'ont pas droit de cité au pays du cèdre. Au sujet de la liberté syndicale, le parlement libanais n'a pas encore ratifié la convention n° 87 de l'Organisation internationale du travail relative à la liberté syndicale et à la protection du droit syndical (1948), qui prévoit dans son deuxième article que les travailleurs et les employeurs, sans distinction d'aucune sorte, ont le droit, sans autorisation préalable, de constituer des organisations de leur choix...

Pour le droit libanais " aucun syndicat d'employeurs ou de salariés ne peut se constituer avant d'obtenir une autorisation du Ministre du Travail (article 86 du code du travail). Ce qui au Liban, pays fait de communautés religieuses et politiques, d'appartenances tribales et familiales, où le rapport État-citoyen a du mal à s'imposer, veut beaucoup dire.

### 1.3. LES DOMESTIQUES

Le Liban regorge de ces travailleurs et surtout travailleuses pas comme les autres. Des Sri Lankaises, des Ethiopiennes, des Mauriciennes, des Philippines... Pour faire court il faudrait commencer par le fait que ces travailleuses ne sont pas soumises au code du travail comme nous l'avons déjà dit. Il n'existe pas de textes qui régissent leur situation. En principe dans le cas d'un vide textuel, on sait que la jurisprudence applique l'esprit des lois en vigueur. Donc il faudrait appliquer l'essence du code du travail libanais (horaires de travail, congés payés, repos, salaire minimum vital). Or ces " travailleuses" travaillent sans horaires. Passeport confisqué pour deux ans au mépris des lois libanaises et en tous cas au mépris du principe du respect de la dignité de la personne humaine (Arrêts Morsang-sur-Orge et " ville d'Aix-en-Provence " rendus par l'Assemblée du Conseil d'État français le 27 octobre 1995). Sans aucun doute l'on peut parler d'entrave à la liberté individuelle et d'emprisonnement illégitime.

On a relevé beaucoup de cas de domestiques mal traitées... D'autres fuient dans la prostitution. Si elles sont nombreuses au Liban, c'est parce que, avec un peu d'effort le Libanais de la classe moyenne, peut en avoir une (100 dollars par mois), surtout parmi celles qui ont fui leur employeur d'origine.

---

[2] Il l'était encore plus avant son amendement intervenu en 1975.

Mais elles n'ont pas toutes le même prix : le plus simplement du monde, un employé de ces " bureaux d'emploi d'étrangers " vous disent " je vous donne la Sri Lankaise à 100 dollars par mois ". L'Éthiopienne (qui parle français) à 120 dollars. Le comble : une pancarte publicitaire affichant : " Domestiques Sri Lankaises, avec garantie contre la fuite ".

### 1.4. AUTRES POINTS PROBLEMATIQUES

En droit libanais la notion de grève est absente. Il est seulement question, depuis 1964 (loi sur les conventions collectives), de suspension légitime de travail, durant la période de quinze jours qui sépare la fin de la procédure de conciliation et le début de l'arbitrage (article 63 de la loi sur les conventions collectives, la conciliation et l'arbitrage). En l'absence de dispositions claires réglementant le droit de grève, le sort des salariés reste à la merci de l'appartenance idéologique du juge qui, influencé par le juge et la législation françaises, adopte parfois des positions fort reconnaissantes du droit de grève : voir par exemple arrêt " Bahif Haidar ", du tribunal prud'homal libanais, du 16 février 1968, rendu par le juge Mohamad Chakhabi.

Les conditions de travail pèsent lourdement sur les femmes, à l'embauche, dans l'avancement, dans les attitudes sexistes, etc. Là aussi, alors que le Liban a signé la convention 111 de l'OIT sur la non-discrimination dans l'emploi, les textes d'application font toujours défaut. Le vide juridique, ou ce qui risque d'être interprété comme un vide juridique, est défavorable aux femmes.

Sur la question de la prévention des accidents du travail, un décret de 1951 prévoit certaines dispositions relatives à la prévention et à la protection du travail. Le problème se pose de plus en plus, tant sont nombreux les accidents du travail sur les chantiers libanais. Cependant les dispositions légales sont trop générales pour permettre une véritable protection. Elles sont ainsi facilement contournables. Il est vrai que le texte stipule que les établissements doivent " être tenus dans un état constant de propreté et présenter les conditions d'hygiène et de commodité nécessaires au personnel ". Le législateur libanais savait le caractère général du texte, c'est pourquoi il ajouta à cet article 62 du code du travail "que des décrets pris en conseil des ministres détermineront: les mesures de protection et de salubrité applicables à tous les établissements " ; c'est cela qui n'a pas encore été fait. Tant que les textes ne déterminent pas dans le détail, et pour chaque branche, les conditions de prévention et de salubrité des établissements, les grands et seuls perdants sont les travailleurs.

La loi, d'autre part, ne prévoit que les dommages qui peuvent naître durant le travail ; elle ne prévoit pas ceux qui peuvent survenir plus tard, causés par le travail. Malgré la modestie et l'ambiguïté du texte, celui-ci n'est pas correctement appliqué. Les fonctionnaires du ministère du travail eux-mêmes assurent l'impossibilité d'effectuer les contrôles nécessaires pour plusieurs raisons, dont la plus importante est la pauvreté du nombre d'inspecteurs engagés au ministère.

Une déclaration de l'OIT concernant les principes et droits fondamentaux du travail a été adoptée par la Conférence internationale du travail, le 18 juin 1998. Cette Déclaration rappelle aux États membres de l'OIT, qu'en y adhérant, ils ont accepté de leur plein gré les principes et les droits figurant dans la constitution de l'OIT et la Déclaration de Philadelphie. On ne peut pas éternellement faire le tri entre les conventions en prenant seulement celles qu'on veut bien appliquer...

La crise économique (et politique) du pays aux yeux du pouvoir politique, ne saurait supporter une bonne application des normes internationales – et même internes – de travail. Il faut au contraire encourager les investisseurs à venir au Liban. Mondialisation oblige. Exigence du FMI. Mais aussi dans une certaine mesure la conférence Paris-2 (pour aider le Liban) qui s'est tenue au mois de novembre 2002. Pour cela les patrons libanais et autres proposent l'abandon pur et simple de la notion même de licenciement abusif[3].

## 2. LA LAÏCITÉ EN DROIT LIBANAIS

Comme on le sait, le Liban est un pays fait de communautés religieuses : à la différence des pays européens, qui ont évolué vers une plus grande laïcité de l'État et de la société civile, le Liban reste marqué par la question spirituelle qui domine l'ensemble des rapports sociaux et politiques. Tout Libanais appartient d'abord à une communauté religieuse et il en a juridiquement besoin pour se marier, divorcer ou même " mourir ". Ceux qui veulent se marier civilement (il y en a de plus en plus) vont tout près de là, à Chypre. Et d'ailleurs la loi libanaise, paradoxalement, admet les effets du mariage civil au Liban. Très brièvement voici les communautés légalement reconnues au Liban[4].

Les communautés chrétiennes rattachées à Rome : la communauté maronite (qui tire son nom d'un anachorète du IX$^{e}$ siècle, Maron, vivant dans le

---

[3] L'approche des règles juridiques relatives au droit du travail varient selon les pays. Cependant que ce soit au Liban ou en France, une nouvelle approche des relations du travail devient nécessaire : voir les travaux d'Antoine Jeammaud, par exemple sur " la restructuration du capital défaillant... ", in *Droit des faillites et restructuration du capital*, Collection critique du droit, Presses universitaires de Grenoble, 1982, p. 101.

[4] Cf. une excellente brochure publiée par la Commission des lois du Sénat français, *Quel avenir pour le Liban ?*, 1996.

Nord de la Syrie), la communauté grecque catholique, la communauté arménienne catholique, la communauté syrienne catholique, la communauté chaldéenne, la communauté latine.

Les communautés non rattachées à Rome : la communauté grecque orthodoxe, la communauté syrienne orthodoxe, la communauté arménienne géorgienne, la communauté nestorienne, la communauté évangélique.

Les communautés musulmanes : la communauté sunnite, la communauté chiite, la communauté druze. Il y a aussi la communauté israélite, la communauté copte.

A côté de ces communautés organisées par des lois et décrets, il existe encore deux autres communautés officiellement reconnues mais non organisées en raison de leur faible importance numérique: les Ismaéliens et les Alaouites.

Notre article 9 de la Constitution libanaise garantit aux populations, à quelque rite qu'elles appartiennent, le respect de leur statut personnel et de leurs intérêts religieux. De même l'article 10 prohibe toute atteinte au droit des communautés d'avoir leurs écoles, sous réserve des prescriptions générales sur l'instruction publique édictées par l'État. Enfin, les chefs des communautés confessionnelles peuvent saisir directement le Conseil constitutionnel sur toute question concernant le statut personnel, la liberté de croyance, la liberté de culte et la liberté de l'enseignement religieux. Chaque communauté a ses propres tribunaux religieux : premier ressort, appel…

Ainsi donc le Liban est un pays fait de communautés religieuses. Toutefois de plus en plus des réclamations se font jour pour adopter le mariage civil optionnel mais en vain. Un paradoxe : tout au Liban dénote un esprit laïque : large ouverture aux modes occidentaux, liberté d'expression, mariages mixtes, liberté des mœurs, etc. Malgré cela, dès qu'on évoque la nécessité d'établir, non pas le mariage civil comme régime obligatoire de droit commun, mais au moins le mariage civil optionnel, des voix s'élèvent, de la part des religieux (musulmans mais aussi chrétiens) pour conjurer cette horrible chose. Pour comprendre il faudrait les vertus d'une analyse froide : l'environnement arabo-musulman, qui est loin d'être laïque, entourant le tout petit Liban apporte une peur bleue aux chrétiens libanais qui trouvent dans la religion la seule arme qui consolide la communauté chrétienne face à la crainte d'une absorption par les musulmans[5] en un temps où le fanatisme musulman monte. C'est pourquoi les chrétiens proposent soit la laïcité totale, soit rien du tout. Les solutions

[5] Cette crainte est sans doute amplifiée. Mais il y a de quoi la justifier, dans une certaine mesure : toutes les constitutions des pays arabes se réfèrent juridiquement à l'islam. Le pire est en train de se produire : même la nouvelle constitution palestinienne à l'étude fera apparemment figurer l'islam comme religion d'Etat.

intermédiaires leur font peur. Cette légitime position étant en même temps un bon prétexte[6].

Au niveau du statut des femmes celles-ci souffrent énormément de l'emprise juridique sur toile de fond religieuse : supériorité des hommes sur les femmes. Soit le divorce est interdit (côté chrétien) soit il est trop injustement permis (côté musulman) !

## 3. LES LIBERTES PUBLIQUES ET LES DROITS INDIVIDUELS

La Constitution libanaise contient des règles fondamentales philosophiques, sociales et politiques au sein de ses articles ou bien dans le préambule (articles 7 à 13 de la constitution libanaise par exemple)[7]. Le juge peut y puiser de nombreuses règles en cas d'absence ou d'ambiguïté de texte.

---

[6] Mais jusqu'où devons-nous aller dans la protection des minorités ? Comment éviter les excès ? François Vallançon pose la question de l'ouverture aux autres (cf. l'ouvrage collectif *Minorités, culture et droits fondamentaux*, textes recueillis et présentés par Henri Pallard, Stamatios Tzitzis, Paris, L'Harmattan, 2001). Au Liban cette question est urgente par excellence parce que justement elle n'est pas posée en termes d'ouverture aux autres, mais en termes de fondation de nouveaux principes fondamentaux reconnus constitutionnellement dans tous les pays arabes et musulmans. Le mal confessionnel subsistera-t-il au Liban tant que le mal institutionnel existe dans les constitutions des pays arabes et musulmans ?

[7] Article 7 : " Tous les Libanais sont égaux devant la loi. Ils jouissent également des droits civils et politiques et sont également assujettis aux charges et devoirs publics, sans distinction aucune. "
Article 8 : " La liberté individuelle est garantie et protégée. Nul ne peut être arrêté ou détenu que suivant les dispositions de la loi. Aucune infraction et aucune peine ne peuvent être établies que par la loi. "
Article 9 : " La liberté de conscience est absolue. En rendant hommage au Très-Haut, l'Etat respecte toutes les confessions et en garantit et protège le libre exercice, à condition qu'il ne soit pas porté atteinte à l'ordre public. Il garantit également aux populations, à quelque rite qu'elles appartiennent, le respect de leur statut personnel et de leurs intérêts religieux. "
Article 10 : " L'enseignement est libre en tant qu'il n'est pas contraire à l'ordre public et aux bonnes mœurs et qu'il ne touche pas à la dignité des confessions. Il ne sera porté aucune atteinte aux droits des communautés d'avoir leurs écoles, sous réserve des prescriptions générales sur l'instruction publique édictées par l'État. "
Article 12 : " Tous les citoyens libanais sont également admissibles à tous les emplois publics sans autre motif de préférence que leur mérite et leur compétence et suivant les conditions fixées par la loi. Un statut spécial régira les fonctionnaires de l'État suivant les administrations auxquelles ils appartiennent. "
Article 13 : " La liberté d'exprimer sa pensée par la parole ou par la plume, la liberté de presse, la liberté de réunion et la liberté d'association sont également garanties dans les limites fixées par la loi. "

Le jeune Conseil constitutionnel libanais[8] a suivi le juge français en déclarant dans deux décisions 1/97 et 2/97[9] de 1997 que “ les principes figurant dans le préambule de la constitution[10] font partie intégrante de la constitution et jouissent de la même valeur constitutionnelle que celle des autres dispositions de la constitution ”. En droit et en fait un minimum de libertés publiques et de droits individuels est assuré heureusement au pays du cèdre. Il reste le pays des libertés, en comparaison avec les pays arabes et islamiques. Toutefois le contexte politique et régional amorce une nouvelle orientation malheureuse pour certains droits fondamentaux tels que la liberté d’expression : au mois de septembre le tribunal libanais chargé des affaires relatives à la presse a pris la décision de fermer la station de télévision MTV. Décision oppressive, voire illégale dans son interprétation extensive de l’article 68 de la loi sur les élections législatives et le respect des conditions de publicité. D’aucuns diront que la décision est politique. Très politique même, ainsi que celle du conseil constitutionnel libanais du 4/11/2002 qui a invalidé l’élection de monsieur Gabriel el Murr (34000 voix) pour déclarer la réussite d’un autre candidat, Ghassan Moukheiber (1700 voix), sous le prétexte d’éviter d’organiser des élections partielles, le contexte de tensions ne le permettant pas (décision du conseil constitutionnel libanais du 4/11/2002). Catastrophe juridique et jurisprudentielle[11]. On sait que le juge libanais qui emprunte tout au juge français fait un tri à la libanaise sur le plan de l’adoption des notions mais il a toujours fait des efforts, pour ne pas dire pris carrément des décisions “ révolutionnaires ” dans des questions relatives à la liberté d’expression, à la responsabilité de l’État, à l’égalité devant les services publics, à la reconnaissance de la valeur constitutionnelle du préambule de la constitution (conseil constitutionnel libanais)... Ces nouvelles décisions juridictionnelles récentes viennent à contre-courant. Quoi faire ? N’est-ce pas un problème d’*Ethika* et de morale[12]. Peut-on pour sauvegarder les droits fondamentaux visiter d’urgence les dossiers, mettre le nez dans les relations personnelles des juges, instituer une sorte de croix-rouge juridique[13], une sorte d’appel à une

---

[8] Voir l’article de Denise Gebara Khoury, “ Conseil constitutionnel et Conseil d’Etat, garants d’un Etat de droit au Liban à l’instar de la France ”, in *Majallat al qada al idari fi loubnan*, 1992-1993, p. 23. Il s’agit d’un petit article dans lequel l’auteur, conseiller au Conseil d’Etat libanais, conseille vivement de suivre l’exemple français.

[9] *Le Conseil constitutionnel*, 1997-2000, Publications du Conseil constitutionnel libanais, Beyrouth, p. 375 s.

[10] Donc 7 ans après l’incorporation du préambule dans la constitution libanaise.

[11] Cf. le résumé de notre note sur cette décision, in *Al nahar*, 10 janvier 2003.

[12] Avec nostalgie dépressive on relirait bien l’*Éthique à Nicomaque*.

[13] Monsieur Nasri Lahoud, ex-président du Conseil supérieur de la magistrature, se demande, la veille de sa retraite, comment nombre de magistrats bâtissent des châteaux... Mieux vaut tard que jamais !

ingérence ou " contre-ingérence " obligatoire, de la francophonie juridique dans les affaires de notre pays.

La France a contesté la fermeture de la MTV : non à l'ingérence ont crié certaines voix, les mêmes qui veulent bien d'un Paris-2 et 3 et 4 pour aider le Liban...

## 4. LE ROLE DU JUGE LIBANAIS

Le juge libanais peut-il faire quelque chose pour tout ce qui concerne la violation des droits fondamentaux ? En effet, le préambule de la constitution libanaise amendée en 1990 conformément aux accords de Taëf prévoit dans son alinéa "b" que le Liban est membre de l'ONU et s'engage à "respecter ses conventions et la Déclaration universelle de droits de l'homme, dont l'État libanais incarne les principes dans tous les domaines sans exception ". De plus l'article 2 du code de procédure libanais garantit la primauté des conventions internationales sur les lois internes, ce qui permettrait éventuellement au juge libanais de faire appel à ces conventions pour leur accorder la primauté sur les lois internes. Mais le juge libanais, pourtant très attaché au droit français et à sa jurisprudence, n'a pas encore donné droit de cité à cette primauté comme c'est le cas en France, quoique depuis peu de temps seulement (arrêt Jacques Vabre[14] de la Cour de cassation et Nicolo[15] du Conseil d'État). Ainsi le juge libanais grâce à ce préambule et à certaines décisions de notre conseil constitutionnel ayant accordé force constitutionnelle aux dispositions du préambule peut jouer un rôle primordial pour changer les choses devant l'absence de textes ou devant des textes ambigus. Grâce aussi à l'influence exercée par le juge français qui a fait de grands pas dans ce sens.

Quoi faire donc ? Un droit français qui a ses problèmes. Et de graves parfois... Preuve en est la jurisprudence de la Cour Européenne des droits de l'homme qui condamne la France régulièrement. Et un droit libanais, un juge libanais, très francophone, qui agit en faisant un tri entre les règles transposables et non transposables, les bonnes et les mauvaises, mais qui ne rate pas la moindre occasion pour vanter son adoption du système juridique français, son amour pour le juge français, juge idéal, pour la France, toujours un peu *la mère tendre* (*al Oum al Hanoun*)...

Cependant le rôle du juge libanais apparaît parfois trouble ; il y a comme une trahison quelque part : on fait regorger les décisions

[14] Administration des Douanes contre Société Jacques Vabre, Cour de Cassation, Ch. Mixte, 24 mai 1975.

[15] Conseil d'Etat, 20 octobre 1989.

juridictionnelles de passages en français mais parfois pour dire le contraire de ce qu'aurait fait le juge français, de ce qu'a fait le juge français, dans l'affaire " Zukarelli " par exemple, jugée par le Conseil constitutionnel français, alors même que le juge libanais croit renforcer sa position en s'y référant... Doit-on appeler à une ingérence juridique de la France ? Est-ce la faute de la France d'avoir exporté un système juridique continental dans des pays en omettant d'interdire des emprunts trop partiels, en pièces détachées.

À vrai dire la situation n'est pas aussi catastrophique. Le juge libanais a encore de la ressource. Reconnaissons que l'influence du droit français, de la jurisprudence française ne sent pas toujours la trahison. Le juge libanais, le juge administratif libanais pointe de temps en temps sa fidélité au juge français et de manière étonnante: il l'a fait dans les décisions où il sanctionne l'administration pour avoir pris des sanctions déguisées (Conseil d'État, *Mohammed Obeid*, 7 mai 2002) ; il l'a fait aussi dans *Elias Ghosn* (Conseil d'État, 25 octobre 2001) où il privilégie l'esprit d'une décision du conseil constitutionnel sur une loi pourtant fort claire et précise...

Tout ce qui est production de droit en France, le juge libanais se l'approprie le plus simplement de monde, à tel point que je proposerais de faire figurer le droit français comme faisant partie intégrante de la hiérarchie des normes kelsennienne en droit libanais à côté de la loi, des textes réglementaires, de la doctrine en général... Mais problème il y a lorsque certaines décisions relatives à des droits fondamentaux tels que la liberté d'expression, la bonne représentation législative, voire le respect de la dignité de la personne humaine sont ressenties comme une trahison du droit français, de l'esprit libéral français[16], de ce minimum effectif de droits fondamentaux en France... La notion " minimum " étant ici très relative...

**BIBLIOGRAPHIE**

- ARISTOTE, *Ethique à Nicomaque*.
- Commission des lois du Sénat français, *Quel avenir pour le Liban ?*, 1996.
- *Le Conseil constitutionnel*, 1997-2000, Publications du Conseil constitutionnel libanais, Beyrouth.
- GEBARA KHOURY (D.), " Conseil constitutionnel et Conseil d'Etat, garants d'un Etat de droit au Liban à l'instar de la France ", in *Majallat al qada al idari fi loubnan*, 1992-1993.
- JEAMMAUD (A.), *Droit des faillites et restructuration du capital*, Collection critique du droit, Presses universitaires de Grenoble, 1982.
- PALLARD (H.), TZITZIS (S.), dir., *Minorités, culture et droits fondamentaux*, Paris, L'Harmattan, 2001.

[16] Surtout pour ceux qui étudient et enseignent le droit français, qui travaillent dans le droit, qui naviguent sans arrêt entre les arrêts français et libanais.

- SAAD (G.), Résumé note sur décision du Cons. Constit. libanais du 04/11/2002 invalidant l'élection de G. el Murr, in *Al Nahar* du 10/01/2003.
- SAAD (G.), " La réception des droits de l'homme en droit administratif libanais ", in *Revue Awraq jamyya*, éd. Ligue des professeurs de l'université libanaise, n° 22, 2001.

# CHAPITRE 15.

# LE STATUT DES RÉFUGIÉS PALESTINIENS : ENTRE SITUATION D'URGENCE ET DROITS FONDAMENTAUX

Nourredine SAADI

À Samira H.

" Il n'est jamais trop tard pour
réagir contre les injustices de l'histoire ".

## INTRODUCTION

Aussi insoutenable qu'intenable soit-elle, la situation des Palestiniens chassés de leur sol depuis 1946, expulsés en masse de leur terre en 1948 lors de la création de l'État d'Israël[1] et dont les vagues d'exode se poursuivent encore[2], constitue l'une des questions les plus complexes, les plus injustes et les plus douloureuses du statut des réfugiés et personnes déplacées[3] dans le monde.

Le problème est certes multidimensionnel et il ne trouvera de résolution définitive que dans une solution politique internationale de la question

[1] Il serait aussi vain qu'inutile de revenir sur la polémique historique s'agissant des causes de cet exode. On sait que le gouvernement israélien considère en toute mauvaise foi, contredite par les faits historiques, qu'il s'agit d' " un départ volontaire ". A. Kapeliouk écrivain israélien a démontré cette thèse en rapportant par des faits, documents et témoignages qu'il s'est agi d'une entreprise volontaire de " terrification " des Palestiniens pour les chasser de leurs terres. D'ailleurs Mose Sharit, chef de la section politique de l'Agence juive, rapporte l'appel sans équivoque lancé par Ben Gourion en 1948 à son armée : " vous devez frapper violemment pour détruire les villes et les bourgades et faire partir les Palestiniens pour ouvrir la voie à notre peuple afin qu'il puisse les remplacer ". La même politique est encore appliquée par le gouvernement Sharon.

[2] Le mouvement d'exode n'a jamais cessé. Depuis le début de la seconde Intifada (septembre 2000) il s'est de nouveau accéléré. Cf. *Machrek-Maghreb*, n° 176, 2003, p. 75-92.

[3] On estime que depuis la seconde guerre mondiale 100 millions de personnes ont subi ces déplacements forcés dans le monde.

palestinienne et du conflit israélo-arabe car il en constitue aujourd'hui, avec la reconnaissance d'un État palestinien indépendant, l'un des enjeux majeurs.

Les développements qui suivent n'ambitionnent pas d'arpenter cette épineuse question. Ils porteront plus essentiellement sur l'état actuel au regard des droits fondamentaux des réfugiés en situation d'urgence. Circonstanciés et circonscrits dans cette étude globale du réseau de l'AUPELF sur " les situations d'urgence et les droits fondamentaux ", ils s'inscrivent donc dans une perspective de droit international humanitaire, démarche certes juridique mais qui ne peut s'éclairer que par l'examen des différentes stratégies en œuvre et des enjeux qui les déterminent.

L'application des concepts de " réfugié " et d' " urgence " à la situation des Palestiniens implique une réflexion particulière eu égard à sa singularité. Comme le souligne A. de Raulin coordinateur de l'étude : " l'urgence est aussi un concept évolutif, flexible et actuel (...). Celle-ci peut être considérée comme un état durable et structurel "[4]. S'agissant d'une situation qui perdure depuis 1946 la notion usuelle d' " urgence " utilisée dans les crises par le droit international a acquis une dimension structurelle pour les Palestiniens comme l'attestent les très nombreuses résolutions de l'ONU et des organisations du droit international humanitaire. Rappelons également que la notion de " réfugié " définie par la Convention de Genève du 21 juillet 1951 ne s'applique pas aux Palestiniens dont le statut découle antérieurement de la Résolution 194 (III) de l'Assemblée générale des Nations-Unies en date du 11 décembre 1948, des Résolutions 302 (IV) du décembre 1949 à l'origine de l'UNRWA et de la Résolution 242 du Conseil de sécurité (suivies de très nombreuses impliquant l'ensemble des organisations des Nations-Unies). La définition *sui generis* : " toute personne dont le lieu de résidence se trouvait en Palestine entre le 1er juin 1946 et le 15 mai 1948 " est à inscrire dans l'affirmation du droit historique des peuples à disposer d'eux-mêmes, fondement du droit international onusien. Il explique donc ce critère envisagé pour souligner le caractère provisoire et temporaire de la situation. On estime actuellement les réfugiés palestiniens selon une définition matérielle de " personnes déplacées de façon contrainte hors de leur pays " à une population de plus de 3 millions et demi installés de façon précaire pour la plupart en Syrie, Jordanie, Cisjordanie et Gaza, Égypte, Liban ainsi que dans les autres États arabes.

À cela s'ajoute une diaspora accueillie aux USA, en Europe ou fragmentée à travers le monde. Or l'absence de définition adéquate de toutes ces conditions de " réfugié palestinien " ainsi que la quasi-inexistence d'un véritable corpus juridique de protection relatif aux réfugiés dans les États arabes

---

[4] Arnaud de Raulin, " Gouvernance et urgence ", communication à la rencontre internationale sur le thème " Situation d'urgence et droits fondamentaux " à Kos (Grèce), 5-8 mai 2003 : cf. l'article de cet auteur dans ce volume.

les soumettent à une grande précarité et à une " vulnérabilité "[5] qui relève des situations d'urgence (1). Le contexte du Liban qui sera particulièrement analysé ici sur la base d'une enquête de terrain[6], corroborant les nombreux travaux qui y sont consacrés, est illustratif du caractère dramatique de leur condition (2).

## 1. *AL NAKBAH* : STATUT JURIDIQUE ET CONDITION DE REFUGIE

La genèse et l'histoire constitutive de l'exode forcé des Palestiniens est explicative de leur condition particulière au regard du droit international. Elle est singulière dans l'histoire des déplacements forcés de populations et fait de cette communauté la plus ancienne et la plus importante numériquement dans le monde. Mais elle est également remarquable pour la marginalisation juridique par rapport à l'évolution du droit humanitaire sur cette question. On peut en saisir la spécificité en comparant la définition de " réfugié " appliquée universellement à tous les peuples du monde à celle des " réfugiés palestiniens ".

La définition de " réfugiés de Palestine " dans le mandat de l'UNRWA est aussi bien restrictive eu égard à l'acception de la notion par le droit international que vis-à-vis de la réalité du problème de ces réfugiés. Rappelons en effet qu'elle découle des travaux de la Commission de conciliation des Nations Unies pour la Palestine (UNCCP) ayant pour mission de régler en 1948 la question palestinienne. L'année suivante fut créé un office de secours et de travaux des Nations Unies pour les réfugiés de Palestine dans le Proche-Orient. Cette agence des Nations-Unies, l'UNRWA, va qualifier de réfugié " toute personne qui a sa résidence normale en Palestine du 1er juin 1946 au 15 mai 1948 et qui, en raison du conflit de 1948 a perdu à la fois son foyer et ses moyens d'existence ". Elle découle de la Résolution 194 adoptée en 1948 qui prévoit deux solutions définitives : le retour et l'indemnisation. Or peu de temps après les rédacteurs de la Convention de Genève relative au statut des réfugiés, votée le 28 juillet 1951, adoptèrent un statut international bien différent de celui appliqué aux Palestiniens car il englobe un concept plus étendu.

> Ainsi " le terme *réfugié* s'applique à toute personne qui, par la suite d'événements survenus avant le 1er janvier 1951 et craignant avec raison d'être

[5] On relèvera avec intérêt la réflexion (au colloque de Kos) de Monsieur Byarne Melkevik de l'Université de Laval (Québec) sur le rapport entre le concept de " vunérabilité " et la définition de la situation d'urgence. Cf. : l'article de cet auteur dans ce volume.

[6] Enquête sur la base d'une importante bibliographie documentaire complétée par des entretiens avec des observateurs et des acteurs lors d'un séjour de Mission à Beyrouth en septembre 2003.

persécutée du fait de sa race, de sa religion, de sa nationalité, de son appartenance à un certain groupe social ou de ses opinions politiques se trouve hors du pays dont elle a la nationalité et qui ne peut ou, en raison de ladite crainte, ne veut se réclamer de la protection de ce pays ; ou qui, si elle n'a pas de nationalité et se trouve hors du pays dans lequel elle avait sa résidence habituelle à la suite de tels événements ne peut ou, en raison de ladite crainte ne veut y retourner "[7].

Il est significatif que cette convention a exclu, après de longs débats, les Palestiniens par une clause comportant sa non-application à ceux qui recevaient " protection ou assistance d'une agence spécialisée de l'ONU " ; l'UNWRA donc en l'occurrence. D'ailleurs cette clause d'exclusion vise non seulement les réfugiés soumis au statut de l'UNRWA au Moyen-Orient mais également tous ceux qui rechercheraient un asile à l'étranger.

Cette différence de conceptualisation de la notion juridique de " réfugié " entraîne deux ordres de conséquences. Aux termes de la définition spécifique de l'UNWRA, les Palestiniens ne sont reconnus comme réfugiés " particuliers " que dans les pays du Moyen-Orient où intervient le mandat de l'agence onusienne. Si ce critère de base de la Convention de Genève est la nationalité (définition politique), pour les Palestiniens il est géographique. De plus le réfugié international est défini par la privation des droits liée à la perte de la protection du pays dont il est le ressortissant tandis que le Palestinien est défini par " les besoins ", " le secours " et " l'assistance ". Alors que les États d'accueil, aux termes de la Convention de Genève, ont le droit d'accorder aux réfugiés " le même traitement qu'à leurs nationaux ", aucune disposition similaire n'est stipulée par l'UNRWA, ce qui entraînera des effets sur leurs conditions réelles d'existence face à l'emploi, à l'enseignement ou l'assistance publique comme on l'examinera plus loin[8]. Ainsi à la différence du Haut Comité des Réfugiés (HCR), mis en place par la Convention de Genève qui est une véritable protection, l'UNRWA n'a pour fonction que de les assister et de les secourir. La justification de cette inégalité de statut découle de la Résolution 194 qui prévoyait la condition de réfugié palestinien en tant que situation transitoire appelée à prendre fin rapidement puisqu'elle disposait qu' " il y a lieu de permettre aux réfugiés qui le désirent de rentrer dans leur foyer le plus tôt possible et de vivre en paix avec leurs voisins , et que des indemnités doivent être payées à titre de compensation pour les biens de ceux qui décident

[7] § 2 de la section A de l'article 1 de la convention de Genève de 1951. Soulignons que le protocole de New-York de 1967 est venu compléter le champ d'application en étendant ses dispositions aux réfugiés apparus depuis le 1er janvier 1951.

[8] On trouvera une analyse pertinente de cette relation entre le statut et les conditions sociales dans de nombreux travaux et particulièrement dans un rapport d'Amnesty Internationale : " Peur, exode et exil forcé : les réfugiés au Moyen-Orient ", MDE, août 1977.

de ne pas rentrer dans leurs foyers et pour tout bien perdu ou endommagé ". Or, bien au contraire, l'exode forcé n'a cessé de se poursuivre et d'amplifier le problème. La seconde conséquence est donc que la définition juridique de l'UNRWA ne correspond plus aux données socio-historiques. La réalité de la notion de réfugiés englobe une plus grande diversité[9]. Elle implique les réfugiés de la guerre de 1948 résidents dans des pays hors de la compétence de l'UNRWA (Égypte, Maghreb, Irak, pays du Golfe, etc.) ; ceux déplacés à l'intérieur du nouvel État israélien ; les habitants de la bande de Gaza, de la Cisjordanie et de Jérusalem-Est expulsés après la guerre de 1967 ; les dénommés " retardataires "[10] ; les personnes qui se trouvaient hors de Palestine avant 1948 ou en 1967 et qu'Israël empêche de retourner. À ceux-là s'ajoutent nombre de Palestiniens qui bien qu'ayant été des déplacés forcés de 1948 ne se sont pas immatriculés à l'UNRWA. La délégation palestinienne au groupe de travail sur les réfugiés qui " n'inclut pas les émigrants qui ont quitté la Palestine avant 1947 mais inclut tous ceux qui ont été déplacés, même à l'intérieur du territoire qu'est devenu l'État d'Israël dans les années 1948-1949. Elle inclut également toutes les personnes déplacées en 1967 et après 1967 (...) ". Ajoutons que ce mouvement d'émigration forcée des palestiniens n'a cessé de se poursuivre particulièrement dans les périodes de grande violence du conflit. La rupture des liens administratifs et légaux de la Jordanie (à la suite de la décision du Roi Hussein de se désengager le 31 juillet 1988 de la Cisjordanie) a placé les Palestiniens des " territoires " dans la condition d'apatrides. Entre juin 1967 et avril 2001, 6 444 Palestiniens ont perdu leur droit de résidence à Jérusalem-Est[11]. Depuis la seconde Intifada des milliers de Palestiniens ont dû encore fuir la violence de l'occupation. Un rapport de la CNEWA relève que cet exode est encore plus prononcé pour les familles arabes chrétiennes[12]. On ne saurait donc réduire la notion de " réfugié palestinien " à ceux soumis à la juridiction de l'UNRWA.

Fondée par la Résolution 302 (IV) du 8 décembre 1949 de l'Assemblée générale des Nations Unies, l'UNRWA comme l'indique son appellation a été

[9] On retrouvera une étude détaillée et typologique des réfugiés palestiniens in Elia Zweik, *Les réfugiés palestiniens et le processus de paix*, Institute for Palestinian Studies, Washington DC 1966 dont des extraits sont publiés par la Documentation française, n° 815 du 29 janvier 1999, sous la dir. de François-Xavier Trégou.

[10] Sont qualifiés de " retardataires " (*late comers*) les résidents palestiniens de Gaza et de Cisjordanie chassés de leurs foyers entre 1967 et 1995 alors qu'ils voyageaient en dehors du pays. Ils sont estimés à plus de 120 000 personnes.

[11] D'après la Palestinian Academic Society... citée par M. Jalal Husseïn, in *Machrek- Magreb,* n° 176, 2003, p. 77.

[12] La Catholic Near Welfare Association (CNEWA) relève que quelques 450 familles chrétiennes auraient quitté la seule région de Bethléem entre 2000 et 2001 : *ibid.*, p. 78.

dotée de missions précises[13] en tant qu'agence spécialisée de l'ONU. Son statut temporaire a été d'emblée souligné ainsi que ses limites de compétence territoriale incluse aux pays arabes du Proche-Orient. Elle a été créée dans une " situation d'urgence " dans le but de fournir secours, services sociaux, aide sanitaire et scolaire aux réfugiés inscrits immatriculés résidant dans leur exil forcé en Cisjordanie (à l'époque territoire sous souveraineté jordanienne), à Gaza (à l'époque placé sous tutelle égyptienne), en Jordanie, en Syrie et au Liban qui ont été les principaux pays d'afflux des réfugiés. Cette structure devait être dissoute dans l'attente d'une " solution juste et durable " de la question de la Palestine[14]. Mise en place en mai 1950 l'UNRWA a vu son mandat renouvelé 18 fois, la dernière après expiration le 30 juin 1999, année de son cinquantième anniversaire.

À la veille de ce renouvellement, le rapport du Commissaire de l'UNRWA estimait les réfugiés immatriculés à 3 521 130 personnes selon l'évolution suivant des sources onusiennes :

- 1950 : 914 221
- 1960 : 1 120 889
- 1970 : 1 425 219
- 1980 : 1 844 319
- 1990 : 2 422 514
- 1996 : 3 308 133
- 1998 : 3 521 130

L'UNRWA est donc devenue la principale agence onusienne et l'un des employeurs étrangers les plus importants du Moyen-Orient après les compagnies pétrolières. C'est dire ce que représente la question des réfugiés palestiniens dans ces pays. Appelée à être dissoute en conséquence des Accords d'Oslo, l'UNRWA continue cependant d'être la première agence onusienne sur le problème des réfugiés. C'est une véritable administration humanitaire dotée de structures et de programmes qui n'ont cessé de se développer[15]. Depuis le

[13] United Nation Relief and Works Agency (Office – ou Agence – de secours et de travaux pour les réfugiés palestiniens du Proche Orient).

[14] Notons, pour ne pas évacuer totalement la question, bien qu'elle ne concerne pas l'objet de ce travail, qu'existe également la question des réfugiés juifs qui vivaient dans les pays arabes. On estime à 550 000 les juifs ayant quitté leur pays arabe d'origine à la suite des encouragements d'Israël dans sa politique d'*Alya* (droit au retour) ou à cause des persécutions subies dans le monde arabe.

[15] L'UNRWA a commencé ses activités avec un effectif de 5 973 agents onusiens alors que ce personnel est évalué à 20 398 en décembre 1996. Seul 1 % sont des fonctionnaires internationaux onusiens, la plus grande partie étant palestiniens. La majorité, près de 70 %, œuvre dans le secteur de l'éducation doté d'écoles élémentaires, secondaires et de bourse dans le supérieur. Les

début du processus de paix et le retour de l'Autorité Palestinienne, un *Peace Implementation Programme* (PIP) en étroite collaboration avec l'OLP, s'est donné pour objectif d'améliorer les infrastructures et les conditions socio-économiques en Cisjordanie et à Gaza.

Toutefois l'action de l'UNRWA est loin d'entraîner l'adhésion ou de correspondre aux objectifs fixés quand on sait que la grande majorité des réfugiés vivent dans des conditions intolérables dans des camps urbains assimilables à des bidonvilles ou dans des camps ruraux en Cisjordanie et Gaza soumis à la précarité et à la menace permanente.

Il faut dire que le rôle des Nations-Unies n'a guère fondamentalement dépassé, depuis la résolution 194, le cadre de la gestion d'une situation d'urgence. S'agissant de l'autre aspect concernant les droits fondamentaux des Palestiniens, il a été neutralisé et ballotté par les acteurs principaux du conflit à l'origine de la question des réfugiés. Soulignons toutefois que la Résolution 302 (IV) du 8 décembre 1949 créant l'UNRWA a bien entendu que l'action humanitaire ne suppléait pas la nécessaire solution politique en insistant sur le fait que l'objet de l'agence onusienne et de son mandat était défini " sans préjudice des dispositions de l'alinéa 11 de la Résolution 194 ". Sur ce volet important de la question (à savoir le retour et/ou l'indemnisation) l'impuissance de l'action de l'ONU est évidente. Comme l'analyse Anthony Parsons[16], entre 1950 et 1967 aucune tentative sérieuse n'a été faite ni par l'ONU ni par un groupe d'États pour reposer la question palestinienne ou le problème des réfugiés. C'est la guerre dite des " six jours " qui va remobiliser les instances onusiennes et les forcer au réexamen des problèmes. Outre la fameuse Résolution 242 du Conseil de Sécurité qui propose un cadre général pour " réaliser un juste règlement du problème des réfugiés ", les longues délibérations n'apportèrent aucune solution concrète. L'Assemblée générale avait toutefois réaffirmé en 1968 " un droit inaliénable au retour " et c'est d'ailleurs dans le cadre des Résolutions relatives à l'UNRWA qu'en 1969 une mention fait état pour la première fois des " droits inaliénables des peuples de Palestine ". Les changements radicaux introduits par la Conférence de Madrid et les Accord d'Oslo vont modifier la position de la question des réfugiés de sa condition d'aide et d'assistance humanitaire à celle des droits fondamentaux des Palestiniens.

---

programmes sanitaires ainsi que les services de secours opèrent à travers 124 centres de soins. Toutefois les bienfaits de son action sont loin d'être ressentis par les populations concernées.

[16] Antony Parsons, " Les Nations Unies et les réfugiés palestiniens sous l'angle des rapports avec le Liban ", in *Journal of Refugees Studies*, Oxford, 1007 dont des extraits sont publiés dans le n° 815 de la Documentation française, p. 51-53.

Dès le début du processus de paix israélo-arabe engagé en 1991 ont été créés plusieurs cadres de réflexion pour une solution définitive au problème des réfugiés. On retiendra essentiellement pour leur intérêt les " propositions du groupe de travail sur les réfugiés " qui seront suivies d'un certain nombre de conclusions dans le cadre des accords jordano-israélien ou les Accord d'Oslo.

La GTR mise en place lors des discussions multilatérales de la Conférence de Madrid a été présidée par le Canada. De mai 1992 jusqu'en 1996 à travers de nombreuses sessions il a été confronté aux très importantes divergences entre les Israéliens et les Palestiniens. Les premiers mettant l'accent sur la " réinsertion " dans les pays d'accueil et les seconds tout naturellement insistant sur le droit des réfugiés à une indemnisation et au retour. Toutefois s'il était évident que cet enjeu fondamental de ce conflit ne pouvait trouver sa solution que dans le cadre de la GTR, il a cependant fait avancé la réflexion. Il est d'abord significatif que la Syrie et le Liban aient boycotté ce cadre le rendant tributaire d'une solution globale du conflit israélo-arabe dont l'enjeu, faut-il le rappeler, porte également sur l'occupation par Israël du Golan et à l'époque de territoires du sud libanais. Le CTR qui s'est efforcé de mobiliser des ressources pour les réfugiés a beaucoup contribué au programme du PIP en Cisjordanie et Gaza. Les Canadiens ont élaboré un document "*the Vision paper*" qui constitue une base de travail approfondie dans une vision prospective =de solution. Cependant c'est avec les Accords d'Oslo que s'esquissent les véritables débats pour une solution définitive.

Or le règlement final de ces accords a délibérément laissé en suspend cette question sur laquelle aujourd'hui s'expriment les plus vives polémiques entre Israéliens et Palestiniens tout comme à l'intérieur des courants de chaque peuple. La question des réfugiés est vécue dans la conscience palestinienne comme *Al Nakbah*[17], le " désastre ", tandis qu'une majorité d'Israéliens pensent que le retour des réfugiés en Israël entraînerait la disparition de l' " État juif "[18].

L'autre volet juridique de la question des réfugiés est à examiner dans leur statut au sein des pays arabes d'accueil marqué par la précarité et la vulnérabilité, particulièrement au Liban.

---

[17] *Al Nakbah* signifie la " catastrophe symbolique " du drame palestinien.

[18] Comme le note Dominique Vidal dans un article du *Monde diplomatique* de décembre 1997 qui résume l'enjeu historique " Le droit des survivants du génocide hitlérien à vivre en sécurité dans un État devait-il exclure celui des filles et fils de la Palestine à vivre, eux aussi, en paix dans leur État ? "

## 2. *AL TAWTIN* : L'IMPOSSIBLE REINSERTION DANS LES ÉTATS ARABES ET LE CAS DU LIBAN

Entre 1947 et 1949 près de 9 000 personnes, constituant près de 80% de la population arabe de Palestine, furent contraintes à l'exode vers les pays voisins[19].Ils concevaient leur exil comme temporaire. Cependant leur arrivée massive provoqua naturellement des tensions, des conflits et problèmes qui ne cessèrent de s'accentuer avec les pays hôtes forcés. En juin 1967, le même scénario d'occupation de la Cisjordanie, de Gaza et de Jérusalem Est provoqua le départ de plus de 500 000 personnes. Nombreux étaient déjà les réfugiés de Jéricho et Gaza notamment. Sur le plan de leur condition ils ont été qualifiés de " déplacés " puisqu'ils ne traversaient pas de frontière internationale (à l'époque où la Cisjordanie faisant partie de la Jordanie née en 1950). Le concept juridique de " réfugiés " va s'élargir à une notion englobant " réfugiés et personnes déplacées ". Les pays d'accueil ont été d'abord les frontaliers : Jordanie, Liban, Syrie et dans une moindre mesure l'Égypte bien qu'elle ne figure pas dans le champs de compétence territoriale de l'UNRWA. Après la confrontation armée avec la monarchie lors du " Septembre Noir " de 1970 beaucoup immigrèrent de nouveau vers le Liban tandis qu'un mouvement économique de recherche d'emploi a conduit une partie de cette diaspora vers tous les pays arabes dont les États du Golfe[20] et du Maghreb.

À titre indicatif et pour les seuls immatriculés à l'UNRWA dans le périmètre géographique et selon les critères de compétence de l'agence onusienne, on estime ainsi la répartition des réfugiés et déplacés (source : UNRWA, *Rapport du 30 juin 1998*) :

| | |
|---|---|
| - Jordanie : | 1 463 064 |
| - Liban : | 364 551 |
| - Syrie : | 365 805 |
| - Cisjordanie : | 555 057 |
| - Bande de Gaza : | 772 653 |
| - Total : | 3 521 130 |

---

[19] On trouvera une très riche documentation sur l'histoire de cet exode in Kodmani-Darwish, *La Diaspora palestinienne*, Paris, PUF, 1997. Tout un mouvement appelé les " nouveaux historiens " a revisité cette question en Israël dont notamment Benny Morris, *La Nouvelle historiographie : Israël confronté à son passé*, CNF de Jérusalem, Paris, CNRS 1998.

[20] Les réfugiés au Koweït, plus de 30 000, sont contraints à d'autres départs. A la suite de la guerre du Golfe de 1991 tandis que 5 000 Palestiniens travaillant en Libye seront expulsés. Les pays du Maghreb (Maroc, Algérie, Tunisie) ont peu de résidents palestiniens. Les réfugiés expatriés de nouveau sont appelés " les réfugiés-bis ".

La situation juridique dans chacun des pays est fort différente cependant qu'à l'échelle du monde arabe, il n'y a pas de véritable *corpus* d'une législation commune de référence malgré quelques tentatives timides.

En effet, l'obstacle majeur est la quasi-absence de statut des réfugiés dans les États arabes. Cela s'explique par diverses raisons enchevêtrées. Les pays arabes ont toujours mis en avant la Résolution 194 et le droit au retour. En maintenant les réfugiés dans une situation précaire et aléatoire ils désiraient contrer ainsi la stratégie officielle israélienne qui durant longtemps estimait que la solution définitive au problème des réfugiés serait leur assimilation totale par les pays arabes.

De plus cette immigration démographique de caractère massif bouleverserait les conditions socio-politiques des pays d'accueil. Enfin la question des réfugiés a toujours été liée au problème palestinien, à ses enjeux et ses acteurs dans la politique régionale. Cela explique la faible adhésion des États arabes aux instruments juridiques internationaux relatifs aux réfugiés tout comme la précarité de leurs propres législations nationales.

C'est ainsi que la question de l'adhésion à la Convention de Genève de 1951 a constitué un tabou dans la mesure où les dispositions essentielles auraient accordé un véritable statut aux réfugiés. De plus la plupart de ces États n'accordent pas aux étrangers le statut de résident à part entière qui peut emporter le droit de s'y installer définitivement. La ligue arabe s'est d'ailleurs très tôt employée par des dispositions spéciales à interdire la naturalisation pour des motifs politiques. Cet interdit de *tawtin*[21] est une constante malgré de nombreuses exceptions[22]. C'est seulement en 1964 que la Ligue arabe a adopté le protocole de Casablanca qui élargit l'étendue des droits des Palestiniens en leur accordant notamment le droit de voyager est de retourner dans le pays d'accueil. Toutefois seuls deux pays d'accueil importants, la Syrie et de la Jordanie, ont ratifié et appliqué le protocole tandis que l'Égypte et la Libye ont varié selon les circonstances. Les pays du Maghreb signataires de la Convention de 1951 ont été une exception remarquable, mais le nombre des Palestiniens est relativement réduit sur leur territoire. Cependant le Koweït et surtout le Liban n'ont jamais appliqué le protocole.

---

[21] *Tawtin* dérivé de *Watan* (partie) signifie l'implantation définitive, l'" enracinement " des réfugiés dans le pays d'accueil. Cette expression est particulièrement usitée au Liban dans lequel cette idée de " patrie de rechange " est fortement combattue.

[22] Très peu de naturalisations en Syrie et en Égypte. Au Liban 50 000 Palestiniens, chrétiens pour la plupart ou ayant des liens familiaux dans les communautés chiites ou sunnites ont acquis la nationalité dans les années 1950 à 1960. Après 1990, un autre mouvement de naturalisation a tourné quelques centaines de Palestiniens anciennement intégrés notamment chiites.

La faiblesse de l'adhésion aux instruments internationaux a été comblée par la Convention arabe sur les réfugiés, adoptée le 27 mars 1994 par la Ligue des États Arabes. Cette tardive adoption (précisément à la veille de la signature du traité de paix israélo-palestinien et le retour de Yasser Arafat à Gaza) offre un socle juridique reconnaissant un ensemble de droits aux réfugiés. Cependant seule l'Égypte en est signataire, la plupart des pays directement concernés n'ayant aucune volonté politique d'appliquer ses dispositions. En fait chaque État administre les " affaires palestiniennes " selon ses propres données géopolitiques.

Il serait fastidieux d'analyser l'état de la législation de chacun des pays arabes cependant qu'on peut opérer d'abord un clivage juridico-géographique. Les pays du Maghreb (à l'exclusion de la Libye et de la Mauritanie) ainsi que l'Irak (avant son annexion de fait par la coalition anglo-américaine) appliquent un cadre législatif aux réfugiés. En Syrie une loi de 1956 avait accordé un statut très avantageux disposant que " les Palestiniens résidant en Syrie seraient considérés comme les Syriens de souche dans tous les domaines couverts par la loi concernant le travail, le commerce et le service national tout en conservant la nationalité d'origine ". L'arrivée du Baas au pouvoir, faisant du panarabisme son idéologie, renforça cette insertion.

Cependant dès la guerre civile de 1982-1983 au Liban et des conflits palestino-arabes, les dispositions juridiques de bienveillance se sont transformées en une politique de tutelle. En Jordanie, qui accueille plus de 40 % de l'ensemble de réfugiés, les liens particuliers imposés par la géographie, l'histoire et la démographie en font une relation à part. À l'exception des réfugiés venus de Gaza en 1967, les Palestiniens ont bénéficié dès 1948 de tous les droits liés à la nationalité. La Jordanie a également été, outre le principal pays d'accueil, une véritable étape de transit. Depuis le " retrait administratif " en 1988 des territoires occupés la situation s'est complexifiée au risque d'incertitude. Les passeports sont devenus des " titres de voyages " distincts de la nationalité et des résidents soumis à un visa. Ces nouvelles restrictions accroissent le sentiment d'insécurité[23]. Dans les pays du Golfe les Palestiniens sont considérés juridiquement comme tous les travailleurs migrants dont le statut est donc celui du pays de premier accueil dans lequel ils doivent retourner.

Soulignons que dans les territoires de Cisjordanie et de Gaza soumis à l'Autorité palestiniennes depuis les Accords d'Oslo de 1994 deux personnes sur cinq sont des réfugiés immatriculés à l'UNRWA à la suite des guerres de 1948

[23] Cf. Kamal Doraï, Jalal Husseïn, J. C. Augé, " De l'émigration au transfert ? Réalités démographiques et craintes politiques en Jordanie ", in *Machrek-Maghreb*, n° 176, 2003, p. 75-92.

et de 1967. C'est au Liban que du fait des facteurs politiques, confessionnels, démographiques, la situation des réfugiés palestiniens est la plus vulnérable et la plus précaire.

Les réfugiés palestiniens sont estimés à une population de 376 000 selon les immatriculations à l'UNRWA en 2002. Elle représente plus d'1/10e de la population libanaise résidente[24]. Son statut juridique des plus précaires a ses sources dans la géopolitique libanaise (un État multicommunautaire) et régionale (guerre civile de 1975 à 1990). De façon générale, l'État libanais, en totale contradiction avec toutes les normes internationales en la matière a toujours précarisé la condition des réfugiés palestiniens en invoquant le risque *tawtin* (c'est-à-dire l'implantation définitive) qui modifierait les équilibres démographiques et politiques constitutifs du Liban. La présence des Palestiniens a été l'un des motifs de la guerre civile. Elle suscite en permanence un vif débat politique. Certains – notamment le parti de Kataeb – préconisant leur expulsion totale, d'autres les soutenant au nom d'idéologies arabes progressistes tandis que l'opinion se partage sur le statut de résident à leur accorder.

Depuis 1962 la loi les installe dans le statut général des étrangers devant disposer d'une carte de travail. Cependant cette disposition n'a pas eu d'effectivité du fait de l'offre d'emploi très ouverte à cause du dynamisme économique et surtout de la place politique qu'occupaient les organisations palestiniennes dont l'OLP de Yasser Arafat installée au Liban. En effet comme le montre le tableau suivant plus de la moitié des résidents vivent dans des camps, soumis à la juridiction de l'UNRWA mais contrôlés par les organisations palestiniennes et jouissent ainsi d'un régime d'extraterritorialité de fait :

| | |
|---|---|
| - Population immatriculée : | 364 551 |
| - Population totale des camps : | 198 931 |
| - Nombre de camps : | 12 |

Avec la guerre civile ce relatif statut de fait a été limité par une législation plus sévère qui remettait en cause les Accords du Caire de 1969 qui autorisaient les Palestiniens à assurer militairement leur sécurité dans les camps. Ainsi un décret du 18 décembre 1982 signé par le Président Amine Gemayel (alors que

[24] " Il n'existe pas de recensement récent qui permette de chiffrer avec précision la population du Pays. Le dernier recensement en date a été réalisé en 1932 ; depuis lors, en raison des délicats équilibres entre communautés il n'en a plus été fait (...). Faute de recensements officiels, des estimations sérieuses s'accordent néanmoins à situer aujourd'hui le total des Libanais résidents entre 2,5 et 3 millions d'individus " : Bassam El Hacham, *Universalia*, 1998, p. 221.

les forces israéliennes étaient aux portes de Beyrouth) fixait des secteurs interdits à l'emploi des Palestiniens et une circulaire en détaillait une liste d'activités[25]. La reconstruction des camps est soumise à un encadrement juridique contraignant interdisant les constructions en dur. En 1887 le gouvernement de R. Karame déclare abroger les dispositions contraignantes mais les textes n'ont pas été publiés au Journal Officiel.

La fin de la première guerre civile verra le départ forcé de Yasser Arafat et de l'OLP ce qui affaiblira la condition socio-politique des réfugiés palestiniens. L'accord de Taëf et le " document de l'entente nationale " adopté le 22 octobre 1989 marquant la fin de la seconde guerre civile a précisément inscrit le " refus d'implantation " (*Tawtin*) comme principe de base du nouveau contrat étatique. Celui-ci deviendra d'ailleurs principe constitutionnel de la II<sup>e</sup> République fondée par ce parti. Dès lors la situation des Palestiniens va être soumise à de nouvelles restrictions. La liberté de circulation dans le pays ou vers d'autres pays, pourtant proclamée par les États arabes dans le Protocole de Casablanca, est quasiment supprimée.

Un décret du 22 septembre 1995 du ministre de l'intérieur exige désormais la délivrance d'un visa d'entrée pour tout Palestinien retournant à l'étranger. Une loi de 2002 interdit aux Palestiniens l'acquisition d'un bien immobilier. Avec la fin de la guerre civile les camps palestiniens désormais encerclés par les forces de l'armée libanaise, vont subir le contrôle politique et social de la Syrie qui exerce une tutelle de fait sur le Liban[26].

En 1992, dix organisations palestiniennes, représentant les camps, parmi les factions opposées à l'Autorité palestinienne, présentèrent un ensemble de propositions de droits civils de réfugiés. Malgré la mise en place d'un comité mixte et de nombreux travaux cela resta sans effet. En 1994 ces propositions sont réitérées au gouvernement Hariri. Elles portent sur des droits civils et économiques ainsi que sur le droit d'organisation associative et humanitaire mais sans aucun résultat. La situation devient si dramatique que le rapport de l'UNRWA de 1998 tire une véritable sonnette d'alarme :

> " Au Liban les conditions de vie et de logement des réfugiés de Palestine sont restées extrêmement misérables : le taux de chômage est de l'ordre de 40%, le pouvoir d'achat est en baisse et des restrictions sont

---

[25] Il s'agit de plus de 60 activités dont notamment l'exercice de professions intellectuelles libérales (avocat, notaire, médecin, ingénieur, enseignant...).

[26] Cf. pour une analyse fort intéressante de la situation dans les camps, Bernard Rougier, " Dynamique religieuse et identité nationale dans les camps de réfugiés palestiniens du Liban ", in *Maghreb-Machrek*, n° 176, 2003, p. 35-59. L'auteur observe notamment que cette " politique (syrienne) a d'abord consisté à morceler l'espace de la diaspora palestinienne des camps pour limiter ses capacités d'organisation et affaiblir sa direction politique " (p. 36).

apportées à la circulation des personnes (...). Les autorités continuent d'interdire toute construction (...). "

Nous avons d'ailleurs lors d'une visite dans le camp de Chatilla mesuré d'ampleur de cette situation désastreuse. Le hasard nous a fait assister à une manifestation d'exaspération le 15 septembre 2002 contre l'UNRWA incapable aujourd'hui de répondre à un minimum de ces missions[27].

L'agence onusienne appelée à être dissoute en vertu des Accords d'Oslo ne semble plus disposer de moyens ni de dynamisme pour conduire son mandat. C'est en réalité le " système idéologico-politique mis en place par la Syrie au Liban "[28] qui assure la réalité du contrôle des camps des réfugiés. L'objectif est d'entretenir des divisions inter-palestiniennes qui empêchent leur intégration à l'Autorité palestinienne. De plus, ce sont essentiellement les organisations islamistes – surtout au Nord – qui assurent à travers des sociétés de bienfaisance l'action de secours normalement confiée à l'UNRWA. Si bien que depuis la fin de la guerre civile il y a un véritable éclatement de la communauté des réfugiés palestiniens au Liban[29] dont les diverses factions palestiniennes se partagent le leadership. C'est donc au Liban que les réfugiés se sont précarisés soumis à l'hostilité du pays hôte, à la désintégration communautaire et aux enjeux de l'avenir. D'après une enquête " trois quarts des Libanais s'opposent à la réinsertion permanente des Palestiniens " et estiment que " des conséquences politiques et économiques préjudicielles s'ensuivraient "[30].

## CONCLUSION

Après plus d'un demi-siècle de " situation d'urgence ", les réfugiés palestiniens sont au cœur de tous les enjeux du conflit israélo-arabe et israélo-palestinien. Comme le souligne le poète M. Darwich dans sa *Marche d'Al-Nakbah* " depuis 50 ans les Palestiniens persévèrent et résistent face aux conséquences, aux prolongements et aux injustices *d'Al-Nakbah* ". La " Première Conférence populaire des réfugiés " tenue à Bethléem en 1996 résume ainsi leur situation :

---

[27] Les journalistes de l'AFP de Beyrouth nous ont fait bénéficier de leurs grandes connaissances du problème ; qu'ils en soient remerciés.

[28] Selon l'expression de Samir Kassir pour qualifier la réalité du pouvoir au Liban : " La Nakbah recommencée ? ", in *Revue d'Etudes palestiniennes*, n° 17, 1998.

[29] Cf. Bernard Rougié qui fournit une analyse détaillée de la situation dans chacun des camps.

[30] Brynen Rex, *Les Réfugiés palestiniens et le processus de paix au Moyen Orient*, extraits in *La documentation française*, n° 815, p. 68.

" Toute tentative d'instauration d'une paix juste dans la région est vouée à l'échec en l'absence de solution équitable pour les réfugiés fondée sur les résolutions internationales reconnues, en premier lieu la Résolution 194 ".

Il est à craindre que toute solution définitive à cette situation soit douloureuse.

## BIBLIOGRAPHIE


- AMNESTY INTERNATIONALE, " Peur, exode et exil forcé : les réfugiés au Moyen-Orient ", MDE, août 1977.
- DORAÏ (K.), HUSSEÏN (J.), AUGE (J. C.), " De l'émigration au transfert ? Réalités démographiques et craintes politiques en Jordanie ", in *Machrek-Maghreb*, n° 176, 2003.
- EL HACHAM (B.), *Universalia*, 1998.
- KASSIR (S.), " La Nakba recommencée ? ", in *Revue d'Etudes palestiniennes*, n° 17, 1998.
- KODMANI-DARWISH, *La Diaspora palestinienne*, Paris, PUF, 1997.
- *Machrek-Maghreb*, n° 176, 2003.
- MORRIS (B.), *La Nouvelle historiographie : Israël confronté à son passé*, CNF de Jérusalem, Paris, CNRS 1998.
- PARSONS (A.), " Les Nations Unies et les réfugiés palestiniens sous l'angle des rapports avec le Liban ", in *Journal of Refugees Studies*, Oxford, 1007.
- REX (B.), *Les Réfugiés palestiniens et le processus de pais au Moyen Orient* : extraits in *La documentation française*, n° 815.
- ROUGIER (B.), " Dynamique religieuse et identité nationale dans les camps de réfugiés palestiniens du Liban ", in *Maghreb-Machrek*, n° 176, 2003.
- ZWEIK (E.), *Les réfugiés palestiniens et le processus de paix*, Institut for Palestinian Studies, Washington DC 1966.

# TABLES DES MATIÈRES

651804 - Mai 2016
Achevé d'imprimer par

1livre.com
du rêve à la réalité !

Made in United States
Orlando, FL
04 November 2026

90200396R00184